Les principes généraux dans la jurisprudence de l'organe de règlement des différends de l'OMC

Collection
Le droit aujourd'hui

La collection « Le droit aujourd'hui » regroupe des études juridiques concernant des problèmes d'actualité nationale et internationale, dans divers domaines (éthique, politique, questions de société…).

Déjà parus

Boris Barraud, *Le droit postmoderne. Une introduction*, 2017.
Boris Barraud, *La jurisprudence et la doctrine*, 2017.
Geneviève Iacono, *Voyages au cœur des propriétés publiques*, 2016.
Nitish Monebhurrun, *La fonction du développement dans le droit international des investissements,* 2016.
Djiby Sow, *La légalité de l'intervention militaire française au Mali. Contribution à l'étude du cadre juridique de la lutte armée contre le terrorisme international*, 2016.
Emmanuel Tessier, *Le stade en droit public. Recherche sur le régime juridique des enceintes sportives*, 2015.
Sophie Huvé, *La Russie et l'ONU. L'Organisation des Nations unies, cadre et instrument de la politique extérieure russe (1999-2015)*, 2015.
Claudine Pérez-Diaz, Marie-Syvie Huré, *Violence conjugale, missions et finalités concrètes de l'intervention pénale*, 2015
Jean-Grégoire Mahinga, *Le statut du tribunal international du droit de la mer, Commentaire article par article*, 2015
Peggy Larrieu, *Neurosciences et Droit pénal, Le cerveau dans le prétoire*, 2015.
Anthony Falgas, *La Voie de fait administrative. Recherche sur la justification d'une notion prétorienne*, 2015.
Jean-Gregoire Mahinga, *La pêche maritime et le droit international*, 2014.
Christophe Houry, *La piraterie maritime au regard du droit international, incertitudes et évolutions contemporaines*, 2014.
Laura Baudin, *Les cyber-attaques dans les conflits armés, qualification juridique, imputabilité et moyens de réponse envisagés en droit international humanitaire,* 2014.
Alma Signorile, *La sentence arbitrale en droit commercial international,* 2013.

Mariem AYDI GHOZZI

Les principes généraux dans la jurisprudence de l'organe de règlement des différends de l'OMC

Préface de Slim Laghmani

L'Harmattan

5-7, rue de l'Ecole-Polytechnique, 75005 Paris

http://www.editions-harmattan.fr

ISBN : 978-2-343-12079-9
EAN : 9782343120799

Je dédie ce travail à mon cher mari en témoignage de mon profond amour et de ma vive gratitude.

Liste des principales abréviations

ADPIC	Accord sur les droits de propriété intellectuelle liés au commerce.
AFDI	Annuaire français de Droit international.
AFRI	Annuaire français de relations internationales.
AGCS	Accord général sur le commerce des services.
AJIL	American Journal of International Law
APD	Archives de philosophie du droit
ATV	Accord sur les textiles et les vêtements.
Accord SMC	Accord sur les subventions et les mesures compensatoires.
Accord SPS	Accord sur les mesures sanitaires et phytosanitaires.
CDI	Commission du droit international.
CE	Communautés européennes.
CERP	Centre d'études de recherches et de publications.
CIHEI	Cours de l'institut des hautes études internationales.
CIJ	Cour internationale de justice.
CJCE	Cour de Justice des Communautés européennes.
CJUE	Cour de Justice de l'Union européenne.
CPJI	Cour permanente de justice internationale.
CPU	Centre de publications universitaires.
CV	Convention de Vienne sur le droit des traités de 1969.
GATS	Accord général sur le commerce des services.
GATT	Accord Général sur les tarifs douaniers et le commerce.
IBDD	Instruments de base et documents divers.
IEH	International Environment House

JDI	Journal du droit international (Clunet).
LGDJ	Librairie générale de droit et de jurisprudence.
Mémorandum d'Accord	Mémorandum d'Accord sur les règles et procédures régissant le règlement des différends de l'OMC.
OIC	Organisation Internationale du Commerce.
OMC	Organisation Mondiale de Commerce.
ONU	Organisation des Nations-Unies.
ORD	Organe de règlement des différends.
Pays ACP	Pays d'Afrique, Caraïbe et Pacifique.
PUF	Presses universitaires de France
RBDI	Revue belge de droit international
RCADI	Recueil des Cours de l'Académie de droit international de la Haye.
RDF	Revue de droit fiscal
RFDA	Revue française de droit administratif
RGDIP	Revue générale de droit international public.
RIDE	Revue internationale de droit économique
RMCUE	Revue du Marché commun et de l'Union européenne
RMUE	Revue du marché unique européen
RQDI	Revue québécoise de droit international
RTDE	Revue trimestrielle de droit européen
SDN	Société des Nations.
TIDM	Tribunal international du droit de la mer

SOMMAIRE

PRÉFACE

L'Organe de Règlement des Différends (ORD) de l'Organisation Mondiale du Commerce (OMC) est-il un juge ? Sa production est-elle une jurisprudence ? A quels principes généraux peut-il référer ? Telles sont les trois questions auxquelles répond cette belle thèse aujourd'hui publiée et intitulée : « *Les principes généraux dans la jurisprudence de l'organe de règlement des différends de l'OMC* ».

Non, techniquement, l'ORD n'est pas un juge, mais il s'efforce de fonctionner comme tel et il y réussit. C'est lui qui identifie, interprète et applique le droit de l'OMC à un double degré : d'abord devant les panels et, ensuite devant l'organe d'appel. C'est lui qui, dans le cadre d'une organisation aujourd'hui réellement mondiale, incarne la justice marchande et répond au double souci que cette expression implique : le souci d'un ordre juste et prévisible, d'une part et le souci de régler les différends tout en servant les intérêts du commerce mondial, d'autre part.

Le droit qu'il applique ne se limite pas aux « *droit interne de l'OMC* », il fait appel aux ressources du droit international général et notamment « *aux principes généraux* » qui renvoient dans le cadre de cette thèse tant aux principes généraux de droit en tant que source formelle du droit international (article 38 du statut de la CIJ), qu'aux principes en tant que normes matériellement générales (au sens de l'article 2 de la Charte des Nations Unies) et notamment, bien que timidement, aux principes généraux du droit international de l'environnement dont la contribution à la régulation du droit de l'OMC et sa mise au service de l'intérêt, non pas seulement aux intérêts égoïstes des Etats – commerçants, mais également de la communauté internationale dans son ensemble.

Le recours par l'ORD aux principes généraux, par définition extérieurs au droit de l'OMC, renforce la normativité du droit international du commerce et accentue la juridictionnalisation du règlement des différends en son sein.

Mais, en sens inverse, les principes généraux auquel l'ORD fait appel, sont en quelque sorte « *commercialisés* ». Leur intégration au droit de l'OMC s'accompagne de leur autonomisation.

Leur réception est, d'une part, sélective : seuls les principes pertinents sont intégrés dans le système juridique de l'OMC tels quels, soit parce qu'ils sont nécessaire à l'aspect procédural du règlement des différends soit parce qu'ils sont compatibles avec le principe du libre échange au service duquel l'OMC œuvre et la libre circulation qui en est la conséquence immédiate. Les principes qui peuvent constituer des obstacles au libre-échange ne sont toutefois pas reçus ou alors ils ne reçoivent qu'une application timorée. Il en est ainsi du principe de précaution réduit à un principe de prévention.

La réception des principes généraux est, d'autre part, accompagnée, dans certains cas, de leur transformation quand cela est nécessaire à leur adaptation au monde du commerce, au commerce mondial. Il en est ainsi du principe de l'interdiction de l'abus de droit et de son corollaire le principe de bonne foi.

Cette autonomie des principes généraux reçus dans le système de l'OMC et du droit de l'OMC de manière plus générale pose évidemment le problème de la fragmentation du droit international. Mais, l'auteure le montre bien à travers cet ouvrage, plutôt qu'un éclatement une fragmentation c'est à une dialectique entre l'ordre juridique international et le droit de l'OMC que l'on assiste et plutôt qu'un conflit des modes de règlement des différends, c'est un dialogue des jurisprudences que l'on peut observer.

Telles sont les principales idées que développe Mme Mariem Aydi Ghozzi dans une thèse bien écrite, très bien documentée et marquée par de très intéressantes réflexions, des qualités qui ont fait que j'ai pris plaisir à la préfacer. Des qualités qui sont, ici, couronnées par sa publication.

Tunis, le 28 mars 2017

Slim Laghmani
Professeur. Université de Carthage

INTRODUCTION

> « *Les principes généraux actuels en droit international reflètent un moment d'évolution étrange de l'ordre international* ».
>
> E. JOUANNET

Le Droit international contemporain, dont la Charte des Nations Unies représente l'Acte fondateur[1], a connu un développement remarquable tout au long des sept dernières décennies. Ce développement s'est traduit par l'affirmation du statut de sujet de droit international reconnu aux organisations internationales qui ne cessent de se multiplier[2]. De même, une densification progressive du processus d'élaboration des règles du droit international a eu lieu à la suite de la conclusion d'un grand nombre de conventions de codification et de traités multilatéraux sur des sujets nouveaux comme ceux relatifs aux droits de l'Homme[3].

Bien plus, une évolution spectaculaire[4] a marqué le droit international résultant de la succession de trois évènements majeurs enregistrés dans les années 90 du Siècle dernier : l'entrée en vigueur le 16 novembre 1994 de la Convention des Nations Unies sur le droit de la mer[5], la création de

---

[1] QUOC DINH (N.), DAILLIER (P.), FORTEAU (M), PELLET (A.), « *Droit international public* », Paris, LGDJ, 8ème éd., 2009, p. 81.

[2] Pour plus de détails voir MESSAOUDI (M.A.), « *Les Organisations subsidiaires des Nations Unies* », Thèse de Doctorat d'Etat en droit, Faculté de droit et des Sciences politiques de Tunis, 1987.

[3] Notamment : les 2 Conventions de Vienne de 1961 et 1963 sur les relations diplomatiques et consulaires ainsi que les 2 Conventions de Vienne sur le droit des traités de 1969 et 1986.

[4] WEIL (P.), « *Toujours le même et toujours recommencé : les thèmes contrastés du changement et de la permanence du droit international* », in « *Ecrits de droit international* », Paris, PUF, 1ère éd., 2000, p-p.7-19.

[5] Cette convention fut l'aboutissement de la négociation planétaire la plus longue et la plus complexe de toute l'histoire du droit international. A la suite de la remise en cause par les pays en voie de développement de certaines des règles fixées par les textes adoptés à Genève, la troisième Conférence sur le droit de la mer est convoquée par l'ONU. Celle-ci siège de 1973 à 1982 et aboutit le 10 décembre 1982 à la signature à Montégo Bay de la Convention des Nations Unies qui n'entre en vigueur qu'en novembre 1994. Pour plus de détails voir PACRACIO (J.P.), « *Droit de la mer* », Paris, Dalloz, 1ère éd., 2010.

l'Organisation Mondiale de Commerce (OMC) le 1er janvier 1995, puis l'adoption en 1998 du Statut de la Cour Pénale internationale (CPI)[6].

Force est de constater que l'OMC n'a pas été créée *exnihilo* ; elle fut le point d'aboutissement d'une transformation graduelle d'un traité multilatéral à vocation mondiale assez singulier à savoir l'Accord Général sur les Tarifs douaniers et le Commerce (GATT)[7]. Instituée par l'Acte final qui entérine les résultats des négociations commerciales multilatérales du Cycle d'Uruguay, l'OMC a pu combler une importante lacune de l'édifice économique de *Bretton Woods*. En effet, après l'échec de l'Organisation Internationale du Commerce (OIC) qui fut un projet avorté[8], un accord en forme simplifiée et à l'origine provisoire (le GATT)[9] a été signé le 30 octobre 1947. Il devint progressivement le cadre juridique des relations commerciales internationales[10]. Mais, souffrant d'un cruel manque d'efficacité et de légitimité[11], cet accord fut remplacé par l'OMC. L'avènement de cette organisation a été salué comme étant une consolidation très importante de l'édifice de *Bretton Woods.* C'est d'autant plus que la nouvelle organisation constitue une traduction éclatante, à la fois économique et juridique, du phénomène de « *mondialisation* »[12] qui commençait à affecter profondément les

---

[6] A la suite de l'adoption de la Convention sur le génocide (1948), l'Assemblée générale de l'ONU a demandé à la CDI d'étudier la question de l'institution d'une juridiction internationale compétente pour les crimes les plus graves contre l'humanité. Celle-ci a rédigé et déposé un rapport affirmatif. Sur cette base, l'Assemblée générale a décidé, de confier à un Comité la rédaction de statut de la future Cour criminelle internationale (résolution du 27 novembre 1950). Le 17 juillet 1998, la CPI a été créée en vertu du traité de Rome qui est entré en vigueur le 1er juillet 2000. QUOC DINH (N.), DAILLIER (P.), PELLET (A.), « *Droit international public* », op. cit., 8ème éd., p. 804.

[7] CARREAU (D.), JUILLARD (P.), « *Droit international économique* », Paris, LGDJ, 4ème éd., 1998, p.49.

[8] KLEBES PELISSIER (A.), « *L'Organisation Mondiale du Commerce : quels enseignements pour le droit des organisations internationales ?* », in Mélanges SCHWOB (J.), « *Le droit des organisations internationales* », Bruxelles, Bruylant, 1997, p. 72.

[9] PACE (V.), « *L'Organisation Mondiale du Commerce et le renforcement de la réglementation juridique des échanges commerciaux internationaux* », Paris, l'Harmattan, 2000, p. 21.

[10] MESSAOUDI (M.A.), « *Harmonie et contradictions du droit de l'OMC* », in Colloque de Tunis, « *Harmonie et contradictions en droit international* », Paris, Pedone, 1996, p-p. 296-297.

[11] PACE (V.), op. cit., p. 21.

[12] KIEFFER (B.), « *L'Organisation Mondiale du commerce et l'évolution du droit international public* », Bruxelles, Larcier, 1ère éd. 2008, p.24.

relations internationales, juste après la chute du mur de Berlin et l'effondrement du bloc de l'Est.

I) Définition des concepts

La présente étude, portant sur les principes généraux dans la jurisprudence de l'Organe de règlement des différends (ORD) de l'OMC suppose que l'on s'arrête successivement sur la définition des concepts suivants : l'OMC, son Système de règlement des différends et les principes généraux en tant que source du droit applicable.

A) L'Organisation Mondiale de Commerce

Considérée comme une forme d'institutionnalisation du droit du commerce international, l'OMC émerge en tant que véritable organisation internationale[13]. En raison de son progrès et de son dynamisme dans le monde des organisations internationales[14], elle contribue significativement à la gouvernance mondiale[15]. Comme toutes les organisations internationales, elle est entendue comme étant une association d'Etats constituée par traité, dotée d'une constitution, d'organes communs et possédant une personnalité juridique distincte de celle des Etats Membres[16]. Si l'OMC répond aux éléments fondamentaux de la définition de l'organisation internationale, elle se caractérise, toutefois, par un trait faisant d'elle une organisation singulière par rapport aux autres organisations internationales à caractère universel. Non seulement, elle accorde une place centrale à la règle de droit, mais elle constitue l'unique organisation internationale universelle qui représente ce que l'on peut désigner comme un système de droit propre, dans la mesure où elle intègre à la fois un ensemble normatif et institutionnel ordonné et structuré. Son traité constitutif, désigné par l'Accord de Marrakech instituant l'OMC, en

---

[13] L'OMC bénéficie de la personnalité juridique internationale lui permettant d'avoir des privilèges et immunités nécessaires à l'exercice de ses fonctions. L'article VIII de l'Accord de Marrakech instituant l'OMC.

[14] BLANQUET (M.), Préface, in BLIN (O.), (Dir.), « *regards croisés sur le règlement des différends de l'Organisation du commerce* », Bruxelles, Bruylant, 2009.

[15] Il est généralement admis que la bonne gouvernance « *traduit l'idéal de l'Etat de droit, la transparence dans les activités des organismes gouvernementaux, une réglementation étatique simple et efficace, des tribunaux indépendants et la démocratie* », KIEFFER (R.), op. cit., p. 249.

[16] Cette définition, couramment admise, est reprise à l'article 2 §2 du Projet d'articles adopté par la Commission du droit international en 2011 sur la responsabilité internationale des organisations internationales. DUPUY (P.M.), KERBRAT (Y), « *Précis de droit international public* », Paris, Dalloz, 11ème éd., 2012, p. 168.

témoigne. Un tel accord constitue l'unique traité constitutif d'une organisation internationale qui se limite à des dispositions institutionnelles en renvoyant les dispositions substantielles à une multitude de traités qui y sont annexés[17]. L'ensemble des normes constitué par l'Accord constitutif et les Accords commerciaux multilatéraux forme un « *bloc indivisible* »[18] et dote l'organisation d'une « *réglementation juridique renforcée* »[19]. Mieux encore, la globalisation dans laquelle s'enracine cette organisation en « *globalise aussi le droit* »[20], d'où la nature « *mosaïque* » [21] de son tissu normatif.

Considérée comme étant le cadre institutionnel commun pour la conduite des relations commerciales entre ses Membres, l'OMC est investie d'une fonction de contrôle qui comporte un premier volet que l'on peut qualifier d'institutionnel. Confié à un mécanisme (MEPC)[22], ce contrôle consiste à assurer un suivi exercé par l'Organe d'Examen des politiques Commerciales (L'OEPC) ainsi que par les nombreux Comités et Organes sectoriels prévus par les Accords commerciaux sectoriels[23]. Le deuxième volet de contrôle qu'exerce l'OMC sur le respect des obligations des Etats Membres au titre des Accords commerciaux multilatéraux est le fait du Système de règlement des différends.

B) Le Système de règlement des différends de l'OMC

Dans le cadre du Système commercial multilatéral, l'OMC apparait comme l'enceinte privilégiée pour régler les différends à travers un

---

[17] KIEFFER (B.), op.cit., note 27, p. 22.

[18] Le droit de l'OMC forme un tout, un ensemble unifié qui correspond au principe dit du « *paquet* » ou de l'accord unique. RUIZ FABRI (H.), MONNIER (P.), « *Organisation Mondiale du Commerce : droit institutionnel* », Jurisclasseur, Droit international, n°5, 2009, Fasc. 130-10, p. 8.

[19] Pour plus de détails voir PACE (V.), op. cit.

[20] BORDES (A.), « *Le rôle du mécanisme de règlement des différends de l'OMC, entre souveraineté réglementaire et institutionnalisation : quel avenir* », art. précit., p. 25.

[21] CARREAU (D.), JUILLARD (P.), « *Droit international économique* », op. cit., 4ème éd., 1998, p. 128.

[22] Le Mécanisme d'examen des politiques commerciales a pour objet « *de contribuer à ce que tous les Membres respectent davantage les règles... définies dans les Accords Commerciaux Multilatéraux... en permettant une transparence accrue et une meilleure compréhension des politiques et pratiques commerciales des Membres* ». Mécanisme d'examen des politiques commerciales, Annexe3 parag. i) de l'Accord sur L'OMC.

[23] On cite à ce titre le Conseil du Commerce des services, le Comité de l'agriculture et le Comité antidumping.

mécanisme appelé Système de règlement des différends de l'OMC[24]. Considéré comme « *le pilier du système commercial multilatéral et l'outil le plus efficace pour assurer l'efficacité des règles relatives à la libéralisation des échanges* »[25], ce système est destiné à régler les différends commerciaux qui surviennent entre les Membres de cette organisation quand « *un avantage résultant pour un (Membre) directement ou indirectement des accords visés se trouve compromis par des mesures par un autre Membre* »[26].

Force est de constater que l'étude du règlement des différends de l'OMC ne peut pas faire table rase du règlement des différends dans le cadre du GATT de 1947. Le rappel de l'ancien système est d'une importance capitale d'autant plus que le nouveau dispositif juridique du SRD de l'OMC constitue, dans une large mesure, une codification des règles de l'ancien système[27].

Laissant une place importante à la négociation[28], le règlement des différends sous l'égide du GATT était fondé sur les articles XXII et XXIII de cet Accord. L'article XXII avait pour objectif de favoriser, grâce à la négociation directe, la solution amiable de tout différend né entre les parties contractantes. L'article XXIII prévoyait, quant à lui, le cas échéant, l'intervention sollicitée des PARTIES CONTRACTANTES agissant en tant que conciliateurs. Cependant, la procédure de règlement des différends du GATT de 1947 était insatisfaisante dans l'ensemble vu l'inefficacité et le manque de qualité des rapports des *panels.* A cause du consensus positif qu'exigeait la procédure pour constituer les *panels* ou pour adopter leurs rapports, les parties pouvaient bloquer ou retarder exagérément la procédure. C'est pourquoi les règles relatives au règlement des différends du GATT furent écartées dans leur majorité[29].

---

[24] Article 3.2 du Mémorandum d'accord.

[25] BURDA (J.), « *L'efficacité du mécanisme de règlement des différends de l'OMC : vers une meilleure prévisibilité du système commercial multilatéral* », RQDI, n°18.2, 2005, p.1.

[26] Article 3.3 du Mémorandum d'accord.

[27] ROESSLER (F.), « *Evolution du système de règlement des différends du GATT de l'OMC.* », in Colloque de Nice, 1995, « *La réorganisation mondiale des échanges (problèmes juridiques)* », Paris, Pedone, 1996, p. 309.

[28] BLIN (O.), « *L'Organisation Mondiale du Commerce* », Paris, Ellipses, 1999, p. 64.

[29] ROESSLER (F.), « *Evolution du système de règlement des différends du GATT de l'OMC.* », art. précit., p. 309.

Mis en place en même temps que l'OMC, le nouveau SRD a remplacé celui du GATT de 1947[30] afin d'introduire plus de certitude et une plus grande prévisibilité au Système commercial multilatéral. La mission de régler les différends est désormais confiée à l'Organe de règlement des différends. Représentant la « *juridiction mondiale des échanges* »[31], cet organe est considéré comme étant le signe du progrès de la justice internationale. Contrairement aux Parties Contractantes, il est régi par une procédure générale et unique[32] contenue dans un accord spécifique annexé à l'Accord constitutif de l'Organisation au titre « Mémorandum d'Accord sur les règles et procédures régissant le règlement des différends de l'OMC » (Mémorandum d'accord). Un tel accord couvre l'ensemble des accords conclus à l'issue du Cycle d'Uruguay Round, d'où le caractère intégré du SRD[33].

Faisant preuve d'une certaine maturité, le nouveau SRD a été salué comme l'une des réussites majeures des résultats du Cycle d'Uruguay[34]. Quoiqu'il soit fermé aux Membres de l'organisation[35], ce système a réitéré, dans un laps de temps très court, beaucoup de progrès, faisant de lui le mode de règlement des différends le plus utilisé.

Dans la vague de la multiplication des juridictions internationales[36], le nouveau SRD, marqué par une certaine originalité, s'inscrit dans le cadre

---

[30] Il s'agit de la Déclaration ministérielle du PUNTA Del Este du 20 septembre 1986 qui a lancé les négociations du Cycle d'Uruguay. PACE (V.), op.cit., p. 21.

[31] MESSERLIN (P.), « *La naissance discrète d'une juridiction mondiale des échanges* », le Monde, 25/3/1997.

[32] MARCEAU (G.), VAN DEN BOSSCHE (P.), « *Le système de règlement des différends de l'Organisation Mondiale du Commerce : analyse d'un système particulier et distinctif* », RMUE, n° 3, 1998, p. 35.

[33] Constitué de 27 articles, ledit Mémorandum codifie certaines règles du GATT ayant subsisté parce qu'elles étaient les mieux adaptées. Il contient, en outre, d'autres règles nouvelles. Des règles dites « *spéciales ou additionnelles* » sont applicables. Enumérées à l'Appendice 2 du Mémorandum d'Accord, elles sont contenues dans certains accords. Elles prévaudront en cas de contradiction avec les règles et procédures du Mémorandum d'Accord. MARCEAU (G.), VAN DEN BOSSCHE (P.), art. précit., p.35.

[34] BLIN (O.), « *L'Organisation Mondiale du Commerce* », op. cit., p. 63 et s.

[35] Rapport de l'Organe d'appel, « *Etats Unis –Prohibition à l'importation de certaines crevettes et de certains produits à base de crevettes* », WT/DS58/AB/R, 12/10/1998, parag.101.

[36] FOURET (J.), PROST (M.), « *La multiplication des juridictions internationales : de la nécessité de remettre quelques pendules à l'heure* », RQDI, n°15.2, 2002. p-p.117-138.

des mutations affectant l'ordre juridique international. Qualifié de « *sui generis* »[37], il introduit une figure judiciaire singulière[38] sur la scène internationale. Le mode de règlement que représente le système de l'OMC est étranger au mode de règlement arbitral qui constitue le système de droit commun de règlement des différends internationaux économiques[39]. Aussi, faut-il remarquer que l'ORD, à la différence de la Cour internationale de justice(CIJ)[40], ne constitue pas une juridiction au sens communément convenu en droit international[41]. La particularité de cet organe provient du fait que celui-ci a une nature « *hybride* »[42] ; il est situé à mi-chemin entre le juridique et le diplomatique. Il mêle à la fois la souplesse de la logique diplomatique et la force obligatoire de la logique judiciaire[43]. Cette particularité est vérifiable aussi bien au niveau de la composition de l'ORD ainsi qu'au niveau des modes de règlement utilisés pour mettre fin aux différends entre les Membres de l'Organisation. En effet, celui-ci est composé par plusieurs organes que l'on désigne, par la suite, par les Organes de règlement des différends qui sont au nombre de

---

[37] KIEFFER (R.), op. cit., p. 296.

[38] PETIT (Y.), « *Préface* », in KIEFFER (R.), op. cit., p. 14.

[39] L'arbitrage constitue le mode principal régissant les différends commerciaux internationaux privés, ainsi que les différends relatifs aux Contrats d'Etats notamment dans le cadre du Centre international pour le règlement des différends relatifs à l'investissement (CIRDI), établi par la Convention de Washington de 1965. HORCHANI (F.), « *Présentation* » in HORCHANI (F.), (Dir.), « *CIRDI Bilan d'un système* », Actes du colloque de Tunis, 11-12-13/03/2010, Paris, Pedone, p.3.

[40] La CIJ constitue un véritable tribunal dans la mesure où elle est composée d'un corps de magistrats indépendants et dont la fonction est de régler les différends entre Etats en appliquant le droit international. Aussi, comme toutes les juridictions, elle prononce une décision dotée de l'autorité de la chose jugée. Voir les articles 2,36 et 59 du Statut de la CIJ.

[41] Pour devenir une juridiction internationale, un organe doit répondre à sept critères : le critère de la permanence, celui de la mise en place par un instrument international, celui de la qualité des parties devant l'organe considéré, celui de l'application du droit international, celui de la préexistence des règles de procédures, celui du caractère obligatoire de la décision rendue et celui de la désignation des juges par un mécanisme impartial. KIEFFER (B.), op. cit., p. 294 ; SANTULLI (C.), « *Qu'est-ce qu'une juridiction internationale ? Des organes répressifs internationaux à l'ORD* », AFDI, XL, vol.VI, 2000, p. 61 ; LORENZO (L.), Thèse précit., p. 310.

[42] BLIN (O.), « *Propos introductif* », in BLIN (O.), (Dir.), « *Regards croisés sur le règlement des différends de l'Organisation Mondiale du Commerce* », Bruxelles, Bruylant, 2009, p. 4.

[43] RUIZ FABRI (H.), « *Le règlement des différends au sein de l'OMC : naissance d'une juridiction, consolidation d'un droit* », in Mélanges KAHN (PH.), « *Souveraineté étatique et marchés internationaux à la fin du 20ème siècle* », Litec, 2000, p. 305.

trois. Le Conseil général en constitue un lorsqu'il se transforme en organe de règlement des différends. Son rôle consiste à réceptionner les plaintes, à établir, le cas échéant, des Groupes spéciaux et à adopter, sous forme de décisions et de recommandations, les rapports de ces groupes et ceux de l'Organe d'appel[44]. De plus, l'ORD est composé par des experts très qualifiés en droit du commerce international qui forment des Groupes spéciaux. Le mandant de ces derniers consiste à examiner, à la lumière du droit de l'OMC, la question portée devant le Conseil général afin de l'aider à formuler ses recommandations et ses décisions[45]. Encore, faut-il remarquer que l'ORD comporte, à côté des organes précités, un Organe d'appel qui constitue l'innovation la plus remarquable du SRD[46]. Considéré comme le gage de l'efficacité de celui-ci[47], cet organe accomplit une « *fonction juridictionnelle essentielle* »[48]. Son examen se réduit aux questions de droit couvertes par le rapport du Groupe spécial. Ayant l'obligation de trancher en dernier ressort, il dispose d'une grande liberté dans l'appréciation du droit[49]. En raison de l'importance de sa contribution dans d'interprétation et d'unification du droit de l'OMC, cet organe permet de projeter sur le SRD « *une lumière judiciaire* »[50].

« *Phénoménal* »[51], le SRD tire aussi sa particularité du fait qu'il combine plusieurs modes de règlement des différends qui s'enchevêtrent. Des modes classiques de règlement des différends et des modes particuliers à l'OMC. En effet, avant le déclenchement de la procédure de règlement des différends, une phase préliminaire, reposant sur la conciliation[52], est prévue par le Mémorandum d'accord. De même, des modes de règlement des différends classiques du droit international[53]

---

44 Article 2 du Mémorandum d'accord.

45 Article 7 du Mémorandum d'accord.

46 Article 17 du Mémorandum d'accord.

47 BLOCTEUR (M.), « *Les principes de la justice internationale* », Thèse de doctorat, Université Paris1, Panthéon, sorbonne, 2010, p. 480.

48 Rapport annuel de l'Organe d'appel pour 2009, WT/AB/R/13, 17/2/2010, p. 60 ; KIEFFER (B.), op.cit., p. 295.

49 Article 17 du Mémorandum d'accord.

50 RUIZ FABRI (H.), « *Le juge de l'OMC : ombres et lumières d'une figure judiciaire singulière* », art. précit. p. 42.

51 ANDRIANARIVORY (M.J.), « *Un panel institué dans le cadre de l'Organisation Mondiale du Commerce n'est-t-il pas une juridiction ?* », RRJ, 200, n°2, p.1192.

52 Article 4 du Mémorandum d'accord.

53 Pour plus de détails, LIMEM (M.), « *Le règlement des différends dans le cadre de l'Organisation Mondiale du Commerce* », in HORCHANI (F.), (Dir.), « *Règlement pacifique des différends internationaux* », CPU, Bruylant, 2002, p. 465-491 ;

pourront commencer à tout moment[54] comme les bons offices, la médiation et la conciliation[55].

Si l'ORD ne s'écarte pas des modes diplomatiques de règlement des litiges, il connait, toutefois, une juridictionnalisation[56] « *irréversible* »[57] qui atteste, non seulement le renforcement de la normativité au sein de l'OMC[58], mais elle replace celle-ci dans le mouvement plus large de juridicisation de la société internationale[59]. Cette juridictionnalisation est impliquée par un paysage judiciaire international qui connait une effervescence juridictionnelle[60]. La multiplication des juridictions internationales avait pour effet d'offrir un espace juridictionnel où le « *forum shopping* »[61] peut facilement devenir la règle dans la recherche

---

HORCHANI (F.), « *Le règlement pacifique des différends internationaux* », Tunis, CERPU, 1992.

[54] Article 5.3 du Mémorandum d'accord.

[55] Article 5.1 du Mémorandum d'accord.

[56] La juridictionnalisation se traduit, selon Blocteur Marie, par la soumission de plus en plus large de pans du droit international au contrôle juridictionnel ou par des audaces dont sont empreintes certaines décisions adoptées par les juridictions internationales. BLOCTEUR (M.), « *Les principes communs de la justice internationale* », Thèse de doctorat, Université Paris1, 2010, p.16.

[57] CANAL FORGUES (E.), « *La procédure d'examen en appel de L'Organisation Mondiale du Commerce* », AFDI, vol.42, 1996, p. 845.

[58] PACE (V.), op. cit., p.195.

[59] La juridicisation des relations internationales consiste au développement de la hard Law. Le recours au juge ne peut être d'aucune efficacité s'il est fondé sur une règle simplement indicative. KIEFFER (R.), op. cit., p. 26.

[60] Dans les années 90, le paysage judiciaire international connait de grands bouleversements et ce, par la création de plusieurs juridictions internationales. On cite en ce sens le Tribunal international du droit de la mer, les juridictions pénales temporaires : les tribunaux internationaux pour l'ex-Yougoslavie, le Rwanda, puis permanente avec la Cour pénale internationale. BLOCTEUR (M.), « *Les principes de la justice internationale* », Thèse de doctorat, Université Paris1, Panthéon, Sorbonne, 2010, p.5, METOU (B.M.), « *Le rôle du juge dans le contentieux international* », Cahier de droit international, 2012, p. 31. FOURET (J.), PROST(M.), « *La multiplication des juridictions internationales : de la nécessité de remettre quelques pendules à l'heure* », RQDI., n°15.2, 2002, p.127.

[61] Le terme anglo-saxon de *forum shopping* désigne une pratique bien connue des internationalistes privatistes, consistant en une manœuvre, par laquelle les parties effectuent librement un choix entre toutes les juridictions qui offrent leur compétence juridictionnelle. L'important dans cette pratique c'est que le choix du for est effectué non en fonction des critères géographiques ou matériels préétablis, mais en fonction de critères d'opportunité ayant trait à la qualité et à la substance du jugement qui sera rendu. FOURET (J.), PROST (M.), « *La multiplication des juridictions*

d'une meilleure justice[62]. Pour répondre aux exigences de ce paysage judiciaire, la juridictionnalisation de l'ORD s'impose, dès lors, d'emblée. Cheminant sur les traces du juge international par l'introduction des ingrédients de la juridiction[63], cet organe affirme son rattachement à un mode de règlement *quasi* juridictionnel avec une tendance non pas pour le diplomatique mais pour le juridictionnel[64]. Ladite juridictionnalisation se vérifie dans la procédure devant les Groupes spéciaux puisqu'elle est imprégnée par la logique judiciaire[65] au niveau de l'évaluation des faits de la cause[66] d'une part, et du pouvoir d'investigation accordé à ces organes pour apprécier la conformité des mesures contestées avec le droit de l'OMC, d'autre part[67]. Cette juridictionnalisation s'affirme aussi amplement par la création d'un Organe d'appel[68] qui, doté de la plupart des attributs classiques d'une juridiction internationale[69], constitue une évolution notable non seulement par rapport à l'ancien mécanisme de règlement des différends, mais aussi par rapport aux autres juridictions

---

internationales : de la nécessité de remettre quelques pendules à l'heure », art. précit., p. 128.

[62] CANAL FORGUES (E.), *« Mutations de l'ordre juridique international et système de règlement des différends de l'OMC* », in Colloque de l'Université Saint-Joseph de Beyrouth « *L'adhésion de Liban et des pays arabes à l'Organisation Mondiale du Commerce* », Bryulant, 2004, p-p. 139-153.

[63] RUIZ FABRI (H.), « *La juridictionnalisation du règlement des litiges économiques entre Etats* », RA, n° 3, 2003, p. 920.

[64] ASCENSIO (H.), « *La notion de juridiction internationale en question*», in Colloque SFDI, « *La juridictionnalisation du droit international* », Paris, Pedone, 2003, p.199 ; HENFACK (H.), « *Le SRD et les autres systèmes de règlement des litiges commerciaux internationaux*», in BLIN (O.), (Dir.), « *regards croisés sur le règlement des différends de l'Organisation Mondiale du Commerce* », Bruxelles, Bruylant, 2009, p. 22; GOUTAL (J.L.), « *Le rôle normatif de l'Organisation Mondiale du Commerce* », Les Petites Affiches, n°5, 11 janvier 1995, p. 25.

[65] La logique judiciaire est « *articulée autour de chaines de syllogismes dont (la règle de droit) représente la majeure, les données de fait la mineure et le dispositif de jugement, la conclusion*». OST (F.), *« Juge pacificateur, juge arbitre, juge entraîneur, trois modèles de justice* », in GERARD (Ph.), VAN DE KERCHOVE, OST (F.), (Dir.), « *Fonction de juger et pouvoir judiciaire : transformations et déplacements* », Bruxelles, Publications des facultés universitaires, Saint Louis, 1983, p. 40.

[66] Article 11 du Mémorandum d'accord.

[67] BURDA (J.), « *L'efficacité du mécanisme de règlement des différends de l'OMC : vers une meilleure prévisibilité du système commercial multilatéral* », RQDI, n°18.2, 2005, p .20.

[68] Ibid., p .20.

[67] KIEFFER (B.), op.cit., p. 295.

internationales[70]. Mieux encore, la contribution de cet organe dans l'interprétation des termes importés de l'OMC dans d'autres espaces normatifs est de plus en plus vérifiable[71]. Malgré leur composition diplomatique[72], les Groupes spéciaux et l'Organe d'appel ont pu acquérir une large reconnaissance et une légitimité pour la portée, la qualité des rapports et le nombre élevé des différends résolus[73].

Force est de constater qu'une jurisprudence[74], marquée par un dynamisme inhérent à l'activité judiciaire, s'est progressivement constituée par l'ORD. À ce titre, on ne peut pas manquer de rappeler que *« le mécanisme de formation classique d'une règle jurisprudentielle, indépendamment de sa valeur juridique..., est un processus progressif et répétitif d'accumulation de décisions concordantes sur un point de droit donné »*[75]. À l'instar des tribunaux internationaux et arbitraux, les Organes de règlement des différends (Groupes spéciaux et Organe d'appel) n'hésitent pas à invoquer, dans leur raisonnement juridique, la jurisprudence internationale. Des références sont faites à celle de la Cour de la Haye (la CIJ et sa devancière la CPJI) et à celle d'autres juridictions internationales. Bien plus, l'ORD, malgré sa nature *sui generis*, a pu

---

[70] ASCENSIO (H.), « *La notion de juridiction internationale en question*», art. précit., p.199.

[71] SACERDOTI (G.), «La contribution de l'Organe d'appel de l'OMC à la construction du droit international économique : système commercial multilatéral, accords régionaux, droit de l'investissement », RGDIP, tomeCXX, 2016, p.722.

[72] Voir les articles 8 et 17 du Mémorandum d'accord.

[73] UNTERHALTER (D.), « *Discours d'adieu d'un membre quittant l'Organe d'appel* », in Rapport annuel de l'Organe d'appel pour 2013, WT/AB/20, 14/03/2014, p.50.

[74] Par jurisprudence, on vise l'ensemble des avis et des décisions juridictionnelles rendus par un organe judiciaire ou arbitral. L'article 38 du Statut de la CIJ relatif aux sources du droit international public n'utilise pas l'expression «*jurisprudence* » mais « *décisions judiciaires* » dont la fréquence et la constance en constituent des éléments de définition de la jurisprudence internationale. Si cet article ne reconnait à celle-ci qu'un rôle auxiliaire dans la détermination du droit international, personne n'ignore cependant l'importance du rôle du juge dans le dégagement de l'existence, le sens et la portée de règles de droit international comme la coutume ou les principes généraux. HORCHANI (F.), « *Les sources du droit international public* », Tunis, CPU, 2éd. 2008, p. 331 ; DUPUY (P.M.), « *Le maintien ou la disparition de l'unité du système juridique international* », in « *Harmonie et contradictions en droit international*», Rencontres internationales de la Faculté des Sciences juridiques, politiques et sociales de Tunis, Paris, Pedone, 1996, p.17 et s.

[75] JOUANNET (E.), « *La notion de jurisprudence internationale en question* », in Colloque SFDI, « *La juridictionnalisation du droit international* », Paris, Pedone, 2002, p.357.

construire une véritable jurisprudence qui lui est propre[76]. Formellement consacrée dans les rapports des Organes de règlement des différends, cette jurisprudence englobe aussi bien celle du règlement des différends du GATT de 1947[77] (l'acquis du GATT) et celle de l'ORD. La concordance et la fréquence de cette jurisprudence sont de plus en plus affirmées[78]. Rattachée à l'activité d'interprétation de l'ORD, la pratique de celui-ci ne se réduit pas à la systématisation de « décisions » analogues. Mais, elle manifeste la volonté de forger une interprétation unifiée des Accords visés en leur donnant une autorité dépassant le différend en cause[79]. La stabilité du cadre juridique du commerce international dépend de la jurisprudence de l'ORD, constate *Giorgio Sacerdoti*[80]. Mieux encore, en raison de sa haute qualité, cette jurisprudence est considérée, aujourd'hui, comme l'une des sources les plus fécondes pouvant inspirer les juridictions internationales[81].

Le degré de développement que l'ORD a pu atteindre, ces dernières années, n'est pas obtenu au hasard. Si cet organe se juridictionnalise véritablement, c'est parce qu'il se réfère par excellence à la règle de droit[82]. En effet, pour régler les différends, les organes compétents en la matière, à l'instar du juge[83], disent le droit[84]. Ils sont tenus d'adopter une solution en conformité au droit de l'OMC[85] indépendamment de son

---

[76] CANAL FORGUES (E.), FLORY (Th.), « *GATT / OMC Recueil des contentieux du 1er janvier 1948 au 31 décembre 1999* », Bruxelles, Bruylant, 2001, p. 876.

[77] Rapport de l'Organe d'appel « *Japon-taxes sur les boissons alcooliques* », WT/DS8/AB/R, WT/DS10/AB/R, WT/DS11/AB/R, 4/10/1996, p-p. 15-16.

[78] Article 3.2 du Mémorandum d'accord.

[79] RUIZ FABRI (H.), « *L'appel dans le règlement des différends de l'OMC : trois ans après quinze rapports plus tard* », art. précit., p. 97.

[80] SACERDI (G.), art. précit., p.724.

[81] Rapport du Groupe spécial, « *Etats-Unis – Article 301 de la loi de 1974 sur le commerce extérieur* », WT/DS152/R, 25/11/1998, prag. 7.21.

[82] Rapport annuel de l'Organe d'appel pour 2012, WT/AB18, 9/4/2013, p. 6 ; PACE (V.), op.cit., p. 23.

[83] RUIZ FABRI (H.), « *Le juge de l'OMC : ombres et lumières d'une figure judiciaire singulière* », RGDIP, tome CX, 2006, p. 47.

[84] Inhérente à l'activité judiciaire, la mission de dire le droit est délicat : elle ne se réduit pas à une simple application mécanique de la loi. Le juge se borne à assurer le passage du droit au fait avec une marge d'appréciation qui peut passer de l'adaptation jusqu'à la création du droit pour réussir à le raccorder à la complexité des situations concrètes. DEUMIER (P.), « *Introduction générale au droit* », LGDJ, 2011, p. 101.

[85] Article 3.4 du Mémorandum d'accord.

degré de normativité[86]. L'application du droit de l'OMC suppose souvent son interprétation qui est confiée à la sensibilité et à la sagesse des Groupes spéciaux et de l'Organe d'appel[87].

Pour accomplir leur rôle de dire le droit, les Organes de règlement des différends recourent à toute une panoplie de règles impliquée par la nature interdisciplinaire du droit de l'OMC[88]. Contrairement à ce que suggère ***Pauwelyn***, ce droit a le mérite d'être « *dynamique, évolutif, et de moins en moins fermé sur lui-même* »[89]. Il ne se réduit pas aux sources créées dans le contexte de l'OMC ; il s'ouvre à des sources extérieures élaborées en dehors du système de cette organisation[90]. Marquées par la multiplicité et l'enchevêtrement, les sources formelles[91] du droit de l'OMC dessinent un corpus normatif original[92]. *A priori*, on y distingue les sources dites primaires de l'OMC des sources interprétatives[93]. Cette distinction, en dépit de sa simplicité, n'est pas toujours évidente. La détermination des sources du droit de l'OMC demeure non aisée, elle est même pleine d'incertitudes[94] et ce, pour les raisons suivantes. Le Mémorandum d'accord ne contient pas une disposition équivalente à l'article 38 du

---

[86] RUIZ FABRI (H.), MONNIER (P.), « *Organisation Mondiale du commerce : règlement des différends* » in Jurisclasseur international, Fasc. 130-15, 4, 2010, p. 8.

[87] Article 3.2 du Mémorandum d'accord.

[88] JACQUET (J.M.), « *Rapport de synthèse* », in BLIN (O.), (Dir.), « *regards croisés sur le règlement des différends de l'Organisation du commerce* », Bruxelles, Bruylant, 2009, p. 114.

[89] PROST (M.), « *D'abord les moyens, les besoins viendront après commerce et environnement dans la "jurisprence" du GATT et de l'OMC* », Bruylant, 2005, p. 10.

[90] THOUVENIN (J.M.), « *OMC et conflits de normes : le regard de l'internationaliste publiciste* », in FORTEAU (M.), « *La fragmentation du droit applicable aux relations internationales : regards croisés d'internationalistes privatistes et publicistes* », Actes de journée d'étude du 16/4/2010, p. 39.

[91] Les sources du droit sont celles qui « *permettent de distinguer les différentes normes juridiques qui constituent le droit en vigueur. Il convient dès lors d'opérer une distinction entre les sources dites formelles et les sources dites matérielles. Les premières désignent les différents modes d'édiction, les différents procédés de formation des normes juridiques. En revanche, les sources matérielles renvoient à la notion de fondement des différentes normes juridiques : non pas ce qui les explique, mais ce qui les justifie, leur confère valeur ou validité* ». AMSELEK (P.), « *Brèves réflexions sur la notion de sources du droit* », APD, tome 27, 1982, p. 253.

[92] BALMOND (L.), « *Les sources du droit de l'Organisation Mondiale du Commerce* », in Colloque de Nice, 24-25 juin 2010, « *Les sources et les normes dans le droit de l'OMC* », Paris, Pedone, 2012, p. 25.

[93] LUFF (D.), « *Le droit de l'Organisation mondiale du commerce, analyse critique* », Bruxelles, Bruylant, 2004, p. 21.

[94] BALMOND (L.), art précit., p. 11.

Statut de la CIJ. S'il détermine certaines sources en cas de règlement des différends, il ne fournit pas, toutefois, un cadre précis et utile pour l'examen des sources du droit de l'OMC. L'article 7 prévoit que les normes[95] de référence pour les Groupes spéciaux sont les dispositions pertinentes des Accords visés. Cependant, le Mémorandum d'accord fait appel, dans son article 3.2 à des sources extérieures au droit de l'OMC puisqu'il renvoie aux règles coutumières d'interprétation du droit international public. Mais, doit-on souligner que lesdites règles, auxquelles renvoie le Mémorandum d'accord, n'englobent pas toutes les sources extérieures au droit de l'OMC. Le tableau du droit applicable dans le règlement des différends rappelle la « *technique des poupées gigognes, une source en incorporant une autre, y renvoyant ou la faisant apparaitre* »[96]. En effet, à l'exception de l'équité[97], l'ORD se réfère à des accords internationaux extérieurs[98], impliqués par « *l'effet d'emboitement* »[99] qui marque les Accords visés. Il applique, en outre, la coutume

[95] La norme juridique est susceptible de deux grandes définitions: la première, traditionnelle et dominante, relève d'une conception déontique; elle assimile les normes juridiques à des règles de conduite dont le contenu doit être prescriptif, prohibitif ou permissif. La seconde, plus novatrice, repose sur une approche fonctionnelle, et propose de faire de la norme juridique la référence, le modèle et l'instrument de mesure qui permet de déterminer comment les choses doivent être. CAUDAL (S.), « *Rapport introductif* », in CAUDAL (S.), (Dir.), « *Les principes en droit* », Economica, Etudes juridiques, n° 30, 2008, p. 4.

[96] GHERARI (H.), « *Conclusions* », in Colloque de Nice, 24-25 juin 2010, « *Les sources et les normes dans le droit de l'OMC* », Paris, Pedone, 2012, p. 311.

[97] Le Groupe spécial « *Produits pharmaceutiques* » a eu l'occasion de préciser qu'il est tenu de fonder ses constations sur le libellé du Mémorandum d'accord et qu'il doit s'interdire de rendre une décision *ex aequo bono* sans lien avec le libellé explicite du Mémorandum d'accord. Rapport de l'Organe d'appel « *Inde – protection conférée par un brevet pour les produits pharmaceutiques et produits chimiques pour l'agriculture* », WT/DS50/AB/R, 05/09/1998, parag. 7.23.

[98] GUEVREMONT (V.), « *Traités multilatéraux : nouvelles perspectives relatives à l'articulation* », in Colloque précit. de Nice, 24-25 juin 2010, p. 27.

[99] RUIZ FABRI (H.), « *La contribution de l'Organisation Mondiale du Commerce à la gestion de l'espace juridique mondial* », in KESSEDJIAN (C.), LOQUIN (E.), « *La mondialisation du droit* », Litec, vol. 19, 2000, p. 354.

internationale[100], la jurisprudence internationale[101], la doctrine[102] et les principes généraux[103].

C) Les principes généraux

Si les principes généraux constituent une source du droit de l'OMC, ils méritent une attention particulière et ce, en raison de leur hétérogénéité et de la pratique revivifiée en la matière. La présente étude portant sur l'analyse de cette source dans la jurisprudence de l'ORD fait renaitre l'interrogation sur la signification d'un concept de « *grand prestige* »[104] à savoir les principes généraux. C'est d'autant plus vrai que dans la dynamique de l'ordre juridique international[105], ce concept, à l'instar des notions classiques du droit international, « *est devenu de plus en plus ambigu* »[106]. Le sens de ces principes s'est largement diversifié et démultiplié[107] au point de rendre difficile toute tentative de définition.

Mais, pour que l'on puisse circonscrire les contours de ce concept, il convient au préalable de s'interroger sur la notion de principe. Dans le vocabulaire philosophique, on appelle principe « *l'ensemble des propositions et directives auxquelles tout le développement ultérieur est subordonné* »[108]. Parce qu'elle répond à la même logique, la définition du

---

[100] TANCREDI (A.), « *OMC et coutume(s)* » in Colloque précit. de Nice 24-25 juin 2010, p. 81 et s.

[101] HOEFNER (W.), « *Organe de règlement des différends et jurisprudence internationale* », in Colloque précit. de Nice, 24-25 juin 2010, p-p. 139-152.

[102] DE BRABANDERE (E.), « *La doctrine en tant que source de droit de l'OMC* », in Colloque précit. de Nice, 24-25 juin 2010, p. 208 et s.

[103] ROLLAND (S.E.), « *Les principes généraux à l'OMC* », in TOMKIEWICZ (V.), (Dir.), « *Les sources et les normes dans le droit de l'OMC* », Colloque précit. de Nice, 24-25 juin 2010, p-p. 105-121.

[104] MORANGE (G.), « *Une catégorie juridique ambigüe : les principes généraux du droit* », RDP, tome, XCIII, n°4,1977, p.762.

[105] Pour plus de détails sur l'évolution de l'ordre juridique international, voir DUPUY (P.M), « *L'unité de l'ordre juridique international : Cours général de droit international public (2000)* », RCADI, tome 297, 2002, p.77 et s.

[106] MORANGE (G.), art. precit., p-p.761-762.

[107] JOUANNET (E.), « *L'ambivalence des principes généraux face au caractère étranger et complexe de l'ordre juridique international* », in VINAIXA (R.), WELLENS (K.), (Dir.), « *L'influence des sources sur l'unité et la fragmentation du droit international* », Bruxelles, Bruylant, 2006, p.117.

[108] LALANDE, « *Vocabulaire technique et critique de la philosophie* », V° principe, lettre D., cité in BOULANGER (J.), « *Principes généraux du droit et droit positif* », *in Mélanges RIPERT (G.),* « *Le droit privé français au milieu du XXème siècle* », Paris, LGDJ, Tome I, 1950, p. 56.

principe en droit ne se démarque pas nettement de celle en philosophie[109]. En effet, dans le vocabulaire juridique, le concept « *principe* » révèle l'importance fondamentale d'une norme juridique au regard d'un système de droit donné[110]. Il y aurait donc des principes qui produisent les bases d'un système juridique[111] et sur lesquelles sont greffées des règles juridiques secondaires d'application[112].

Le succès du concept principe juridique a ruiné, toutefois, « *sa valeur singulière, noyée dans un pluriel ampoulé* »[113]. En effet, les principes juridiques sont abondamment utilisés et sont même confondus à d'autres notions voisines que l'on doit en distinguer[114]. Quoique souvent qualifié de maxime, le principe s'en distingue nettement. La maxime « *n'est qu'une proposition de l'expérience juridique sans valeur précise dans le système des sources. Le principe s'arme au contraire d'autonomie normative* »[115]. Ayant une valeur juridique, il diffère, en outre, des principes moraux[116] et politiques qui ne s'imposent pas en tant que règles juridiques. Cependant, il faut remarquer que le principe juridique ne s'oppose pas à ce qu'il soit imprégné par des aspects politiques ou qu'il intègre des valeurs morales. Bien plus, un grand nombre de principes juridiques « *juridicisent les valeurs éthiques et politiques les plus profondes des sujets du système international* »[117].

Si les principes, au niveau de leur définition, ne posent pas de difficulté, leur association avec l'adjectif « *généraux* » suscite de

---

109 BOULANGER (J.), « *Principes généraux du droit et droit positif* », art. précit., p.56.

110 VITANYI (B.), « *La signification de la « généralité » des principes de droit* », RGDIP, tome XXX, 1976, p. 537.

111 VIRALLY (M.), « *Le rôle des principes généraux dans le développement du droit international* », Mélanges GUGGENHEIM, IUHEI de Genève, 1968, p. 533.

112 RIPERT (G.), « *Les règles du droit civil applicables aux rapports internationaux* », RCADI, vol. 44, II, 1933, p. 575.

113 MORVAN (P.), « *V° Principes, dictionnaires de la culture juridique* », RIALS (S.), (Dir.), ALLAND (D.), PUF, Lamy, 2003, p.1201.

114 JEAMMAUD (A.), « *De la polysémie du terme « principe » dans les langages du droit et des juristes* », in CAUDAL (S.), (Dir.), « *Les principes en droit* », Economica, Etudes juridiques, n° 30, 2008, p.49.

115 KOLB (R.), « *Les maximes juridiques en droit international public : questions historiques et théoriques* », RBDI, n°2, 1999, p.413.

116 On cite en ce sens le principe démocratique, le vieux principe de civilisation, le principe de justice… JOUANNET (E.), « *L'ambivalence des principes généraux face au caractère étranger et complexe de l'ordre juridique international* », art. précit., p.122.

117 Ibid.

nombreuses remarques. C'est la généralité des principes généraux qui caractérise leur définition et les différencie des simples règles de droit[118]. La généralité de la règle juridique ne s'entend pas dans le même sens que celle d'un principe. Une règle est générale car elle est « *établie pour un nombre indéterminé d'actes ou de faits* »[119]. Cependant, cette caractéristique de la règle de droit ne l'empêche pas d'être spéciale. Par contre, le principe est dit général parce qu'il est situé à un haut degré de généralité et d'abstraction[120]. Dépourvu de la précision et de la rigueur des règles de droit écrit[121], il « *comporte une série indéfinie d'applications* »[122].

Ayant pris corps dans les ordres juridiques, tant national qu'international, les principes généraux sont susceptibles de sens multiples[123]. Au sens large, ils correspondent au droit non écrit[124]. Quoiqu'ils s'unissent autour du critère commun de la généralité, ils sont marqués par la vitalité et l'hétérogénéité[125]. Ils englobent des principes constitutionnels (la priorité de certaines normes fondamentales sur le droit particulier) ; des règles logiquement nécessaires (*pacta sunt servanda*), des règles inhérentes à tout ordre juridique (la bonne foi). Ils visent, en outre, des principes exclusivement propres à chaque branche du droit (en droit pénal : le principe de la légalité des délits et des peines ; en droit administratif : le principe de la continuité du service public ; en droit international : le non recours à la force armée, l'autodétermination des peuples…[126]. C'est en ce sens que les principes généraux constituent des règles d'importance matérielle qui résultent de la multiplication des matières juridiques[127]. En

---

[118] BERGEL (J.L.), « *Théorie générale du droit* », Paris, Dalloz, 1985, p. 97.

[119] Ibid.

[120] VITANYI (B.) « *La signification de la généralité des principes de droit* », art. précit., p-p. 540-541.

[121] GRABARCZYK (K.), « *Les principes généraux dans la jurisprudence de la Cour européenne des droits de l'homme* », Thèse de doctorat, Université Montpellier I, Faculté de droit, 2006, p.3.

[122] BERGEL (J.L.), « *Théorie générale du droit* », 1985, op. cit., p. 97.

[123] CARREAU (D.), MARRELLA (F.), « *Droit international* », Paris, Pedone, 11ème éd., 2012, p. 326.

[124] KOLB (R.), « *Théorie du droit international* », Bruxelles, Bruylant, 2ème éd., 2012, p. 184.

[125] GRABARCZYK (K.), Thèse précit., p.3.

[126] KOLB(R.), « *Théorie du droit international* », op. cit., p.184.

[127] BERGEL (J.L.), « *Théorie générale du droit* », 1985, op. cit., p.106.

droit du commerce international privé et selon une autre acception, les principes généraux s'identifient à la *lex mercatoria*[128].

Cependant, dans cette étude, on se limitera à identifier les principes généraux dans le cadre du droit international[129], dans lequel, deux conceptions divergentes émergent, opposant les principes généraux du droit international aux principes généraux de droit dits aussi principes généraux du droit. Dans la sentence « ***Texaco*** », l'arbitre ne considère pas comme équivalentes les expressions « *principes du droit international* » et « *principes généraux du droit* »[130]. Les premières recouvrent l'ensemble du droit international. Déjà évoqués dans l'arrêt de la CPJI en l'affaire « **Lotus** », « *les principes du droit international ne peuv(ent), selon leur usage général, signifier autre chose que le droit international tel qu'il est en vigueur entre toutes les nations faisant partie de la communauté internationale* » [131]. Ces principes sont utilisés pour désigner aussi les « *propositions premières... qui dominent le droit international soit par leur importance, soit par leur caractère général et abstrait* »[132]. C'est en ce sens que les principes généraux du droit international forment les conditions premières du droit international et contribuent à son architecture fondamentale[133]. Déduits de la pratique internationale, ils sont constitués, soit par voie de reproduction fréquente dans les traités,

---

128 Il s'agit de règles transnationales que les partenaires économiques se donnent à eux-mêmes notamment dans le cadre de leurs organismes professionnels et que les arbitres contractuellement désignés appliquent et par là même précisent. GOLDMAN (B.), « *La lex mercatoria dans les contrats et l'arbitrage internationaux : réalités et perspectives* », JDI, 1979, p. 475.

129 Historiquement, la référence aux principes en droit international est ancienne, que ce soit sur le plan conventionnel ou sur le plan des décisions arbitrales. Sur le plan conventionnel, on cite par exemple la Convention de la Haye de 1899 (*article 48*) qui parle des « *principes du droit international* », puis en 1907 la Convention XII de la Haye instituant la Cour internationale des prises (*article7*). Sur le plan des décisions arbitrales, dès 1794, les commissions mixtes anglo-américaines constituées par le traité de Jay ont directement fondé leurs décisions sur les principes généraux de droit. COUSTON (M.), « *Les principes en droit international* », in CAUDAL S.), (Dir.), « *Les principes en droit* », Economica, Etudes juridiques, n° 30, 2008, p. 306.

130 Sentence arbitrale, « *Texaco-Calasiatic c. Gouvernement libyen* », 19/1/1977, Journal du droit international (Clunet), Vol. 104, 1977, p. 350.

131 Arrêt de la CPJI relatif à l'affaire « *LOTUS (France c. Turquie)* », 7/9/1927, Rec. CPJI, série A, fascicule n°10, p-p.16-17.

132 WEIL (P.), « *Principes généraux du droit et contrats d'Etat* », in Mélanges GOLDMAN (B.), « *Le droit des relations économiques internationales* », Paris, Litec, 1982, p. 393.

133 ROLLAND (S.E.), « *Les principes généraux à l'OMC* », art. précit., p. 106.

soit par voie coutumière[134]. La pratique internationale réitère, en ce sens, le principe de bonne foi[135].

En outre, par principes généraux, on vise les principes généraux de droit communs aux grands systèmes de droit contemporains qui se prêtent à être transférés à l'ordre juridique international, quand celui-ci présente des lacunes[136]. Il s'agit de principes de droit privé à l'origine, dégagés grâce à la méthode de droit comparé et applicables par analogie[137] à des questions de droit international[138]. C'est au niveau de ces principes que les incertitudes s'accroissent[139]. Un fort courant doctrinal a nié la qualité de source de droit autonome aux principes généraux pour les réduire à une source matérielle, voire à l'équité[140]. De nombreux auteurs voient en ces principes, au contraire, une source du droit international qui tire sa particularité du milieu où ils prennent naissance[141]. Le juge ***Mc Nair*** a eu l'occasion de souligner dans son opinion individuelle relative à l'affaire du « ***Sud –Ouest africain*** » que « *le droit international a emprunté et continue à emprunter à des systèmes de droit privé un grand nombre de ses règles et ses institutions* »[142]. C'est en ce sens que l'article 38 du Statut de la CIJ, ayant repris celui relatif à la CPJI, fait des «*principes généraux de droit reconnu par les nations civilisées* » une source du droit international public. Ces principes devaient avoir leur fondement dans la conscience concordante des peuples[143]. Cette solution est adoptée à l'article 21.1c du Statut de la CPI où l'on fait référence aux « *principes généraux du droit dégagés par la Cour à partir des lois nationales*

---

134 VITANYI (B.), « *Les positions doctrinales concernant le sens de la notion de principes généraux de droit reconnus par les nations civilisées* », RGDIP, vol. I, 1982, p. 72.

135 HORCHANI (F.), « *Droit international public* », Tunis, CPU, tome I, 2000, p. 323.

136 KOLB (R.), « *Théorie du droit international* », op. cit., p.184.

137 Les principes généraux de droit, pour qu'ils se réincarnent à l'international, il faut que les nécessités sociales qui ont fondé leur émergence en interne se retrouvent à l'international. COUSTON (M.), « *Les principes en droit international* », art. précit., p. 318.

138 Remarques du juge Japonais Tanaka dans l'arrêt de la CIJ relatif à l'affaire « *Sud-Ouest africain (2ème phase)* », 18/07/1966, Rec. CIJ, p. 295-296.

139 KOLB (R.), « *La bonne foi en droit international : contribution à l'étude des principes généraux de droit* », Paris, Puf, 2000, p. 24 et s.

140 KOLB (R.), « *Théorie du droit international* », op. cit., p. 184.

141 CARREAU (D.), MARRELLA (F.), « *Droit international* », 11ème éd., op. cit., p. 328.

142 Ordonnance de la CIJ relative à l'affaire « *Pêcheries (Royaume-Uni c. Norvège)* », 04/10/1950, p. 148.

143 GRABARCZYK (K.), « *Les principes généraux dans la jurisprudence de la Cour européenne des droits de l'homme* », Thèse précit., p. 3.

représentants les différents systèmes juridiques du monde ». Il en résulte que le principe général de droit, pour qu'il soit qualifié en tant que tel, doit être présent dans tous les grands systèmes de droit, c'est-à-dire dans la famille romano germanique, dans les pays de *common law,* dans les pays qui ont adopté un système socialiste, voire dans les régimes juridiques à forte coloration religieuse (pays islamiques ou bouddhistes)[144].

Force est de constater que les principes généraux de droit et les principes généraux du droit international, en dépit de leur différence, sont difficilement identifiables dans la pratique internationale. Ni la CPJI ni la CIJ n'ont jamais fourni de définition pour ces principes généraux permettant de différencier les principes du droit interne de ceux du droit international[145]. De différentes expressions sont utilisées comme « *principes généraux de base de droit humanitaire, principes du droit des gens, principes humanitaires le plus universellement reconnus, principes cardinaux, principe de l'humanité* »[146], sans qu'une ligne nette de démarcation entre les deux catégories de principes ne soit tracée[147]. Quelle que soit l'indifférenciation terminologique, les principes généraux ont un rôle à jouer en droit international. Ce rôle diffère selon qu'on est en présence de principes généraux du droit international ou des principes généraux de droit.

Etant inhérents à l'existence de l'ordre juridique international, les principes généraux du droit international « *indiquent les grandes lignes d'une conduite à tenir, d'un régime juridique qui sera détaillé par d'autres règles plus secondaires* »[148]. Ils forment des principes directeurs de l'ordre juridique international régulant les différentes branches du droit international[149]. Employés par les juges, ils « *servent de point de départ*

---

144 CARREAU (D.), MARRELLA (F.), « *Droit international* », 11ème éd., op. cit., p. 333.

145 BOKOR-SZEGO (H.), « *Les principes généraux du droit* », in BEDJAOUI (M.), « *Droit international : bilan et perspectives* », Paris, Pedone, Tome 1, 1991, p. 227.

146 GRABARCZYK (K.), Thèse précit., p. 6.

147 BOKOR-SZEGO (H.), « *Les principes généraux du droit* », art. précit., p. 228.

148 JACQUE (J.P.), « *Acte et norme en droit international public* », RCADI, 1991, II, tome 227, p. 301.

149 LAGHMANI (S.), « *Les principes généraux dans l'ordre juridique international* », in « *Les principes généraux de droit* », IXème Congrès international de méthodologie juridique, Tunis, 24-26 novembre 2005, p. 6.

d'articulation ou de soutien à l'argumentation juridique de leurs arrêts, dont-ils fournissent l'ossature conceptuelle »[150].

Par contre, les principes généraux de droit servent à combler les lacunes du droit écrit en l'adaptant aux changements de la société internationale. Ils jouent, selon un premier courant doctrinal, un rôle subsidiaire qui consiste à éviter les situations de non liquet, ou de remédier au manque de règles conventionnelles et coutumières[151]. Cependant, ce rôle s'avère plus fondamental[152], selon un second courant doctrinal. D'ailleurs, ***Max Sorensen*** fait de ces principes « *le ciment qui assure la cohésion du droit international avec les ordres juridiques nationaux et qui permet de concevoir tous les phénomènes juridiques de l'humanité sous un aspect de l'unité* »[153].

Considérés comme « *le vêtement moderne du droit naturel* »[154], les principes généraux de droit incarnent un fond de principes intangibles inhérents à des valeurs suprêmes qui apportent le plus souvent une coloration morale au droit[155]. De plus, ils permettent de mesurer l'état particulier[156] ou le degré de développement d'un système juridique[157]. Ces principes sont utilisés comme des pièces essentielles pour les

---

[150] DUPUY (P.M.), « *Le juge et la règle générale* », RGDIP, tome 93, n°3, 1989, p-p. 569-598.

[151] ROLLAND (S.E.), « *Les principes généraux à l'OMC* », art précit., p.106.

[152] En droit interne, un premier courant doctrinal reconnait au juge le pouvoir normatif à travers les principes généraux de droit. Ce pouvoir se vérifie lorsque le juge, appelé à éviter le non liquet et à combler les lacunes du droit écrit, s'engage à découvrir des principes généraux même en l'absence de texte. Cependant, selon un second courant doctrinal, l'ampleur du rôle du juge est souvent minimisée en recourant à l'idée selon laquelle ces principes ne sont en rien inventés par le juge mais plutôt découverts, dégagés par lui, à partir d'éléments latents ou dispersés au sein de l'ordre juridique. CAUDAL (S.), « *Rapport introductif* », art. précit., p-p. 10-11.

[153] SORENSEN (M.), « *Principes de droit international public : Cours général* », RCADI, tome I, vol. 101, 1960, p. 1.

[154] KAHN (Ph.), « *Les principes généraux du droit devant les arbitres du commerce international* », JDI n°1, 1989, p. 305.

[155] BLONDEL (A.), « *Les principes généraux du droit devant la CPJI et la CIJ* », in Mélanges GUGGENHEIM (P.), Genève, IUHEI, 1968, P. 213.

[156] JOUANNET (E.), « *L'ambivalence des principes généraux face au caractère étranger et complexe de l'ordre juridique international* », art. précit., p.152.

[157] RENOUF (Y.), « *Garantir les "droits de la défense" quelques remarques préliminaires sur la nécessité de développer les règles de procédure dans le règlement des différends de l'OMC* », in Colloque précit. de Nice, 1995, p. 293.

constructions jurisprudentielles[158], servant à parfaire l'ordre juridique en favorisant son dynamisme[159] et son progrès[160]. On note en ce sens le principe de la charge de la preuve, le principe de l'autorité de la chose jugée, le principe du contradictoire… Aussi faut-il remarquer que c'est à partir des principes susmentionnés que le juge aspire à atteindre une saine justice[161] et que les différentes matières de l'ordre juridique trouvent leur unité[162].

En somme, qu'il s'agisse des principes généraux du droit international ou des principes généraux de droit, ces sources exercent une *« influence renouvelée »*[163] face l'évolution du droit international contemporain. En effet, de nouveaux appels aux principes généraux sont constatés dans des domaines émergents des relations internationales. En témoignent les régimes régionalisés ou spécialisés qui connaissent une pratique revivifiée en la matière. Le droit du commerce international, considéré comme un point d'intersection de plusieurs disciplines distinctes[164], fait preuve d'un regain d'utilisation de ces principes. À l'instar des régimes nouvellement institués ou progressivement consolidés, le droit de l'OMC semble inévitablement s'ouvrir aux principes généraux[165].

II) Délimitation du sujet

L'étude des principes généraux dans la jurisprudence de l'ORD présente une difficulté incontestable pour le chercheur. En effet, elle situe celui-ci face à un carrefour de pistes de réflexion impliqué par

---

158 GUGGENHEIM (P.), « *Contribution à l'histoire des sources du droit des gens* », RCADI, tome II, vol. 94, 1958, p. 81.

159 BOULOUIS (J.), « *Principes généraux* », Répertoire communautaire, Dalloz, tome2, 15/4/1992, p. 2.

160 M Loder soulignait au sein de la commission préparatoire de l'article 38 du Statut de la CPJI que celle-ci « *a le devoir de développer le droit, de faire murir les coutumes et les principes universellement reconnus et de les cristalliser sous la forme de règles positives* ». RIPERT (G.), « *Les règles du droit civil applicables aux rapports internationaux* », art. précit., p. 587.

161 DUPUY (P.M.), « *L'unité de l'ordre juridique international : Cours général de droit international (2000)* », art. precit. , p. 181.

162 BERGEL (J.L.), « *Théorie générale du droit* », 1985, op. cit., p. 97 et s.

163 JOUANNET (E.), « *L'ambivalence des principes généraux face au caractère étranger et complexe de l'ordre juridique international* », art. précit., p. 152.

164 STRENGER (I.), « *La notion de Lex Mercatoria en droit du commerce international* », RCADI, tome II, 1991, p. 220.

165 JOUANNET (E.), « *L'ambivalence des principes généraux face au caractère étranger et complexe de l'ordre juridique international* », art. précit., p. 115.

l'interaction normative entre ordres juridiques et entre différentes branches du droit international. Trouvant leur essence dans cette interaction normative, les principes généraux applicables par l'ORD méritent, dès lors, d'être délimités. Leur catégorisation incite à adopter un choix à la fois extensif mais aussi restrictif de l'approche retenue en matière des principes généraux. Une approche extensive se justifie par la multiplicité et l'hétérogénéité des principes généraux auxquels se réfère l'ORD dans son rôle de dire le droit. En ce sens, la présente étude ne sera pas limitée aux principes généraux aux termes de l'article 38 du Statut de la CIJ. En plus des principes susvisés, elle engobera d'autres principes qui inspirent les Groupes spéciaux et l'Organe d'appel dans le règlement des différends. L'identification de tels principes, parce qu'elle est particulièrement délicate, devra s'effectuer selon une démarche à la fois pragmatique et variée, faisant appel, d'une part, à des principes empruntés au droit international (les principes généraux du droit international et certains principes généraux du droit international de l'environnement) et aux systèmes juridiques internes des Etats, d'autre part. Par ailleurs, on sera amené à évoquer les principes issus de la structure du Système commercial multilatéral en l'occurrence (les principes de la libéralisation des échanges), mais de façon incidente, à la seule fin de déterminer l'articulation entre ces derniers et les principes généraux en tant que sources extérieures au droit de l'OMC.

Pour justifiable qu'elle soit, l'approche extensive retenue pour les principes généraux donne, toutefois, lieu à une approche restrictive du moins au niveau des principes généraux du droit international public. Si certains desdits principes devront être évoqués dans la présente étude (les principes généraux d'interprétation et d'application des traités), d'autres ne pourront pas avoir de place dans le cadre de l'ORD d'une organisation à vocation économique. Il s'agit des principes généraux du droit international désignés par certains auteurs comme étant les « *principes politico-juridiques* » (principe de souveraineté, principe du droit des peuples à disposer d'eux-mêmes, principe de non recours à la force…).

Détecter les différents principes généraux applicables par l'ORD suppose une analyse exhaustive et fouillée de la jurisprudence des Groupes spéciaux et de l'Organe d'appel qui constitue la base primordiale de la présente étude. De même, le Mémorandum d'Accord sur les règles et procédures régissant le règlement des différends ainsi que les procédures de travail pour l'examen en appel seront des références incontournables en tant que textes de base régissant le règlement des différends. En outre, une étude comparative, consistant à confronter la jurisprudence de l'ORD en matière des principes généraux avec celle du juge international et du juge interne, est nécessaire pour l'élaboration de ce travail.

III) Intérêts du sujet

Les intérêts de l'étude relative aux principes généraux dans la jurisprudence de l'ORD sont indéniables. Etant au cœur de l'OMC, cet organe mérite une attention particulière puisqu'il permet d'avoir une vision plus globale d'une organisation originale[166] dont la contribution est significative dans la juridicisation de l'espace international. L'OMC, associée à la mondialisation[167], connait la globalisation de son droit[168]. Située au carrefour du « *pluralisme juridique mondial* »[169], elle constitue l'un des facteurs de l'évolution de l'ordre juridique international[170] et spécialement du droit international économique. L'Organe de règlement des différends de cette organisation, en raison de son dynamisme[171] et de sa contribution en matière de justice internationale, mérite d'être inscrit dans le cadre des mutations affectant l'ordre juridique international[172]. La question de l'effectivité du droit international, faiblesse traditionnellement évoquée[173], semble être renouvelée avec l'établissement de l'ORD, du fait de la contrainte qu'il représente pour les Membres de cette organisation.

---

166 BALMOND (L.), art. précit., p. 13.

167 FOUCHARD (Ph.), « *L'arbitrage et la mondialisation de l'économie* », in Mélanges FARJAT (G.), « *Philosophie du droit et droit économique. Quel dialogue* ? », Paris, Frison–Roche, 1999, p. 389.

168 FARJAT (G.), « *Propos critiques et utopiques sur l'évolution du droit économique et la mondialisation* », in « *La mondialisation du droit économique : vers un nouvel ordre public économique* », n° spécial, 3/4, RIDE, 2003, p. 513 ; BORDES (A.), « *Le rôle du mécanisme de règlement des différends de l'OMC, entre souveraineté réglementaire et institutionnalisation : quel avenir* », art. précit., p. 25.

169 BERGE (J.S.), « *L'application du droit au pluriel : le double déplacement* », in Mélanges MARTIN (D.R.), Paris, LGDJ, 2015, p. 57.

170 YVES (P.), « *Préface* », in KIEFFER (R.), op. cit., p. 14.

171 UNTERHALTER (D.), « *Discours d'adieu d'un membre quittant l'Organe d'appel* », art. précit., p. 50.

172 CANAL FORGUES (E.), « *Mutations de l'ordre juridique international et système de règlement des différends de l'OMC* », in Colloque de l'Université Saint-Joseph de Beyrouth « *L'adhésion de Liban et des pays arabes à l'Organisation Mondiale du Commerce* », Bryulant, 2004, p-p. 139-153.

173 WEIL (P.), « *Le Droit international en quête de son identité : Cours de droit international public* », RCADI, vol. 6, n°237, 1992, p-p. 19-369.

Par ailleurs, la présente étude porte sur les principes généraux dans la jurisprudence d'une *quas*i juridiction spécialisée. Considérés comme étant une source du droit, ces principes sont apparus de façon relativement récente[174]. Bien que l'étude de ces principes traite une question classique, elle continue de provoquer la perplexité des juristes et d'alimenter la controverse au sujet de la définition et du rôle de cette source du droit. Lesdits principes sont, non seulement, intimement liés à l'idée de la règle générale[175], mais essentiels dans la théorie générale du droit[176]. En effet, de nombreuses études en la matière ont eu lieu en droit interne[177], en droit international[178] ainsi qu'en droit communautaire[179]. Le débat autour des principes généraux n'a pas épargné le droit international économique. Il trouve dans le droit de l'OMC en général et dans le cadre de la jurisprudence de l'ORD, en particulier, une illustration toute particulière.

---

174 Le 26 octobre 1945, dans les motifs d'une série de décisions rendues en assemblée plénière, le Conseil d'Etat invoquait, pour la première fois, semble–il, « *les principes généraux du droit applicables même en l'absence de texte* ». Il s'agit d'une importante innovation. S'enrichissant chaque jour d'éléments nouveaux, le mouvement jurisprudentiel fit bientôt figure d'une construction achevée : la théorie des principes généraux du droit était née. BERGEL (J.L.), « *Théorie générale du droit* », 1985, op. cit., p. 94.

175 DUPUY (P.M.), « *Le juge et la règle générale* », art. precit., p-p. 569-597 ; MANIN (Ph.), « *Le juge international et la règle générale : réflexions à partir des arrêts rendus par la CIJ dans l'affaire du plateau continental de la mer du Nord (1969) et dans l'affaire des pêcheries (1974)* », RGDIP, tome LXXX, 1976, p-p. 7-54.

176 BRUNET (P.), « *A quoi sert la " Théorie" des principes généraux du droit ?* », in CAUDAL (S.), (Dir.), « *Les principes en droit* », Etudes juridiques 30, 2008, p-p. 173-187 ; BRUNET (P.), « *Les principes généraux du droit et la hiérarchie des normes* », in Mélanges en l'honneur de TROPER (M.), « *L'architecture du droit* », Economica, 2006, p-p. 207-221.

177 JEANNEAU (B.), « *Les principes du droit dans la jurisprudence administrative* », Sirey, 1954 ; DE BECHILLON, « *La notion de principe général en droit privé* », PUAM, 1998 ; MAILLOT (J.M), « *La théorie administrative des principes généraux du droit. Continuité et modernité* », Dalloz, Coll. « *Nouvelle bibliothèque des thèses* », 2003.

178 DELBEZ (L.), « *Les principes généraux du contentieux international* », Paris, LGDJ, 1962 ; SORENSEN (M.), « *Principes de droit international public : Cours général* », art. precit. ; PELLET (A.), « *Recherches sur les principes généraux de droit en droit international* », Thèse de Doctorat, Paris II, 1974 ; GRABARCZYK (K.), Thèse précit., p. 6.

179 PADOPOULOU (R.E.) « *Principes généraux du droit et droit communautaire : origine et concrétisation* », Bruylant, Sakkoulas, 1996 ; MAUBERNARD (Ch.), « *les normes jurisprudentielles de la Cour de justice des communautés européennes : contribution à l'étude du pouvoir judiciaire communautaire* », thèse de Doctorat, Montpellier, 2001.

La question de la référence de cet organe à ces principes qui sont d'intérêt renouvelé[180] ne peut que nous interpeller, ne serait-ce que cette question a très peu fait l'objet d'études doctrinales. De plus, la présente étude sera de nature à donner un éclairage sur la contribution desdits principes dans le règlement des différends commerciaux interétatiques (le règlement des différends de l'OMC) comparée à l'importance et à la portée des principes généraux du droit du commerce international (privé), connus à travers la dénomination de la *Lex Mercatoria*[181]. De même, l'étude desdits principes permettra de réitérer un dialogue, souvent entretenu entre l'ORD et les juridictions internationales en la matière. Un tel dialogue sera de nature à favoriser le développement, non seulement du droit de l'OMC, mais aussi le droit international public[182].

L'actualité des principes généraux dans la jurisprudence de l'ORD permet de renseigner sur la situation de certaines valeurs qui, incarnées dans lesdits principes, devraient apporter une coloration morale au droit de cette organisation. De même, elle informe sur le degré de développement du Système commercial multilatéral et celui de la justice marchande. Incontournable, le recours de l'ORD à ces principes trouve sa justification dans certaines caractéristiques de ce droit et dans la nature économique des différends de l'OMC. D'abord, l'ouverture à ces principes s'impose d'emblée à cause du caractère relativement récent du droit de l'OMC qui est loin d'être un modèle de précision en matière de rédaction et de communication[183]. L'application exclusive de ce droit peut, dès lors, conduire les Groupes spéciaux et l'Organe d'appel à commettre un déni de justice en cas d'absence de règles applicables, avec la remarque que le Mémorandum d'accord ne permet pas à ces organes de s'abstenir de juger, en ayant recours à une conclusion de non liquet ou en renvoyant la question aux organes politiques intergouvernementaux[184]. Ainsi, plus le droit de l'OMC est lacunaire, plus le recours aux principes généraux s'impose d'emblée.

---

[180] JOUANNET (E.), « *L'ambivalence des principes généraux face au caractère étranger et complexe de l'ordre juridique international* », art. précit., p.152.

[181] GOLDMAN (B.), « *La lex mercatoria dans les contrats et de l'arbitrage internationaux : réalités et perspectives* », art. précit, p. 475.

[182] KIEFFER (R.), op. cit., p.345.

[183] Rapport de l'Organe d'appel, « *Communautés européennes - Mesures communautaires concernant les viandes et les produits carnés (Hormones)* », WT/DS48/AB/R, WT/DS26/AB/R, 16/01/1998, parag. CLXXI.

[184] SACERDOTI (G.), « *Structure et fonction du système de règlement des différends de l'OMC : les enseignements des dix premières années* », RGDI, n°4, 2006, p. 783.

Ensuite, la complexité croissante des différends et l'exigence de sécurité juridique[185] imposent le recours à des principes qui sont intimement liés à la notion de justice[186]. Ces principes sont destinés à réduire la prévalence de l'approche réaliste dominant les conflits économiques et contribue, en outre, à favoriser la juridicisation de l'ordre juridique international dans lequel s'inscrit le droit de l'OMC. Aussi faut-il remarquer que la référence aux principes généraux n'est qu'un relais pour la soumission des différends de l'OMC au droit international public[187] qui devrait être homogène et identique pour tous les Membres de la Communauté internationale, y compris ceux de l'OMC[188]. C'est en ce sens que l'ORD pourrait répondre aux travaux de la Commission du droit international dans le but d'assurer l'unité de l'ordre juridique international en évitant sa fragmentation[189].

Enfin, certains principes reposant sur l'idée de protection de valeurs humanistes ne peuvent pas être méconnus par l'OMC. Afin d'éviter un suivisme économique ainsi qu'une mondialisation incontrôlée[190], cette organisation devrait s'ouvrir sur des préoccupations extérieures au commerce international, souvent marginalisées dans le cadre du GATT de 1947[191].

IV) Problématique et plan

Si plusieurs intérêts nous incitent à consacrer une étude séparée aux principes généraux dans la jurisprudence de l'ORD, une série d'interrogations préside à la problématique de cette étude. L'analyse des principes généraux n'est pas une fin en soi. L'univers juridique dans lequel on cherche à réceptionner et à appliquer ces principes marque l'originalité de cette étude. En effet, il s'agit de l'univers de l'OMC qui tire sa

---

[185] Article 3.2 du Mémorandum d'accord.

[186] BLONDEL (A.), « *Les principes généraux du droit devant la CPJI et la CIJ* », art. précit., p. 213.

[187] WEIL (P.), « *Principes généraux du droit et contrats d'Etat* », art. précit., p. 387.

[188] FOURET (J.), PROST (M.), « *La multiplication des juridictions internationales : de la nécessité de remettre quelques pendules à l'heure* », art. précit., p. 121.

[189] La fragmentation du droit international consiste à faire supporter le droit des gens, héritage commun, le risque de se briser sous le coup de décisions divergentes de la part des différentes juridictions internationales. Ibid., p.120.

[190] CHAMPAUD (C.), « *Contribution à la définition du droit international économique* », Dalloz, 1967, Chron., p. 219.

[191] RUIZ FABRI (H.), « *L'appel dans le règlement des différends de l'OMC : trois ans après quinze rapports plus tard* », RGDIP, tome CIII, 1999, p. 105.

particularité[192] du fait que cette organisation assoit un régime juridique du commerce international gouverné par la libéralisation des échanges. La libre circulation constitue un principe matriciel qui secrète l'ensemble du droit de l'OMC. Si la règle de droit est importante, elle doit, toutefois, traduire et respecter la balance des intérêts[193]. C'est à partir de cet angle qu'il faut appréhender les principes généraux dans la jurisprudence de l'ORD.

L'analyse de ces principes nous conduit à s'interroger sur le degré de perméabilité[194] du droit de l'OMC et sur le rôle de l'ORD pour accompagner le mouvement de juridicisation croissante de l'ordre juridique international. Ayant de profondes implications sur la régulation du sens du droit de l'OMC[195], cette perméabilité se mesure à travers l'ouverture des Groupes spéciaux et de l'Organe d'appel à des sources extérieures. Ces sources sont puisées dans le droit international public ou dans les systèmes juridiques internes dont les principes généraux constituent une composante. Compte tenu de la jurisprudence des Groupes spéciaux et de l'Organe d'appel en la matière, il apparaît nécessaire de se pencher successivement sur la nature et le rôle desdits principes.

Cependant, il faut remarquer que le traitement des questions susvisées ne peut pas se faire en isolement de la méthode par laquelle les Groupes

---

[192] BALMOND (L.), art. précit., p. 25.

[193] FORTIER (C.J.), « *Santé et commerce international : contribution à l'étude de la protection des valeurs non marchandes par le droit du commerce international* », Paris, Litec, vol. 26, 2006, p. 360.

[194] Abdel Fattah Amor écrit, du point de vue sémantique, le verbe latin *permeare* signifie passer à travers. L'adjectif perméable s'applique aux corps qui se laissent traverser par d'autres corps. La substantive perméabilité désigne le caractère des corps perméables. Cette perméabilité peut être relative ou absolue. Elle peut être sélective ou générale. La perméabilité sélective est celle qui ne laisse passer que quelques corps et exclut d'autres. Par perméabilité juridique, on entend « *le passage des institutions et des normes, quelle qu'en soit la force ou l'efficacité, à travers les différents espaces juridiques, à travers les frontières juridiques supposées ou réelles...* ». ABDEL FATTAH (A.), « *La perméabilité juridique entre l'ordre international et l'ordre constitutionnel* », in « *L'internationalisation du droit constitutionnel* », RCAIDC, Vol. XVI, 2007, p-p. 95-96.

[195] LAGHMANI (S.), « *Le phénomène de « perte de sens » en droit international* », in BEN ACHOUR (R.), LAGHMANI (S.), (Dir.), « *Harmonies et contradictions en droit international* », Paris, Pedone, 1996, p. 55.

spéciaux et l'Organe d'appel admettent la réception[196] et l'application de ces principes. On sera, dès lors, appelé à déterminer si le droit de l'OMC et la physionomie de ces organes peuvent rétroagir et influer sur le contenu des principes généraux. Leur mise en œuvre est-elle opérée sous les traits du classicisme ou du particularisme ? Pour actualiser la réflexion sur les principes précités, on devra, dès lors, dresser le bilan des évolutions que la pratique de l'OMC a connues à cet égard en tenant compte de la jurisprudence internationale en la matière. Aussi, faut-il remarquer que toute analyse pertinente et complète des principes généraux doit axer la recherche, non seulement sur ces derniers, mais aussi sur le rôle de l'ORD qui en est une des composantes.

L'étude des principes généraux dans la jurisprudence de cet organe amène, en outre, à envisager un problème désormais récurrent des éventuels conflits des espaces normatifs entre les principes de la libéralisation des échanges, piliers du droit de l'OMC, et les principes généraux en tant que sources extérieures. Face à ces conflits, l'ORD doit-il favoriser une réception maximale des principes généraux, pour les avantages qu'ils offrent au SRD, ou doit-il rester prudent voire hostile à l'égard de ces principes ? Admettant une coexistence entre les différentes catégories de principes, il serait judicieux de déterminer leur statut dans la jurisprudence de l'ORD et d'établir s'il y a lieu à une hiérarchisation, une concurrence ou une complémentarité[197]. En fait, cette étude nous permettra de vérifier le respect des critères de la justice internationale tout en dégageant le degré du particularisme du « *procès*» dans le cadre de la jurisprudence de l'ORD.

***Dans quelle mesure les principes généraux, source extérieure au droit de l'OMC, peuvent inspirer l'ORD, sans pour autant conduire à méconnaître la spécificité de ce droit et la nature sui generis du SRD* ?**

Dans un univers de plus en plus globalisé et plus technique, une approche purement dogmatique du droit fermé sur lui-même est insuffisante pour contenir la complexité du Système commercial

[196] Par réception, on vise la méthode à suivre pour constater si un principe juridique de droit interne jouit d'une reconnaissance si générale et qu'il est susceptible d'être transposé en droit international. Pour vérifier si un principe de droit est effectivement reconnu par les nations du monde, la seule méthode valable est celle du droit comparé. SORENSEN (M.), « *Principes de droit international public : Cours général* », art. précit., p-p. 22-23.

[197] BALMOND (L.), art. precit., p. 13.

multilatéral[198]. En effet, loin de clore le droit de l'OMC sur lui-même, l'ORD, dans sa mission de dire le droit, se réfère à toute une panoplie de principes généraux qui sont marqués par la multiplicité, l'hétérogénéité et l'enchevêtrement. Les principes généraux, issus de différents ordres juridiques, constituent une source du droit applicable qui renseigne sur la nature « *mosaïque* » [199] et interdisciplinaire du droit de l'OMC. Pour les avantages qu'ils offrent au SRD, lesdits principes sont appliqués par l'ORD dans le but d'assurer, non seulement la promotion de ce système, mais aussi le perfectionnement du droit de cette organisation et son rattachement à l'ordre juridique international. Ainsi, est réalisée ***l'ouverture de l'ORD aux principes généraux*** (***Première Partie***). Si le regain d'utilisation de ces principes dans la jurisprudence de cet organe est un signe d'ouverture, la réception et l'application de certains d'entre eux doit, toutefois, obéir aux objectifs et aux exigences spécifiques du droit de l'OMC. Les principes généraux ne devraient, dès lors, inspirer que sélectivement l'ORD ; ils ne peuvent irriguer le droit de l'OMC que s'ils subissent une opération de filtrage. ***La mise en œuvre de ces principes, marquée par une certaine autonomie***, semble contribuer à l'établissement d'un SRD susceptible d'être un modèle en matière des principes généraux (***Deuxième partie***).

[198] CHEROT (J.Y.), CIMAMONTI (S.), « *Avant-propos* », in Mélanges en l'honneur de BERGEL (J.L.), « *Le droit entre autonomie et ouverture* », Bruxelles, Bruylant, 2013, p. 1.

[199] CARREAU (D.), JUILLARD (P.), « *Droit international économique* », op. cit., 4ème éd., p. 128.

PREMIERE PARTIE

L'OUVERTURE DE L'ORGANE DE REGLEMENT DES DIFFRENDS AUX PRINCIPES GENERAUX

Si l'épanouissement et le succès d'un système juridique dépendent du fonctionnement de son appareil judiciaire[200], c'est parce que celui-ci devrait en assurer la continuité et l'évolution[201]. Dans le cadre d'un droit en formation comme celui de l'OMC où les règles juridiques sont pour l'essentiel moues et peu précises au niveau de leur rédaction[202], l'ouverture de l'ORD aux sources élaborées en dehors du droit de l'OMC[203] s'avère indispensable. Cette ouverture a pour finalité de maintenir les règles faiblement structurées et de favoriser leur cohésion, gage de l'efficacité du droit de cette organisation[204]. En effet, pour régler les différends, les Groupes spéciaux et l'Organe d'appel se réfèrent à un droit qui a le mérite d'être dynamique et évolutif[205]. ***Marqués par l'hétérogénéité et l'enchevêtrement, les principes généraux constituent une source du droit applicable*** (***Chapitre I***). En puisant dans des principes généraux qui, par définition, échappent au déclin du droit[206], l'ORD essaye de maximiser la référence au droit[207] et d'assurer la complétude et le perfectionnement du système normatif de l'OMC. Nul doute que l'on peut y voir ***un signe du renforcement de la juridictionnalisation du Système de règlement des différends (Chapitre II***).

---

200 VIRALLY (M.), « *Le droit international en devenir : essais écrits au fil des ans* », Paris, PUF, 1ère éd. 1990, p. 14.

168 BELAID (S.), « *Essai sur le pouvoir créateur et normatif du juge* », Thèse de Doctorat, Faculté de droit et des sciences politiques et économiques de Tunis, 1973, p. 303.

202 Rapport de l'Organe d'appel, « *Communautés européennes - Mesures communautaires concernant les viandes et les produits carnés (Hormones)* », rapport précit., parag. CLXX.

203 THOUVENIN (J.M.), « *OMC et conflits de normes : le regard de l'internationaliste publiciste* », art. précit., p. 39.

204 MODERNE (F.), « *Les principes : permanence et nouveauté* », RFDA, 15-4 Juillet-Août 1999, p. 739.

205 PROST (M.), op. cit., p.10.

206 RIVERO (J.), « *Le juge administratif français : un juge qui gouverne ?* », Rec. Dalloz, Chronique VI, 1951, p. 24.

207 RUIZ FABRI (H.), « *Le règlement des différends au sein de l'OMC : naissance d'une juridiction, consolidation d'un droit* », art. précit., p-p. 312-322.

CHAPITRE I : LES PRINCIPES GENERAUX : UNE SOURCE HETEROGENE DU DROIT DE L'OMC

L'OMC était et demeure toujours reliée à la mondialisation ; elle en constitue même l'ordre juridique[208]. Cette mondialisation désigne « *l'ensemble des processus d'intégration et d'uniformisation au niveau international* »[209]. La mondialisation[210] dans laquelle s'inscrit cette organisation en globalise de même le droit[211]. En effet, le droit de l'OMC apparait comme étant un droit à la fois actif et réactif, acteur et spectateur de cette globalisation[212]. S'il était considéré, à un moment donné, comme l'archétype des régimes autosuffisants[213], il témoigne, aujourd'hui, de son ouverture à des sources extérieures qui ne peuvent que traduire la nature « *mosaïque* »[214] et hétérogène de cette organisation. L'ORD a un rôle à jouer dans le rattachement du droit de l'OMC à l'ordre juridique international[215], ce qui permet d'améliorer sa réputation au-delà des Membres de l'OMC[216].

À la différence du règlement du GATT de 1947 qui mettait le Système commercial multilatéral à l'écart du reste du droit international[217], les Groupes spéciaux et l'Organe d'appel manifestent la volonté d'éviter l'illusion de sous-système complètement autonome. Ils font des principes généraux une source du droit applicable. L'identification et l'appréhension des principes généraux dans la jurisprudence de l'ORD est

---

[208] FOUCHARD (Ph.), « *L'arbitrage et la mondialisation de l'économie* », in Mélanges FARJAT, « *Philosophie du droit et droit économique. Quel dialogue* ? », art. précit., p. 389.

[209] KIEFFER (B.), op. cit., p. 24.

[210] La mondialisation et la globalisation seront utilisées comme synonyme.

[211] BORDES (A.), « *Le rôle du mécanisme de règlement des différends de l'OMC, entre souveraineté réglementaire et institutionnalisation : quel avenir* », art. précit., p. 25.

[212] KIEFFER (B.), op. cit., p.195.

[213] RUIZ FABRI (H.), MONNIER (P.), « *Organisation Mondiale du Commerce : droit institutionnel* », art. précit., p.11.

[214] Le droit de l'OMC est ouvert sur plusieurs fronts notamment celui des investissements, des services, de la propriété industrielle, des préoccupations environnementales... CARREAU (D.), JUILLARD (P.), « *Droit international économique* », op. cit., 4ème éd., p. 128.

[215] DUPUY (P.M.), « *L'unité de l'ordre juridique international : Cours général de droit international public 2000* », art. précit., p. 454.

[216] Rapport annuel de l'Organe d'appel pour l'année 2009, WT/AB/13, 17/02/2010, p. 60.

[217] RUIZ FABRI (H.), « *Le juge de l'OMC : ombres et lumières d'une figure judiciaire singulière* », art. précit., p. 42.

loin d'être aisée. L'hétérogénéité, l'enchevêtrement, la cohabitation et la contradiction sont les maitres mots d'une bonne compréhension de ces principes. Loin d'être homogènes, ces principes ne se réduisent pas aux principes généraux de droit. ***Une ouverture inévitable est assurée au profit des principes généraux*** **(*Section1*)**. Par contre, ***une ouverture mesurée à certains principes généraux du droit international de l'environnement*** est vérifiable dans la jurisprudence des Groupes spéciaux et de l'Organe d'appel **(*Section 2*).**

SECTION 1: OUVERTURE INÉVITABLE AUX PRINCIPES GÉNÉRAUX

Le droit de l'OMC, ancré dans le droit international où il tire sa validité[218], devrait s'appliquer et évoluer conformément à ce dernier. L'ORD est censé faire du droit international public un fond commun et pertinent des règles[219] dans sa mission de dire le droit[220]. En effet, depuis 1996, l'Organe d'appel a usé d'une formule célèbre en indiquant « *qu'il ne faut pas lire l'accord général en l'isolant cliniquement du droit international...* »[221]. Mieux encore, la jurisprudence de l'ORD est, désormais, considérée comme l'une des sources les plus fécondes du droit international[222]. Un tel droit est couramment défini comme étant « *le droit de la société internationale* »[223]. Traditionnellement, ce droit présidait aux relations entre Etats. Mais, à l'heure actuelle, le droit international

---

[218] RUIZ FABRI (H.), MONNIER (P.), « *Organisation Mondiale du Commerce : droit institutionnel* », art. précit., p. 11.

[219] Rapport de l'Organe d'appel, « *Etats–Unis – Normes concernant l'essence nouvelle et ancienne formules* », WT/DS02/AB/R, 29/04/1996, p.19 ; Rapport de l'Organe d'appel, « *Etats-Unis – mesure de sauvegarde transitoire appliquée aux fils de coton peignés en provenance du Pakistan* », WT/DS192/AB/R, 08/10/2001, parag. 119-120 ; Rapport de l'Organe d'appel, « *Communautés européennes - régime applicable à l'importation, à la vente et à la distribution des Bananes* », WT/DS27/AB/R, 9/9/1997, p. 7.

[220] Rapport du Groupe spécial, « *Communautés européennes – Mesures affectant l'approbation et la commercialisation des produits biotechnologiques* », WT/DS291/AB/R, WT/DS292/AB/R, WT/DS293/AB/R, 29/09/2006, parag. 7.76.

[221] Rapport de l'Organe d'appel, « *Etats Unis – Normes concernant l'essence nouvelle et ancienne formules* », rapport précit., p.19.

[222] UNTERHALTER (D.), « *Discours d'adieu d'un membre quittant l'Organe d'appel* », art. précit., p. 50.

[223] QUOC (D.), DAILLIER (P.), FORTEAU(M.), PELLET (A.), « *Droit international public* », op. cit., 8ème éd., p. 43. RIVIER (R.), « *Droit international public* », Paris, Thémis droit, Puf, 2ème éd., 2012, p. 1.

« *classique* » ne correspond plus à la structure de la société internationale contemporaine, à ses besoins et à ses aspirations diversifiées[224]. Suite à l'éclatement de ladite société, le droit international *« se doit de gouverner les relations entre tous les acteurs de la société " transnationale" »*[225]

L'ouverture au droit international public, pour les avantages qu'elle offre aux justiciables et au Système commercial multilatéral, s'impose d'emblée. En effet, les plus spécialisées des branches du droit international ne pourrait s'affranchir de certaines règles du droit international public. Ce droit qui devrait être homogène et identique pour tous les Membres de la société internationale[226], devrait former un fond commun de règles pour l'ORD. C'est d'autant plus vrai que les Groupes spéciaux et l'Organe d'appel devraient, en plus de l'application des Accords visés, déterminer l'articulation entre des accords formant un ensemble complexe, « *mosaïque* »[227] et technique de règles. Cette articulation ne peut se faire que conformément aux principes généraux qui, seuls, permettent d'éviter les contradictions entre les règles de l'OMC.

Le droit international auquel se réfère l'ORD correspond, en une partie, au droit international général[228]. Un tel droit désigne le droit international universel qui s'applique à tout sujet de droit qui se trouverait dans la situation envisagée par une norme impersonnelle[229]. Dans une acception relativement différente[230], l'expression droit international général est utilisée pour désigner les règles applicables aux différents

---

224 CARREAU (D.), MARRELLA (F.), « *Droit international* », 11ème éd., op. cit., p. 54.
225 Ibid., p. 69.
226 FOURET (J.), PROST (M.), « *La multiplication des juridictions internationales : de la nécessité de remettre quelques pendules à l'heure* », art. précit., p. 121.
227 DUPUY (P.M.), « *L'unité de l'ordre juridique international : Cours général de droit international public 2000* », art. précit., p. 455.
228 *« La CIJ parle indifféremment de "droit international coutumier", de "droit international général", de " droit international général ou coutumier", ou encore (plus rarement) de "règle de droit international", de "droit général". L'idée qui se trouve derrière cette substitution terminologique est claire ; il s'agit d'opposer à la règle conventionnelle, qui lie les seuls Etats parties au traité, la règle de droit international coutumier, qui, elle s'impose de manière plus "générale" à un nombre d'Etats moins strictement délimité »*. WEIL (P.), « *Vers une normativité relative en droit international* ? », RGDIP, tome 1, 1982, p. 39.
229 ABI SAAB (G.), « *Cours général de droit international public* », RCADI, tome VII, 1987, p.197.
230 BUZZINI (G.P.), « *La "généralité", du droit international général, réflexions sur polysémie d'un concept* », RGDIP, tome 108, 2004, n°2, p. 391.

domaines du droit international et ce, par opposition à celles qui relèvent de systèmes ou domaines spécifiques faisant partie intégrante de l'ordre juridique international[231].

Comme le souligne la CIJ et la quasi-totalité de la doctrine, la seule source formelle du droit international général est la coutume internationale, « *éventuellement épaulée à titre subsidiaire par les principes généraux* »[232]. Sachant que le droit international général est le propre de la coutume internationale, les principes généraux du droit international en constituent une sous-catégorie en raison de la fusion des secondes dans la première[233]. Dans le cadre de la jurisprudence de l'ORD, le droit international général, utilisé sous différentes formulations : « *droit international coutumier*»[234] ou encore « *règles habituelles du droit international public* »[235], devrait former une sorte de « *toile de fond* »[236] sur laquelle se situent les Accords visés. En effet, à l'instar des juridictions internationales, les Groupes spéciaux et l'Organe d'appel recourent, dans leur fonction de règlement des différends, aux principes généraux du droit international qui constituent la « *quintessence normative*»[237] et « *la clef de voûte matérielle d'un ordre international unifié* »[238].

Ayant adopté une signification large des principes généraux du droit international, le Groupe spécial « ***Biotech*** » a eu l'occasion de préciser que lesdits principes peuvent englober « *soit les règles de droit coutumier soit les principes généraux de droit reconnus soit les deux* »[239]. Pourtant, la distinction classique entre principes généraux du droit international et principes généraux de droit n'est pas admise dans la jurisprudence de

---

231 Ibid., p. 391.

232 ABI SAAB (G.), « *Cours général de droit international public* », art. précit., p.199.

233 DUPUY (P.M.), « *Le juge et la règle générale* », art. précit, p. 583.

234 Rapport de l'Organe d'appel, « *Communautés européennes-régime applicables à l'importation, à la vente et à la distribution des Bananes* », rapport précit., p. 7.

235 Rapport du Groupe spécial, « *Etats-Unis – Article 301 a 310 de la loi de 1974 sur le commerce extérieur* », rapport précit, parag. 7.80.

236 L'expression « *toile de fond* » est utilisée, concernant le droit international coutumier, par la Chambre constituée par la CIJ dans l'Affaire « *délimitation de la frontière maritime dans la région du Golfe du Maine (Canada /Etats-Unis d'Amérique)* », arrêt du 12/10/1984, Rec. de la CIJ, parag. 83, p. 291.

237 Ibid., p. 584.

238 JOUANNET (E.), « *L'ambivalence des principes généraux face au caractère étranger et complexe de l'ordre juridique international* », art. précit., p .140.

239 Rapport du Groupe spécial, « *Communautés européennes – Mesures affectant l'approbation et la commercialisation des produits biotechnologiques* », rapport précit., parag. 7.86.

l'ORD, on abordera, dans un but méthodologique, les deux catégories de principes séparément. C'est en ce sens que l'ouverture de l'ORD aux principes généraux prend la forme d'une ***référence justifiée aux principes généraux du droit international général*** (***paragraphe1***) d'une part, et ***la consolidation de la place des principes généraux de droit dans le règlement des différends,*** d'autre part (***paragraphe2***).

Paragraphe1: Référence justifiée aux principes généraux du droit international général.

Contrairement à la pratique du GATT de 1947 où le droit international était appliqué en l'absence de référence directe[240], la jurisprudence de l'ORD est marquée par une ***ouverture grandissante au droit international qui tire son fondement de l'article 3.2 du Mémorandum d'accord*** (**A**). Doté d'un rôle important dans le rattachement du droit de l'OMC à l'ordre juridique international, l'ORD s'est permis d'adopter ***une interprétation extensive de l'article 3.2 afin d'étendre son ouverture aux principes substantiels du droit international public*** (***B***).

A) La conformité à la lettre de l'article 3.2 du Mémorandum d'accord

Pour assurer la sécurité et la prévisibilité du Système commercial multilatéral, les Groupes spéciaux et l'Organe d'appel recourent, dans l'interprétation du droit de l'OMC, aux règles coutumières d'interprétation du droit international public. Quoique ***les principes généraux d'interprétation énoncés dans la CV constituent une référence par excellence*** (***1***), ils n'épuisent pas, toutefois, les principes généraux d'interprétation auxquels se réfère l'ORD. ***Confirmant le rattachement du droit de l'OMC à l'ordre juridique international, cet organe n'hésite pas à recourir, dans l'interprétation des Accords visés, aux principes du droit international public présumant l'absence de confit*** (***2***).

[240] CANAL FORGUES (E.), FLORY (Th.), « *GATT / OMC. Recueil des contentieux du 1er janvier 1948 au 31 décembre 1999* », op. cit., p-p. 428-445.

1) La référence par excellence aux principes généraux d'interprétation énoncés dans la Convention de Vienne

Si l'ORD est tenu de clarifier le droit de l'OMC conformément aux principes énoncés dans la CV sur le droit des traités de 1969, c'est parce qu'il doit appliquer les règles coutumières d'interprétation du droit international public. ***En raison de leur caractère transitoire, ces principes sont appliqués par*** *l'ORD* ***mais avec une*** indifférenciation terminologique **(*a*)**. Étant l'un des principes généraux codifiés par ladite convention, ***le principe d'intégration a pu finalement être directement appliqué dans l'interprétation du droit de l'OMC*** **(*b*)**.

a) Indifférenciation terminologique due au caractère transitoire des principes généraux d'interprétation

Traduisant parfaitement l'appartenance du droit de l'OMC à l'ordre juridique international, le Mémorandum d'accord prévoit dans son article 3.2 que l'objectif du SRD « *est de préserver les droits et les obligations résultant pour les Membres des accords visés, et de clarifier les dispositions existantes de ces accords conformément aux règles coutumières d'interprétation du droit international public* ». Soucieux d'assurer le respect de l'article 3.2, les Groupes spéciaux et l'Organe d'appel n'entendent pas déroger auxdites règles. Des expressions comme « *principes généraux du droit international* »[241], « *règles fondamentales de l'interprétation des traités*»[242] ou encore « *disciplines en matière d'interprétation de la Convention de Vienne...*»[243] sont utilisées dans la jurisprudence de l'ORD pour désigner les règles d'interprétation visées par le Mémorandum d'accord.

---

[241] Rapport du Groupe spécial, « *Communautés européennes – Mesures antidumping définitives visant certains éléments de fixation en fer ou en acier en provenance de Chine* », WT/DS397/RW, 7/8/2015, p.17, para. 7.1.1 ; Rapport du Groupe spécial, « *Chine – droits compensateurs et droits antidumping visant les aciers dits magnétiques laminés, à certains orientés, en provenance des Etats-Unis* », WT/DS414/RW, 31/7/2015, p.18, parag. 7.1 ; Rapport de l'Organe d'appel, « *Etats-Unis – Prohibition à l'importation de certaines crevettes et de certains produits à base de crevettes*», rapport précit., p. 67.

[242] Rapport de l'Organe d'appel, « *Japon - taxes sur les boissons alcooliques* », rapport précit., p. 11.

[243] Rapport de l'Organe d'appel, « *Etats–Unis – Maintien en existence et en application de la méthode de réduction à zéro* », WT/DS350/AB/R. 4/2/2009, p. 127, parag. 273.

Formalisé dans l'article 3.2 du Mémorandum d'accord, le renvoi aux règles coutumières d'interprétation du droit international public ne doit-il pas se comprendre comme un renvoi aux principes généraux d'interprétation ou encore un renforcement de la place de ces derniers dans le droit applicable ? La réponse à cette question nécessite que l'on attire l'attention sur les enjeux de cet article et sur la particularité desdits principes qui sont systématiquement appliqués par l'ORD dans la détermination et la régulation du sens du droit de l'OMC.

D'abord, ayant codifié la pratique du GATT de 1947[244], l'article 3.2 précité, par opposition au droit non écrit, offre aux règles d'interprétation devant être appliquées dans le règlement des différends de l'OMC, un nouveau fondement stable et précis. Écrit, ce fondement renforce le recours aux règles coutumières d'interprétation du droit international public.

Ensuite, l'article 3.2 du Mémorandum d'accord, malgré sa concision, comporte plusieurs implications du fait des renvois qu'il fasse à des règles qui revêtent en même temps plusieurs valeurs juridiques. La référence aux règles coutumières d'interprétation du droit international public doit se comprendre comme étant un renvoi indirect aux principes généraux en la matière. Ces derniers, comme tous les principes généraux de droit, « *ne sont rien d'autre que la coutume générale par opposition à la coutume spéciale dans le domaine international* »[245]. D'ailleurs, la doctrine n'hésite pas à y voir des règles à caractère « *transitoire* »[246] à double sens. Ces principes ont donné, en premier lieu, naissance à des règles

[244] Rapport de l'Organe d'appel, « *Japon - taxes sur les boissons alcooliques* », rapport précit., p-p. 6-8.

[245] Suivant la conception du monisme extrême qui est menée par Georges SCELLE, les principes généraux du droit sont les mêmes pour toutes les branches du droit, de manière qu'un principe de droit ne peut exister dans un ordre juridique subordonné sans exister en même temps dans l'ordre juridique supérieur, si bien qu'un principe formulé dans l'ordre étatique fait également partie du potentiel juridique de l'ordre universel. L'application des principes généraux du droit n'est donc, pour lui, rien d'autre que l'application d'une coutume générale, « *prouvée par la répétition et la concordance des principes généraux des sociétés politiques étatiques en cas de déficience d'une coutume particulière ou du droit conventionnel particulier d'un ordre juridique interétatique spécial* ». Les principes généraux du droit, dans la conception de Georges SCELLE proviennent de la « *même source que la coutume dont ils sont l'expression la plus large* ». SCELLE (G.), « *Précis du droit des gens* », Paris, LGDJ, tome II, 1934, p-p. 312-313.

[246] CARREAU (D.), « *Droit international* », Paris, Pedone, 7ème éd., 2001, p. 309.

coutumières auxquelles fait directement référence l'article 3.2 du Mémorandum.

Ayant « *reçu la sanction de la règle coutumière* »[247], ces principes étaient, en second lieu, à l'origine des règles conventionnelles qui figurent dans les articles 31, 32 et 33 de la CV sur le droit des traités de 1969. C'est en ce sens qu'un bon nombre de rapports des Groupes spéciaux et de l'Organe d'appel sont allés jusqu'à confondre en une seule catégorie principes généraux et coutume internationale[248]. En effet le Groupe spécial « ***Biodiesel*** » a récemment souligné qu' « *il est admis que les principes codifiés aux articles 31 et 32 de la Convention de Vienne constituent (les règles coutumières d'interprétation)* »[249]. Le caractère transitoire des principes généraux d'interprétation ne justifie-t-il pas alors l'indifférenciation terminologique utilisée par les Groupes spéciaux et l'Organe d'appel pour désigner ces règles ?

Force est de constater que l'article 3.2, même s'il ne renvoie pas directement aux dispositions de la CV, il y autorise le recours puisqu'il fait référence aux règles coutumières d'interprétation du droit international public. D'ailleurs, l'Organe d'appel, compte tenu des travaux de la Commission du droit international[250], a eu l'occasion de souligner que ces règles coutumières étaient celles qui sont contenues dans la CV sur le droit des traités de 1969[251]. Plus limpide, il n'a pas tardé à citer les propos de la CIJ faisant de cette convention « *l'expression du droit international coutumier* »[252]. Cette convention, parce qu'elle forme un « *corpus assez complet* »[253] de principes universellement admis en matière d'interprétation des traités, devrait alors inspirer l'ORD.

---

[247] Ibid.

[248] ROLLAND (E.S.), « *Les principes généraux à l'OMC* », art. précit., p. 109.

[249] Rapport du Groupe spécial, « *Union européenne – Mesures antidumping visant le biodiesel en provenance d'Argentine* », WT/DS/473/R, 29/03/2016, p. 26, parag. 7.1.1.

[250] YASSEEN (M.K.), « *L'interprétation des traités d'après la Convention de Vienne sur le droit des traités* », RCADI, vol. III, 1976, p. 12.

[251] Rapport du Groupe spécial, « *Japon - taxes sur les boissons alcooliques* », WT/DS8/R, WT/DS10/R, WT/DS11/R, 11/07/1996, p-p. 6-8.

[252] Arrêt de la CIJ relatif à l'affaire « *L'ile de Kasikili / Sedum Island (Botswana / Namibie)* », 13/12/1999, Rec. de la CIJ, parag. 18, p. 1059.

[253] KOHEN (M.G.), « *La codification du droit des traités : quelques éléments pour un bilan global* », RGDIP, 2000, p. 578.

À l'instar des tribunaux internationaux[254], les Groupes spéciaux et l'Organe d'appel font des dispositions de la CV des règles opposables à tous les Membres de l'OMC, qu'ils y soient parties ou non. Il s'agit d'une position qui ne peut pas surprendre puisque les règles coutumières d'interprétation du droit international public, même lorsqu'elles sont codifiées, ne cessent d'exister et de s'appliquer en tant que principes du droit international coutumier[255].

Enfin, la CV, bien qu'elle n'épuise pas les règles coutumières d'interprétation du droit international public, est abondamment citée dans la jurisprudence de l'ORD. Les articles 31 et 32 servent comme une référence par excellence dans l'interprétation du droit de l'OMC et ce, en raison de leur importance dans l'assurance d'une interprétation homogène et évolutive du droit de l'OMC. Encore, faut-il ajouter que ces articles ont été largement reproduits dans le raisonnement interprétatif des Groupes spéciaux et de l'Organe d'appel. Par souci de clarté, ils sont même traités comme s'ils constitueraient des dispositions substantielles des Accords visés et sont, de ce fait, susceptibles d'interprétation. L'ORD ne tarde pas, au fil de ses rapports, à consolider ses interprétations relatives aux articles 31 et 32 par des références à la jurisprudence internationale de la Cour de la *Haye*, aux écrits les plus éminents de la doctrine[256] et à ceux de la Commission du droit international[257]. C'est ainsi qu'il atteste que son rôle

---

[254] La CIJ a eu l'occasion de préciser que « *ni le Botswana ni la Namibie ne sont parties à la Convention de Vienne du 23/5/1969 sur le droit des traités mais que l'un et l'autre estiment que l'article 31 de la Convention de Vienne est applicable en tant qu'expression du droit international coutumier* », Arrêt de la CIJ relatif à l'affaire « *L'Ile de Kasikili / Sedum Island* », 13/12/1999, Rec. CIJ., p. 1059 ; La CJCE, quant à elle, a eu l'occasion de souligner dans l'affaire « *Racke* » qu'il lui incombait de vérifier la légalité d'un règlement communautaire au regard des règles de droit international général, en l'occurrence de droit international coutumier, telles qu'elles ont été codifiées par la Convention sur le droit des traités, qui, quant à elle, ne lie ni la Communauté ni la totalité de ses Etats membres. Arrêt de la CJCE relatif à l'affaire « *Racke* », 16/06/1998, C-162/96, Europe, août-sept. 1998, comm.A.R. et D.S., n°265.

[255] Arrêt de la CIJ relatif à l'affaire « *Activités militaires et paramilitaires au Nicaragua* », 10/05/1984, Rec. CIJ, p. 421.

[256] Rapport de l'Organe d'appel, « *Etats-Unis - normes concernant l'essence nouvelle et ancienne formules* », rapport précit., p.19, note 44 ; Rapport du Groupe spécial, « *Communautés européennes – Mesures affectant l'approbation et la commercialisation des produits biotechnologiques* », rapport précit., notes 242-243.

[257] Ibid., parag. 7.86 ; Rapport de l'Organe d'appel, « *Communautés européennes- Régime applicable à l'importation, à la vente et à la distribution des bananes* », WT/DS27/AB/RW/ECU, WT/DS27/AB/RW/USA, 26/11/2008, parag. 390.

ne se réduit pas à l'interprétation des règles substantielles du droit de l'OMC. Bien plus, il témoigne qu'il a un rôle à jouer dans l'interprétation des règles extérieures au droit de l'OMC, voire dans l'évolution des règles du droit international public[258]. Nombreux sont les rapports qui illustrent la nouvelle orientation de l'ORD en la matière[259].

Quelles que soient les formulations utilisées pour désigner les principes généraux d'interprétation du droit international public, le recours à ces règles se veut une affirmation d'enracinement du droit de l'OMC dans l'ordre juridique international[260]. Un tel enracinement est manifeste si l'on tient compte de l'application du principe d'intégration auquel renvoie le « *code des traités* »[261].

b) Recours direct au principe d'intégration

Certes, l'article 3.2 du Mémorandum d'accord illustre la perméabilité du droit de l'OMC puisqu'il renvoie à des règles extérieures. Cependant, il ne saurait, à lui seul, déterminer le degré d'ouverture de ce droit qui se mesure à partir de la démarche et l'orientation de l'ORD vers le rejet ou non de l'isolement du droit international.

Comparé à une « *juridiction spécialisée* »[262], l'ORD n'est pas, pour autant, libéré, dans l'interprétation du droit de l'OMC de l'application du principe de l'intégration[263] qui met en relation directe droit

---

258 LORENZO (L.), « *Une nouvelle juridiction internationale : le système de règlement des différends interétatiques de l'OMC* », Thèse de Doctorat, Université lumière, Lyon II, 2003. p.23 ; KIEFFER (B.), op. cit., p. 300 et s.

259 Rapport du Groupe spécial, « *Japon - taxes sur les boissons alcooliques* », rapport précit., p-p. 6-8; Rapport du Groupe spécial, « *Communautés européennes–Mesures affectant l'approbation et la commercialisation des produits biotechnologiques* », rapport précit., parag. 7.68 ; Rapport de l'Organe d'appel, « *Communautés européennes – Classification douanière des Morceaux de poulet désossés et congelés* », WT/DS269/AB/R, WT/DS286/AB/R, 12/09/2005, paragr. 201.

260 BURDA (J.), « *Les fonctions de la démarche interprétative dans le cadre de l'OMC* », RQDI, n°21.2, 2008, p .1 .

261 DUPUY (P.M.), « *La Convention de Vienne sur le droit des traités à l'épreuve de la pratique : quel bilan trente ans après son entrée en vigueur* », RBDI, 2006/2, p. 412 ; COMBACAU (J.), « *Le droit international : bric-à-brac ou système ?* », in « *Le système juridique* », Archives de philosophie du droit, tome 31, 1986, p. 90.

262 RUIZ FABRI (H.), « *La juridictionnalisation du règlement des litiges économiques entre Etats* », art. précit., p. 918.

263 COMBACAU (J.), « *Le droit international : bric-à-brac ou système ?* », art. précit., p. 90.

international général et droit international spécial[264]. En effet, la jurisprudence de l'ORD, aussi modeste qu'elle puisse paraître au début de son fonctionnement, n'en présente pas moins, ces dernières années, un rattachement à l'ordre juridique international. Il n'est pas sans intérêt de déterminer, à ce stade, le contenu du principe d'intégration avant d'en vérifier l'utilisation dans la jurisprudence des Groupes spéciaux et de l'Organe d'appel.

Codifié par la CV dans son article 31.3.c), le principe d'intégration, comme l'indique son nom, exprime l'objectif d'intégration systématique. Il suppose que le traité, quelle que soit sa matière, dépend dans son application du droit international général puisqu'il n'est que la création du système juridique international[265]. C'est en ce sens que l'article précité dispose qu'il sera tenu compte, dans l'interprétation du traité en même temps que du contexte, de « *toute règle pertinente de droit international applicable dans les relations entre les parties* ». Cette disposition n'offre-t-elle pas au juge international des possibilités dynamiques[266] permettant de minimiser les risques de fragmentation du droit international [267]?

Considérée comme l'expression fidèle du droit international général[268], l'article 31 établit une présomption de non suffisance de toute obligation internationale[269], dans la mesure où il évite de lire isolement la règle à interpréter. Bien au contraire, il la replace dans son milieu juridique qui est l'ordre juridique international[270], de la sorte qu'elle soit interprétée à la lumière de l'environnement normatif pour elle pertinent. Ayant fixé la relation entre droit conventionnel et droit international général, l'article précité assoit un lien entre coutumes et traités ; entre droit international général et droits spéciaux[271]. À cet, égard, la doctrine n'hésite pas à considérer l'article 31.3 c) de la CV comme étant la seule

---

264 Ibid.

265 DUPUY (P.M.), « *La Convention de Vienne sur le droit des traités à l'épreuve de la pratique : quel bilan trente ans après son entrée en vigueur* », art. précit., p. 418.

266 Ibid., p.420.

267 SANDS (Ph.), « *Vers une transformation du droit international ? Institutionnaliser le doute* », CIHEI, Pedone, 2000, n°4, p .233.

268 YASSEEN (M.K.), art. précit., p. 9.

269 DUPUY (P.M.), « *L'unité de l'ordre juridique international : Cours général de droit international public 2000* », art. précit., p. 456.

270 DE VISSCHER (Ch.), « *Problèmes d'interprétation judiciaire en droit international public* », Paris, Pedone, 1963, p. 92.

271 DUPUY (P.M.), « *La Convention de Vienne sur le droit des traités à l'épreuve de la pratique : quel bilan trente ans après son entrée en vigueur* », art. précit., p. 420.

formulation qui prend en considération « *l'enlacement et l'interconnexion des branches du droit international* »[272]. C'est en ce sens que le juge international pourrait maintenir une certaine unité formelle et matérielle de l'ordre juridique international et ce, par une application extensive dudit article[273].

Une interrogation s'impose dès lors, la spécificité du droit de l'OMC constitue-t-elle une échappatoire au recours aux règles du droit international général ? Ayant affirmé l'appartenance du droit de l'OMC à l'ordre juridique international, l'Organe d'appel a pertinemment signalé, dès son premier rapport relatif au différend « ***Essences*** » qu'il ne doit pas fonctionner en isolement du droit international public[274]. Plus limpide, il a souligné dans son rapport « ***Sardines*** » que « *le système de l'OMC doit être interprété de manière compatible avec le droit international général, et selon laquelle la règle coutumière doit s'appliquer, à moins qu'il soit démontré qu'une telle application remettrait en cause l'objet et le but du système OMC* »[275].

Si le principe d'intégration, durant une période assez longue, ne faisait pas l'objet d'une application directe, il n'en reste moins vérifiable dans la pratique de l'OMC. En effet, les Groupes spéciaux et l'Organe d'appel, soucieux du respect de l'article 3.2 du Mémorandum d'accord, appliquaient ce principe sans que l'article 31.3 c) de la CV soit explicitement invoqué[276]. En effet, l'Organe d'appel a eu l'occasion de souligner, dans son rapport « ***Crevettes***», que « *les... règles pertinentes du droit international doivent être prises en compte dans l'interprétation d'un texte conventionnel* ». Mieux encore, il a souligné que sa tâche consiste « *en l'occurrence à (chercher)... s'il y a lieu, dans les principes généraux du droit international* »[277].

---

[272] SANDS (Ph.), « *Vers une transformation du droit international ? Institutionnaliser le doute* », art. précit., p. 179 et s.

[273] Arrêt de la CIJ relatif à l'affaire « *plates formes pétrolières entre la République islamique d'Iran et les Etats-Unis* », 06/11/2003, Rec. CIJ, parag. 41.

[274] Rapport de l'Organe d'appel, « *Etats-Unis - normes concernant l'essence nouvelle et ancienne formules* », rapport précit., p. 19.

[275] Rapport de l'Organe d'appel, « *Communautés européennes – Désignation commerciale des sardines* », WT/DS231/AB/R, 26/09/2002, parag. 249.

[276] Rapport de l'Organe d'appel, « *Etats-Unis – Prohibition à l'importation de certaines crevettes et de certains produits à base de crevettes* », rapport précit., parag.158.

[277] Rapport de l'Organe d'appel, « *Etats-Unis – Prohibition à l'importation de certaines crevettes et de certains produits à base de crevettes* », rapport précit., note 157, p. 67.

Par ailleurs, l'Organe d'appel, pour réticent qu'il soit, semble renvoyer, dans son rapport « ***Acier au carbone*** » au principe d'intégration. Il s'agit d'un renvoi indirect dans la mesure où cet organe applique, dans l'interprétation du droit de l'OMC, les règles coutumières d'interprétation du droit international public. Ces règles sont contenues, en grande partie, dans l'article 31 de la CV[278]. C'est en ce sens que devrait s'établir une relation directe entre le droit international général et le droit de l'OMC.

De façon directe, ledit article a été, par la suite, évoqué dans le différend «***Morceaux de poulet*** »[279] et dans des notes de bas de page du rapport du Groupe spécial *«* ***Jeux et paris sur Internet*** »[280].

D'une manière sans doute peu originale mais remarquable par son caractère direct, le Groupe spécial « ***Biotech*** » n'entend pas déroger à l'article 31.3 c) de la CV. En effet, il a eu l'occasion de préciser que l'obligation qu'impose[281] cet article « *assure ou renforce la compatibilité des règles de droit international applicables à ces Etats et contribue ainsi à éviter des conflits entre les règles pertinentes* »[282]. Conscient de l'importance du rattachement du droit de l'OMC à l'ordre juridique international, le Groupe spécial s'est montré favorable à l'interprétation de l'article susvisé.

De façon analytique plus que jamais, il a souligné que la référence à toute règle pertinente du droit international public dans l'interprétation du droit de l'OMC est suffisante pour englober toutes les sources du droit international public généralement acceptées ; qu'il s'agisse des traités, du

---

[278] Rapport de l'Organe d'appel, « *États-Unis – Mesures compensatoires visant certains produits plats en acier au carbone laminés à chaud en provenance d'Inde* », WT/DS436/AB/R, 08/12/2014, parag. 61 et 62.

[279] Rapport de l'Organe d'appel, « *Communautés européennes – Classification douanière des Morceaux de poulet désossés et congelés* », rapport précit., parag. 201.

[280] RUIZ FABRI (H.), « *Le juge de l'OMC : ombres et lumières d'une figure judiciaire singulière* », art. précit., p. 69.

[281] Aux termes du Groupe spécial, il s'agit d'une obligation et non pas d'une simple possibilité offerte à l'interprète de tenir compte de toute règle pertinente du droit international lors de l'interprétation du traité. C'est en ce sens que le Groupe spécial a précisé que : « *les trois éléments [les trois alinéas de ce qui est maintenant l'article 31 3)], présentent tous un caractère obligatoire et, de par leur nature même, ils ne sauraient être considérés comme des normes d'interprétation inférieures en quoi que ce soit à celles qui les précèdent* ». Rapport du Groupe spécial, « *Communautés européennes – Mesures affectant l'approbation et la commercialisation des produits biotechnologiques* », rapport précit., note 244.

[282] Ibid., parag. 7.67.

droit international coutumier ou des principes généraux de droit[283]. La référence des Groupes spéciaux et de l'Organe d'appel au principe général de bonne foi en témoigne[284].

Reste à déterminer, par la suite, le sens que le Groupe spécial donne à l'expression « *les parties* » contenue dans l'article 31. Dans le cadre de l'OMC, cette expression doit-elle englober tous les Membres de l'OMC ou se limiter aux Membres parties à un différend ? Par opposition à certaines dispositions de la CV[285], l'article 31.3.c) ne fait ni référence à « *une ou plusieurs parties* » ni à toute « *partie à un différend* ». Au demeurant, les règles du droit international applicables dans les relations entre les parties sont celles qui sont applicables dans les relations entre les Etats qui ont consenti à être liés par le traité demeurant en vigueur. C'est ainsi que le Groupe spécial a fini par conclure que les règles du droit international que l'ORD doit tenir compte pour interpréter les Accords de l'OMC sont « *celles qui sont applicables dans les relations entre les Membres de l'OMC* »[286]. Pour étayer sa position, le Groupe spécial n'a pas hésité à se référer à l'article 2 .1g) de la CV qui constitue « *le contexte immédiat de l'article 31.3.c)* »[287]. Un tel article définit le terme « *partie* » comme étant l'Etat « *qui a consenti à être lié par le traité et à l'égard duquel le traité est en vigueur* ». La doctrine et la jurisprudence de l'ORD[288], en la matière, sont citées à l'appui. Ayant approuvé une interprétation qui retient seulement la règle de droit international

---

283 Ibid.

284 Rapport de l'Organe d'appel, « *Etats-Unis – Prohibition à l'importation de certaines crevettes et de certains produits à base de crevettes* », rapport précit., note 12, parag. 158 ; Rapport du Groupe spécial, «*Communautés européennes - Droits antidumping sur les accessoires de tuyauteries en fonte malléable en provenance du Brésil* », WT/DS219/R, 7/03/2003, parag. 7.292.

285 Le Groupe spécial renvoie en ce sens à l'article 31 2) b) de la CV qui fait explicitement référence à « *une ou plusieurs parties* » ainsi qu'à l'article 66 de la CV portant sur les procédures de règlement judiciaire, d'arbitrage et de conciliation, qui fait référence à toute « *partie à un différend* ». Rapport du Groupe spécial, « *Communautés européennes – Mesures affectant l'approbation et la commercialisation des produits biotechnologiques* », rapport précit., note 242.

286 Ibid., parag. 7.68.

287 YASSEEN (M.K.), art. précit., p. 63, parag. 7 ; Rapport du Groupe spécial, « *Communautés européennes – Mesures affectant l'approbation et la commercialisation des produits biotechnologiques* », rapport précit., note 242 et 243.

288 Rapport de l'Organe d'appel, « *Japon - taxes sur les boissons alcooliques* », rapport précit., p. 15 ; Rapport de l'Organe d'appel, « *Communautés européennes – Classification douanière des morceaux de poulet désossés et congelés* », rapport précit., parag. 272-273.

commune entre toutes les parties, le Groupe spécial semble traduire le souci du respect du consentement de toutes les parties à l'égard de la règle dont il faut tenir compte dans l'interprétation des Accords visés[289]. Cette position semble constituer une continuité à la pratique du GATT de 1947. En effet, dans le différend « ***Thon mexicain II*** », les *panels* avaient refusé d'interpréter les dispositions de l'article XX g) au regard de la Convention sur le commerce international des espèces de faune et de flore[290]. Parce qu'il est signé par quelques Parties contractantes uniquement, cet accord n'a pas été considéré comme applicable dans les relations entre les parties[291].

L'article 31.3.c) de la CV, tel qu'interprété par le Groupe spécial « ***Biotech*** », assure-t-il une présomption de la compatibilité du droit de l'OMC avec le droit international général[292] ? Quel que soit le sort du raisonnement du Groupe spécial quant à la relation que le droit de l'OMC entretient avec l'accord en cause[293], une évolution semble se dessiner. Cette évolution consiste à utiliser de façon directe l'article 31.3.c) de la CV tout en ayant l'obligation d'en assurer le respect[294]. La pertinence de cet article dans l'assurance de l'unité et de la cohérence du droit international[295] ainsi que son importance dans le rattachement du droit de l'OMC à l'ordre juridique international sont, sans doute, incontestables. Si la CV constitue une référence par excellence pour les Groupes spéciaux et l'Organe d'appel dans la clarification du droit de l'OMC, c'est parce qu'elle constitue un document précis et fidèle du droit international positif

---

[289] Ibid., parag. 7.70.

[290] Convention sur le commerce international des espèces de faune et de flore sauvages menacées d'extinction, 3/3/1973, 933 RTNU 243 (*entrée en vigueur : 1/7/1975*).

[291] Le Groupe spécial « *Etats-Unis–Thon mexicain* » a eu l'occasion de préciser que « *The agreement cited by the parties to the dispute were bilateral or plurilateral agreement that were not concluded among the contracting parties to the general Agreement, and that they did not apply to the interpretation of the General Agreement or the application of its provisions* », Rapport du Groupe special, « *Etats-Unis – Restrictions aux importations de Thon mexicain* », Rapport non adopté, DS21/R, 33I.L., 16/08/1991, note 108, parag. 5.19.

[292] COMBACAU (J.), SUR (S.), « *Droit international public* », Paris, Montchrestien, 5ème éd., 2001, p. 175.

[293] Il s'agit de l'Accord sur les mesures sanitaires et phytosanitaires (ASPS).

[294] Rapport du Groupe spécial, « *Communautés européennes – Mesures affectant l'approbation et la commercialisation des produits biotechnologiques* », rapport précit., note 244.

[295] JOUANNET (E.), « *Le juge international face aux problèmes d'incohérence et d'instabilité du droit international : quelques réflexions à propos de l'arrêt CIJ du 6/11/2003* », RGDIP, 2004/4, p 934 et 935.

existant[296]. Cependant, elle n'en épuise pas les règles d'interprétation auxquelles se réfère l'ORD dans la clarification des accords visés.

2) L'importance des principes d'absence de conflit dans l'assurance de la compatibilité du droit de l'OMC avec le droit international général

À la forme unique de l'Accord instituant l'OMC[297] s'ajoute le caractère intégré du SRD[298] qui justifie l'option pour une interprétation uniforme des Accords visés. Certes, l'unité du droit de l'OMC est partiellement garantie par ce même droit[299], cependant la question devient plus complexe lorsqu'il s'agit de déterminer l'articulation entre les Accords visés et d'autres règles du droit international.

En raison de la nature « *mosaïque* » du droit de l'OMC[300], l'ORD ne peut pas ignorer, dans sa fonction d'interprétation des Accords visés, les soucis de la Commission du droit international au sujet de la fragmentation du droit international[301]. L'assurance de l'unité d'interprétation de l'ordre juridique international est un objectif que ce système devrait favoriser[302]. En effet, loin d'être enfermé dans les règles énoncées dans la CV, l'ORD n'hésite pas à faire appel aux principes généraux d'interprétation du droit international public présumant l'absence de confit. Parce qu'ils ont pour effet d'éviter la contradiction, ces principes favorisent la compatibilité du droit de l'OMC avec le reste

---

[296] YASSEEN (M.K.), art. précit., p. 9.

[297] Contrairement à l'ancien système du GATT, l'Accord instituant l'OMC forme un instrument conventionnel unique accepté par les Etats Membres comme un engagement unique. MADDALON (Ph.), « *Les rapports des Groupes spéciaux et de l'Organe d'appel (2007)* », AFDI, vol. LIII, 2007, p. 709.

[298] MARCEAU (G.), VAN DEN BOSSCHE (P.), art. précit., p. 35.

[299] Voir les articles XVI.3 de l'Accord de Marrakech instituant l'OMC, XXI c) du GATT et l'article XVI bis c) du GATS pour régler d'éventuels conflits entre les différents Accords visés ou entre les Accords visés et les dispositions de la Charte des Nations Unies.

[300] CARREAU (D.), JUILLARD (P.), « *Droit international économique* », op. cit., 4ème éd., p. 128 ; CAZALA (J.), « *L'OMC à la carte ? Les aménagements conventionnels aux obligations des Membres permis par le droit conventionnel de L'Organisation Mondiale du Commerce* », RGDIP, tome CXIII, 2009, p. 47.

[301] DE BRABANDERE (E.), « *La 58ème session de la Commission du droit international* », RBDI, n°1, 2007, p. 254.

[302] CANAL FORGUES (E.), THILLIER (A.), « *Le règlement des différends à l'OMC* », Bruxelles, Bruylant, 2003, p. 111.

du droit international. Ils sont au nombre de deux ; celui qui évite une interprétation qui pourrait entrer en conflit avec un Etat dont la souveraineté est remise en cause : ***le principe « in dubio mitius*** » (*a*) et celui de ***présomption de compatibilité entre les conventions internationales*** (*b*).

a) Le principe in dubio mitius

Si l'application d'un traité ne doit pas s'accompagner de l'abandon de l'Etat signataire de sa souveraineté[303], c'est parce son interprétation doit en assurer le respect.

Considéré en droit international comme un moyen supplémentaire d'interprétation, le principe *in dubio mitius* est utilisé dans l'interprétation des traités eu égard à la souveraineté des Etats[304]. Il signifie qu'en cas d'ambiguïté d'un terme, il faut privilégier le sens qui est le moins contraignant pour la partie qui assume une obligation, ou qui porte atteinte à la souveraineté territoriale et personnelle d'une partie, ou encore qui impose aux parties des restrictions de nature moins générale[305].

Œuvrant en faveur du rattachement du droit de l'OMC à l'ordre juridique international, les Groupes spéciaux et l'Organe d'appel devraient s'interdire de donner une interprétation incompatible avec le principe *in dubio mitius* qui vise le respect de la volonté des parties. Ce dernier est invoqué par les Membres[306] et consacré par l'ORD dans l'interprétation du droit de l'OMC afin d'éviter que les Membres soient pris au piège d'engagements qu'ils avaient consentis sans être réellement

---

303 Arrêt de la CPJI relatif à l'affaire « *Vapeur de Wimbledon (France /Allemagne)* », 17/8/1929, Rec. CPJI, série A, fascicule n°1, p. 25.

304 La souveraineté apparaît comme la source des compétences que l'Etat tient du droit international. D'ailleurs, la Chambre d'appel du Tribunal pénal international pour l'ex–Yougoslavie l'a rappelé en soulignant qu' « *en droit international coutumier, les Etats, par principe, ne peuvent recevoir d'ordres, qu'ils proviennent d'autres Etats ou organisations internationales* ». Ainsi, à travers la souveraineté, c'est l'indépendance de l'Etat qui est affirmée. QUOC DINH (N.), DAILLIER (P.), PELLET (P.), « *Droit international public* », op. cit., 8ème éd., p. 424.

305 CARREAU (D.), « *Droit international* », op. cit., 7ème éd., p. 142.

306 Voir la communication de la Chine dans le Rapport de l'Organe d'appel, « *Chine – Mesures affectant les droits de commercialisation et les services de distribution pour certaines publications et certains produits de divertissement audiovisuels* », WT/DS363/AB/R, 21/12/2009, parag. 340, p. 168.

conscients de leurs effets juridiques[307]. Il s'agit d'objectif qui a été révélé, pour la première fois, dans le rapport « ***Brevets pharmaceutiques*** »[308]. Par ailleurs, il a fallu attendre le rapport « ***Hormones*** » pour que l'Organe d'appel se réfère explicitement à la règle *in dubio mitius*[309] dans l'interprétation de l'Accord SPS.

Comme le fait comprendre son qualificatif « *supplémentaire* », le principe susvisé est utilisé par les Groupes spéciaux et l'Organe d'appel pour étayer une interprétation déduite suite à l'application des règles prioritaires d'interprétation[310]. À l'instar de la CIJ[311], l'Organe d'appel a procédé, dans l'interprétation de l'expression « *sur la base de* » contenue dans l'article 3.2 de l'Accord SPS, à une analyse textuelle puis finaliste. Par ailleurs, pour conforter son interprétation relative à l'article susmentionné, il a excipé du principe *in dubio mituis* pour signifier qu'il lui est inadmissible de « *supposer à la légère que des Etats souverains ont eu l'intention de s'imposer à eux-mêmes une obligation plus lourde, les forçant à se conformer à ces normes, directives et recommandations ou à les respecter plutôt qu'une obligation moins contraignante* »[312]. En appliquant ce principe, l'Organe d'appel fait preuve d'un grand souci d'éviter que le Membre mis en cause ne soit tenu de plus d'obligations que ne le prévoit le texte[313]. Ainsi, est évitée une interprétation qui pourrait entrer en conflit avec le principe de souveraineté. Les Groupes

---

307 RUIZ FABRI (H.), « *L'appel dans le règlement des différends de l'OMC : trois ans après quinze rapports plus tard* », art. précit., p-p. 48-128 ; PACE (V.), « *L'Organisation Mondiale du Commerce et le renforcement de la réglementation juridique des échanges commerciaux internationaux* », op. cit., p-p. 120-121.

308 Rapport de l'Organe d'appel, « *Inde – protection conférée par un brevet pour les produits pharmaceutiques et produits chimiques pour l'agriculture* », rapport précit., parag. 58.

309 Rapport de l'Organe d'appel, « *Communautés européennes- Mesures communautaires concernant les viandes et les produits carnés (Hormones)* », rapport précit., parag. 165, p.75, note 154.

310 Ibid., parag. 165, p. 74.

311 Arrêt de la CIJ relatif à l'affaire « *Essaies nucléaires, (Australie / France)* », 20/12/1974, Rec. de la CIJ, p. 267 ; Arrêt de la CPJI relatif à l'affaire « *Accès et stationnement des navires de guerre polonais dans le port de Dantzig* », 11/12/1931, Rec. de la CPJI, série A/B, fascicule n° 43, p. 142.

312 Rapport de l'Organe d'appel, « *Communautés européennes - Mesures communautaires concernant les viandes et les produits carnés (Hormones)* », rapport précit., parag. 163-165, p-p. 73-75.

313 Il s'agit des normes du Codex Alimentarius. RUIZ FABRI (H.), « *L'appel dans le règlement des différends de l'OMC : trois ans après quinze rapports plus tard* », art. précit., p. 94.

spéciaux et l'Organe d'appel ne contribuent-ils pas alors, au moyen du principe *in dubio mituis*, à une interprétation affirmant sa compatibilité avec les principes du droit international public ? Il s'agit d'une orientation qui ne cesse d'être enracinée dans l'interprétation des Accords visés, en particulier, dans leur relation avec des accords extérieurs au droit de l'OMC.

b) Le principe de compatibilité entre les conventions internationales

À la nature « *mosaïque* »[314] s'ajoute « *l'*effet *d'emboîtement* »[315] qui font du droit de l'OMC un système normatif de plus en plus complexe. Cet effet d'emboîtement est vérifiable aussi bien dans l'articulation entre les règles de ce droit que dans le renvoi de certains Accords visés à d'autres dispositifs extérieurs[316]. Dans le but d'éviter des interprétations contradictoires de dispositions emboîtées, les Groupes spéciaux et l'Organe d'appel doivent se référer au principe général d'interprétation[317] de présomption d'absence de conflit[318]. Connu aussi sous le nom de présomption de compatibilité entre les conventions internationales[319], ce principe consiste à adopter la signification qui rapproche les textes de différents traités et évite qu'il y ait une opposition entre eux[320].

S'agissant du premier aspect d'emboîtement, l'ORD a eu recours au principe susmentionné pour interpréter certaines dispositions issues de

---

314 CARREAU (D.), JUILLARD (P.), « *Droit international économique* », op. cit., 4ème éd., p. 128.

315 RUIZ FABRI (H.), « *La contribution de l'Organisation Mondiale du Commerce à la gestion de l'espace juridique mondial* », art. précit, p. 347 et p. 354.

316 Ibid.

317 ROUSSEAU (Ch.), « *Droit international public : introduction et sources* », Paris, Sirey, tome I, 1970, p. 289.

318 Rapport du Groupe spécial, « *Etats-Unis - article 110. 5) de la loi sur le droit d'auteur* », WT/DS160/R, 15/6/2000, p. 27.

319 LIGNEUL (N.), « *Principes généraux de droit* », in FLORY (Th.), LIGNEUL (N.), « *Chronique du règlement des litiges de l'OMC (1er juillet 1999 – 31 décembre 1999)* », RMCUE, n° 442, octobre-novembre 2000, p. 612.

320 Rapport du Groupe spécial, « *Etats-Unis - article 110. 5) de la loi sur le droit d'auteur* », rapport précit., p. 20.

différents Accords visés, mais qui s'articulent[321]. Nombreux sont les rapports illustratifs[322].

Quant au second aspect d'emboîtement, il faut remarquer que le droit de l'OMC, qui est de plus en plus ouvert[323], ne peut évoluer en isolement d'autres accords internationaux[324]. Les exemples illustratifs ne manquent pas en la matière[325]. Ayant marqué le caractère inter normatif[326] du droit de cette organisation, l'ouverture à ces accords a de profondes implications sur la mise en œuvre de ce droit[327].

De leur côté, les Groupes spéciaux et l'Organe d'appel ne peuvent rester insensibles à cet effet d'emboîtement, d'autant plus qu'ils sont tenus d'assurer la sécurité et la prévisibilité du Système commercial multilatéral[328]. Chargé de l'interprétation des accords précités du fait de leur incorporation dans les Accords visés[329], l'ORD fait appel au principe de « *présomption d'absence de conflit* ». Le rapport « ***Loi sur le droit d'auteur*** » est illustratif en la matière. En effet, pour parvenir à une interprétation compatible avec un autre accord international, le Groupe spécial a suivi, dans l'interprétation de l'article 13 de l'Accord sur les

---

[321] Ibid.

[322] Rapport de l'Organe d'appel, « *Canada - certaines mesures concernant les périodiques* », WT/DS31/AB/R, 30/6/1997, p. 21 ; Rapport de l'Organe d'appel, « *Guatemala - enquête antidumping concernant le ciment portland en provenance du Mexique* », WT/DS60/AB/R, 2/11/1998, parag. 65 ; Rapport de l'Organe d'appel, « *Communautés européennes-régime applicable à l'importation, à la vente et à la distribution des Bananes* », rapport précit., parag. 219-222 ; Rapport du Groupe spécial, « *Indonésie –certaines mesures affectant l'industrie automobile* », WT/DS54/R, WT/DS55/R, WT/DS64/R, 02/07/1998. parag. 14-28.

[323] PROST (M.), op. cit., p. 10.

[324] CANAL FORGUES (E.), RAMBAUD (P.), « *Droit international public* », Paris, Flammarion, 2007, p. 75.

[325] L'Accord ADPIC par exemple renvoie à certaines conventions relatives à la propriété intellectuelle, en particulier, la Convention de Berne, la Convention de Rome…

[326] BOISSON DE CHAZOURNES (L.), « *Le rôle des organes de règlement des différends de l'OMC dans le développement du droit international de l'environnement : entre le marteau et l'enclume* », in MALJEAN-DUBOIS (S.), (Dir.), « *Droit de l'Organisation Mondiale du Commerce et protection de l'environnement* », Bruxelles, Bruylant, CERIC, 2003, p. 399.

[327] CAZALA (J.), « *L'OMC à la carte ? Les aménagements conventionnels aux obligations des Membres permis par le droit conventionnel de l'Organisation Mondiale du Commerce* », art. précit., p. 47.

[328] Article 3.2 du Mémorandum d'accord.

[329] Rapport du Groupe spécial, « *Etats-Unis - article 110. 5) de la loi sur le droit d'auteur* », rapport précit., p. 13.

ADPIC, une démarche en deux temps. D'abord, pour déterminer si la doctrine des exceptions mineures [330] fait partie ou non de l'Accord précité, il a commencé par appliquer les règles fondamentales d'interprétation des traités. C'est ainsi qu'il a déduit, dans un premier temps, l'appartenance de la doctrine des exceptions mineures à l'acquis de Berne et, dans un second temps, son inclusion dans l'Accord sur les ADPIC. Pour étayer sa position, il s'est référé au principe de présomption d'absence de conflit tout en soulignant qu' « *il faudrait éviter d'interpréter (ledit accord) comme signifiant autre chose que la Convention de Berne sauf lorsque cela est prévu* »[331]. C'est ainsi que l'ORD parait soucieux d'ordonner l'interprétation du droit de l'OMC à partir d'une méthodologie ordonnée elle-même[332] qui témoigne de la maturité de celui qui la mène. Mieux encore, par la référence au principe précité, ce système s'avère sensible aux soucis de la Commission du droit international au sujet de la fragmentation de ce droit[333] puisqu'il est conscient du rattachement du droit de l'OMC au droit international.

B) L'extension du champ d'application des principes généraux du droit international général.

Plus importante est la question de savoir si les principes généraux du droit international général, autres que ceux d'interprétation, sont applicables. Par le renvoi aux règles coutumières d'interprétation du droit international public, l'article 3.2 du Mémorandum d'accord laisse croire que le droit international ne devrait servir qu'à interpréter les Accords visés[334]. Cependant, ***l'ORD, ayant opté pour une interprétation extensive de l'article 3.2 du Mémorandum d'accord, confirme le rattachement du droit de l'OMC à l'ordre juridique international (1).*** C'est en ce sens qu'il ne peut pas se passer de certains principes généraux du droit international général qui s'appliquent en l'absence de référence directe. ***Louable, cette interprétation se justifie amplement (2).***

[330] Ibid., note 58, parag. 6.48, p. 21.
[331] Ibid., parag. 6.66, p. 27.
[332] RUIZ FABRI (H.), « *Le juge de l'OMC : ombres et lumières d'une figure judiciaire singulière* », art. précit., p. 52.
[333] DE BRABANDERE (E.), art. précit., p. 254.
[334] CANAL FORGUES (E.), THILLIER (A.), « *Le règlement des différends à l'OMC* », op. cit., 2003, p. 114.

1) L’adoption d’une interprétation extensive de l’article 3.2 du Mémorandum d’accord

Loin de clore le droit de l’OMC sur lui-même, l’ORD ne doit pas fonctionner en isolement du droit international public[335]. La référence à ce droit ne fait aucun doute concernant les règles coutumières d’interprétation dont l’observation est prescrite par l’article 3.2 du Mémorandum d’accord. Quant aux autres principes généraux du droit international, le Mémorandum d’accord ne s’y réfère pas directement. Il a fallu attendre le rapport « ***Marchés publics*** » pour que les Groupes spéciaux puissent étendre explicitement cette référence aux principes substantiels du droit international public. L’interprétation adoptée par les Groupes spéciaux pour l’article 3.2 du Mémorandum d’accord en témoigne.

Vigilants, les organes susvisés semblent avoir mettre fin à une position doctrinale[336] qui soutenait le caractère autosuffisant du droit de l’OMC. D’ailleurs, certains auteurs estimaient que l’article 3.2, renvoyant aux règles coutumières d’interprétation, exclut l’application des autres règles à valeur coutumière dont les principes généraux du droit international constituent une sous catégorie. Toutefois, les Groupes spéciaux, à l’instar des tribunaux internationaux, ont voulu éviter l’illusion de système se suffisant à lui-même, en précisant que *« le lien entre les accords de l'OMC et le droit international coutumier est plus large que cela. Le droit international coutumier s'applique d'une façon générale aux relations économiques entre les Membres de l'OMC »*[337].

La portée de l’interprétation de l’article 3.2, telle qu’adoptée par les Groupes spéciaux, est indéniable. Non seulement, elle continue de systématiser une méthodologie d’interprétation fondée sur les principes codifiés par la CV[338], mais elle apporte des éclaircissements considérables qui ont de profondes implications sur le droit applicable.

---

335 Rapport de l’Organe d’appel, « *Etats Unis – Normes concernant l’essence nouvelle et ancienne formules* », WT/DS2/AB/R, p. 19.

336 McRAE (D.), « *The contribution of International Trade Law to the development of international Law* », RCADI, 1996, tome 260, p. 103.

337 Rapport du Groupe spécial, « *République de Corée – Mesures affectant les Marchés publics* », WT/DS163/R, 01/05/2000, parag. 7.96.

338 RUIZ FABRI (H.), « *Le cadre de règlement des différends environnementaux : pouvoir d’attraction du système de règlement des différends de l’OMC et concurrence avec les mécanismes de règlement des accords multilatéraux*

Les Groupes spéciaux n'hésitent pas à ordonner la complexité du droit de l'OMC à partir du droit international public. D'ailleurs, ils ont eu l'occasion de préciser que « *le droit international coutumier... s'applique dans la mesure où les accords de l'OMC ne contiennent pas de clauses qui les excluent de son champ d'application (Cela)... ne... laisserait supposer que les règles du droit international autres que les règles d'interprétation ne s'appliquent pas...* »[339]. Est évitée ainsi une interprétation restrictive de l'article 3.2 du Mémorandum ayant pour effet de réduire les règles coutumières du droit international public à celles d'interprétation. Au contraire, la référence à ce droit doit englober toutes les « *règles habituelles du droit international public* »[340] aussi bien interprétatives que substantielles.

L'interprétation extensive de l'article 3.2 semble constituer une continuité au *dictum* de l'Organe d'appel qui souligne que l'ORD doit fonctionner contre l'isolement du droit international public[341]. Etant plus précis, le Groupe spécial « ***Marchés publics*** » a pertinemment déterminé les règles du droit international public applicables dans le règlement des différends de l'OMC. L'interprétation donnée à l'article précité ne constitue-t-elle pas alors une façon de replacer la mosaïque du droit de l'OMC au sein de l'ordre juridique international[342] ?

Fidèle à cette interprétation, les Groupes spéciaux et l'Organe d'appel n'hésitent pas à recourir, dans l'application du droit de l'OMC, au tronc commun de principes inévitables[343] qui constituent le substrat du droit international général[344]. C'est en ce sens que les Groupes spéciaux ont souligné dans le rapport « ***Inde- autos*** » qu'il « *est indéniable que certains principes largement admis du droit international ont été jugés*

---

environnementaux », in MAJEAN-DUBOIS (S.), « *Droit de l'Organisation Mondiale du Commerce et protection de l'environnement* », Bruxelles, Bruylant, CRIC, 2003, p. 364.

339 Rapport du Groupe spécial, « *République de Corée – Mesures affectant les Marchés publics* », rapport précit, parag. 7.96.

340 Rapport des Groupe spéciaux, « *Etats-Unis – Article 301 de la loi de 1974 sur le commerce extérieur* », rapport précit., parag. 7.80.

341 Rapport de l'Organe d'appel, « *Etats Unis – Normes concernant l'essence nouvelle et ancienne formules* », rapport précit., p. 19.

342 DUPUY (P.M.), « *L'unité de l'ordre juridique international : Cours général de droit international public 2000* », art. précit., p. 457.

343 Ibid., p. 431.

344 Rapport de l'Organe d'appel, « *Etats-Unis – mesure de sauvegarde transitoire appliquée aux fils de coton peignés en provenance du Pakistan* », rapport précit., parag. 119-120.

applicables dans la procédure de règlement des différends de l'OMC »[345]. Sont visés le principe du *pacta sunt servanda*[346], le principe de proportionnalité[347], la *lex specialis derogat legi*[348], les « *règles du droit international coutumier sur la responsabilité des Etats*»[349]… Le recours aux dites règles, qui constituent en même temps des principes généraux du droit international, est le plus souvent accompagné d'une référence à la jurisprudence de la CIJ et à la doctrine internationale[350]. C'est ainsi que l'ORD fait preuve, tout comme la CEDH et la CJUE, du rattachement du droit de l'OMC au droit international[351]. Une interrogation s'impose dès lors : l'ORD aurait-il besoin de la conclusion du Groupe spécial « ***Marchés publics*** » pour qu'il puisse étendre le recours au droit international à l'ensemble des principes du droit international général ?

2) Les arguments du rattachement du droit de l'OMC à l'ordre juridique international

Bien qu'il ne soit pas une source formelle du droit de l'OMC, le droit international comporte des règles pertinentes dont il faut tenir compte

---

345 Rapport du Groupe spécial, « *Inde – Mesures concernant le commerce et l'investissement dans le secteur automobile* », WT/DS/146/R, WT/DS175/R, 21/12/2001, parag. 5.57.

346 DIMASSI (J.), « *Le traité au regard de l'article 32 de la constitution tunisienne* », Tunis, CPU, 2006, p. 155 ; Rapport du Groupe spécial, « *République de Corée – Mesures affectant les Marchés publics* », rapport précit., parag. 7.93 et 7.94.

347 Rapport de l'Organe d'appel, « *Etats Unis-Mesure de sauvegarde transitoire appliquée aux fils de coton peignés en provenance de Pakistan* », rapport précit., parag.119 ; Rapport de l'Organe d'appel, « *Etats Unis d'Amérique –Mesures de sauvegarde définitives à l'importation de tubes et de tuyaux de qualité carbone soudés, de section circulaire, en provenance de Corée* », WT/DS202/AB/R, 15 février 2002, parag. 259.

348 Rapport du Groupe spécial, « *Etats Unis – Mesures antidumping visant les crevettes en provenance de Thaïlande* », WT/DS343/R, 29/02/2008, parag. 7.158.

349 Rapport de l'Organe d'appel « *Etats-Unis - mesures de sauvegarde définitives à l'importation de tubes et tuyaux de qualité carbone soudés de section circulaire, en provenance de Corée.* », rapport précit., parag. 259.

350 Rapport du Groupe spécial, « *Etats-Unis –Prohibition à l'importation de certaines crevettes et de certains produits à base de crevettes* », WT/DS58/R, 15/05/1998, parag. 7.59, note 673 ; Rapport de l'Organe d'appel, « *Communautés européennes - régime applicable à l'importation, à la vente et à la distribution des Bananes* », rapport précit., p. 7.

351 MADDALON (Ph.), « *Les rapports des Groupes spéciaux et de l'Organe d'appel (2007)* », art. précit., p. 605.

dans le règlement des différends[352]. Mieux encore, il constitue une source inévitable pour assurer le développement des règles accusées d'être peu précises au niveau de leur rédaction[353]. Le Mémorandum d'accord, même s'il n'avait pas renvoyé au droit international, une évolution en ce sens était nécessaire[354]. En effet, les arguments ne manquent pas pour affirmer l'appartenance du droit de l'OMC à l'ordre juridique international et par la même l'attraction des principes généraux du droit international.

D'abord, concernant le caractère particulier du Système commercial multilatéral, il est manifeste que le droit de l'OMC constitue une *lex specialis*[355] par rapport au droit international public. Néanmoins, ni le caractère dérogatoire des Accords visés[356], ni la nature économique des différends de l'OMC ne permettent à l'ORD d'être hermétique ou hostile à l'application des principes généraux du droit international[357]. La Commission du droit international n'a-t-elle pas déclaré l'impossibilité pour les régimes multilatéraux et régionaux de s'affranchir de certaines règles du droit international public[358] ? Loin d'être « *un système de soft Law* »[359], l'OMC est un sujet du droit international dont les obligations ne peuvent être appréhendées, quant à leur sens et leur portée, abstraction faite du cadre normatif au sein duquel elles se situent[360]. Il n'est, dès lors,

---

352 Comité consultatif chargé d'établir un rapport sur « *L'avenir de l'OMC. Relever les défis institutionnels du nouveau millénaire* », parag. 234. On peut consulter le texte en http://wwww;wto.org/french:thewto_f/10anniv_f/future_wto_f.pdf, consulté le 20 mai 2005.

353 Rapport de l'Organe d'appel, « *Communautés européennes - Mesures communautaires concernant les viandes et les produits carnés (Hormones)* », rapport précit., parag. CLXX.

354 RUIZ FABRI (H.), « *Le règlement des différends au sein de l'OMC : naissance d'une juridiction, consolidation d'un droit* », art. précit., p. 329.

354 DUPUY (P.M.), « *La Convention de Vienne sur le droit des traités à l'épreuve de la pratique : quel bilan trente ans après son entrée en vigueur* », art. précit., p. 420 ; BOISSON DE CHAZOURNES (L.), « *Les contres mesures dans les relations internationales économiques* », Genève, IHEI, 1992, p-p. 182-187.

356 Ibid.

357 MARCEAU (G.), « *A call for coherence in International Law. Praises for the prohibition against, clinical isolation* », in WTO Dispute settlement, JWT, Vol. 33, n°5, octobre 1999, p-p. 87-152.

358 RUIZ (G.), « *Fourth Report on State Responsibility* », in « *Year book of the international Law Commission 1992* », New York, Nations-Unies, 1995, p-p. 35-42 ; Doc. NU A/CN.4/SER.A/1992/Add.1.

359 SACERDOTI (G.), « *Structure et fonction du système de règlement des différends de l'OMC : Les enseignements des dix premières années* », art. précit., p. 772.

360 DUPUY (P.M.), « *La Convention de Vienne sur le droit des traités à l'épreuve de la pratique : quel bilan trente ans après son entrée en vigueur* », art. précit., p. 420.

pas surprenant que cette organisation, formant un sous ensemble du droit international[361], soit régie dans sa création, son existence et sa terminaison par le droit international public[362]. L'Organe d'appel l'a souligné en précisant que « *les règles coutumières du droit international s'appliquent au traité de l'OMC et au processus d'élaboration des traités à l'OMC...* »[363].

Bien plus, faut-il préciser que la force obligatoire de ces accords ne dépend pas de la volonté autonome des parties contractantes mais des diverses sources du droit international public[364]. En effet, les Membres de l'OMC doivent se conformer à leurs obligations conventionnelles. La présomption d'exécution de bonne foi s'applique à l'égard des Membres de l'OMC[365]. Cette règle qui forme *« en même temps un principe juridique général et un principe général du droit international »*[366], sous-tend le droit de l'OMC[367]. Il s'agit du principe du *pacta sunt servanda*[368] qui constitue la raison de validité des traités et la source de toutes les normes conventionnelles[369]. C'est en ce sens que l'Organe d'appel insiste

---

[361] COMBACAU (J.), « *Le droit international : bric-à-brac ou système ?* », art. précit., p. 161 ; FRANCESCO (F.), « *WTO law in context: The Integration of International Human Right and Environmental Law in the Dispute Settlement Process* », Conferences pour le 10ème anniversaries: programme provisoire, Stresa, Italie, 11-13 mars 2005, p. 155;

[362] Ibid.

[363] Rapport du Groupe spécial, « *République de Corée – Mesures affectant les Marchés publics* », rapport précit., parag. 7. 96.

[364] FRANCESCO (F.), « *WTO law in context: The Integration of International Human Right and Environmental Law in the Dispute Settlement Process* », art. précit., p. 155 ; COMBACAU (J.), « *Le droit international: bric-à-brac ou système ?* », art. précit., p. 90.

[365] Rapport du Groupe spécial, « *Etats Unis –Maintien de la suspension d'obligations dans le différend CE. Hormones* », WT/DS320/R, 31/03/2008, p. 233, parag. 7.357.

[366] Rapport de l'Organe d'appel, *« Etats-Unis - Traitement fiscal des sociétés de vente à l'étranger»,* WT/DS108/AB/R, 24/02/2000, parag. 166.

[367] Rapport de l'Organe d'appel, « *Etats-Unis – mesure de sauvegarde transitoire appliquée aux fils de coton peignés en provenance du Pakistan* », rapport précit., parag. 81.

[368] Rapport de l'Organe d'appel, « *Etats-Unis Loi de 2000 sur la compensation pour continuation du Dumping et maintien de la subvention* », WT/DS217/AB/R, WT/DS234/AB/R, 16/01/2003, parag. 296-298 ; Rapport de l'Organe d'appel, « *Communautés européennes – Désignation commerciale des sardines* », rapport précit., parag. 278.

[369] KELSEN (H.), « *Théorie du droit international public* », RCADI, vol. III, 1953, p. 131 ; Rapport de l'Organe d'appel, « *Etats-Unis Loi de 2000 sur la compensation*

sur le respect des prescriptions du Mémorandum et les prescriptions connexes des autres Accords visés[370]. Ainsi, soucieux de faire respecter le principe de bonne foi, cet organe fait preuve que le droit de l'OMC tire sa validité du droit international général. Mieux encore, le principe de bonne foi devrait être respecté par les Groupes spéciaux et de l'Organe d'appel lors de l'examen du litige et l'interprétation des Accords visés[371].

Ensuite, dire que l'OMC est dotée d'un ORD spécialisé[372] ne signifie pas que celui-ci peut fonctionner sans recourir à certains principes généraux du droit international ou de droit tout court. Le droit de l'OMC, comme tout droit spécial[373], est soumis, dans sa relation avec le droit international public, à l'adage ancestral tiré du droit romain celui de *specialia generalibus derogant.* Trouvant une place fondamentale dans le droit international public positif, cet adage signifie que « *le particulier l'emporte sur le général* »[374]. Une interprétation *a contrario* de l'adage susvisé signifie que le droit international public s'applique de façon automatique en l'absence des règles du droit de l'OMC ou tant que ce droit ne prévoit pas le contraire[375]. Ne pouvant être considéré comme étant un emprunt au droit international public[376], le recours aux principes généraux du droit international devrait être considéré comme étant évident et naturel. C'est en ce sens que l'interprétation de l'article 3.2 parait rationnelle[377] puisqu'elle favorise le développement du droit de l'OMC et

---

pour continuation du Dumping et maintien de la subvention », rapport précit., parag. 297.

370 Rapport de l'Organe d'appel, « *Etats-Unis - Traitement fiscal des sociétés de vente à l'étranger* », rapport précit., parag. 166, Rapport du Groupe spécial, « *Etats-Unis - Traitement fiscal des sociétés de vente à l'étranger* », WT/DS217/R, WT/DS234/R, 16/09/2002, parag. 7.63 et 7.64.

371 Rapport du Groupe spécial, « *Communautés européennes-Droits antidumping sur les accessoires de tuyauterie en fonte malléable en provenance du Brésil* », rapport précit, parag. 7.292.

372 RUIZ FABRI (H.), « *La juridictionnalisation du règlement des litiges économiques entre Etats* », art. précit., p. 918.

373 COHEN (J.G.), FLAUSS (J.F.), « *Cour européenne des droits de l'homme et droit international général* », AFDI, XLVII, 2001, p. 424.

374 CONFORTI (B.), « *L'unité et fragmentation du droit international : "Glissez mortels, n'appuyer pas!"* », RGDIP, Tome CXI, 2007, p. 9.

375 Rapport du Groupe spécial, « *République de Corée – Mesures affectant les Marchés publics* », rapport précit, parag. 7.96.

376 DUPUY (P.M.), « *L'unité de l'ordre juridique international : Cours général de droit international public 2000* », art. précit., p. 457.

377 MADDALON (Ph.), « *Les rapports des Groupes spéciaux et de l'Organe d'appel (2007)* », art. précit., p. 605.

permet, en outre, de surmonter des difficultés majeures, largement répondues aujourd'hui de la fragmentation des branches du droit international[378] .

Enfin la position des Groupes spéciaux se justifie amplement si l'on tient compte de l'existence d'un « *ordre public international* »[379] qui a pour contenu « *certains principes, tels que les principes généraux du droit des gens et les droits fondamentaux des Etats* »[380]. Reposant sur une hiérarchie de valeurs, cet ordre public atteste l'existence, dans un système juridique, des valeurs supérieures qui sont placées hors des atteintes. Etant une branche du droit international, le droit du commerce international ne peut, dès lors, rester imperméable à l'essor de « *l'ordre public international* »[381]. Que les Groupes spéciaux et l'Organe d'appel soient tenus de faire respecter des valeurs et des principes inhérents à l'ordre public international est donc logique et évident. Loin d'être ignorés par le droit de l'OMC, les principes susmentionnés devraient être respectés et ce, par application de l'article XXI (c) du GATT de 1994. Un tel article interdit qu'une disposition de cet accord soit interprétée comme empêchant un Membre de l'OMC de respecter ses engagements au titre de la Charte des Nations Unies, en vue du maintien de la paix et de la sécurité internationale.

Bien plus, doit-on souligner qu'en cas de conflit entre les obligations de ces Membres et leurs obligations en vertu de la Charte des Nations Unies, les secondes prévaudront conformément à l'article 103 de ladite Charte. Ayant une valeur coutumière[382], cette disposition donne la primauté aux principes énoncés aux articles 1 et 2 de la Charte sur tout autre accord international, y compris les Accords visés. C'est en ce sens que les Groupes spéciaux et l'Organe d'appel doivent appliquer le principe de bonne foi et celui de la souveraineté étatique qui constituent

---

[378] FOURET (F.), PROST (M.), « *La multiplication des juridictions internationales : De la nécessité de remettre quelques pendules à l'heure* », art. précit., p-p. 132-134.

[379] ROLIN (H.), « *Vers un ordre public réellement international* », in Mélanges. BASDEVANT, Paris, Pedone, 1960, p. 441.

[380] Opinion individuelle accompagnant l'arrêt de la CIJ relatif à l'affaire « *l'application de la Convention de 1902 pour régler la tutelle des mineurs* », 28/11/1958, Rec. CIJ, p.106 ; ROLIN (H.), « *Vers un ordre public réellement international* », art. précit., p. 456.

[381] COMBACAU (J.), « *Le droit international : bric-à-brac ou système ?* », art. précit., p. 90.

[382] TOUBLANC (A.), « *L'article 103 et la valeur juridique de la Charte des Nations Unies* », RGDIP, tome 108, 2004, p-p. 439-461.

des principes intangibles aux termes de l'article 2 précité. Il en découle que le recours aux principes généraux du droit international public est incontestable puisque le droit de l'OMC, comme il a été démontré, n'est qu'une branche du droit international. Il témoigne que l'ORD fonctionne« *selon les critères de la justice internationale*»[383], ce qui favorise la juridisation du droit du commerce international. Si les principes généraux du droit international constituent une source inévitable du droit de l'OMC du fait du rattachement de celui-ci à l'ordre juridique international, qu'en est-il du Statut des principes généraux de droit dans le droit de cette organisation ?

Paragraphe 2 : La consolidation de la place des principes généraux de droit dans le droit applicable

À la différence du Statut de la CIJ[384] et celui de la CPI[385], le Mémorandum d'accord ne fait pas des principes généraux de droit au sens de l'article 38 du Statut de la CIJ une source formelle du droit de l'OMC. Cependant, pour répondre « *à l'idéal qu'on se fait d'une véritable juridiction*»[386], l'ORD, à l'instar du juge interne et international, ne peut pas ignorer lesdits principes[387], même en l'absence « *d'autorisation conventionnelle* »[388]. C'est d'autant plus vrai que ces principes peuvent apparaître comme la résultante et la synthèse de textes épars[389]. Mieux encore, un regain d'utilisation desdits principes semble se dessiner dans

---

[383] Rapport annuel de l'Organe d'appel pour l'année 2009, rapport précit., p. 60.

[384] L'article 38 du Statut de la CIJ prévoit que « *la Cour dont la mission est de régler conformément au droit international les différends qui lui sont soumis, applique : ... c) les principes généraux de droit reconnus par les nations civilisées* ».

[385] L'article 21.1c du Statut de la CPI prévoit que ladite cour, pour régler les différends, se réfère aux « *principes généraux du droit dégagés par elle à partir des lois nationales représentant les différents systèmes juridiques du monde* ».

[386] CAVARE (L.), « *La notion de juridiction internationale* », AFDI, 1956, p. 499.

[387] Rapport de l'Organe d'appel, « *Etats Unis - Prohibition à l'importation de certaines crevettes et de certains produits à base de crevettes* », rapport précit., parag.130 ; Rapport du Groupe spécial, « *République de Corée – Mesures affectant les Marchés publics* », rapport précit., parag. 7.96 ; Rapport du Groupe spécial, « *Communautés européennes – Mesures affectant l'approbation et la commercialisation des produits biotechnologiques* », rapport précit., parag. 7.86.

[388] QUOC DINH (N.), DAILLIER (P.), PELLET (A.), « *Droit international public* », op. cit., 8ème éd. p. 349.

[389] JEANNEAU (B.), « *La nature des principes généraux du droit en droit français* », Travaux et recherches de l'Institut de droit comparé de l'université de Paris, T.XXIII 1962, p-p. 203 et s.

le règlement des différends. En plus de la codification de certains d'entre eux, les principes généraux de droit s'imposent d'emblée en tant que source du droit applicable. Ressentie aussi bien par les Négociateurs que par l'ORD, la nécessité du recours aux dits principes devrait ***répondre aux impératifs de sécurité juridique*** (*A*) et ***d'une « procédure équitable »*** (***B***).

A) La consécration de l'impératif de sécurité juridique

Gageant que la sécurité juridique constitue un outil favorisant la stabilité du droit de l'OMC ainsi que l'efficacité des décisions de l'ORD, il n'est pas surprenant qu'elle ***soit l'un des exigences liées à la fonction de cet organe*** (*1*). Une telle sécurité, énoncée dans le Mémorandum d'accord et réitérée dans la jurisprudence des Groupes spéciaux et de l'Organe d'appel, constitue un ***vecteur du recours aux principes généraux de droit*** (*2*).

1) La sécurité juridique : une exigence liée à la fonction de l'ORD

Étant la première valeur sociale à atteindre[390], la sécurité juridique est considérée comme « *l'essence même du droit* »[391]. Parce qu'elle joue un rôle éminent dans la sécurisation des rapports sociaux, elle constitue le fondement de tout ordre juridique[392]. En effet, tout « *droit qui n'assurerait pas la sécurité des relations qu'il régit cesserait d'en être un* »[393]. C'est pourquoi aucun système rationnel et libéral ne peut prétendre rester imperméable aux obligations qui découlent de cette sécurité[394].

---

[390] ROUBIER (P.), « *Théorie du droit, histoire des doctrines juridiques et philosophiques des valeurs sociales* », Paris, Sirey, 1946, p. 269.

[391] BERGEL (J.L.), « *Théorie générale du droit* », 1985, op. cit., p. 9.

[392] DE WILIAMS (J.M), STEENBERGEN (J.), « *La notion de sécurité juridique dans la jurisprudence de la Cour de justice des Communautés européennes* », in Mélanges LEGROS (R.), L'université de Bruxelles, 1985, p. 449.

[393] BOULOUIS (J.), « *Quelques observations à propos de la sécurité juridique* », in Mélanges PESCATORE (P.), Baden nomos, 1987, p. 53.

[394] PACTEAU (B.), « *La sécurité juridique, un principe qui nous manque ?* », AJDA, n° spécial du cinquantenaire, le droit administratif, des principes fondamentaux à l'effectivité des règles, bilan et perspectives d'un droit en mutation, 20/6/1995, p. 151.

Héritée du droit romain[395], la sécurité juridique constitue une notion pleine d'attraits. Elle est entendue comme étant « *une garantie ou une protection tendant à exclure, du champ juridique, le risque d'incertitude ou de changement brutal...* »[396]. Pour parvenir à cette garantie, les normes doivent, dès lors, être intelligibles et prévisibles[397]. Il s'agit des impératifs qui se rattachent à la règle de droit ; non seulement au niveau de son élaboration mais aussi au niveau de son application et de son interprétation.

La CJCE a donné, dès l'arrêt « ***Bosch*** », toute sa célébrité à la notion de sécurité juridique en la consacrant expressément au titre d'un principe général du droit communautaire[398]. Quelques années plus tard, la CEDH a également consacré ladite sécurité comme étant un principe inhérent au droit de la Convention européenne de sauvegarde des droits de l'homme et des libertés fondamentales[399]. Devenue un « *principe fondamental* »[400], la sécurisation des relations était à l'origine des traditions juridiques des divers Etats Membres de l'Union européenne[401]. Elle ne cesse de gagner des pistes dans divers Etats[402] et dans d'autres systèmes juridiques ; nombreux sont les exemples illustratifs[403].

---

395 SOULAS DE RUSSEL (D.J.M.), RAIMBAULT (Ph.), « *Nature et racines du principe de sécurité juridique : une mise au point* », RIDC, n°1, 2003, p. 96.

396 KDHIR (M.), « *Dictionnaire juridique de la Cour internationale de justice* », Bruxelles, Bruylant, 2ème éd., 2000, p. 538.

397 BOY (L.), RACINE (J.B.), SIIRIAINEN (F.), « *Sécurité juridique et droit économique* », Bruxelles, Larcier, 2008, p–p.153.

398 Arrêt de la CJCE relatif à l'affaire « *De Geus en Uitdenbodger /Bosch* », 6/4/1962, Rec. de la CJCE, aff. 13/61.

399 Arrêt de la CEDH relatif à l'affaire « *Marckx /Belgique* », 13/9/1979. Rec. de textes. n°6833/74, § 58.

400 Arrêt de la CJCE relatif à l'affaire « *Brasserie de Hecht / Wilkin-Janssen* », 6/2/1973, Rec. CPJE, aff. 48/72, p. 99.

401 PACTEAU (B.), « *La sécurité juridique, un principe qui nous manque ?* », art. précit., p. 151.

462 En France, le Conseil d'Etat fait finalement entrer le principe de sécurité juridique dans le bloc de la légalité. Un décret jugé contraire au principe de sécurité juridique se trouve ainsi annulé. CHALTIEL (F.), « *la consécration du principe de sécurité juridique par le Conseil d'Etat* », RMCUE, n° 500, Juillet - Août 2006, p. 457. En Tunisie, le tribunal administratif a eu l'occasion d'affirmer le principe de sécurité juridique et de confiance légitime dans la législation. Tribunal administratif, HAJ TAYEB/ Ministre de l'agriculture, 1er novembre 2000.

403 Préambule du traité relatif à l'organisation de l'harmonisation en Afrique du droit des affaires (OHADA) et les rapports Doing Business de la Banque mondiale et le droit

De son côté, le Système commercial multilatéral n'est pas non plus étranger à l'essor de la sécurité juridique. La sécurité et la prévisibilité des Accords visés constituent un objectif de l'Accord sur l'OMC[404]. Mieux encore, ils sont au cœur du Système commercial multilatéral[405].

Le besoin de sécurisation des relations commerciales s'est fortement imposé avant même l'instauration du SRD. En effet, la Déclaration ministérielle du GATT de 1989 avait affirmé que le règlement des différends du GATT de 1947 « *a pour objet de préserver les droits et les obligations des Parties Contractantes au titre de l'Accord général et de clarifier les dispositions existantes dudit accord* ». Il s'agit d'une exigence qui a été réitérée dans la pratique des Parties Contractantes[406].

Considéré comme étant un « *élément clé* » de l'OMC[407], le SRD est déterminent pour en assurer la stabilité et la viabilité. À l'instar du juge[408], les Groupes spéciaux et l'Organe d'appel se voient assigner, conformément à l'article 3.2 du Mémorandum d'accord, la fonction de sécurisation des relations commerciales multilatérales. Si l'article 3.2 ne renvoie pas directement à la sécurité juridique, l'ORD s'y réfère afin de nourrir la sécurité des relations commerciales multilatérales[409]. Systématisée dans la jurisprudence de cet organe, la référence à cette sécurité ne peut être regardée comme étant une simple imitation du droit de l'Union européenne, mais elle s'impose de façon incontestable pour des raisons significatives. Que la sécurité et la prévisibilité constituent l'objectif primordial du Système commercial multilatéral, cela semble naturel. Étant donné que l'OMC est associée à la mondialisation de

---

des investissements internationaux. BOY (L.), RACINE (J.B.), SIIRIAINEN (F.), « *Sécurité juridique et droit économique* », art. précit., p. 20.

[404] Rapport de l'Organe d'appel, « *Communautés européennes – Classement tarifaires de certains matériels informatiques* », WT/DS/62/AB/R, WT/DS67/AB/R, WT/DS68/AB/R, 5/6/1998, parag. 82.

[405] Rapport de l'Organe d'appel, « *Communautés européennes – Classification douanière des Morceaux de poulet désossés et congelés* », rapport précit., parag.13, p. 318.

[406] Rapport du Groupe spécial, « *Norvège - Restriction à l'importation des pommes et poires* », L/6474-36S/345, 22/6/1989, parag. 5.6.

[407] Avant-propos, Rapport annuel de l'Organe d'appel pour l'année 2009, rapport précit., p. 3.

[408] BELAID (S.), « *Le juge, aujourd'hui* », in Mélanges offerts au Doyen ABDEL FATTAH (A.), CPU, 2005, p. 88.

[409] BOISSON DE CHAZOURNES (L.), « *Le rôle des organes de règlement des différends de l'OMC dans le développement du droit international de l'environnement : entre le marteau et l'enclume* », art. précit., p. 381.

l'économie[410], le besoin de sécurisation des relations commerciales multilatérales est fortement ressenti aussi bien par les Négociateurs que par l'ORD. Un tel besoin trouve sa raison d'être dans les aléas de la mondialisation qui, selon une certaine doctrine, « *accroît la complexité et le désordre, conduit à un enchevêtrement de normes, suscite de nombreuses contradictions et génère des incertitudes* »[411]. Il est évident que l'on se retrouve face à la réponse de l'ORD à la complexité, à l'insuffisance et à la mouvance des règles du droit international économique dont le droit de l'OMC constitue une composante. Plus précisément, il s'agit de surmonter les difficultés se rattachant aux caractères « *mosaïques* »[412] et « *flexibles* »[413] des normes et de brider les facultés d'harmonisation, d'unification et de développement du Système commercial multilatéral[414]. C'est ainsi que l'exigence de sécurité juridique s'avère déterminante dans l'assurance de la viabilité et la structuration de ce système.

Certes, l'article 3.2 précité ne trace pas les frontières d'un objectif explicitement formalisé dans le Mémorandum d'accord à savoir la sécurité et la prévisibilité. Cependant, les rédacteurs de cet article, en combinant ces deux termes indissociables, semblent renvoyer aux éléments de la définition de la sécurité juridique. La pratique de l'OMC, aussi modeste qu'elle puisse paraître, n'en présente pas moins une référence pertinente en la matière. Réitérée comme étant un objectif du SRD, une telle sécurité semble constituer une exigence devant être supportée aussi bien par les Groupes spéciaux que par l'Organe d'appel lors de l'accomplissement de leur rôle d'organes de règlement des différends. Chargés de dire le droit, ces organes sont amenés à respecter cet objectif dans l'application du droit de l'OMC[415]. Il n'est pas sans intérêt de rappeler que toute application de la règle de droit est intimement

---

410 KIEFFER (B.), op. cit., p. 31.

411 BOY (L.), RACINE (J.B.), SIIRIAINEN (F.), « *Sécurité juridique et droit économique* », art. précit., p. 17.

412 CARREAU (D.), JUILLARD (P.), « *Droit international économique* », op. cit., 4ème éd., p. 128.

413 Rapport de l'Organe d'appel, « *Japon - taxes sur les boissons alcooliques* », rapport précit., p. 35.

414 SOULAS DE RUSSEL (D.J.M.), RAIMBAULT (Ph.), « *Nature et racines du principe de sécurité juridique : une mise au point* », art. précit., p. 103.

415 Anzilotti Dionisio écrit « *appliquer une norme signifie ; étant donné un fait concret, confronter ce fait avec la norme qui s'y réfère et l'apprécier à l'aune de cette norme ; c'est-à-dire déterminer les conséquences juridiques que la norme rattache à ce fait donné* ». DIONISIO (A.), « *Cours de droit international* », Paris, LGDJ, 1999, p. 104.

liée à son interprétation[416]. Bien plus, comme le pense Georges Scelle, « *il n'y a pas d'application sans interprétation* »[417]. Ayant rappelé le but explicite du règlement des différends qui transparaît dans tout le Mémorandum d'accord, l'Organe d'appel a eu l'occasion de souligner que l'article 3.2 du Mémorandum d'accord n'est pas censé encourager ni les Groupes spéciaux ni l'Organe d'appel à « *légiférer* » en clarifiant les dispositions existantes de l'Accord sur l'OMC »[418]. Mais, « *le devoir de celui qui interprète un traité est d'examiner les termes du traité... conformément aux principes d'interprétation des traités* »[419]. C'est ainsi que l'interprète évite d'accroître ou de diminuer les droits et les obligations des Membres de l'OMC. De même, il favorise l'unité d'interprétation, ce qui constitue une suite logique aux idées de prévisibilité et de stabilité auxquelles fait allusion la sécurité juridique. Ainsi entendue, la sécurité juridique ne contribue-t-elle pas au renforcement de la prévisibilité des recommandations et des décisions de l'ORD, voire à sa la légitimité ?

Plus importante encore est la question de savoir si l'exigence de sécurité et de prévisibilité, telle qu'énoncée dans l'article 3.2, doit se limiter à l'opération d'interprétation du droit de l'OMC. Devenue une composante du droit de l'OMC, la sécurité juridique veut que les Groupes spéciaux et l'Organe d'appel assistent les Membres dans les droits et les obligations qui leur résultent des Accords visés[420]. D'ailleurs, dans son rapport annuel, l'Organe d'appel n'a pas hésité à valoriser son rôle dans la promotion de la sécurité et la prévisibilité et ce, dans l'intérêt de tous les Membres[421]. Ainsi, loin de se réduire à l'opération de clarification du droit de l'OMC, la sécurité juridique constitue une exigence

---

[416] DE VISSCHER (Ch.), « *Problèmes d'interprétation judiciaire en droit international public* », op. cit., p. 27.

[417] SCELLE (G.), « *Précis de droit des gens* », op. cit., p. 27.

[418] Rapport de l'Organe d'appel, « *Etats-Unis - Mesures affectant les importations de chemises, chemisiers et blouses de laine, de tissus en provenance d'Inde* », WT/DS33/AB/R, 25/4/1997, p. 22.

[419] Rapport de l'Organe d'appel, « *Inde – protection conférée par un brevet pour les produits pharmaceutiques et produits chimiques pour l'agriculture* », rapport précit., parag. 45.

[420] SACERDOTI (G.), « *Structure et fonction du système de règlement des différends de l'OMC : les enseignements des dix premières années* », art. précit., p. 785.

[421] Rapport annuel de l'Organe d'appel pour l'année 2009, rapport précit., p. 60.

juridictionnelle[422] que l'ORD doit en assurer le respect dans sa fonction de règlement des différends. Une telle exigence a pour but de garantir aux justiciables la stabilité afin d'éviter leur déception quant à l'ORD d'une part et au droit qui leur est applicable d'autre part[423]. En effet, le SRD, considéré comme étant un élément essentiel pour assurer la sécurité et la prévisibilité du Système commercial multilatéral, ne peut pas permettre à l'ORD de refuser des actions pour violation du droit de l'OMC. Le Groupe spécial « ***Acier inoxydable*** » n'a-t-il pas précisé que l'interdiction des actions en tant que telles contre des mesures appliquées de matière générale et prospective porterait atteinte à l'objectif du SRD[424] ?

Si le droit au règlement des différends de l'OMC est inhérent à l'objectif de sécurité juridique, il ne doit pas, cependant, permettre aux parties du litige d'invoquer des allégations qui peuvent ignorer une base solide pour fonder des conclusions juridiques. Admettre de telles allégations « *pourrait être contraire à l'objectif consistant à favoriser la sécurité et la prévisibilité au moyen du règlement des différends et peut ne pas aider l'ORD à formuler des recommandations et des décisions* »[425].

De surcroît, les Groupes spéciaux et l'Organe d'appel, appelés à régler les différends qui naissent entre les Membres, devraient assurer la cohérence de leurs recommandations[426] et éviter que celles-ci soient données de façon arbitraire. En effet, ces organes sont tenus de garantir aux justiciables certains droits[427] qui sont intimement liés à « *la notion supérieure de justice* »[428]. Ces droits doivent être consacrés même dans le flou et l'insuffisance des règles écrites. Mieux encore, c'est au sein de ces

---

[422] CAMBY (J.P.), « *La sécurité juridique : une exigence juridictionnelle (observation à propos de l'arrêt du Conseil d'Etat du 24 mars 2006, Sociétés KPMG)* », RDP, n°5, 2006, p. 1171.

[423] BOY (L.), RACINE (J.B.), SIIRIAINEN (F.), « *Sécurité juridique et droit économique* », art. précit., p. 153.

[424] Rapport du Groupe spécial, « *Etats-Unis-Mesures antidumping finales visant l'acier inoxydable en provenance du Mexique* », WT/DS344/R, 20/12/2007, parag. 7.30.

[425] Rapport de l'Organe d'appel, « *Chine – Mesures affectant les droits de commercialisation et les services de distribution pour certaines publications et certains produits de divertissement audiovisuels* », rapport précit., p. 37.

[426] BOY (L.), RACINE (J.B.), SIIRIAINEN (F.), « *Sécurité juridique et droit économique* », art. précit., p. 153.

[427] CAMBY (J.P.), « *La sécurité juridique : une exigence juridictionnelle (observations à propos de l'arrêt du Conseil d'Etat du 24 mars 2006, Sociétés KPMG)* », art. précit., p. 1171.

[428] BLONDEL (A.), « *Les principes généraux du droit devant la CPJI et la CIJ* », art. précit., p. 213.

droits que devrait se comprendre la sécurité juridique et devrait se mesurer le degré de développement et de maturité du SRD.

Cependant, la sécurité juridique, devenue une composante du droit de l'OMC appelle quelques réflexions. Cette sécurité, telle que systématisée dans la jurisprudence de l'ORD, pourrait-elle émerger en tant que principe général du droit de l'OMC, à l'instar du droit de l'Union européenne[429] ? La réponse, à ce stade, semble prématurée. Néanmoins, cette sécurité, devenue une exigence rattachée à l'activité des Groupes spéciaux et de l'Organe d'appel, est loin d'être une notion fonctionnelle pouvant être utilisée afin de parvenir à une solution qui leur parait opportune. Bien au contraire, son utilisation témoigne que l'ORD prend au sérieux son rôle de garant de la viabilité et de la cohésion du Système commercial multilatéral.

Une question s'impose dès lors, la sécurité juridique, telle que réitérée dans la jurisprudence de l'ORD, devrait-elle servir à consolider le pouvoir d'interdisciplinarité de celui-ci en lui permettant de s'évader, le cas échéant, de sa fonction d'application du droit de l'OMC ?

2) La sécurité juridique : un vecteur du recours aux principes généraux de droit

Admettant que la sécurité juridique correspond à « *l'objectivité normative*»[430], elle peut être fédératrice[431] inspirant d'autres règles qui contribuent toutes à la sécurité et à la stabilité des relations commerciales multilatérales[432]. Elle devrait servir d'impératif pesant sur les épaules des Groupes spéciaux et de l'Organe d'appel afin de renforcer le recours aux principes généraux de droit. Ce renforcement ne s'explique-t-il pas par l'intimité évidente de ces principes avec la notion de sécurité juridique ?

La doctrine concorde à considérer que certains principes généraux de droit ne sont que des « *implications* »[433] et des « *expressions plus*

---

[429] BOULOUIS (J.), « *Principes généraux* », art. précit., p. 3.

[430] DOUE (F.), « *Contribution à l'étude de la sécurité juridique en droit fiscal interne français* », Thèse de l'école doctorale, LGDJ, 1997, p. 6.

[431] SOULAS DE RUSSEL (D.J.M.), RAIMBAULT (Ph.), « *Nature et racines du principe de sécurité juridique : une mise au point* », art. précit., p. 103.

[432] CASSIA (P.), « *La sécurité juridique, un "nouveau" principe général du droit aux multiples facettes* », Dalloz, n°18, 2006, p. 1191.

[396] Ibid., p. 1188.

précises»[434] de la sécurité juridique. Étant « *protéiforme* »[435], cette sécurité recouvre une multitude de « *principes corollaires* »[436] ou de « *sous principes* »[437] dont le rôle est inévitable dans l'assurance de la continuité et la cohésion du Système commercial multilatéral. C'est d'autant plus vrai que lesdits principes « *sont essentiels et parfois inhérents à l'idée même de droit* »[438]. La doctrine réitère ainsi, sous le titre principes généraux de droit et sécurité juridique, la bonne foi, la limpidité des règles juridiques, la publicité des textes étatiques, la protection des droits acquis et de la stabilité des situations juridiques[439]. Il s'agit de principes qui sont souvent désignés par un seul principe : celui de l'intelligibilité[440]. De même, sont considérés comme des principes rattachés à la sécurité juridique, le principe de non rétroactivité, celui du respect des droits de la défense, l'autorité de la chose jugée et la confiance légitime[441].

Il importe de souligner que les Groupes spéciaux et l'Organe d'appel, à l'instar de la CJUE et la CEDH, appliquent les principes précités comme implications ou principes dérivés de la sécurité juridique. En effet, aux termes de l'article 3.2 du Mémorandum d'accord, l'ORD, pour assurer la sécurité et la prévisibilité du Système commercial multilatéral, est tenu de clarifier les dispositions existantes des Accords visés conformément aux principes généraux d'interprétation. La sécurité juridique ne constitue-t-elle pas une méthode d'interprétation[442] sous forme de principes que les Négociateurs et l'ORD appellent les règles coutumières d'interprétation du droit international public ? De tels principes ont le mérite de favoriser la compréhension du droit de l'OMC d'une part, et la prévisibilité des recommandations des Groupes spéciaux et de l'Organe d'appel, d'autre part.

---

397 BOULOUIS (J.), « *Principes généraux* », art. précit., p. 3.

435 CHAPUS (R.), « *Droit administratif général* », Montchrestien, tome 1, 2001, p. 106.

436 HERNU (R.), « *Principe d'égalité et principe de non-discrimination dans la jurisprudence de la Cour de Justice des Communautés Européennes* », Paris, LGDJ, 2003, p. 101.

437 MORIN (J.Y.), « *L'Etat de droit : émergence d'un principe du droit international* », RCADI, tome 254, 1995, p. 241.

438 BLONDEL (A.), « *Les principes généraux du droit devant la CPJI et la CIJ* », art. précit., p. 210.

439 MODERNE (F.), « *Actualité des principes généraux du droit* », RFDA, 14-3 Mai-Juin 1998, p. 517.

440 Etude et document du Conseil d'Etat « *Sécurité juridique et complexité du droit* », Rapport pour l'année 2006, p. 282.

441 DOUE (F.), Thèse précit., p. 4.

442 BOULOUIS (J.), « *Principes généraux* », art. précit., p. 3.

Sachant que les principes généraux d'interprétation sont systématiquement appliqués avec l'emploi des termes « *sécurité et prévisibilité* », d'autres principes dérivés de la sécurité juridique s'appliquent aussi mais sans l'emploi direct de ces termes. À l'instar de la Cour de Strasbourg[443], les Groupes spéciaux et l'Organe d'appel se réfèrent, à ce titre, aux principes des droits de la défense[444], de l'autorité de la chose jugée, de la non rétroactivité[445], le principe de proportionnalité…[446] Il semble que ces organes, tout en appliquant les sous principes de la sécurité juridique, se conforment à l'exigence de sécurité et de la prévisibilité sans que celle-ci soit systématiquement et directement invoquée.

Si l'ORD se montre fidèle à certains principes généraux de droit, c'est parce qu'il a comme mission essentielle d'assurer la sécurité et la prévisibilité du Système commercial multilatéral. Cette mission implique la garantie aux justiciables de certains droits[447]. Le renforcement du recours aux principes généraux de droit ne serait-il pas alors déduit, par induction amplifiante, des termes mêmes du Mémorandum d'accord[448] ? C'est en ce sens que les Groupes spéciaux et l'Organe d'appel se bornent à interpréter la volonté diffuse des Négociateurs faisant ainsi des principes rattachés à la sécurité juridique une source à consolider dans la jurisprudence de l'ORD. En effet, l'insertion de la sécurité et la prévisibilité au dispositif juridique du règlement des différends constitue une avancée en soi. Devenue une composante du droit de l'OMC, cette sécurité semble constituer un impératif structurant la fonction de l'ORD. Ainsi, comprise, elle traduit la volonté des Négociateurs de voir dans les Groupes spéciaux et l'Organe d'appel les garants de la sécurité des relations commerciales multilatérales tout en leur permettant la recherche

---

[443] PACTEAU (B.), « *La sécurité juridique, un principe qui nous manque ?* », art. précit., p. 151.

[444] Rapport de l'Organe d'appel, « *Communautés européennes- Mesures communautaires concernant les viandes et les produits carnés (Hormones)* », rapport précit., p. 68, parag. 152, note 138.

[445] Rapport de l'Organe d'appel, « *BRESIL – Mesures visant la noix de coco desséchée* », WT/DS/22/AB/R, 21/2/1997, p. 19 ; Rapport de l'Organe d'appel, « *Communautés européennes – Désignation commerciale des sardines* », parag. 200.

[446] Rapport de l'Organe d'appel, « *Communautés européennes- Mesures affectant l'amiante et les produits en contenant* », WT/DS135/AB/R, 12/3/2001, parag. 172.

[447] CAMBY (J.P.), « *La sécurité juridique : une exigence juridictionnelle (observation à propos de l'arrêt du Conseil d'Etat du 24 mars 2006, Sociétés KPMG)* », art. précit., p. 1171.

[448] GHESTIN (J.), GOUBEAUX (G.), MAGNAN (M.F.) « *Traité de droit civil, "Introduction générale"* », Paris, LGDJ, 4ème éd., 1996, p. 423.

de la règle de droit dans « *une zone qui échappe à la précarité, au règne du détail, au déclin du droit*»[449]. Est renforcée ainsi la place des principes généraux de droit dans le règlement des différends de l'OMC.

Mieux encore, la sécurité juridique, telle que réitérée dans la jurisprudence de l'ORD n'atteste-elle pas le renouveau de ces principes dans le domaine des relations commerciales ? Il est loisible, dès lors, de signaler qu'une telle sécurité favorise, « *l'ancrage de l'ensemble du système de règlement des différends de l'OMC dans le respect du droit* »[450]. En effet, il s'agit d'une rénovation [451] permettant de dépasser les insuffisances de l'ancien système de règlement des différends et de donner plus d'efficacité, de cohérence et de fiabilité à celui de l'OMC. Mieux encore, la référence à la sécurité juridique, règle fondamentale de tout système juridique et principe « *déduit de la qualité de l'Etat de droit* »[452], semble constituer un pas géant vers l'émergence de l'Etat de droit dans le Système commercial multilatéral, à l'instar du système communautaire[453]. Ne s'agit-il pas d'une tendance visant à faire progresser l'Etat de droit dans la société internationale[454] ? Cette tendance s'affirme si l'on tient compte de l'exigence d'une procédure équitable dans le règlement des différends de l'OMC.

---

449 RIVERO (J.), « *Le juge administratif français : un juge qui gouverne ?* », art. précit. p. 24.

450 DUPUY (P.M.), « *Conclusions générales* », in Colloque précit. de Nice, 1995, p. 329.

451 RUIZ FABRI (H.), « *Le juge de l'OMC : ombres et lumières d'une figure judiciaire singulière* », art. précit., p. 39.

452 CHEVALLIER (J.), « *La mondialisation de l'Etat de droit* », in Mélanges GELARD (P.), « *Droit constitutionnel* », Paris, Montchrestien, 1999, p. 326.

453 MORIN (J.Y.), « *L'Etat de droit : émergence d'un principe du droit international* », art. précit., p. 239.

454 Dès 1935, le Rechtsstaat apparaît dans la jurisprudence de la CPJI au sujet de la validité internationale de décrets d'inspiration nationale-socialiste adoptés par le Sénat de Dantzig. La Cour traduit le mot allemand par « *Etat de droit* » et « *rule of law* » dans les deux versions de son avis consultatif... Plus récemment l'Etat de droit s'est imposé dans le langage de l'Assemblée générale des Nations Unies, dans les résolutions sur le renforcement de l'Etat de droit, de même que les expressions anglaises, espagnoles, russes chinoises et arabes déjà mentionnées. Avis consultatif de la CPJI relatif à l'affaire « *Compatibilité de certains décrets-lois dantzikois avec la Constitution de la ville libre* », 4/12/1935, Rec. CPJI, série A/B, fascicule n°65, p.39 et s. AG/Rés. 48/132, 20/12/1993, Documents officiels de l'Assemblée générale, quarante-huitième session, supplément n° 49, p. 265 ; AG/Rés. 49/194, 23/12/1994, communiqué de presse GA/8860, 20/1/1995, p. 409, in MORIN (J.Y.) « *L'Etat de droit : émergence d'un principe du droit international* », art. précit., p. 28.

B) La consécration de l'impératif d'assurer une procédure régulière

Si les impératifs de transparence et de démocratie procédurale font progressivement leur chemin dans le SRD[455], c'est grâce à la maturité de l'ORD qui témoigne d'un grand souci de garantir une procédure régulière[456], harmonieuse, voire équitable. Il s'agit d'un impératif qui ressort de l'article 16.1 de la procédure d'appel qui fait de l'équité et du bon déroulement de la procédure un objectif primordial de l'appel. Aussi, faut-il remarquer que même si le Mémorandum d'accord ne contient pas l'équivalent de cet article, la régularité de la procédure constitue une exigence que les Groupes spéciaux et l'Organe d'appel doivent en assurer le respect. Une telle exigence doit-elle se comprendre dans le sens de la consolidation de la place des principes généraux de droit dans le droit applicable ? Pour dégager le lien étroit entre cette exigence et lesdits principes, il convient de s'arrêter sur la formulation et les implications de l'article 16.1 qui semble le mieux traduire le souci d'assurer une procédure équitable.

Limpide en apparence, l'article 16.1 de la procédure d'appel pourrait créer une confusion au niveau de la signification de certaines notions dont il contient. Pour assurer une bonne compréhension de cet article, il parait indispensable d'apporter les clarifications nécessaires concernant le sens attribué par les Groupes spéciaux et l'Organe d'appel à « *l'équité* » d'une part, et à l'expression « *bon déroulement de la procédure* », d'autre part.

Qu'entendre alors par équité ? Déterminer la signification de cette notion n'est pas aisée. Si l'équité est regardée, selon une certaine doctrine, comme étant « *une forme supérieure et raffinée de justice, qui s'oppose à la justice légale ou au droit strict* »[457], elle ne peut, néanmoins, être étrangère à la légalité au sens de l'article 16.1 de la procédure d'appel. Le directeur général du règlement des différends de l'OMC n'a-t-il pas souligné que l'OMC ne produit pas de l'équité, mais de la légalité[458] ?

---

455 CANAL FORGUES (E.), THILLIER (A.), « *Le règlement des différends à l'OMC* », op. cit., 2003, p. 123.

456 Rapport de l'Organe d'appel, « *BRESIL - Mesures visant la noix de coco desséchée* », rapport précit., p. 23 ; Rapport de l'Organe d'appel, « *Etats-Unis – Loi antidumping de 1916* », WT/DS136/AB/R, WT/DS162/AB/R, 28/8/2000, parag. 150 ; Rapport de l'Organe d'appel, « *Australie – Mesures de sauvegarde à l'importation de saumons* », WT/DS18/AB/R, 20/10/1998, parag. 272.

457 DELBEZ (L.), op. cit., p. 93.

458 PETIT (Y.), Préface, in KIEFFER (B.), op. cit., p.14.

Plus encore, de telle équité est écartée lorsqu'elle est assimilée à un concurrent au droit[459]. D'ailleurs, le Groupe spécial « ***Produits pharmaceutiques*** » a eu l'occasion de préciser qu'il est tenu de fonder ses constations sur le libellé du Mémorandum d'accord et qu'il doit s'interdire de rendre une décision *ex aequo bono* sans lien avec le libellé explicite du Mémorandum d'accord[460]. Il en découle que l'équité, à laquelle renvoie l'article 16.1, ne s'oppose pas au droit de l'OMC. Cette solution semble concorder avec la position de la CIJ[461] et à celle de la doctrine qui voit dans l'équité, comme le droit aussi, un remède à l'arbitraire. Cette équité trouve sa place dans le processus d'application du droit. D'ailleurs, dans le flou, l'insuffisance ou le défaut de la règle de droit, elle sert de règle alternative pour le traitement de la situation particulière[462]. C'est en ce sens que l'équité devrait trouver sa place dans le règlement des différends de l'OMC[463]. Reliée à l'expression « *bon déroulement de la procédure* », l'équité permet, non seulement d'assurer une procédure harmonieuse et régulière, mais à en garantir la promotion. Il s'agit d'un souci qui trouve sa justification dans l'importance de la procédure dans le développement du système juridique. En effet, étant « *l'expression visible du droit et comme le miroir grossissant où il reflète, (la procédure) permet de mesurer exactement la valeur d'un système juridique et le degré de développement qu'il a atteint* »[464]. Que la régularité de la procédure constitue une exigence inhérente au travail des Groupes spéciaux et de l'Organe d'appel, cela semble naturel. Même si elle est implicite dans le Mémorandum d'accord, elle doit inspirer ces organes dans leur mission de dire le droit. Cheminant sur les traces de la juridiction internationale[465], ces derniers doivent en adopter la conduite avec toutes les sûretés qu'elle

---

[459] Lorsqu'il est autorisé à statuer en équité, le juge peut écarter l'application du droit positif et statuant *contra legem*. QUOC DINH (N.), DAILLIER (P.), PELLET (A.), « *Droit international public* », op. cit., 8ème éd. p. 355.

[460] Rapport de l'Organe d'appel, « *Inde – protection conférée par un brevet pour les produits pharmaceutiques et produits chimiques pour l'agriculture* », rapport précit., parag. 7.23.

[461] LORENZO (L.), Thèse précit., p. 334.

[462] VIRALLY (M.), « *L'équité dans le droit* », in VIRALLY (M.), « *Le droit international en devenir : essais écrits au fil des ans* », Paris, PUF, 1ère éd. 1990, p. 405.

[463] REUTER (P.), « *Quelques réflexions sur l'équité en droit international* », in REUTER (P.), « *Le développement de l'ordre juridique international : Ecrits de droit international* », Paris, Economica, 1995, p. 24.

[464] DELBEZ (L.), op. cit. p.93.

[465] RUIZ FABRI (H.), « *La juridictionnalisation du règlement des litiges économiques entre Etats* », art. précit., p. 920.

apporte aux justiciables. Faut-il alors s'interroger sur la catégorie des sources que l'ORD peut se référer pour parfaire la procédure et par la même le « *procès* » dans le règlement des différends ?

Il n'est guère contestable qu'en matière de fonctionnement des tribunaux, des principes intimement liées à « *la notion supérieure de justice* »[466] doivent être appliqués et ce, pour garantir les droits et les intérêts des parties à l'instance. Rattachés au concept de « *bonne administration de la justice* », ces principes, désignés par les principes généraux de droit au sens de l'article 38 du Statut de la CIJ, sont puisés dans les systèmes juridiques internes et transposés au contentieux international. On cite, à ce titre, les principes procéduraux comme celui de l'intérêt à agir, l'autorité de la chose jugée, le principe du contradictoire…[467]. Il n'est pas surprenant que la CIJ, pour faire appel à l'un des principes susmentionnés, utilise les expressions suivantes : « *bonne administration de la justice* » ou « *le droit de la procédure* »[468].

« *L'envie de juridiction* »[469] dans laquelle s'enracine l'ORD doit se comprendre dans le sens du renforcement des garanties procédurales. Faire du bon déroulement de la procédure une exigence liée au travail des Groupes spéciaux et de l'Organe d'appel ne peut dès lors que conforter la place des principes généraux de droit dans le droit applicable. En dehors des quelques règles de procédure contenues dans les textes, ces principes qui sont intimement liés à « *la justice naturelle* »[470] doivent prêter secours à l'ORD pour parfaire la procédure en y apportant une coloration morale.

Loin de se réduire à une simple garantie formelle[471], le bon déroulement de la procédure semble se rapprocher plutôt à une

---

466 BLONDEL (A.), « *Les principes généraux du droit devant la CPJI et la CIJ* », art. précit., p. 213.

467 Ibid., p.223.

468 Pour désigner le principe général de l'intérêt à agir la CIJ parle de « *principe universel, nécessaire et presque élémentaire du droit de la procédure.* », Arrêt de la CIJ relatif à l'Affaire du « *Sud-Ouest africain (2ème phase)* », 18/07/1966, Rec. de la CIJ, 1966, p. 39.

469 RUIZ FABRI (H.), « *Le juge de l'OMC : ombres et lumières d'une figure judiciaire singulière* », art. précit., p. 43.

470 Rapport de l'Organe d'appel, « *Communautés européennes - Mesures communautaires concernant les viandes et les produits carnés (Hormones)* », rapport précit., parag. 133.

471 SHARJERDI (P.), TOMKIEWICZ (V.), « *Le procès équitable dans l'espace normatif de l'Organisation Mondiale du commerce* », in RUIZ FABRI (H.) (Dir.) « *Procès*

« *procédure équitable* »[472]. Sachant que la notion d'équité ne doit pas s'opposer au droit de l'OMC, son emploi n'est pas, cependant, fortuit dans l'article 16.1 de la procédure d'appel. Bien au contraire, une telle équité, jointe au concept « *bon déroulement de la procédure* », constitue un impératif de perfectionnement de la procédure. Il n'est pas sans intérêt de remarquer que l'Organe d'appel emploie l'adjectif « *équitable* » pour approuver ce qu'advient le « procès » dans le règlement des différends de l'OMC. C'est ainsi qu'il insiste sur l'application des droits de la défense[473] et l'impartialité des experts[474]. De son côté, le Président de l'ORD n'hésite pas à évoquer les caractères équitable, efficace et impartial du SRD[475] .

L'exigence d'une procédure régulière, telle que prévue par l'article 16.1 de la procédure d'appel et réitérée dans la jurisprudence de l'ORD, appelle les observations suivantes : d'abord, malgré la confusion qu'il puisse créer par l'emploie du concept « *équité*», l'article 16.1 est destiné à assurer la régularité de la procédure. Plus encore, il semble être rédigé pour renforcer la place des principes généraux de droit qui constituent les règles les mieux appropriées pour garantir le respect d'une exigence devenue conventionnelle.

Ensuite, cette exigence, loin d'être ignorée par les Groupes spéciaux, devra en encadrer les actions. Elle est vérifiable dans la pratique desdits groupes et contrôlée par l'Organe d'appel sans être directement énoncée dans le Mémorandum d'accord[476]. Si les Groupes spéciaux sont investis de vastes pouvoirs dans la conduite de la procédure, ils ne peuvent pas en

---

équitable et enchevêtrement des espaces normatifs », Société de législation comparée, p. 278.

472 Ibid., p.278.

473 Rapport de l'Organe d'appel, « *Communautés européennes- Mesures communautaires concernant les viandes et les produits carnés (Hormones)* », rapport précit., parag. 133 ; Rapport de l'Organe d'appel, « *Etats-Unis - Traitement fiscal des sociétés de vente à l'étranger* », rapport précit., parag. 166.

474 Rapport du Groupe spécial, « *Australie- Mesures affectant l'importation de pommes en provenance de nouvelle Zélande* », WT/DS367/R, 9/8/2010, parag. 7.31.

475 Compte - rendu de la réunion de l'ORD du 31 mai 1995, point 2.

476 Rapport de l'Organe d'appel « *Inde – protection conférée par un brevet pour les produits pharmaceutiques et produits chimiques pour l'agriculture* », rapport précit., p. 39.

abuser. Bien au contraire, ils doivent veiller à ce que la procédure soit régulière[477].

Enfin, l'ORD semble opter pour la sophistication des règles procédurales par la référence indirecte aux éléments qui recouvrent le concept de procès équitable. Étant un apport du Commun Law[478], ce procès était connu dans les systèmes européens à l'époque pré-conventionnel sous le nom de « *droit d'être entendu* »[479]. Il a fallu ensuite attendre la Convention européenne sur les droits de l'homme pour que ce droit soit codifié. Considéré comme étant inhérent à une bonne administration de la justice[480], le procès équitable garantit à tout justiciable d'être « *entendue équitablement, publiquement, et dans un délai raisonnable à travers un tribunal indépendant et impartial*»[481]. L'ORD, en dessinant les traces de ce droit dans sa jurisprudence, témoigne d'une volonté de faire élever le différend au rang du procès équitable qui est considéré comme un principe servant de « *guide de garanties procédurales*»[482]. Sans être désigné en tant que tel, le droit au procès équitable est présent dans le raisonnement des Groupes spéciaux et de l'Organe d'appel. D'ailleurs, celui-ci n'hésite pas à évoquer au fil de ses rapports « *l'équité élémentaire* », « *la justice naturelle* »[483] ou encore « *la procédure régulière* »[484]. Mais, pour que l'on puisse voir dans le différend de l'OMC un standard du procès équitable, il faut activer au besoin les Groupes spéciaux et l'Organe d'appel en principes généraux de droit. C'est d'autant plus vrai que le procès

---

[477] Rapport de l'Organe d'appel, « *Australie – Mesures de sauvegarde à l'importation de saumons* », rapport précit., parag. 272.

[478] Le droit au procès équitable constitue un apport de la Common Law où il a son origine. En Angleterre, la notion du procès équitable ne serait que la transposition au droit processuel de l'idée du *fairplay* en sport. FRANZ MATSCHER (M.), « *Le droit à un procès équitable dans la jurisprudence des organes de la convention européenne des droits de l'homme* », in Collection « *Science et technique de la démocratie* », n° 28, éd. Conseil de l'Europe, 2000, p. 10.

[479] Ibid., p. 10.

[480] Ibid., p. 11.

[481] LAMBERT (Ch.), « *Le concept européen de procès équitable* », RFFP, n° 83, Septembre 2003, p. 8.

[482] RUIZ FABRI (H.), « *La juridictionnalisation du règlement des litiges économiques entre Etats* », art. précit., p. 907.

[483] Rapport de l'Organe d'appel, « *Communautés européennes- Mesures communautaires concernant les viandes et les produits carnés (Hormones)* », rapport précit., parag. 133.

[484] Rapport du Groupe spécial, « *Australie –Mesures affectant l'importation de pommes en prévenance de nouvelle Zélande* », rapport précit., parag. 7.31.

équitable, considéré comme une forme d'interdiction du déni de justice[485], n'est qu'un droit qui fait la synthèse de plusieurs principes[486]. C'est en ce sens que l'ORD, à l'instar des juridictions internationales[487], applique systématiquement des principes généraux de droit sous la forme de « *principes équitables ou droit à une procédure régulière* »[488]. On cite, à titre d'exemple, le principe de la bonne foi, la contradiction, l'interdiction de l'abus de droit[489], qui combinés, forment les ingrédients du procès équitable[490].

L'exigence d'une « *procédure régulière* », telle que réitérée dans la jurisprudence des Groupes spéciaux et de l'Organe d'appel, ne permet-elle pas d'affirmer une orientation dans le sens de la transposition du procès équitable aux différends interétatiques[491] ? Si la question de la transposition de ce procès dans le règlement des différends de l'OMC fait encore planer des incertitudes, on ne peut, néanmoins, nier l'exigence d'une « *procédure régulière* » ou encore celle d'une « *procédure équitable* » dans la jurisprudence de l'ORD. Cette exigence favorise « *l'ouverture maximale de la procédure* »[492] et par la même la consolidation de la place des principes généraux de droit dans ce mode de règlement des différends. Ainsi, est affirmée la tendance du SRD vers la juridictionnalisation[493] puisque celle-ci va de pair avec la considération des garanties procédurales qui trouvent leur essence dans les principes généraux de droit[494]. Par la confortation de la place de ces principes dans ce système et dans la jurisprudence de l'ORD, les Groupes spéciaux et l'Organe

---

485 MORIN (J.Y.), « *L'Etat de droit : émergence d'un principe du droit international* », art. précit., p. 210.

486 FRANZ MATSCHER (M.), « *Le droit à un procès équitable dans la jurisprudence des organes de la Convention européenne des droits de l'homme* », art. précit., p. 165.

487 KOLB (R.), « *La bonne foi en droit international public : contribution à l'étude des principes généraux de droit* », op. cit., p. 43 ; QUOC DINH (N.), DAILLIER (P.), PELLET (A.), « *Droit international public* », op. cit., 8ème éd. p. 357.

488 SHARJERDI (P.), TOMKIEWICZ (V.), « *Le procès équitable dans l'espace normatif de l'Organisation Mondiale du commerce* », art. précit., p. 303.

489 Ibid., p. 336.

490 LAMBERT (Ch.), « *Le concept européen de procès équitable* », art. précit., p. 8.

491 SHARJERDI (P.), TOMKIEWICZ (V.), « *Le procès équitable dans l'espace normatif de l'Organisation Mondiale du commerce* », art. précit., p. 303.

492 RUIZ FABRI (H.), « *Le juge de l'OMC : ombres et lumières d'une figure judiciaire singulière* », art. précit., p. 48.

493 SACERDOTI (G.), « *Structure et fonction du système de règlement des différends de l'OMC : les enseignements des dix premières années* », art. précit., p.772.

494 RUIZ FABRI (H.), « *La juridictionnalisation du règlement des litiges économiques entre Etats* », art. précit., p. 881.

d'appel témoignent, non seulement d'une certaine maturité mais, ils participent à l'ancrage progressif de l'Etat de droit dans le Système commercial multilatéral.

Si la question du recours aux principes généraux (principes généraux du droit international général et principes généraux de droit) devient moins complexe voire évidente, qu'en est-il des principes généraux du droit international de l'environnement ?

SECTION 2: OUVERTURE MESUREE AUX PRINCIPES GENERAUX DU DROIT INTERNATIONAL DE L'ENVIRONNEMENT

Dans un ordre juridique international en pleine effervescence normative et institutionnelle, l'OMC devrait s'imposer en tant que défenseur d'un monde pluriel et diversifié[495]. Confrontée au défi d'une mondialisation régulée, cette organisation ne peut pas ignorer les nouvelles préoccupations de ses Membres et celles de la Communauté internationale. Bien qu'elle soit dotée d'une certaine autonomie, l'OMC devrait tenir compte du phénomène d'enlacement et d'interconnexion des différentes branches du droit international[496]. En témoigne le caractère « *mosaïque* »[497] de son système normatif qui fait de celui-ci un droit marqué par une certaine perméabilité aux droits spéciaux comme le droit international de l'environnement. Un tel droit est entendu comme étant « *l'ensemble des règles juridiques internationales nécessaires à la protection de cet "espace", la biosphère (ou l'écosystème global)* »[498]. Comparé à une sorte de « *toile d'araignée* »[499], le droit international de

---

[495] Description de l'ouvrage, GUEVREMONT (V.), « *Valeurs non marchandes et droit de l'OMC : Mondialisation et droit international* », Bruxelles, Bruylant, 2013, http://fr.bruylant.larciergroup.com/titres/130133_2/valeurs-non-marchandes-et-droit-de-l-omc.html

[496] SANDS (Ph.), « *Vers une transformation du droit international ? Institutionnaliser le doute* », art. précit., p. 179 et S.

[497] CARREAU (D.), JUILLARD (P.), « *Droit international économique* », op. cit., 4ème éd., p. 128.

[452] QUOC DINH (N.), DAILLIER (P.), PELLET (A.), « *Droit international public* », op. cit., 8ème éd. p. 1271.

[499] Le droit international de l'environnement est comparé à une toile d'araignée : la mise en réseau entre les différents points d'attache, à savoir les conventions, renforce l'efficacité du système, les très nombreux fils très fins se solidifient progressivement grâce à la transformation de la soft law en droit contraignant et grâce à leur enrichissement normatif par des actes unilatéraux (*d'origine étatique ou dérivée*).

l'environnement est friand de nouveaux principes qui se solidifient progressivement comme le développement durable et la précaution[500]. L'ouverture de l'ORD aux dits principes, aussi modeste qu'elle soit, constitue un pas vers le « *verdissement du droit de l'OMC* »[501] que celle-ci devrait renforcer afin d'éviter une mondialisation incontrôlée[502]. Le principe de précaution, consacré dans le droit de l'OMC, connait une mutation au niveau de son contenu qui atteste l'autonomie du droit de l'OMC en la matière. Dans un but méthodologique, ce principe sera traité dans la deuxième partie de la présente étude. Aussi faut-il remarquer que l'ouverture au droit international de l'environnement, loin de répondre aux souhaits des Membres de l'OMC, est vérifiable au niveau de la méthode dont le développement durable est introduit dans le droit de l'OMC. Considéré comme étant un principe émergent du droit international de l'environnement, ***un tel développement connait, toutefois, une introduction à double vitesse dans le droit de cette organisation*** **(*Paragraphe1*)**. Si ce développement ***s'affirme en tant principe interprétatif du droit de l'OMC, sa portée prête à discussion*** **(*Paragraphe2*)**.

Paragraphe I : Une introduction à double vitesse du développement durable dans le droit de l'OMC

Afin de maîtriser les aléas de la mondialisation, libéralisation des échanges[503] et environnement devraient se conjuguer[504]. La protection de l'environnement, parce qu'elle a des impacts de plus en plus importants

---

SOHNLE (J.), « *Le droit international de l'environnement : 2005-2009 Une toile d'araignée pour une grosse bête noire* », RJE, n°1, 2010, p. 78.

500 LUCCHINI (L.), « *Le principe de précaution en droit international de l'environnement : ombres plus que lumières* », AFDI, Vol. XLV, 1999, parag. 9, p. 712.

501 PROST (M.), op. cit., p. 62.

502 BARLOW (V.M.), CLARCKE (T.), « *La bataille de Seattle. Société civile contre mondialisation marchande* », Fayard, 2002, in BLIN (O.), « *La stratégie communautaire dans l'Organisation Mondiale du Commerce* », JDI, n°1, 2006, p. 93.

503 La libéralisation des échanges suppose la création d'un marché territorial globalisé destiné à établir un commerce sans barrières nationales tout en exigeant des mesures particulières réduisant les diverses barrières et garantissant la libre circulation des marchandises. GARGOURI (M.), Thèse précit., p. 8.

504 SALAMA (S.), « *L'Organisation Mondiale du Commerce et la protection de l'environnement* », in Colloque de Lyon, 2/3/2001, « *L'Organisation Mondiale du Commerce : vers un droit mondial du commerce ?* », Bruxelles, Bruylant, 2001, p. 185.

sur le Système commercial multilatéral, devrait faire son chemin dans l'OMC[505]. Suite à la forte demande des consommateurs[506], le développement durable, qui constitue un point d'intersection entre droit international de l'environnement et droit international économique[507], a pu finalement être introduit dans le droit de l'OMC. Entendu au sens large, ce développement (A) reçoit, cependant, une introduction modeste puisqu'il est réduit à un simple objectif du droit de l'OMC (B)

A) L'adoption d'une interprétation extensive du développement durable

Afin de satisfaire à la convergence des objectifs de l'OMC, le développement durable a été énoncé dans le préambule de l'Accord instituant l'OMC. Mais, avant d'en démontrer son introduction dans le droit de l'OMC et son application par l'ORD, son origine et sa particularité se révèlent être un incontournable préalable. La circonscription des contours de la « *nébuleuse conceptuelle du développement durable* »[508] suppose que l'on s'arrête, au préalable, sur la notion de développement tout court. Force est de constater qu'un tel développement était concevable sous un angle purement économique[509]. Il impliquait, « *une croissance économique auto entretenue, des changements structurels de la production et le progrès technologique* »[510]. Cependant, depuis

[505] MARRE (B.), « *De la mondialisation subie au développement contrôlé : les enjeux de la Conférence de Seattle 30/11/99 - 3/12/99* », Rapport d'information n°1824, p.10, in BOSSIS (G.), « *La notion de sécurité alimentaire selon l'OMC : entre minoration et tolérance timide* », RGDIP, 2001, vol. II, p. 351.

[506] Ibid., p. 351.

[507] SALPIN (Ch.), « *Contribution de la Cour internationale de justice et de l'Organe de règlement des différends de l'OMC à la protection et au droit international de l'environnement* », DEA de droit international, Paris II, 2000, p. 77.

[508] KAMTO (M.), « *Les nouveaux principes du droit international de l'environnement* », RJE, n°3, 1993, p. 3.

[509] Le concept de développement émerge à la charnière des années 1950 dans les pays riches du camp occidental. Mais, il ne nait pas *ex nihilo* ; il est considéré comme l'histoire même de la pensée occidentale: le XVIIIème siècle européen, sous l'influence de la pensée des lumières, a construit sa révolution rationaliste sur l'idée de progrès, d'abord humain, puis rapidement matériel à partir du XIXème siècle et de l'industrialisation européenne et nord-américaine. GHORRA GOBIN (C.), « *Dictionnaire des mondialisations* », Armand Colin, 2006, p.101.

[510] KUNZNETS (S.), « *Economic Growth of Nations* », Harvard University press, 1971, in GHORRA GOBIN (C.), (Dir.), « *Dictionnaire des mondialisations* », Armand Colin, 2006, p. 101.

l'apparition de l'OMC, le concept de développement connaît une profonde mutation due à l'interdépendance des intérêts traversant à la fois les frontières étatiques et les disciplines scientifiques[511]. Dès lors, le développement n'est plus appréhendé sous une optique purement économique. Il englobe, désormais, d'autres aspects sociopolitique, humain et écologique[512]. Le préambule de la Charte des Nations Unies ne fait-il pas référence au développement économique et social ? Entendu au sens large, le développement, doit, en outre, être durable. C'est de cette combinaison que nait le concept de développement durable[513]. Elaboré dans le cadre des Nations Unis[514] et solennellement proclamé par la Déclaration de *Rio* sur l'environnement et le développement de 1992, ce concept inspire, dorénavant, le droit international de l'environnement dans son ensemble[515]. Il constitue une réponse à l'interdépendance de la paix, du développement et de la protection de l'environnement[516]. Difficile à être défini, il doit être appréhendé à partir de l'analyse d'une multitude de concepts et de principes guides[517]. Eu égard au principe 4 de la Déclaration de *Rio*, le développement durable désigne une vision intégrée des exigences de protection environnementale et de développement. Comme l'exprime son adjectif « *durable* », il a une connotation temporelle dans la mesure où il vise à rendre compatible la satisfaction des besoins du présent avec celle des intérêts des générations futures[518]. Aussi faut-il remarquer que la doctrine assigne au développement durable

[511] KIEFFER (B.), op. cit., p. 178.

[512] KUNZNETS (S.), « *Economic Growth of Nations* », art. précit., p. 101.

[513] KIEFFER (B.), op. cit., p. 178.

[514] C'était pour tenter de réconcilier les points de vue divergents des pays industrialisés et des pays en développement sur l'importance à accorder à la préoccupation environnementale dans leurs politiques respectives. DUPUY (P.M.), « *Où en est le droit international de l'environnement à la fin du siècle ?* », RGDIP, tome 101, n°4, 1997, p. 886.

[515] QUOC DIN (N.), DAILLIER (P.), FORTEAU (M.), PELLET (A.), « *Droit international public* », op. cit., 8ème éd., p. 1451.

[516] La Déclaration de Rio dispose que « *la paix, le développement et la protection de l'environnement sont interdépendant et indispensables*». Déclaration de Rio sur l'environnement et le développement, principe 4.

[517] FIEVET (G.), « *Réflexions sur le concept de développement durable : prétention économique, principes stratégiques et protection des droits fondamentaux* », RBDI, Bruylant, Bruxelles, 2001-1, p. 134.

[518] Ibid., p. 145.

le rôle d'un « *principe de durabilité ou de soutenabilité appliqué en général aux activités humaines* »[519].

Si le développement durable prend aujourd'hui corps dans la plupart des textes internationaux, il n'est apparu que tardivement dans la pratique des juridictions internationales. Sans se référer directement à la notion de développement durable, la CIJ avait affirmé dans son avis relatif aux « ***Armes nucléaires*** » que « *l'environnement n'est pas une abstraction, mais bien où vivent les êtres humains et dont dépendent la qualité de leur vie et leur santé, y compris pour les générations à venir* »[520]. C'est en ce sens que le développement durable implique une adaptation des méthodes relatives à une gestion rationnelle des ressources naturelles, respectant des préoccupations et des choix des populations concernées d'une part, et l'utilisation équitable des ressources naturelles partagées, d'autre part[521] . Le développement durable, au-delà de toute controverse quant à sa valeur normative, fédère des principes généraux du droit international de l'environnement, comme celui de l'utilisation non dommageable du territoire, la précaution et celui de la prévention[522]. Il devrait inspirer les systèmes juridiques internes et internationaux[523]. En effet, en raison de son rôle éminent dans la résolution des différends relatifs à l'environnement[524], il est constamment présent dans les instruments de tous les systèmes juridiques. Mais, qu'en est-il du droit de l'OMC ? Demeure-t-il, comme son prédécesseur, un droit des principes de la libéralisation des échanges par excellence, ou admet-il l'intégration du développement durable et par la même la réception des principes généraux du droit international de l'environnement qui en découlent ?

Conscients de l'importance du développement durable dans le « *verdissement du droit de l'OMC* »[525], les ministres ont souligné, dans leur décision sur le commerce et l'environnement « *qu'il ne devrait pas y*

---

[519] GUERY (F.), « *En guise de conclusion des principes en droit aujourd'hui ?* », in CAUDAL (S.), (Dir.), « *Les principes en droit* », Economica, Etudes juridiques, n° 30, 2008, p. 379.

[520] Avis consultatif de la CIJ relatif à « *la licéité de la menace ou de l'emploi d'armes nucléaires* », du 8/7/1996, Rec. de la CIJ 1996, p-p. 241-242, parag. 29.

[521] DUPUY (P.M.), « *Où en est le droit international de l'environnement à la fin du siècle ?* », art. précit., p. 886.

[522] Ibid., p.886.

[523] PROST (M.), op.cit., p. 156.

[524] WEERAMANTRY (M.), « *Opinion individuelle* », Arrêt de la CIJ relatif à l'affaire « *Projet Gabcikovo-Nagymaros* (*Hongrie/Slovaquie*) », arrêt précit, p. 88.

[525] PROST (M.), op. cit., p. 62.

avoir, et qu'il n'y a pas nécessairement, de contradiction au plan des politiques entre la préservation et la sauvegarde d'un système commercial multilatéral ouvert, non discriminatoire et équitable d'une part et les actions visant à protéger l'environnement et à promouvoir le développement durable d'autre part »[526].

À l'instar d'un nombre grandissant des accords internationaux[527], le traité de Marrakech ne peut, dès lors, ignorer les préoccupations environnementales et leurs impacts sur le Système commercial multilatéral. Loin d'être absent dans le droit de l'OMC, le développement durable a pu y émerger. Énoncé dans le préambule de l'Accord instituant l'OMC[528], il devra remplacer l'objectif de « *pleine utilisation des ressources mondiales* » du fait de son inadaptation au Système commercial mondial des années 90[529]. En effet, il est prévu que les Parties à l'Accord instituant l'OMC reconnaissent que « *leurs rapports dans le domaine commercial et économique devraient être orientés vers le relèvement des niveaux de vie, la réalisation du plein emploi et d'un niveau élevé et toujours croissant du revenu réel et de la demande effective, et l'accroissement de la production et du commerce de marchandises et de services, tout en permettant l'utilisation optimale des ressources mondiales conformément à l'objectif de développement durable, en vue à la fois de protéger et préserver l'environnement et de renforcer les moyens d'y parvenir d'une manière qui soit compatible avec leurs besoins et soucis respectifs à différents niveaux de développement économique* ».

---

526 Préambule de la Décision sur le commerce et l'environnement.

527 Le développement durable est un objectif soutenu par plusieurs traités relatifs au commerce international tant au niveau global que régional. Par exemple, ce développement peut être considéré comme étant l'objet et le but de plusieurs traités tel que la Convention de l'ONU sur la diversité biologique (1992) et le Protocole de Carthagène (2000), la Convention cadre des Nations Unies sur les changements climatiques (1992), le Protocole de Kyoto (1997), la Convention de l'ONU pour la lutte contre la désertification (1994), l'Accord de libre-échange Nord-Américain (1994), la Conférence de l'ONU sur le droit de la mer, l'Accord de Cotonou (2000) entre l'Union européenne et les pays de l'ACP (Afrique, Caraïbes et Pacifiques), le Traité international sur les ressources phytosanitaires pour l'alimentation et l'agriculture (2001), ainsi plusieurs autres.

528 Commerce et environnement : dossiers spéciaux, OMC, 1999, p. 88.

529 L'objectif de « *pleine utilisation des ressources mondiales* » figurait dans le préambule du GATT de 1947. Rapport de l'Organe d'appel « *Etats–Unis – Prohibition à l'importation de certaines crevettes et de certains produits à base de crevettes* », Rapport précit., p. 62 .

Le développement durable, inséré dans le préambule de l'accord précité, constitue alors une composante du droit de l'OMC, mais à quel contenu ? En réponse aux préoccupations actuelles des Membres de cette organisation, le développement durable, tel qu'il a été interprété par les Groupes spéciaux et l'Organe d'appel, déborde une signification stricte se limitant à la protection de l'environnement. Bien plus, il semble désigner une autre signification plus large au titre du « *développement humain durable*»[530]. Il s'agit d'une acception qui est adoptée aussi bien par les ministres que par les organes susvisés. En effet, dans leur décision sur le commerce des services et l'environnement qui fait partie intégrante des Accords de Marrakech, les ministres ont souligné que « *les mesures nécessaires à la protection de l'environnement se caractérisent par le fait qu'elles ont pour objectif la protection de la santé et de la vie des personnes et des animaux ou la préservation des végétaux* ». S'alignant sur le contenu de la déclaration précitée, l'Organe d'appel semble adopter dans son rapport « ***Crevettes*** »[531] une signification extensive du développement englobant le volet économique, social et la protection de l'environnement.

Mieux encore, dans le différend du « ***SPG communautaire*** », le Groupe spécial a eu l'occasion d'affirmer que « *rien ne permet raisonnablement de faire une distinction entre différents types de besoins en matière de développement, qu'ils soient dus à la production et au trafic de drogues, ou à la pauvreté, aux catastrophes naturelles, aux troubles politiques, à la mauvaise qualité de l'enseignement, à la propagation de l'épidémies, à la taille de la pollution, ou à d'autres problèmes »*[532]. C'est en ce sens que le développement durable devrait être compris au sens large d'un « *développement humain durable* », soucieux à la fois du volet économique, humain[533] et écologique[534]. Une question s'impose dès lors : si le développement durable, inséré dans le préambule de l'Accord

---

[530] KIEFFER (B.), op. cit., p. 194

[531] Rapport de l'Organe d'appel, « *Etats-Unis – Prohibition à l'importation de certaines crevettes et de certains produits à base de crevettes* », rapport précit., note 129, p. 107.

[532] Rapport du Groupe spécial « *Communautés européennes – Conditions d'octroi de préférences tarifaires aux pays en développement* », WT/DS246/R, 01/12/2003, parag. 7.103.

[533] Du point de vue humain, le développement durable devrait apporter du mieux à la vie quotidienne, élever le niveau culturel, s'ouvrir sur le monde. GHORRA GOBIN (C.), « *Dictionnaire des mondialisations* », art. précit., p.101.

[534] KIEFFER (B.), op. cit., p. 194.

instituant l'OMC, témoigne de la convergence des objectifs de commerce, d'humanité et de l'environnement, quelle place doit-il occuper dans les principes applicables dans la jurisprudence des Groupes spéciaux et de l'Organe d'appel ? La réponse à cette question est d'une importance capitale, ne serait-ce que le degré d'ouverture sur le droit international de l'environnement ne dépend pas seulement de la signification du développement durable, mais surtout de la place que l'ORD y accorde dans le droit de l'OMC.

B) La réduction du développement durable à un objectif du droit de l'OMC

Ne pouvant être à l'écart du reste du monde et des nouvelles préoccupations de la communauté internationale, le droit de l'OMC s'est ouvert au développement durable. Alors quelle est la valeur juridique de ce dernier dans le droit de l'OMC et quelle est la position des Groupes spéciaux et de l'Organe d'appel en la matière ? Le traitement de cette question suppose que l'on s'arrête, au préalable, sur le statut du développement durable en droit international. C'est d'autant plus vrai qu'un tel développement est, non seulement « *à la mode* », mais il constitue aujourd'hui une référence incontournable en droit international[535].

Bien qu'il réunisse autour de lui des principes dont la juridicité est incontestable[536], le développement durable demeure un sujet à caution au niveau de sa valeur juridique[537]. Cette valeur varie selon que l'on appréhende en termes de concept ou de principe. Supposant que le développement durable n'est qu'un simple concept, dans la mesure où il est entendu dans le sens d'une « *représentation mentale générale et abstraite d'un objet* »[538], il correspond, dès lors, à un objectif économique

---

[535] KIEFFER (B.), op. cit., p. 193.

[536] Pierre Mary Dupuy écrit que « *si le développement durable est considéré comme étant un principe général du droit international de l'environnement, il ne faut pas le prendre comme un principe à la signification univoque, mais plutôt comme une matrice conceptuelle, définissant la perspective générale dans laquelle les principes de bonne gestion de l'environnement doivent être respectés* ». DUPUY (P.M.), « *Où en est le droit international de l'environnement à la fin du siècle ?* », art. précit., p. 886.

[537] HAMMAMI MARRAKCHI (A.), « *L'intégration du "concept de développement durable " dans l'ordre juridique tunisien* », Thèse de Doctorat, Faculté des Sciences juridiques, politiques et sociales de Tunis, 2007, p. 25.

[538] Le petit larousse, 2002, p. 244.

et politique voire même, à une idéologie. Ainsi, il se réduit à une acception théorique, philosophique et morale[539]. Par contre, le développement durable, lorsqu'il est hissé au rang d'un principe juridique, il apparaît comme une proposition juridique « *qui donne des orientations générales auxquelles le droit positif doit se conformer*»[540]. Il convient de rappeler, à ce titre, que la valeur juridique d'un principe dépend de la qualification que lui accorde le juge interne ou international[541]. Elle diffère selon qu'il s'agisse d'un principe directeur, simple guide pour l'action[542], ou d'un principe juridique qui inspire diverses applications et s'imposant avec une autorité supérieure[543]. La détermination de la valeur normative du développement durable doit passer inévitablement par la référence à la pratique des juridictions internationales dont la contribution s'avère non négligeable dans la juridisation d'un concept qui est généralement énoncé, dans les textes internationaux, en termes de s*oft law*.

Concernant, la Cour de la *Haye*, si elle n'a pas explicitement hissé le développement durable au rang d'un principe général du droit international de l'environnement[544], elle n'en traite pas moins comme une référence fondamentale[545]. Ayant repris l'affirmation qu'elle avait déjà faite dans son arrêt « ***Projet Gabcikovo-Nagymaros*** », elle avait rappelé dans son avis consultatif de 1996 que « *l'environnement n'est pas une abstraction, mais bien l'espace où vivent les êtres humains et dont dépendent la qualité de leur vie et de leur santé, y compris pour les générations futures* »[546]. Sans se prononcer sur la valeur juridique du développement durable, la CIJ a eu l'occasion de préciser dans l'affaire

---

[539] HAMMAMI MARRAKCHI (A.), Thèse précit., p. 23.

[540] DOWRKIN (R.), « *Taking right seriously* », Cambridge, Havard, 1997, p.35, in DE SADELEER (N.), « *Les principes pollueur, payeur, de prévention et de précaution : essai sur la genèse et la portée juridique de quelques principes de droit de l'environnement* », Bruxelles, Bruylant, AUPELF-UREF, 1999, p. 247.

[541] Ibid., p.89.

[542] LUCCHINI (L.), « *Le principe de précaution en droit international de l'environnement : ombres plus que lumières* », art. précit., p. 730.

[543] CORNU (G.), « *Vocabulaire juridique* », Paris, PUF, 2007, p. 720.

[544] La Cour, si elle n'a pas formellement endossé le développement durable en tant que principe général du droit international de l'environnement, elle ne l'a pas moins traité comme une valeur ou un objectif qui devrait guider les parties. Arrêt de la CIJ relatif à l'affaire « *Projet GabCikovo - Nagymaros (Hongrie / Slovaquie)* », arrêt précit., p. 78, parag. 140.

[545] DUPUY (P.M.), « *Où en est le droit international de l'environnement à la fin du siècle ?* », art. précit., p. 886.

[546] Avis consultatif relatif à l'affaire « *La licéité de la menace ou de l'emploi d'armes nucléaires* », avis précit., p. 241, parag. 29.

des « ***Usines de pâte*** », que le « *lien étroit entre l'utilisation équitable et raisonnable d'une ressource partagée et la nécessité de concilier le développement économique et la protection de l'environnement est au cœur du développement durable* »[547].

Plus audacieuse, la Cour permanente d'arbitrage (CPA) est allée plus loin dans l'affaire du « ***Rhin de fer*** ». Elle a, non seulement précisé le contenu du développement durable, mais elle en a consolidé l'assise en le considérant comme étant un principe général du droit international général. C'est en ce sens que la Cour avait précisé que « *le droit environnemental et le droit du développement ne sont pas des solutions alternatives mais se renforcent mutuellement, tel des concepts intégraux qui requièrent, lorsque le développement peut causer un dommage important à l'environnement, l'application d'un devoir de prévenir, ou moins, de limiter un tel dommage. Ce devoir, selon le tribunal, fait partie du droit international général. Ce principe s'applique non seulement de façon autonome mais aussi lors de la mise en œuvre de traités spécifiques entre les Etats* »[548]. Il s'agit de position qui ne peut pas surprendre puisqu'elle est déjà adoptée par le juge *Weeramantry* dans son opinion individuelle relative à l'arrêt « ***Projet Gabcikovo-Nagymaros*** ». Ayant insisté sur la légitimité et la positivité du développement durable[549], ce juge n'a pas hésité à y voir un « *principe fondamental* » dont la valeur normative est indiscutable[550]. Aussi faut-il remarquer qu'une certaine doctrine considère le développement durable comme étant « *une règle coutumière de conduite qui sous-tend l'ensemble du droit*

[547] Arrêt de la CIJ relatif à l'affaire « *Usines de pâte à papier sur le fleuve Uruguay (Argentine / Uruguay) mesures conservatoires* », 20/4/2010, Rec. CIJ, 2010, parag. 75.

[548] Permanent Court of Arbitration : In Arbitration Regarding the Iron Rhine (Ijzeren Rijn) Railway, Between the Kingdom of Belgium and the Kingdom of the Netherlands (May 24 ,2005) at 59, 114, Away of the Arbitral Tribunal, on line : Permanent Court Of Arbitration ; in QUOC DINH (N.), DAILLIER (P.), FORTEAU (M.), PELLET (A.), « *Droit international public* », op. cit., 8ème éd., p. 1451; BARRAL (V.), « *La sentence du Rhin de fer, une nouvelle étape dans la prise en compte du droit de l'environnement par la jurisprudence internationale* », RGDIP, tome 110/3, 2006, p. 656.

[549] PROST (M.), op. cit., p.164.

[550] WEERAMANTRY (M.), « *Opinion individuelle* », in arrêt de la CIJ relatif à l'affaire « *Projet Gabcikovo-Nagymaros (Hongrie/Slovaquie)* », arrêt précit., p. 88.

international »[551] ou encore un principe général du droit international de l'environnement. La constance du renvoi à ce principe dans les instruments internationaux, précise *Pierre Mary Dupuy*, atteste « *l'universalité d'une "opinio juris" dont la pratique corrélative se concrétise au fil du temps* »[552]. Mais, on doit souligner qu'un tel développement, s'il est regardé comme étant un principe général du droit international de l'environnement, il ne constitue pas un principe à signification univoque, mais plutôt une « *matrice conceptuelle* » définissant la perspective générale dans laquelle les principes de bonne gestion de l'environnement doivent être respectés[553].

Certes, le développement durable a fait preuve, dans la jurisprudence internationale, d'une certaine juridicisation puisqu'il émerge en tant que principe général du droit international. Toutefois, dans le cadre du droit de l'OMC, sa valeur normative demeure incertaine. D'ailleurs, pour le désigner, la doctrine parle tantôt d'objectif tantôt de principe[554], or entre les deux expressions, il y a une grande différence.

Ayant pris corps dans le préambule de l'Accord instituant l'OMC, le développement durable semble, cependant, être énoncé en termes d'objectif[555] et non pas en termes de principe juridique. De plus, même lorsqu'on suppose qu'un tel développement est formulé dans ledit préambule en tant que principe (ce qui n'est pas vrai), ceci ne lui confère pas forcément la qualité d'un principe de droit positif[556] puisque celui-ci demeure tributaire de la qualification que lui donne le juge[557].

Dans l'absence de qualification faite par les Groupes spéciaux et l'Organe d'appel, la détermination de la valeur normative du développement durable dans le droit de l'OMC dépend-t-elle de la valeur normative du préambule de l'Accord instituant l'OMC qui en constitue le fondement juridique ? Si une certaine doctrine considère qu'un tel développement est

---

551 KIEFFER (B.), op. cit., p. 193 ; LUFF (D.), « *An overview of international Law of sustainable development and a confrontation between WTO rules and sustainable development* », RBDI, 1996, p-p. 90-144.

552 DUPUY (P.M.), « *Où en est le droit international de l'environnement à la fin du siècle ?* », art. précit., p. 886.

553 Ibid., p. 886.

554 PROST (M.), op. cit., p. 157.

555 Ibid., p. 157.

556 BOISSON DE CHAZOURNES (L.), « *Le principe de précaution : nature, contenu et limites* », in LEBEN (Ch.), VERHOEVEN (J.), « *Le principe de précaution : aspects de droit international et communautaire* », Paris, LGDJ, 2002, p. 89.

557 Ibid., p. 89.

d'une « normativité inégale »[558], c'est parce que sa valeur juridique dépend de la valeur reconnue à l'instrument juridique qui le consacre[559]. Ainsi, se pose la question de la détermination de la valeur normative du préambule de l'Accord instituant l'OMC ; sa force obligatoire est-elle égale ou inférieure à celle du dispositif ?

Force est de constater que la doctrine est divisée sur la question de la valeur normative des préambules[560]. Certains se réfèrent à la jurisprudence internationale[561] pour considérer que le préambule, servant dans l'éclairage des obligations conventionnelles, s'intègre dans les normes du droit des traités. D'autres soutiennent, toutefois, une analyse plus nuancée en ne retenant le préambule que lorsqu'il mentionne le but du traité afin d'orienter l'interprétation du dispositif[562]. Cette affirmation semble correspondre à la position de la CIJ dans son arrêt relatif au différend du « ***Sud-ouest africain (deuxième phase)*** ». En effet, la cour a eu l'occasion de préciser que « *le préambule de la Charte des Nations Unies constitue la base morale et politique des dispositions juridiques qui sont énoncées ensuite. De telles considérations ne sont pas cependant en elles-mêmes des règles de droit. Tous les Etats s'intéressent à ces questions ; ils y ont un intérêt. Mais ce n'est pas parce qu'un intérêt existe que cet intérêt a un caractère spécifiquement juridique* »[563].

Tout comme le préambule de la Charte des Nations Unies, le préambule de l'Accord instituant l'OMC semble inviter l'ORD à prendre en considération les objectifs de cette organisation dans l'interprétation des Accords visés. Le Développement durable, rattaché au préambule de l'Accord instituant l'OMC qui le consacre, va en prendre la même valeur juridique, c'est-à-dire la valeur d'une règle interprétative. Cette lecture s'affirme amplement si l'on tient compte de l'affirmation du Groupe

---

558 PIERATTI (G.), PRAT (J.L.), « *Droit, économie, écologie et développement durable : des relations nécessaires conflictuelles mais inévitablement ambiguës* », RJE, n° 3, 2000, p. 421.

559 HAMMAMI MARRAKCHI (A.), Thèse précit., p. 24.

560 COT (J.P.), PELLET (A.), « *La Charte des Nations Unies : commentaire article par article* », Paris, Economica, 2ème éd., 1991, p. 4.

561 Arrêt de la CIJ relatif à l'affaire du « *Droit d'asile (colombie / Pérou)* », 20/11/1950, Rec.CIJ, p. 282 ; Arrêt de la CIJ relatif à l'affaire « *Droits des ressortissants des Etats-Unis d'Amérique au Maroc* », 27/8/1952, Rec. CIJ, p. 196.

562 ROUSSEAU (Ch.), « *Droit international public : in Introduction et sources* », op. cit., p. 87.

563 Arrêt de la CIJ relatif à l'affaire « *Sud- ouest africain (deuxième phase)* », arrêt précit., p. 34.

spécial soulignant que « *la notion de développement durable est évoqué dans le préambule de (l'Accord instituant l'OMC). Cela signifie que lorsque nous interprétons les termes du texte introductif, nous ne devons pas oublier que le développement durable est l'un des objectifs de l'Accord sur l'OMC* »[564]. Sans équivoque, la Déclaration ministérielle de Doha de 2001 a eu l'occasion de préciser que les Membres réaffirment avec force leur engagement en faveur de l'objectif du développement durable. Ainsi, le développement durable, tel qu'il est énoncé dans le préambule de l'Accord de Marrakech et appréhendé par les Groupes spéciaux et l'Organe d'appel a de profondes répercutions sur l'interprétation du droit de l'OMC.

Paragraphe 2: La portée du développement durable en tant que principe interprétatif

Conscients de l'introduction du développement durable dans le préambule de l'Accord instituant l'OMC, les Groupes spéciaux et l'Organe d'appel se sont progressivement ouverts aux préoccupations environnementales. En effet, ils concourent à ***l'ancrage progressif d'un tel développement en tant que principe interprétatif*** (***A***). Malgré sa contribution au « *verdissement du droit de l'OMC* »[565], le développement durable, tel qu'appréhendé par lesdits organes semble constituer une ouverture modeste au droit international de l'environnement ***puisqu'il répond plutôt à une logique de conciliation que d'intégration*** (***B***).

A) L'ancrage progressif d'un principe interprétatif

Compte tenu de l'importance de l'ouverture au développement durable dans l'assurance de la cohérence et la pérennité du Système commercial multilatéral, une nouvelle orientation a été sollicitée dans le rapport de l'OMC[566] suite au débat des dernières années relatif à la

564 Rapport du Groupe spécial, « *Etats Unis –Prohibition à l'importation de certaines crevettes et de certains produits à base de crevettes* », rapport précit., parag. 5.54.

565 PROST (M.), op. cit., p. 62.

566 Il s'agit du rapport de l'OMC présenté à l'occasion de son dixième anniversaire après le débat des dernières années dans la jurisprudence de l'OMC sur le droit du commerce international et le droit de l'environnement, le droit de développement ou les droits de l'homme. LLORENS (J.C.), « *Le rôle des traités* », in Colloque de Palma, « *L'influence des sources sur l'unité et la fragmentation du droit international* » 20-21 Mai 2005, Bruylant, 2006, p. 46.

jurisprudence de l'ORD. Le Conseil chargé de rédiger ce rapport a eu l'occasion de préciser que « *l'interprétation de (cet organe) ne consiste pas entièrement à embellir les politiques commerciales, mais au contraire à évaluer ces politiques dans certaines situations par rapport à d'autres types de politiques, comme la protection de l'environnement...* »[567]. Le développement durable, tel qu'appliqué par les Groupes spéciaux et l'Organe d'appel, aurait-il alors un rôle à jouer dans l'introduction de la protection de l'environnement au niveau du Système commercial multilatéral ?

Apparu assez tôt dans la « jurisprudence » du GATT[568] puis repris de façon explicite dans le préambule de l'Accord instituant l'OMC, le développement durable n'a pas seulement attiré l'attention de la doctrine mais aussi et le plus important celle de l'ORD. S'il ne revêt pas la forme d'une règle obligatoire, il inspire quand même, les Groupes spéciaux et l'Organe d'appel dans l'interprétation des Accords visés, tout en fixant l'ambition et la nouvelle orientation du Système commercial multilatéral[569]. La prise en considération du développement durable dans la jurisprudence du GATT et celle de l'OMC constitue une étape non négligeable dans « *le verdissement du système commercial multilatéral* »[570]. En effet, parce qu'il constitue désormais un principe interprétatif, un tel ***développement a été à l'origine de l'abandon d'une interprétation stricte des exceptions générales (1)*** d'une part, et ***une interprétation évolutive de la notion de ressources naturelles épuisables,*** d'autre part (2).

---

567 L'avenir de l'OMC. Relever les défis, p. 236, in LLORENS (J.C.), « *Le rôle des traités* », art. précit., p. 46.

568 La notion de développement durable est apparue assez tôt dans la jurisprudence environnementale du GATT puisqu'en 1994, deux ans seulement après la Conférence de Rio, le Groupe spécial, chargé de l'affaire Thon II, soulignait déjà en conclusion de son rapport « *the panel notedthat the objective of sustainable development, whichincludes the protection and preservation of the environment, has been widelyrecognized by the Conttracting parties to the General Agreement* ». Rapport du Groupe spécial, « *Etats-Unis – Restrictions à l'importation de thon en provenance des Communautés européennes* », rapport non adopté, DS29/R, 16/06/1994, parag. 5.42.

569 NOUVEL (Y.), « *Relations économiques internationales : l'unité du système commercial multilatéral* », AFDI, XLVI, 2000, p. 660.

570 PROST (M.), op.cit., p. 162.

1) La pertinence du développement durable dans l'abandon d'une interprétation restrictive des exceptions générales

Le nouveau Système commercial multilatéral institué par l'OMC, loin d'être uniforme et complètement libre-échangiste, comporte un système d'exceptions[571]. Contenues dans plusieurs accords[572], ces exceptions se rapportent à la protection de la santé, de la vie des personnes, des animaux et des végétaux ou à la conservation des ressources naturelles épuisables.

Tout comme la Cour de la *Haye*[573], les *panels* puis l'ORD ont appliqué, au début de leur fonctionnement, le principe de l'interprétation stricte des exceptions qui est commandée « *lorsque la clause à appliquer s'écarte soit de l'idée de base soit de l'économie générale du traité, compte tenu toutefois de la place qu'elle tient dans l'ensemble conventionnel, ainsi que de l'importance que les parties sont censées lui avoir attribué dans cet ensemble* » [574].

Sous l'empire du GATT de 1947, l'application de ce principe était systématique dans la mesure où elle était justifiée par l'observation du but du traité consistant dans la prééminence de la libre circulation à tout prix[575]. Nombreux sont les rapports illustratifs en la matière[576]. Ayant des implications fâcheuses sur le commerce international et l'humanité, cette

---

[571] Le nouveau Système commercial multilatéral institué par l'OMC est loin d'être général libre-échangiste et mondial puisqu'il comporte un système d'exceptions. Ces derniers sont de l'ordre de trois ; des exceptions sectorielles, des exceptions particulières et des exceptions générales. Ils sont contenus dans plusieurs accords comme l'Accord SPS, l'Accord OTC, l'Accord ADPIC et bien évidement le GATT qui demeure la *lex generalis* en la matière. FLORY (Th.), « *Le nouveau régime juridique : Rapport général* », in colloque précit. de Nice, 1995, p-p. 104-105.

[572] Article XX b) du GATT de 1994, article XIV b) de l'AGCS, article 2.2 de l'Accord OTC, article 2.3 de l'Accord SPS, article 27.2 et 27.3 de l'ADPIC.

[573] Arrêt de la CPJI relatif à l'affaire « *Écoles minoritaires en Albanie* », 6/4/1935, Rec. de la CPJI, série, A/B, n°64, p. 17 et 91 ; Avis consultatif de la CPJI relatif à l'Affaire « *des décrets de nationalité* », 7/2/1923, Rec. de la CPJI, série A/B, n°3, p. 25.

[574] DE VISSCHER (Ch.), « *Problèmes d'interprétation judiciaire en droit international public* », op. cit., p. 91.

[575] BOSSIS (G.), « *La notion de sécurité alimentaire selon l'OMC : entre minoration et tolérance timide* », RGDIP, 2001, vol. II, p. 331.

[576] Rapport du Groupe spécial, « *Etats-Unis - restriction à l'importation de Thon* », Guide des règles et pratiques du GATT, Genève, OMC, 1995, vol.1, p. 609 ; Rapport du Groupe spécial « *Canada - mesures affectant l'exportation de Harengs et de saumons non préparés* », L/6268-35S/106, 22/3/1988, in CANAL FORGUES (E.), FLORY (Th.), « *GATT / OMC. Recueil des contentieux du 1er janvier 1948 au 31 décembre 1999* », op. cit., p. 252.

application a été désapprouvée par une certaine doctrine. D'ailleurs, on s'est interrogé « *jusqu'alors, les Groupes spéciaux s'étaient toujours livrés à une interprétation stricte de ces exceptions* »[577].

Dans le cadre de l'OMC, l'ORD s'est, toutefois, ouvert aux préoccupations sociales et environnementales. L'interprétation restrictive ne peut pas, dès lors, constituer la règle lorsqu'il s'agit de clarifier les exceptions générales relatives à ces préoccupations. Mieux encore, l'abandon du principe de l'interprétation restrictive constitue, désormais, un choix qui traduit une nouvelle orientation jurisprudentielle justifiée par l'observation des objectifs de l'OMC. Apparue dès le rapport « ***Essence*** »[578], ce choix consiste à adopter une interprétation équilibrée qui met sur le même plan des considérations *a priori* inconciliables ; les principes fondamentaux du GATT (la clause de la nation la plus favorisée, le traitement national, l'élimination générale des restrictions quantitatives)[579] et les politiques des Etats dans le but de protéger la santé et l'environnement, au sens de l'article XX du GATT de 1994[580]. Si ce choix a pu faire un pas en avant dans l'interprétation des exceptions générales, il ne réalise pas, pour autant, les souhaits des Membres de l'OMC. Pour faire justice aux préoccupations sociales et environnementales, l'ORD devrait prendre une position plus audacieuse dans la clarification de ces exceptions. Serait-il alors appelé à franchir un pas supplémentaire allant au-delà de l'interprétation équilibrée ?

Conscients de l'introduction du développement durable dans le préambule de l'Accord instituant l'OMC, les Groupes spéciaux et l'Organe d'appel ne peuvent pas rester insensibles à l'essor de la protection de l'environnement dans l'interprétation des exceptions

---

577 Ibid., p. 556.

578 L'Organe d'appel au eu l'occasion de préciser, dans ce cadre, que : « *le contexte de l'article XX g) comprend les dispositions du reste de l'Accord général, y compris en particulier les articles I, III et XI ; réciproquement, le contexte des articles I, III et XI comprend l'article XX. Par conséquent, "le membre de phrase se rapportant à la conservation des ressources naturelles épuisables " ne peut pas être interprété dans un sens tellement large que cela bouleverserait sérieusement l'objet et le but de l'article III.4. On ne peut pas non plus donner à l'article III.4 une portée tellement étendue que cela viderait en fait de leur sens l'article XX g) et les politiques et intérêts qu'il incarne* ». Rapport de l'Organe d'appel « *Etats-Unis - normes concernant l'essence nouvelle et ancienne formules* », rapport précit., p. 20.

579 PROST (M.), op. cit., p.17.

580 ROBERT (E.), « *L'affaire des normes américaines relatives à l'essence : le premier différend commercial environnemental à l'épreuve de la nouvelle procédure de règlement des différends de l'OMC* », RGDIP, vol. 101, n°1, 1997, p. 139.

générales. Bien plus, un tel développement se transforme progressivement en un principe interprétatif dès lors que se pose la question de l'articulation entre développement économique et valeurs non marchandes. Une interprétation finaliste[581] respectant le préambule de l'Accord instituant l'OMC est désormais recommandée. Considéré comme étant l'énoncé le plus complet des objectifs de l'OMC[582], ce préambule est déterminent dans l'assurance d'une interprétation ordonnée et nuancée du traité de l'OMC dans son ensemble[583]. L'Organe d'appel a eu l'occasion de préciser, en ce sens, que « *le préambule de l'Accord sur l'OMC – qui éclaire non seulement le GATT de 1994 mais aussi les autres accords visés – fait expressément état de l'objectif de développement durable* »[584]. C'est ainsi que le développement durable se voit assigner un rôle indéniable dans la clarification des exceptions générales, ce qui affirme la légitimité de la protection de la santé et l'environnement. D'ailleurs, l'ORD a fréquemment considéré devoir interprété les règles du GATT / OMC à la lumière du développement durable. Si ledit organe fait de ce dernier un principe interprétatif, c'est parce qu'il a l'intime conviction que tout traité doit être interprété dans le respect du principe de l'effet utile. Donnant sens et effet à tous les termes du traité, ce principe est invoqué contre la partie qui réclame une interprétation restrictive[585]. Dans ce cadre, l'Organe d'appel a précisé, dans son rapport « ***Essence*** », que l'interprète « *n'est pas libre d'adopter une interprétation qui aurait pour résultat de rendre redondants ou inutiles des clauses ou des paragraphes entiers d'un traité* »[586]. Néanmoins, il faut remarquer que le principe de l'effet utile qui a été appliqué par les Groupes spéciaux et l'Organe d'appel dans leurs premiers rapports, n'a pas reçu sa pleine

---

581 CANAL FORGUES (E.), « *Sur l'interprétation dans le droit de l'OMC* », RGDIP, tome CV, 2001, p. 21.

582 HOWSE (R.), MUTUA (M.), « *Protection des droits humains et mondialisation de l'économie : un défi pour l'OMC* », Droit et démocratie, 2000, p. 13.

583 Rapport de l'Organe d'appel, « *Etats–Unis –Prohibition à l'importation de certaines crevettes et de certains produits à base de crevettes* », Rapport précit., parag.114.

584 Ibid., p. 51 et 52.

585 BACHAND (R.), « *L'interprétation juridictionnelle chez les internationalistes du XX siècle* », RBDI, 2006/1, p. 181.

586 Rapport de l'Organe d'appel « *Etats-Unis - normes concernant l'essence nouvelle et ancienne formules* », rapport précit., p-p. 25-26 ; Rapport de l'Organe d'appel « *Japon - taxes sur les boissons alcooliques* », rapport précit., p. 13 ; Rapport de l'Organe d'appel « *États-Unis – Restrictions à l'importation de vêtements de dessous de coton et de fibres synthétiques ou artificielles* », WT/DS24/AB/R, 25/2/1997, p. 17.

signification. Il a fallu attendre le rapport « ***Crevettes*** » pour que ces organes se réfèrent directement au développement durable. C'est ainsi qu'un tel développement s'affirme en tant que principe interprétatif parmi les principes que les Groupes spéciaux et l'Organe d'appel considèrent comme étant pertinents dans l'interprétation des exceptions générales[587]. Si le développement durable a le mérite de favoriser l'abandon d'une interprétation restrictive des exceptions générales, son rôle s'avère aussi non négligeable dans l'interprétation de la notion de ressources naturelles épuisables.

2) La pertinence du développement durable dans l'interprétation de la notion de ressources naturelles épuisables

Considérée comme l'objectif ultime du SRD, la sécurité juridique[588] ne doit pas, toutefois, s'entendre comme un habillage moderne du conservatisme juridique, allant à l'encontre d'une interprétation évolutive du droit de l'OMC[589]. Dans sa mission d'interprétation des Accords visés, l'ORD semble se rapprocher plutôt à « *un ingénieur du sens* » qu'à « *un phonographe* »[590]. Il ne peut se réduire, dans la clarification du droit de l'OMC, à la découverte mécanique de la signification des concepts entourés d'ambiguïtés ou d'incertitudes[591]. En effet, il s'est servi du principe interprétatif du développement durable dans l'interprétation de la notion de « *ressources naturelles épuisables* ». Cette notion qui sous-tend le droit international de l'environnement est au cœur du raisonnement de l'Organe d'appel et des Groupes spéciaux.

Force est de constater que la préservation des ressources naturelles épuisables s'impose aujourd'hui plus que jamais. En effet, l'article XX g) du GATT de 1994 dispose que : « … *rien dans le présent accord ne sera interprété comme empêchant l'adoption ou l'application par toute partie des mesures… g) se rapportant à la conservation des ressources*

---

[587] PROST (M.), op. cit, p. 159.

[588] Article 3.2.du Mémorandum d'accord.

[589] PINAULT (M.), « *Incertitude et sécurité juridique* », Rapport du groupe de travail n°1 du séminaire de la Cour de Cassation, de l'institut des hautes études sur la justice, du centre des hautes études sur l'assurance et de l'école nationale supérieure de sécurité sociale, 22/3/ 2005, in LA VERGNE (B.), « *La norme jurisprudentielle et son revirement en droit public* », RRJ, n°1, 2008, p. 303.

[590] RIGAUX (F.), « *Le juge, ministre du sens dans la justice et argumentation* », Essais à la mémoire de PERELMAN (C.), Bruxelles, U.L.B., 1986, p-p. 79-95.

[591] VERHOVEN (J.), « *Droit international public* », Bruxelles, Larcier, 2000, p. 418.

naturelles épuisables »[592]. Si l'article XX (g) a prévu la préservation de telles ressources il n'en a pas, toutefois, défini le contenu. Admettant que ces ressources sont celles qui ne sont pas renouvelables[593], de quelles ressources naturelles s'agit-il ? Dans l'imprécision des Accords de l'OMC, les *panels* puis l'ORD, sans faire œuvre de génie, apportent des exemples illustratifs. Sous l'égide du GATT de 1947, les développements consacrés à la notion de ressources naturelles épuisables étaient rares. Les *panels* ont eu l'occasion de se prononcer sur la qualité des ressources qu'ils ont reconnues à des espèces de thon[594], de saumon, de hareng[595] et de dauphins[596], sans en apporter la définition.

Dans le cadre de l'OMC, la position des Groupes spéciaux et de l'Organe d'appel à l'égard de cette notion était plus claire. Dans son rapport « ***Essence*** », l'Organe d'appel, tout en adoptant une interprétation extensive ou du moins non restrictive de l'article XX du GATT de 1994, reconnaît la qualité de ressources naturelles épuisables à l'air pur[597]. Mieux encore, compte tenu de l'objectif du développement durable énoncé dans le préambule de l'Accord instituant l'OMC, une interprétation évolutive de cette notion est, désormais, recommandée. Ainsi, le développement durable, servant comme un principe interprétatif du droit de cette organisation, devrait favoriser la réception des concepts émergents dans « *son sillage ondoyant* »[598]. En effet, contrairement aux différends environnementaux précédents, le rapport « ***Crevettes*** » a examiné l'article XX du GATT de 1994 à la lumière des objectifs énoncés dans ce préambule[599]. Cet article fait expressément état de l'objectif de développement durable qui suppose que le développement économique et

---

592 PROST (M.), op. cit., p. 40.

593 QUOC DINH (N.), DIALLIER (P.), FORTEAU (M.), PELLET (A.), « *Droit international public* », op. cit., 8ème éd., p. 1452.

594 Rapport du Groupe spécial, « *Etats –Unis Prohibitions à l'importation de thon en provenance du Canada* », rapport non adopté, L/5198, 22/2/1982, parag. 4.9.

595 Rapport du Groupe spécial, « *Canada- Mesures affectant les exportations de harengs et de saumons non préparés* », L/6268-35S/106, 22/3/1988, parag. 4.4.

596 Rapport du Groupe spécial, « *Etats-Unis –Restrictions à l'importation de thon en provenance des Communautés européennes* », rapport précit., non adopté, parag. 5.13.

597 PROST (M.), op. cit., p. 46.

598 DUPUY (P.M.), « *Où en est le droit international de l'environnement à la fin du siècle ?* », art. précit., p. 889.

599 Rapport de l'Organe d'appel « *Etats–Unis – Prohibition à l'importation de certaines crevettes et de certains produits à base de crevettes* », Rapport précit., p. 51 et 52.

la protection de l'environnement fonctionnent en concert[600]. Faisant du principe de l'effet utile le pivot de son raisonnement interprétatif, l'Organe d'appel a reproché au Groupe spécial d'avoir établi un critère dont l'effet est de rendre inutile la plupart des exceptions spécifiques prévues à l'article XX, d'une part et les objectifs de l'OMC, d'autre part[601]. En effet, sur la base d'une interprétation effective, il a fait du développement durable un principe interprétatif gouvernant la clarification des exceptions générales. Mieux encore, c'est à partir du développement durable que l'ORD a pu adopter une interprétation relativement large de la notion de ressources naturelles épuisables. Façonnée il y a plus de 50 ans, cette expression devrait être interprétée à la lumière des préoccupations actuelles de la communauté des nations en matière de protection et de conservation de l'environnement. Si l'article XX n'a pas été modifié pendant le Cycle d'Uruguay, il devrait, cependant, être appréhendé à la lumière du préambule de l'Accord sur l'OMC qui énonce le développement durable parmi les objectifs de l'OMC[602]. Le développement durable semble alors trouver sa place parmi les principes considérés comme étant pertinents dans l'interprétation du droit de l'OMC. L'Organe d'appel n'a-t-il pas souligné qu' « *il est trop tard à présent pour supposer que l'article XX g) du GATT de 1994 peut se limiter à la conservation des ressources naturelles minérales ou non vivantes et que les espèces vivantes, malgré leur caractère renouvelable, pouvaient se raréfier, s'épuiser ou disparaître, bien souvent à cause des activités humaines* »[603] ? Sur la base de ce constat, l'Organe d'appel a pu admettre qu'une mesure visée par l'article susvisé pourrait s'appliquer, non seulement aux tortures se trouvant dans les eaux des Etats Unis, mais aussi à celles qui vivaient au-delà de leurs frontières. Parce qu'elle prétend agir dans l'objectif de développement durable, l'OMC ne peut pas se limiter, dès lors, aux ressources susmentionnées. Cette position a été reproduite dans le rapport des Groupes spéciaux « ***Biotech*** »[604].

---

[600] « *Ouvrir la voie au développement durable : commerce et environnement* », OMC 20 ans, Genève, Publication de l'OMC.

[601] Rapport de l'Organe d'appel « *Etats–Unis – Prohibition à l'importation de certaines crevettes et de certains produits à base de crevettes* », Rapport précit., parag. 130.

[602] Ibid., p. 52.

[603] Ibid., p. 52.

[604] Dans leur rapport « *Biotech* », les Groupes *spéciaux ont reproduit la position de l'Organe d'appel dans le différend « Crevettes » en soulignant que « les conventions et déclarations internationales modernes [faisaient] souvent référence aux ressources naturelles comme étant à la fois des ressources biologiques et non*

En vue de consolider son raisonnement interprétatif, l'Organe d'appel s'est référé à l'avis consultatif de la CIJ rendu dans l'affaire de la « ***Namibie*** », selon lequel « *les notions consacrées par un traité sont par définition évolutives et que leur interprétation ne peut pas manquer de tenir compte de l'évolution que le droit a ultérieurement connu* »[605]. Ne pouvant fonctionner en isolement du droit international, l'Organe d'appel n'a pas hésité, en outre, à conforter son interprétation par des références à des conventions internationales en la matière[606]. Par souci de cohérence, il veille alors à ce qu'il ne soit pas dépassé par d'autres juridictions.

L'examen de la jurisprudence de l'ORD atteste que le choix interprétatif en matière des exceptions générales a de profondes implications sur la politique jurisprudentielle de l'OMC. D'abord, il s'agit d'un choix qui était à l'origine d'une interprétation qui tient compte de la nature de concept en évolution constante[607] comme celui de « *ressources naturelles épuisables*». Par l'adoption d'une interprétation évolutive, l'Organe d'appel fait preuve que son rôle ne se limite pas à la détermination mécanique de la signification des concepts. Au contraire, il essaye de forger une nouvelle orientation dans la jurisprudence de l'ORD à travers l'interprétation extensive et évolutive. Cette interprétation doit être saluée puisqu'elle évite de faire des Accords visés des instruments figés[608].

Ensuite, par ce choix interprétatif, l'Organe d'appel témoigne de la perméabilité du droit de l'OMC dans la mesure où les préoccupations environnementales font finalement leur chemin dans l'OMC. En effet, l'interprétation faite par l'Organe d'appel dans son rapport « ***Crevettes*** » traduit une volonté d'introduire le développement durable dans le droit de cette organisation. Si ce développement, tel qu'il a été inséré dans le préambule de l'Accord instituant l'OMC, ne constitue pas une règle

---

biologiques". Ainsi, à ce que nous croyons comprendre, l'Organe d'appel a fait appel à d'autres règles de droit international parce qu'il considérait qu'elles étaient éclairantes et l'aidaient à établir le sens et la portée de l'expression "ressources naturelles épuisables" ». Rapport du Groupe spécial, « *Communautés européennes – Mesures affectant l'approbation et la commercialisation des produits biotechnologiques* », rapport précit. parag. 7.94.

605 CANAL FORGUES (E.), FLORY (Th.), « *GATT / OMC. Recueil des contentieux du 1er janvier 1948 au 31 décembre 1999* », op. cit., note 109.

606 Rapport de l'Organe d'appel, « *Etats-Unis – Prohibition à l'importation de certaines crevettes et de certains produits à base de crevettes* », rapport précit., p. 52.

607 CANAL FORGUES (E.), RAMBAUD (P.), « *Droit international public* », op. cit., p. 41.

608 Ibid., p. 41.

obligatoire, il forme toutefois une source d'inspiration dans l'interprétation des exceptions générales. Mais, ce développement, érigé au rang d'un principe interprétatif pourrait – il concurrencer les principes fondamentaux de la libéralisation des échanges et se transformer en un véritable vecteur de promotion de la protection de l'environnement dans le droit d'une organisation à vocation économique ?

B) L'appréhension du développement durable sous l'angle de la libéralisation des échanges

Il est manifeste que l'ORD, dans le traitement des questions relatives aux valeurs non marchandes, ne peut pas ignorer la lame de fond que représente le développement durable dans le verdissement du droit de l'OMC[609]. Toutefois, dans l'examen des rapports conflictuels entre commerce international et protection de l'environnement, il demeure imprégné par la logique de la libéralisation des échanges. Parce qu'ils évitent que les principes fondamentaux du droit de l'OMC perdent leur pérennité, les Groupes spéciaux et l'Organe d'appel suivent ***dans l'application du principe interprétatif du développement durable une logique de conciliation (1)***. Si l'introduction d'un tel développement dans le droit de l'OMC pose certains jalons dans le « *verdissement de cette organisation*»[610], elle ne peut être conçue qu'un simple emprunt au droit international de l'environnement sans ouverture véritable[611]. ***L'adoption d'une logique d'intégration ne serait-elle pas la solution pour faire triompher les valeurs non marchandes (2)*** ?

1) L'adoption d'une logique de conciliation

Considérée comme étant modeste, l'introduction du développement durable dans le droit de l'OMC ne répond pas aux souhaits des Membres de cette organisation. Un tel développement n'a touché, pour l'instant, que la surface du Système commercial multilatéral. Si les Groupes spéciaux et l'Organe d'appel font de l'objectif énoncé dans le préambule de l'Accord instituant l'OMC un principe interprétatif du droit de cette organisation, ils ne lui confèrent pas, toutefois, la valeur juridique qui pourrait lui permettre de constituer une véritable avancée pour la

---

609 PROST (M.), op.cit., p. 157.
610 Ibid., p. 62.
611 BALMOND (L.), art précit., p. 25

protection de l'environnement. Le développement durable, tel qu'utilisé dans la jurisprudence de l'ORD semble répondre à une logique plutôt de conciliation que d'intégration. Il s'agit d'une logique qui ne peut pas être sans incidence sur la hiérarchisation des valeurs non marchandes par rapport aux principes dits « *fondamentaux du droit de l'OMC* »[612]. À ce titre, il convient de rappeler que concilier consiste à « *rapprocher des choses opposées, contraires, pour les faire coexister harmonieusement, les rendre compatible* »[613]. Contrairement à la logique d'intégration qui suppose l'introduction d'un élément dans un ensemble afin de former un tout cohérent, la conciliation implique d'introduire certaines règles peu nombreuses, empruntées à un système extérieur, dans un système particulier[614]. Si la conciliation permet de faire coexister des règles extérieures avec celles du système réceptif, elle conduit, toutefois, à subordonner les premières aux secondes[615]. La préférence pour la logique de la conciliation dans la détermination de l'articulation commerce international/ valeurs non marchandes se vérifie au niveau de la manière dont le développement durable est introduit dans le droit de l'OMC. Réduit à un simple objectif du droit de l'OMC, un tel développement, même lorsqu'il est utilisé comme un principe interprétatif des exceptions générales, est loin de pouvoir heurter le libre échange en tant que « *dogme absolu* » du droit de l'OMC[616]. Lorsqu'il s'agit de déterminer l'articulation entre des intérêts commerciaux et non commerciaux, on constate encore de nombreux éléments de hiérarchisation. Le raisonnement de l'ORD est encore fortement imprégné par l'approche de la libéralisation des échanges qui n'admet l'ouverture sur le droit international de l'environnement qu'à partir de l'angle du *« sacro sain de la libre circulation* »[617]. Bien plus, le libre–échange doit l'emporter sur les valeurs non marchandes. En effet, les Groupes spéciaux et l'Organe d'appel, malgré l'introduction du développement durable au droit de

---

612 Rapport de l'Organe d'appel, « *Prohibition à l'importation de certaines crevettes et de certains produits à base de crevettes* », rapport précit., parag. 156.

613 Trésor de la langue française – Dictionnaire de la langue du 19 et 20ème siècle, Institut national de la langue française, Gallimard, 1990.

614 Ibid.

615 JOURDAIN FORTIER (C.), « *Le règlement des différends de l'OMC et la protection des valeurs non marchandes* », in BLIN (O.), (Dir.), « *Regards croisés sur le règlement des différends de l'Organisation mondiale du commerce* », Bruxelles, Bruylant, 2009, p. 87.

616 KOHEN (M.G.), « *Internationalisme et mondialisation* », in MORAND (Ch.A.), (Dir.), « *Le droit saisi par la mondialisation* », Bruxelles, Bruylant, 2001, p. 125.

617 PROST (M.), op. cit., p. 153.

l'OMC, continuent à juger si les restrictions commerciales notifiées par les Etats sont conformes ou non aux principes fondamentaux de cette organisation. La pratique des Groupes spéciaux et de l'Organe d'appel illustre à merveille le dessin d'une politique jurisprudentielle constante en la matière. Dans le différend « ***Crevettes*** », le Groupe spécial, pourtant, il a tenu compte du développement durable dans la clarification de l'article XX du GATT de 1994, a interprété le préambule de l'Accord sur l'OMC comme confirmant « *que les considérations environnementales sont importantes pour l'interprétation dudit accord, mais l'idée qui sous-tend celui-ci reste la promotion économique par le biais du commerce; et les dispositions du GATT sont essentiellement axées sur la libéralisation de l'accès au marché sur une base non discriminatoire* ». Ainsi appréhendé, le développement durable ne reçoit-il pas une introduction timorée dans le droit de l'OMC ?

De même, dans le différend « ***Essence*** », après avoir reconnu que l'adoption de mesures environnementales relève d'un véritable « *droit légal* », l'Organe d'appel a ajouté, néanmoins, que « *le détenteur du droit ne doit pas les appliquer de façon à aller à l'encontre ou faire fi des obligations légales résultant pour lui des règles de fond de l'Accord général* »[618]. La logique de l'introduction du développement durable dans le droit de l'OMC semble alors constituer une évolution frustrée vers un véritable « *droit légal* » à la protection de l'environnement[619]. En effet, d'une façon plus surprenante, l'Organe d'appel, dans le différend des « ***Crevettes*** », après avoir rappelé que l'article XX précité instaure un véritable « *droit* » d'adopter des mesures environnementales, n'a pas, toutefois, hésité à souligner que « *l'histoire de la négociation de l'article XX confirme que les paragraphes de cet article énoncent des exceptions limitées conditionnelles aux obligations contenues dans les dispositions de fond du GATT* » [620]. C'est en ce sens que les principes de la libéralisation des échanges continuent à primer. D'ailleurs, si l'ORD sollicite les droits qui découlent de l'article XX, il préfère, néanmoins, parler de droits fondamentaux qui découlent des principes de la libéralisation des échanges[621]. Cette lecture anachronique de l'article XX, qui cantonne les valeurs non marchandes dans un régime d'« *exception* »,

---

618 Rapport de l'Organe d'appel, « *Etats Unis Normes concernant l'essence nouvelle et ancienne formules* », rapport précit., § 24.

619 PROST (M.), op. cit., p. 154.

620 Rapport de l'Organe d'appel, « *Prohibition à l'importation de certaines crevettes et de certains produits à base de crevettes* », rapport précit., parag. 157.

621 Ibid., parag. 15

est à l'origine de l'établissement d'une hiérarchie entre les objectifs défendus par l'OMC : la libre circulation d'une part et les valeurs susvisées d'autre part. Une telle hiérarchie s'affirme entre d'une part les sources susceptibles de conférer aux Membres de l'OMC des droits et des obligations, à savoir les Accords visés, et d'autre part, les autres sources dont la principale fonction est de servir comme une règle interprétative permettant de cerner et de définir ces droits et obligations[622]. À la lumière de la jurisprudence de l'ORD en la matière, il serait naïf de considérer le développement durable, réduit à un simple principe interprétatif du droit de l'OMC, comme constituant une raison légitime justificative d'une entrave à la libéralisation des échanges. Parce que les valeurs marchandes continuent à primer sur toute considération sociale ou environnementale, le développement durable est encore incapable de constituer un véritable vecteur du verdissement du droit de l'OMC et un régulateur d'une mondialisation incontrôlée. La méthode opérée par les Groupes spéciaux et l'Organe d'appel en la matière devrait-elle alors changer pour que ce développement puisse s'imposer comme un véritable stabilisateur du Système commercial multilatéral ?

2) Le défi de l'intégration du développement durable

Si l'OMC est associée à la mondialisation, elle est, toutefois, confrontée à des défis impliqués par un monde marqué par le phénomène d'interdépendance des intérêts. En effet, le droit de l'OMC devrait s'adapter à un univers au sein duquel se côtoient des modes de pensées et des valeurs hétérogènes qui appellent des réponses multidisciplinaires. Pour pouvoir assurer la continuité et la pérennité du Système commercial multilatéral, cette organisation devrait répondre à des problèmes de nature multidimensionnelle[623]. Certes, cette organisation dessine une étape cruciale dans l'histoire du commerce multilatéral. Cependant, pour que son droit puisse s'imposer comme un pilier de l'ordre juridique mondial ou encore comme le défenseur et le promoteur d'un monde pluriel et diversifié, il devrait témoigner d'une véritable ouverture sur ce qui se situe

---

[622] Rapport de l'Organe d'appel, « *Communautés européennes-Subventions à l'exportation de sucre* », WT/DS265/AB/R, WT/DS266/AB/R, WT/DS283/AB/R, 28/4/2005, parag.199.

[623] JOURDAIN FORTIER(C.), « *Le règlement des différends de l'OMC et la protection des valeurs non marchandes* », art. précit, p. 85.

à la périphérie du Système commercial multilatéral[624]. L'OMC devrait dès lors offrir, à travers son droit et son appareil judiciaire, en particulier, de véritables possibilités de dialogue sur les interactions entre le commerce et l'environnement et sur les moyens de faire en sorte que les politiques commerciales et environnementales fonctionnent de concert[625]. Alors que des appels internationaux se lancent pour assurer une meilleure juridicisation du développement durable dans le droit de l'OMC[626], les Groupes spéciaux et l'Organe d'appel continuent à considérer un tel développement comme un simple objectif de ce droit servant dans l'interprétation des exceptions générales, sans avoir une force obligatoire. Considérée comme étant mesurée, l'introduction du développement durable dans le droit de l'OMC n'a pas pu ni concurrencer ni perturber les principes de la libéralisation des échanges, tels que promus par l'OMC.

Pour que cette introduction puisse constituer un véritable vecteur du « *verdissement de l'OMC* » [627] et un stabilisateur du Système commercial multilatéral, il faut que l'ORD s'affranchisse des préoccupations devenues désuètes aujourd'hui. Cet organe devrait se donner un rôle plus important dans la réduction de la rupture entre les valeurs marchandes et les valeurs non marchandes. Ce rôle suppose que les Groupes spéciaux et l'Organe d'appel changent leur méthode d'appréhension des rapports entre développement économique et protection de l'environnement. En raison de leur caractère interdépendant[628], ces rapports devraient répondre

---

624 Description de l'ouvrage, GUEVREMONT (V.), « *Valeurs non marchandes et droit de l'OMC : Mondialisation et droit international* », Bruxelles, Bruylant, 2013, http://fr.bruylant.larciergroup.com/titres/130133_2/valeurs-non-marchandes-et-droit-de-l-omc.html.

625 OMC, « *Ouvrir la voie au développement durable : commerce et environnement* », OMC, 20 ans.

626 Il a été précisé que les fondateurs de l'OMC réaffirment « *que le commerce international est un moteur du développement et d'une croissance économique soutenue, et que l'existence d'un Système commercial multilatéral universel, réglementé, ouvert, non discriminatoire et équitable, assortie d'une véritable libéralisation des échanges, peut stimuler de façon déterminante la croissance économique et le développement dans le monde entier, au profit de tous les pays, quelque soit leur stade de développement, alors qu'ils progressent vers le développement durable* ». « *L'avenir que nous voulons* », Document final de la Conférence de Rio+20 Conférence des Nations Unies sur le développement durable, 2012.

627 PROST (M.), op. cit., p. 62.

628 Le Comité du Commerce et de l'Environnement a appelé les négociateurs au sein de l'OMC d'inclure l'environnement pour répondre à la forte demande des consommateurs. Il considère que la mise en œuvre réelle du développement durable serait logique. En fait, « *les normes environnementales ont des impacts commerciaux*

à une logique d'intégration. Cette dernière s'impose d'emblée puisque la logique de la conciliation suivie par l'ORD dans l'interprétation des exceptions générales n'a pas abouti au triomphe des valeurs non marchandes[629]. Il convient de rappeler, à ce titre, que la méthode d'intégration diffère radicalement de celle de la conciliation de la sorte qu'on ne distingue plus les règles selon leur origine. Les règles nouvelles, une fois intégrées, appartiennent au système qui les accueille en recevant la même force et la même portée que les autres règles du système réceptif[630]. Au lieu de classifier la protection de l'environnement par rapport aux valeurs marchandes, on devrait incorporer les deux facettes au sein d'un même processus[631]. L'introduction du développement durable dans le droit de l'OMC devrait dépasser le stade de la rhétorique et l'emphase et s'imposer en tant que principe au même titre que les principes de la libéralisation des échanges. L'évolution vers une véritable intégration du développement durable ne serait effective que si les Groupes spéciaux et l'Organe d'appel opèrent un juste équilibre entre le droit des Etats en vertu de l'article XX et ceux qui découlent des dispositions générales du GATT[632].

Mieux encore, lesdits organes, auraient pu témoigner de plus d'audace, à l'instar de la CPA[633], dans le traitement de la question du développement durable qui constitue un principe émergent du droit international. Ils auraient pu saisir l'occasion du différend « ***Crevettes*** » pour faire élever l'objectif énoncé au préambule de l'Accord de l'OMC

---

de plus en plus importants, donc des interférences croissantes avec l'OMC ». MARRE (B.), « *De la mondialisation subie au développement contrôlé : Les enjeux de la Conférence de Seattle 30/11- 3/12/1999* », art. précit., p. 351.

629 PROST (M.) op. cit., p. 156, note 523.

630 JOURDAIN FORTIER (C.), « *Le règlement des différends de l'OMC et la protection des valeurs non marchandes* », art. précit., p. 88.

631 ROBERT (E.), « *L'articulation de l'environnement et du développement - la résolution de l'Institut de Droit International sur l'environnement* », RBDI, 1997, p. 527.

632 Rapport du Groupe spécial, « *Prohibition à l'importation de certaines crevettes et de certains produits à base de crevettes* », rapport précit., parag. 7.42.

633 Permanent Court of Arbitration : In Arbitration Regarding the Iron Rhine (Ijzeren Rijn) Railway, Between the Kingdom of Belgium and the Kingdom of the Netherlands (24 May 2005) at 59, 114, Away of the Arbitral Tribunal, on line : Permanent Court Of Arbitration; in QUOC DINH (N.), DAILLIER (P.), FORTEAU (M.), PELLET (A.), « *Droit international public* », op. cit., 8ème éd., p. 1451; BARRAL (V.), « *La sentence du Rhin de fer, une nouvelle étape dans la prise en compte du droit de l'environnement par la jurisprudence internationale* », art. précit., p. 656.

au rang d'un principe général du droit international général. De plus, l'ORD, dans le différend « ***Amiantes*** » aurait pu revenir sur cette question lorsqu'il a considéré que la protection de la santé ne relève pas uniquement de la règle d'exception de l'article XX du GATT de 1994, mais fait partie intégrante des règles du libre–échange[634]. Si l'on désire un développement durable réellement opérationnel, il convient de l'ériger au rang d'un véritable principe doté de la force obligatoire et dont la violation devrait être assortie de sanction. Ainsi, faire du principe général du développement durable un fondement incontournable dans l'application de l'article XX ne pourrait que faire triompher les valeurs non marchandes. C'est en ce sens qu'on pourrait refaçonner la globalisation dans un sens plus juste et plus respectueux de l'environnement en tenant compte du mouvement global de standardisation durable. Il s'agit d'un choix qui semble être le plus adéquat pour permettre à l'OMC de s'émanciper de son rôle strict de « *garant du développement du commerce mondial* »[635]. C'est quasiment un défi celui de montrer la capacité de prendre en considération la nouvelle orientation des organisations internationales en matière de développement durable. L'ONU n'appelle-t-elle pas de mener, d'un même front, le maintien de la paix et le développement durable en raison de l'interdépendance entre eux ? L'OMC, qui s'affirme mondiale et tend à l'universalité, ne devrait pas être à l'écart des préoccupations de la Communauté internationale. C'est d'autant plus qu'il a été souligné dans la Déclaration de Doha de 2001 que les Membres sont « *convaincus que les objectifs consistant à maintenir et à préserver un système commercial multilatéral ouvert et non discriminatoire, et à œuvrer en faveur de la protection de l'environnement et de la promotion du développement durable* » [636]. Cette vision est réaffirmée par la Déclaration tenue à la Conférence de Rio + 20 à l'occasion du Sommet des Nations Unies sur le développement[637]. De son côté, le Comité du

---

634 JOURDAIN FORTIER (C.), « *Le règlement des différends de l'OMC et la protection des valeurs non marchandes* », art. précit., p. 109.

635 CANAL FORGUES (E.), FLORY (Th.), « *GATT / OMC. Recueil des contentieux du 1er janvier 1948 au 31 décembre 1999* », op. cit., p. 987.

636 OMC, « *Mettre le commerce au service du développement durable et de l'économie verte* », Genève, Publications de l'OMC, 2011, p. 7.

637 Dans cette déclaration, il est souligné que les Membres réaffirment leur volonté de « *promouvoir un système commercial multilatéral ouvert, équitable et fondé sur des règles, qui soit non discriminatoire et prévisible et qui profite à tous les pays dans la poursuite du développement durable* ». « *L'avenir que nous voulons 2012* », Document final de la Conférence de Rio + 20, Conférence des Nations Unies sur le développement durable.

Commerce et de l'Environnement a appelé les Négociateurs au sein de l'OMC d'inclure l'environnement pour répondre à la forte demande des consommateurs. Il considère que la mise en œuvre réelle du développement durable devrait s'imposer étant donné que « *les normes environnementales ont des impacts commerciaux de plus en plus importants, donc des interférences croissantes avec l'OMC* »[638]. Dans l'attente d'une véritable juridicisation du développement durable dans le droit de l'OMC, l'ORD devrait-il se donner un rôle plus important et plus sérieux en la matière ?

[638] MARRE (B.), « *De la mondialisation subie au développement contrôlé : Les enjeux de la Conférence de Seattle 30/11- 3/12/1999* », art. précit., p. 351.

CHAPITRE II : LA CONTRIBUTION DES PRINCIPES GÉNÉRAUX AU RENFORCEMENT DE LA JURIDICTIONNALISATION DU SYSTÈME DE REGLEMENT DES DIFFERENDS

Si l'ORD ne forme pas une véritable juridiction internationale[639] au sens formel[640] et matériel[641], il a pu, toutefois, projeter sur le SRD une « *lumière judiciaire* »[642]. En effet, une « jurisprudence » dynamique inhérente au rôle du juge est développée par cet organe. En raison de sa haute qualité, elle constitue l'une des sources les plus riches qui peut inspirer les juridictions internationales[643]. D'ailleurs, la doctrine n'hésite pas à voir dans l'ORD un « *organe quasi juridictionnel* »[644], voire un « *juge* »[645]. Pour *sui generis*[646] qu'il soit, cet organe est en train de devenir « *la juridiction mondiale des échanges* »[647]. Bien plus, il est assimilé à « *une juridiction sophistiquée* »[648] puisqu'il ne cesse de faire la preuve d'une certaine qualité susceptible de faire promouvoir la justice internationale dans le Système commercial multilatéral.

Le degré de développement que le SRD a pu réaliser dernièrement est le fruit d'un effort continuel marqué par le renforcement de la part du droit dans ce mode de règlement des différends. Ce renforcement a été

---

[639] KIEFFER (B.), op. cit., p. 294

[640] Il s'agit d'examiner la composition de l'organe appelé à régler les différends. Cet organe doit apparaître comme un tiers impartial, BLOCTEUR (M.), Thèse précit., p. 7.

[641] La juridiction dans un sens matériel est décrite comme l'organe chargé de régler les différends par l'édiction d'une décision obligatoire rendue en application de la règle de droit. Ibid., p. 7.

[642] RUIZ FABRI (H.), « *Le juge de l'OMC : ombres et lumières d'une figure judiciaire singulière* », art. précit., p. 42.

[643] Rapport du Groupe spécial, « *Etats-Unis – Article 301 de la loi de 1974 sur le commerce extérieur* », rapport précit., parag. 7.21.

[644] GOUTAL (J.L.), « *Le rôle normatif de l'Organisation Mondiale du Commerce* », art. précit., p. 25.

[645] RUIZ FABRI (H.), « *Le juge de l'OMC : ombres et lumières d'une figure judiciaire singulière* », art. précit., p. 40 .

[646] LORENZO (L.), Thèse précit., p.17; ANDRIANARIVONY (M.J.), « *Un panel institué dans le cadre de l'Organisation Mondiale du Commerce n'est-il pas une juridiction* ? », art. précit., p.1197.

[647] MESSERLIN (P.), « *La naissance discrète d'une juridiction mondiale des échanges* », le Monde, 25/3/1997.

[648] RUIZ FABRI (H.), « *Le juge de l'OMC : ombres et lumières d'une figure judiciaire singulière* », art. précit., p. 49.

accompagné d'un changement progressif d'un mode, à l'origine diplomatique de règlement des différends, à un mode qui se juridictionnalise véritablement. Considérée comme un remède aux maux du droit de l'OMC[649], cette juridictionnalisation prend la forme d'un « *cheminement sur les traces de la juridiction* »[650]. À l'instar du juge, l'ORD, en disant le droit, n'hésite pas à recourir aux principes généraux qui constituent une zone qui échappe au déclin du droit[651]. Louable, ***le recours à ces principes tend à assurer une méthode structurée d'interprétation***, d'une part (***Section I***) et à ***renforcer le degré de normativité du droit de l'OMC***, d'autre part (***Section II***).

SECTION I: L'INSTAURATION D'UNE MÉTHODE STRUCTURÉE D'INTERPRÉTATION

Comparé à une juridiction internationale, l'ORD a pour fonction d'appliquer le droit de l'OMC en conciliant les contradictions qu'il peut contenir. Cette application suppose l'interprétation de ce droit[652]. Confiée à la sensibilité et à la sagesse des Groupes spéciaux et de l'Organe d'appel[653], cette interprétation n'a pas pour effet de « *légiférer* »[654]. Elle « *a pour but de comprendre la règle de droit, d'en préciser le sens et d'en déterminer la portée*»[655], tout en assurant la sécurité et la prévisibilité des

---

649 VIRALLY (M.), « *Sur la prétendue "primitivité " du droit international* », in VIRALLY (M.), « *Le droit international en devenir : essais écrits au fil des ans* », Paris, PUF, 1ère éd. 1990, p. 91.

650 RUIZ FABRI (H.), « *La juridictionnalisation du règlement des litiges économiques entre Etats* », art. précit., p. 920.

651 RIVERO (J.), « *Le juge administratif français : un juge qui gouverne ?* », art. précit., p. 24.

652 DE VISSCHER (Ch.), « *Problèmes d'interprétation judiciaire en droit international public* », op. cit., p. 27.

653 CONFORTI (B.), « *L'unité et la fragmentation du droit international : "Glissez mortels, n'appuyer pas !"* », art. précit., p. 18.

654 L'Organe d'appel, dans le différend « *Importation de chemises* » a eu l'occasion de préciser qu' « *étant donné le but explicite du règlement des différends qui transparaît dans tout le Mémorandum d'accord, nous ne considérons pas que l'article 3.2 du Mémorandum d'accord est censé encourager ni les Groupes spéciaux ni l'Organe d'appel à "légiférer" en clarifiant les dispositions existantes de l'Accord sur l'OMC hors du contexte du règlement d'un différend particulier* ». Rapport de l'Organe d'appel, « *Etats-Unis - Mesures affectant les importations de chemises, chemisiers et blouses de laine, de tissus en provenance d'Inde* », WT/DS33/AB/R, WT/DS33/AB/R/CORR.1, 25/4/1997, p. 22.

655 YASSEEN (M.K.), art. précit., p. 9.

Accords visés[656]. Si l'interprétation du droit de l'OMC n'a pas pour effet d'accroître ou de diminuer les droits et les obligations des Membres[657], elle ne peut, néanmoins, transformer l'ORD en amiable compositeur[658]. La complexité et la technicité des concepts contenus dans ces accords imposent une méthode d'interprétation qui devrait assurer l'intelligibilité et la cohérence du droit de l'OMC. Mis aux défis de la l'homogénéité d'interprétation[659], l'Organe d'appel devrait prendre au sérieux le rôle d'unification du droit de l'OMC[660] que lui implique le Mémorandum d'accord. Une telle unification déborde la simple systématisation des solutions analogues ; elle suppose une méthode structurée d'interprétation qui se trouve dans l'unité et la prévisibilité des règles d'interprétation[661]. Ayant adoptés le portrait du parfait interprète, les Groupes spéciaux et l'Organe d'appel devraient, dès lors, ***appliquer les principes généraux d'interprétation*** qui se recommandent « *à raison de leur convenance* »[662] (***Paragraphe 1***) et ***répudier les attentes légitimes*** (***Paragraphe 2***).

Paragraphe1: La systématisation du recours aux principes généraux d'interprétation

Parvenir à un sens unique et relativement durable dans l'interprétation d'un droit interdisciplinaire[663] comme celui de l'OMC, n'est pas aisé.

---

656 Rapport du Groupe spécial, « *Communautés européennes – classification douanière des morceaux de poulet désossés et congelés* », WT/DS269/R, WT/DS286/R, 30/5/2005, parag. 13, p. 332.

657 Article 19. 3 du Mémorandum d'accord.

658 RUIZ FABRI (H.), « *Le règlement des différends au sein de l'OMC : naissance d'une juridiction, consolidation d'un droit* », art. précit., p. 318.

659 RUIZ FABRI (H.), « *Le juge de l'OMC : ombres et lumières d'une figure judiciaire singulière* », art. précit., p. 63.

660 Le Groupe spécial « *Acier inoxydable* » a eu l'occasion de préciser que « *la nécessité d'assurer la sécurité et la prévisibilité du système commercial multilatéral implique la constance de la jurisprudence de l'OMC.... en particulier les décisions de l'Organe d'appel relatives à des questions de droit et aux interprétations du droit concernant les Accords visés* ». Rapport du Groupe spécial, « *États-Unis – Mesures antidumping finales visant l'acier inoxydable en provenance du Mexique* », rapport précit., parag. 7.21.

661 CANAL FORGUES (E.), THILLIER (A.), « *Le règlement des différends à l'OMC* », op. cit., 2003, p. 95.

662 EHRLICH (L.), « *L'interprétation des traités* », RCADI, vol. 24, 1928, p. 75.

663 CAZALA (J.), « *L'OMC à la carte ? Les aménagements conventionnels aux obligations des Membres permis par le droit conventionnel de L'Organisation Mondiale du Commerce* », art. précit., p. 47.

L'ORD, tenu de faire respecter l'objectif d'assurer la sécurité juridique[664], devrait œuvrer en faveur de l'homogénéité d'interprétation du droit de cette organisation. Cependant, le problème est moins celui d'objectifs que de moyens[665]. Les Groupes spéciaux et l'Organe d'appel devraient agir d'après des règles universellement admises permettant de rationaliser, légitimer et rendre crédible une interprétation unifiée faisant autorité[666]. Il s'agit des règles élémentaires d'interprétation qui font l'essence même du principe de bonne foi. Considéré comme étant la base même de toute interprétation[667], ce principe ne peut pas être ignoré dans l'interprétation du droit de l'OMC.

Le règlement du GATT de 1947 était silencieux sur l'opération d'interprétation et les règles qui s'y rapportent. Même après l'apparition des *panels* qui se sont progressivement modelés après le modèle *ad-hoc* d'arbitrage, aucune méthodologie spécifique d'interprétation n'a émergé[668]. Le raisonnement interprétatif était gouverné par l'intention initiale des Parties Contractantes consistant à faire prévaloir la libre circulation à tout prix.

En revanche, sous l'égide du règlement des différends de l'OMC, on a pu constater une juridicisation de l'opération d'interprétation. Un « *cadrage précis* »[669] de cette opération a eu lieu favorisant la systématisation du recours aux principes généraux en la matière. Ainsi, pour mesurer l'importance de cette opération confiée aux Groupes spéciaux et à l'Organe d'appel, il est nécessaire de rappeler la disposition qui la régit. L'article 3.2 du Mémorandum d'accord dispose que les Groupes spéciaux et l'Organe d'appel ont pour rôle de « *clarifier les dispositions existantes conformément aux règles coutumières d'interprétation du droit international public* ». De telles règles

---

664 Rapport de l'Organe d'appel, « *Chine – Mesures affectant les droits de commercialisation et les services de distribution pour certaines publications et certains produits de divertissement audiovisuels* », rapport précit, p. 189, parag. 397.

665 RUIZ FABRI (H.), « *Le juge de l'OMC : ombres et lumières d'une figure judiciaire singulière* », art. précit., p-p. 73-74.

666 RUIZ FABRI (H.), « *Le règlement des différends au sein de l'OMC : naissance d'une juridiction, consolidation d'un droit* », art. précit., p. 329.

667 EHRLICH (L.), « *L'interprétation des traités* », art. précit., p. 80.

668 CANAL FORGUES (E.), FLORY (Th.), « *GATT / OMC. Recueil des contentieux du 1er janvier 1948 au 31 décembre 1999* », op. cit., p-p. 484-492.

669 RUIZ FABRI (H.), « *L'appel dans le règlement des différends de l'OMC : trois ans après quinze rapports plus tard* », art. précit., p. 77.

constituent des principes généraux dont la plupart sont codifiés par la CV sur le droit des traités de 1969[670].

Il n'est pas hasardeux que l'ORD se réfère, pour interpréter le droit de l'OMC, aux dispositions de cette convention dont l'apport est considérable dans la stabilisation du droit des traités et l'harmonisation des règles d'interprétation[671]. Parce qu'elle évite des interprétations qui pourraient avoir des solutions contradictoires et concurrentes[672], la CV constitue un « *texte qui fait autorité* » dans l'interprétation du droit de l'OMC[673]. Les Groupes spéciaux et l'Organe d'appel devraient, dès lors, établir, dans l'interprétation des Accords visés, « *l'intention commune des parties* »[674]. Etant « *le but principal de l'interprétation* »[675], cette intention doit être recherchée dans le texte du traité dans sa globalité[676]. Les Groupes spéciaux et l'Organe d'appel doivent suivre, dès lors, une méthode ordonnée et enchaînée d'interprétation qui a le mérite de favoriser l'unité d'interprétation du droit de l'OMC. Marquée par une certaine « *progression* »[677], cette méthode respecte, dans l'ordre,

---

[670] KOHEN (M.G.), « *La codification du droit des traités : quelques éléments pour un bilan global* », art. précit., p. 578.

[671] DUPUY (P.M.), « *La Convention de Vienne sur le droit des traités à l'épreuve de la pratique : quel bilan trente ans après son entrée en vigueur* », art. précit., p. 413.

[672] Rapport de l'Organe d'appel, « *Etats–Unis – Maintien en existence et en application de la méthode de réduction à zéro* », rapport précit., parag. 273.

[673] Rapport de l'Organe d'appel, « *Etats-Unis - normes concernant l'essence nouvelle et ancienne formules* », rapport précit., p. 18 ; Rapport du Groupe spécial, « *Argentine - Mesures visant l'exportation de peaux de bovins et l'importation de cuirs finis* », WT/DS155/R, 19/12/2000, parag. 10.2.

[674] Rapport de l'Organe d'appel, « *Communautés européennes – Classement tarifaires de certains matériels informatiques* », rapport précit., parag. 93.

[675] Ibid., parag.109 ; Rapport de l'Organe d'appel, « *Communautés européennes – Classification douanière des Morceaux de poulet désossés et congelés* », rapport précit., parag. 265.

[676] L'Organe d'appel a eu l'occasion de préciser que « *celui qui interprète un traité doit commencer par fixer son attention sur le texte de la disposition particulière à interpréter. C'est dans les termes qui constituent cette disposition, lus dans leur contexte, que l'objet et le but des États parties au traité doivent d'abord être cherché. Lorsque le sens imparti par le texte lui-même est ambigu et n'est pas concluant, ou lorsque l'on veut avoir la confirmation que l'interprétation du texte lui-même est correcte, il peut être utile de faire appel à l'objet et au but du traité dans son ensemble* », Rapport de l'Organe d'appel, « *Etats–Unis –Prohibition à l'importation de certaines crevettes et de certains produits à base de crevettes* », rapport précit., p. 45.

[677] Rapport de l'Organe d'appel, « *Etats–Unis – Maintien en existence et en application de la méthode de réduction à zéro* », rapport précit., parag. 268.

l'examen du sens ordinaire des termes **(*A*)**, ***le contexte*** **(*B*)**, ***les moyens complémentaires d'interprétation*** **(*C*)** et le cas échéant une analyse faite à la lumière de ***l'objet et du but du traité*** **(*D*)**.

A) La détermination du sens ordinaire

Reflétant l'expression de la volonté des parties, les termes du texte à interpréter « *constituent le fondement du processus interprétatif* »[678]. Dans ce cadre, l'Organe d'appel a eu l'occasion de préciser que « *l'interprète du traité lit et interprète les mots qui ont été effectivement utilisés dans l'accord à l'examen et non les mots qui auraient dû être utilisés à son avis* »[679]. Faut-il rappeler que l'ORD doit se donner, dans l'interprétation des Accords visés, les méthodes nécessaires pour parvenir à une interprétation harmonieuse et exempte de toute subjectivité. De telles méthodes sont recherchées dans les règles générales d'interprétation énoncées dans la CV. En effet, l'ORD n'hésite pas à souligner, au fil de ses rapports, que l'interprétation doit être entreprise conformément à l'article 31 de ladite convention[680] qui constitue « *une règle fondamentale de l'interprétation des traités* »[681]. Aux termes de cet article, le « *traité doit être interprété de bonne foi suivant le sens ordinaire à attribuer, dans leur contexte et à la lumière de l'objet et du but du traité…* ».

Avant toute tentative d'analyse du sens ordinaire, il est indispensable de déterminer la manière et l'objectif de l'utilisation de la règle fondamentale d'interprétation.

Parce qu'elle répond au souci de sécurité juridique, la règle d'interprétation codifiée par l'article précité constitue une matrice du

---

[678] Rapport de l'Organe d'appel « *Japon - taxes sur les boissons alcooliques* », rapport précit., p. 14 ; Rapport du Groupe spécial, « *Etats-Unis – Article 301 de la loi de 1974 sur le commerce extérieur* », rapport précit., parag. 7.22.

[679] Rapport de l'Organe d'appel, « *Communautés européennes - Mesures communautaires concernant les viandes et les produits carnés (Hormones)* », rapport précit., parag. 181.

[680] Rapport de l'Organe d'appel, « *Chine – Mesures affectant les droits de commercialisation et les services de distribution pour certaines publications et certains produits de divertissement audiovisuels* », rapport précit., parag. 388, p. 187.

[681] Rapport du Groupe spécial « *Japon - taxes sur les boissons alcooliques* », rapport précit., p. 11.

raisonnement des Groupes spéciaux et de l'Organe d'appel[682]. D'ailleurs l'article 31 susvisé a été réitéré dès les premiers rapports de ces organes et continue d'irriguer leur raisonnement dans l'interprétation du droit de l'OMC.

L'Organe d'appel dresse, à l'occasion d'affaires de même type, « *le portrait du parfait interprète* »[683] en prenant partie sur l'opportunité de développer des recommandations homogènes et une jurisprudence cohérente[684]. Il n'hésite pas, dès lors, à reproduire la règle fondamentale d'interprétation à laquelle il n'entend pas déroger et ce, pour amener les Groupes spéciaux à en faire de même. C'est ainsi que la fonction de l'ORD, confortée par des principes « *universellement admis* »[685] en matière d'interprétation, semble ne pas se limiter à dissiper d'éventuelles obscurités du droit de l'OMC, mais aussi à procurer une interprétation unifiée.

Aussi faut-il remarquer que les Groupes spéciaux et l'Organe d'appel, tout en restant fidèles à cette règle fondamentale d'interprétation, respectent un ordre d'étapes dont chacune doit être épuisée avant de passer aux prochaines. En effet, il y a une certaine progression dans l'ordre établi en appliquant la règle générale d'interprétation et ce, afin de déterminer le sens convenu d'une disposition. Un tel sens doit cadrer harmonieusement avec les termes, le contexte ainsi que l'objet et le but du traité[686]. Réitérée à plusieurs reprises[687], cette progression favorise une

---

682 RUIZ FABRI (H.), « *Le règlement des différends au sein de l'Organisation Mondiale du Commerce : naissance d'une juridiction, consolidation d'un droit* », art. précit., p. 329.

683 RUIZ FABRI (H.), « *L'appel dans le règlement des différends de l'Organisation Mondiale du Commerce : trois ans après quinze rapports plus tard* », art. précit., p. 77.

684 GOUTAL (J.L.), « *Le rôle normatif de l'Organisation Mondiale du Commerce* », art. précit., p. 27.

685 RUIZ FABRI (H.), « *Le règlement des différends au sein de l'Organisation Mondiale du Commerce : naissance d'une juridiction, consolidation d'un droit* », art. précit., p. 329.

686 Rapport de l'Organe d'appel, « *Etats–Unis – Maintien en existence et en application de la méthode de réduction à zéro* », rapport précit., p. 125, parag. 268.

687 Rapport de l'Organe d'appel, « *Etats-Unis - normes concernant l'essence nouvelle et ancienne formules* », p. 18 ; Rapport de l'Organe d'appel, « *Japon - taxes sur les boissons alcooliques* », rapport précit., p-p. 11-13 ; Rapport de l'Organe d'appel, « *Inde – protection conférée par un brevet pour les produits pharmaceutiques et produits chimiques pour l'agriculture* », rapport précit., parag. 45-46 ; Rapport de l'Organe d'appel, « *Argentine - Mesures affectant les importations de chaussures,*

analyse interprétative correcte[688] permettant de rationaliser autant que possible la fonction de clarification du droit de l'OMC[689].

Toutefois, il faut souligner que cet ordre d'étapes, exigé par un souci de pédagogie, ne peut, en aucun cas, se réduire à une opération mécanique. D'ailleurs, l'Organe d'appel a eu l'occasion de souligner que l'interprétation demeure une opération intégrée et « *un exercice holistique* »[690] qui utilise des principes et des règles d'interprétation qui ne doivent pas « *être mécaniquement scindé(s) en parties rigides* »[691]. Bien au contraire, ces règles devraient être vues en tant que pièces reliées[692]. Une telle acception n'assimile-t-elle pas l'opération d'interprétation à un art[693] ?

Conscient de l'importance de l'unité des règles d'interprétation dans l'assurance de l'homogénéité du droit de l'OMC, l'Organe d'appel n'a pas hésité, en outre, à préciser que « *les disciplines en matière d'interprétation de la* (CV) *seraient perverties si leur application donnait lieu à des contradictions au lieu d'assurer cohérence et harmonie entre toutes les dispositions conventionnelles pertinentes et de leur donner effet* »[694]. Ce raisonnement interprétatif, tel que présenté, témoigne de la maturité de l'Organe d'appel qui est de plus en plus conscient de

---

textiles, vêtements et autres articles », WT/DS56/AB/R, 27/3/1998, parag. 47 ; Rapport de l'Organe d'appel, « *Communautés européennes – Classement tarifaires de certains matériels informatiques* », rapport précit., parag. 85.

688 Rapport de l'Organe d'appel, « *Etats–Unis – Maintien en existence et en application de la méthode de réduction à zéro*», rapport précit., p. 125, parag. 268.

689 RUIZ FABRI (H.), « *Le règlement des différends au sein de l'OMC : naissance d'une juridiction, consolidation d'un droit* », art. précit., p. 319.

690 Rapport du Groupe spécial, « *Etats-Unis – Article 301 de la loi de 1974 sur le commerce extérieur* », rapport précit., parag. 7.22 ; Rapport de l'Organe d'appel, « *Etats–Unis – Maintien en existence et en application de la méthode de réduction à zéro* », rapport précit., p. 125, parag. 268 ; Rapport de l'Organe d'appel, « *Chine – Mesures affectant les droits de commercialisation et les services de distribution pour certaines publications et certains produits de divertissement audiovisuels* », rapport précit., parag. 348, p. 171.

691 Rapport de l'Organe d'appel, « *Communautés européennes – Classification douanière des Morceaux de poulet désossés et congelés* », rapport précit., parag . 176.

692 Rapport de l'Organe d'appel, « *Etats–Unis – Maintien en existence et en application de la méthode de réduction à zéro*», rapport précit., p.125, parag. 268.

693 ROUSSEAU (Ch.), « *Droit international public : Introduction et sources* », op. cit., p. 291.

694 Rapport de l'Organe d'appel, « *Etats–Unis – Maintien en existence et en application de la méthode de réduction à zéro*», rapport précit., p.127, parag. 273.

l'importance de son rôle dans l'assurance de la prévisibilité des recommandations d'une part, et l'unité du droit de l'OMC d'autre part.

Ainsi, loin d'être enfermé dans « *une séries de règles qui devraient être appliquées selon un ordre hiérarchique* »[695], l'ORD ordonne par la référence à une méthode d'interprétation qui est elle-même ordonnée[696]. Il commence, dans sa fonction de clarification du droit de l'OMC, par l'analyse textuelle. Cette opération suppose que l'interprétation soit fondée sur le texte du traité lui-même ; de la sorte que les dispositions de ce traité seront interprétées suivant leur sens ordinaire et dans leur contexte[697]. Les Groupes spéciaux et l'Organe d'appel n'hésitent pas à citer les dictionnaires pour détecter ce qu'on appelle « *sens ordinaire* »[698] ou « *sens normal* »[699]. Mieux encore, il y a une plus grande emphase sur les mots que dans n'importe quel autre forum international, dans la mesure où l'utilisation des dictionnaires s'avère massive. Cependant, il faut remarquer que la détermination du sens ordinaire ne peut être affectée par la date de l'accession d'un Membre au traité. D'ailleurs, l'Organe d'appel a eu l'occasion de préciser, dans son rapport « ***Produits audiovisuels*** », que l'interprétation des termes des engagements spécifiques AGCS, sur la base du sens convenu au moment où la liste a été conclue, pourrait donner un contenu et une portée différents en fonction de la date de leur

[695] Le rapport du Groupe spécial « *Canada – Automobile* » *affirmait déjà que « les trois éléments mentionnés à l'article 31-énoncé, contexte, objet et but doivent être considérés comme constituant une seule règle intégrée d'interprétation et non comme une suite de critères distincts à appliquer suivant un ordre hiérarchique* ». Rapport du Groupe spécial, « *Canada — Certaines mesures affectant l'industrie automobile* », WT/DS139/R, WT/DS/142/R, 11/2/2000, parag.10.12 ; Rapport du Groupe spécial, « *Etats-Unis – Article 301 de la loi de 1974 sur le commerce extérieur* », rapport précit., parag. 7.22.

[696] RUIZ FABRI (H.), « *Le juge de l'OMC : ombres et lumières d'une figure judiciaire singulière* », art. précit., p. 52.

[697] COMBACAU (J.), SUR (S.), « *Droit international public* », op.cit., 5ème éd., p. 174 ; CANAL FORGUES (E.), « *Sur l'interprétation dans le droit de l'OMC* », art. précit., p. 20.

[698] Rapport du Groupe spécial, « *Communautés européennes - classement tarifaire de certains matériels informatiques* », WT/DS62/R, WT/DS67/R, WT/DS68/R, 5/2/1998, p. 74 ; Rapport du Groupe spécial, « *Japon - taxes sur les boissons alcooliques* », rapport précit., p. 19 et s.

[699] Rapport de l'Organe d'appel, « *Communautés européennes - Mesures communautaires concernant les viandes et les produits carnés (Hormones)* », rapport précit., parag. 163.

adoption ou de la date de l'accession d'un Membre[700]. Une telle « *interprétation compromettrait la prévisibilité, la sécurité et la clarté des engagements spécifiques AGCS* »[701].

Si le sens ordinaire constitue un « *bon point de départ* »[702] dans l'analyse du sens d'un terme conventionnel, il ne peut devenir une référence exclusive. D'ailleurs, l'Organe d'appel n'a pas tardé à souligner que la détermination du sens ordinaire de façon isolée « *ne constitue que le début du processus d'interprétation et non sa fin* »[703]. Faut-il alors se référer à un élément, outre que le sens ordinaire, pour dégager le bon sens de la disposition objet d'interprétation ?

B) *La référence au contexte*

Considéré comme le critère définitif de l'interprétation[704], le contexte de la disposition à interpréter constitue un élément dont l'inobservation pourrait conduire à une interprétation erronée, voire contradictoire. Il sert à dégager le bon sens ou à valider et à confirmer une interprétation donnée par référence au sens ordinaire[705]. Il n'est pas, dès lors, sans intérêt de noter que le contexte, selon le deuxième paragraphe de l'article 31 de la CV, est le texte dans sa totalité ; préambule et annexes inclus y compris certains accords et instruments. Ce contexte occupe une place non négligeable dans le raisonnement interprétatif des Groupes spéciaux et de l'Organe d'appel. Mieux encore, même lorsque la clarté du texte s'avère manifeste, ces organes font de cet élément une référence incontournable.

---

700 Rapport de l'Organe d'appel, « *Chine – Mesures affectant les droits de commercialisation et les services de distribution pour certaines publications et certains produits de divertissement audiovisuels* », rapport précit., parag. 397, p. 189.

701 Ibid.

702 Rapport de l'Organe d'appel, « *Communautés européennes – Classification douanière des Morceaux de poulet désossés et congelés* », rapport précit., parag. 175-176.

703 Rapport de l'Organe d'appel, « *Etats–Unis – Maintien en existence et en application de la méthode de réduction à zéro* », rapport précit., p. 125, parag. 268.

704 CANAL FORGUES (E.), « *Sur l'interprétation dans le droit de l'OMC* », art. précit., p. 20.

705 YASSEEN (M.K.), art. précit., p. 38.

Le rapport « ***Volailles*** »[706] est illustratif en la matière. Ainsi, l'Organe d'appel parait de plus en plus libéré de « *la conception pathologique de l'interprétation* »[707] selon laquelle « *il n'est pas permis d'interpréter ce qui n'a pas besoin d'interprétation* »[708]. Il s'agit d'un choix qui évite que la fonction de clarification soit réduite dans le texte non clair (obscur, contradictoire, lacunaire), à l'exception des textes clairs[709]. Ainsi, il n'est pas surprenant que les Groupes spéciaux et l'Organe d'appel soient soucieux de la clarté pesant lourdement sur les épaules. En effet, ils sont tenus d'assurer la sécurité juridique dans l'interprétation d'un droit dont la technicité est frappante[710]. C'est en ce sens que la clarté « *se trouve... consécutive à l'interprétation et loin de la rendre inutile elle l'implique toujours* »[711].

Assurer la prévisibilité et l'unité d'interprétation suppose alors une clarification qui cadre harmonieusement avec le contexte[712]. Ainsi, l'interprétation est donnée suite à une lecture combinée de la disposition objet d'interprétation conjointement avec d'autres dispositions. Dans le but d'assurer l'homogénéité d'interprétation du droit de l'OMC, les Groupes spéciaux et l'Organe d'appel ne tardent pas à se référer, le cas échéant, à certaines dispositions du même accord. Les rapports « ***Produits***

---

706 Rapport de l'Organe d'appel, « *Communautés européennes – Mesures affectant l'importation de certains produits provenant de volailles* », WT/DS69/AB/R, 13/7/1998, parag. 165.

707 KHOUFI (N.), « *L'obligation de conformité du droit interne des Etats Membres avec les obligations énoncées dans les accords commerciaux multilatéraux* », Mémoire du Mastère en droit public et commerce international, Faculté de droit de Sfax, 2007, p. 138.

708 Selon Vattel, la première des maximes relatives à l'interprétation des traités consistent dans la règle qui fait de l'ambiguïté une condition de l'exercice d'interprétation, à défaut le juge ne peut pas y procéder. DE VATTEL (E.), « *Le droit des gens ou principes de la loi naturelle : appliqués à la conduite et aux affaires des Nations et des souverains* », in BACHAND (R.), « *L'interprétation juridictionnelle chez les internationalistes du XX siècle* », RBDI, 2006, p. 179.

709 LAGHMANI (S.), « *Constitution et droit international* », Tunis, CPU, 2000, p. 123.

710 RUIZ FABRI (H.), « *Le juge de l'OMC : ombres et lumières d'une figure judiciaire singulière* », art. précit., p. 52.

711 VOICU (I.), « *De l'interprétation authentique des traités internationaux* », Paris, Pedone, 1968, p-p. 27-28.

712 Rapport de l'Organe d'appel, « *Etats–Unis – Maintien en existence et en application de la méthode de réduction à zéro* », rapport précit., p. 125, parag. 268.

agricoles »[713] et « ***Hormones*** »[714] sont illustratifs. D'ailleurs, pour interpréter l'article 5.1 de l'Accord SPS, l'Organe d'appel a eu l'occasion de préciser que ledit article « *est lu en contexte comme il se doit lorsqu'il est interprété à la lumière de l'article 2.2 de l'Accord SPS* »[715]. Ces précisions sont, sans doute, significatives dans la mesure où elles manifestent la volonté d'éviter des interprétations d'une disposition qui pourraient être en contradiction avec le reste de l'accord concerné.

Encore, faut-il ajouter que la volonté d'étendre les solutions jurisprudentielles d'un accord à un autre a conduit cet organe à se référer à un contexte commun à certaines dispositions de deux Accords visés reposant sur une structure identique[716]. En effet, l'Organe d'appel dans le différend « ***Pneus rechapés*** » a eu l'occasion de préciser que l'article XX b) du GATT de 1994 fait référence aux mesures nécessaires à la protection de la santé et de la vie des personnes et des animaux ou à la protection des végétaux. Il a souligné, en outre que le mot « *nécessaires* » figure à l'article XX a) et XX d) du GATT, ainsi qu'à l'article XIV a), b) et c) de l'AGCS[717]. Favorisant une interprétation harmonieuse et homogène du droit de l'OMC, cette lecture semble être la plus adéquate avec l'objectif de développement durable énoncé au préambule de l'Accord instituant l'OMC.

Outre les cas de figure précités, l'interprète, dans sa mission de clarification des dispositions des Accords de Marrakech, se réfère aux accords ayant rapport au traité conformément aux prescriptions de l'article 31.2 a) de la CV[718]. D'ailleurs, pour interpréter les dispositions

---

[713] En effet, pour interpréter l'article 2.2 de l'Accord SPS relatif aux concessions en matière d'accès aux marchés, l'Organe d'appel a suivi, dans son rapport « *Produits agricoles* », une analyse textuelle. Il a précisé que « *le contexte du mot "suffisantes" figurant à l'article 2.2 comprend l'article 5.1 ainsi que les articles 3.3 et 5.7 de l'Accord SPS.* », Rapport de l'Organe d'appel, « *Japon - mesures visant les produits agricoles* », WT/DS76/AB/R, 22/2/1999, parag. 74.

[714] Rapport de l'Organe d'appel, « *Communautés européennes- Mesures communautaires concernant les viandes et les produits carnés (Hormones)* », rapport précit., p. 87.

[715] Ibid., p. 87.

[716] MADDALON (PH.), « *Les rapports des Groupes spéciaux et de l'Organe d'appel (2007)* », art. précit., p. 711.

[717] Rapport de l'Organe d'appel, « *Brésil – Mesures visant l'importation de pneumatiques rechapés* », WT/DS332/AB/R, 3/12/2007, parag. 141.

[718] L'article 31.2 a) de la CV dispose que : « *Aux fins de l'interprétation d'un traité, le contexte comprend ; outre le texte, préambule et annexes inclus : tout accord ayant*

de l'article 13 de l'Accord sur les ADPIC, le Groupe spécial a eu recours aux propositions faites à la Conférence de Bruxelles de 1948 concernant certaines dispositions de la Convention de Berne[719]. Est vérifiable ainsi un raisonnement interprétatif gouverné par les principes généraux d'interprétation. Il s'agit d'un choix jurisprudentiel qui manifeste encore une fois l'alignement de l'ORD sur l'objectif de sécurité juridique dont la clarté et l'unité d'interprétation constituent des éléments essentiels[720].

C) La référence aux moyens complémentaires d'interprétation

Dans la recherche de l'intention commune des parties, les Groupes spéciaux et l'Organe d'appel ne peuvent pas se limiter à l'analyse textuelle. Si après avoir appliqué l'article 31 de la CV le sens du terme reste ambigu ou obscur, l'article 32 de la même convention[721] permet de recourir aux moyens complémentaires d'interprétation[722]. De tels moyens peuvent être utiles dans le discernement des intentions communes des parties[723] ou ce qu'on appelle l'intentionnalité[724].

Désignés souvent par « *l'historique de la négociation* » ou « *l'historique de la rédaction* », ces moyens se rattachent aux travaux

rapport au traité et qui est intervenu entre toutes les parties à l'occasion de la conclusion du traité ».

719 Le Groupe spécial a eu l'occasion de préciser que: « *le choix de ces mots est le résultat d'un accord au sens de l'article 31.2 a) de la Convention de Vienne intervenu entre les membres de l'Union de Berne à la Conférence de Bruxelles en vue de conserver la possibilité de prévoir des exceptions mineures dans la législation nationale* ». Rapport du Groupe spécial, « *Etats-Unis - article 110. 5) de la loi sur le droit d'auteur* », rapport précit., p. 23.

720 CANAL FORGUES (E.), THILLIER (A.), « *Le règlement des différends à l'OMC* », op. cit., 2003, p. 95.

721 L'Organe d'appel a eu l'occasion de préciser dans son rapport « *Boissons alcooliques* » que l'article 32 de la CV, traitant le rôle des moyens complémentaires d'interprétation, est devenu une règle du droit international coutumier, Rapport du Groupe spécial, « *Japon - taxes sur les boissons alcooliques* », rapport précit., p. 11.

722 Rapport de l'Organe d'appel, « *Communautés européennes – Classement tarifaires de certains matériels informatiques* », rapport précit., parag. 86.

723 Rapport de l'Organe d'appel, « *Communautés européennes – Classification douanière des Morceaux de poulet désossés et congelés* », rapport précit., parag. 189.

724 CANAL FORGUES (E.), « *Sur l'interprétation dans le droit de l'OMC* », art. précit., p. 21.

préparatoires[725] et aux circonstances[726] dans lesquels le traité a été conclu. Ne pouvant être utilisés qu'à titre exceptionnel[727], ces moyens ne sont pas, pour autant, dénués de tout intérêt. En effet, ils interviennent pour confirmer *a posteriori* une interprétation obtenue par des moyens prioritaires d'interprétation ou quand ceux-ci ne permettent pas de dégager un effet utile. Dans un souci de clarté et de prévisibilité de l'interprétation, les Groupes spéciaux et l'Organe d'appel font appel aux moyens complémentaires d'interprétation. En effet, pour assurer une interprétation admissible de l'article III du GATT de 1994, l'Organe d'appel s'est référé à l'historique de la négociation de cette disposition[728].

Concernant l'interprétation du chapeau de l'article XX du GATT de 1994 qui contient des expressions hautement ambiguës, l'Organe précité n'a pas hésité à recourir, dans ses rapports « ***Essence*** » et « ***Crevettes*** », aux travaux préparatoires et à l'historique du projet du texte. Parce qu'ils livrent l'intention des parties, ces travaux ont fondé l'affirmation selon laquelle « *le chapeau de l'article XX a pour objectif la prévention des abus des exceptions dans la manière dont elles sont mises en œuvre* »[729].

---

[725] Les travaux préparatoires « *se situant dans le cadre de l'histoire de la conclusion du traité, peuvent être inter alia : la correspondance échangée, notes, lettres, mémorandums, comptes rendus des séances 725. Mais par nature, ce qui est considéré comme travail préparatoire doit concerner la phase antérieure ou concomitante à la signature du traité ou à l'adoption de son texte* ». YASSEEN (M.K.), art. précit., p. 83 ; NAIR (Mc.), « *Annuaire de l'Institut de Droit International* », Paris, Pedone, vol. 45, tome I, p. 225.

[726] Les circonstances dans lesquelles le traité a été conclu constituent le cadre historique que forme l'ensemble des évènements qui ont porté les parties à conclure le traité. Par ailleurs, les travaux préparatoires peuvent refléter les circonstances dans lesquelles le traité a été conclu. Néanmoins, ces derniers peuvent être les conséquences de faits et d'actes que les travaux préparatoires n'évoquent pas à savoir ; les conditions individuelles des parties. YASSEEN (M.K.), art. précit., p. 83.

[727] CANAL FORGUES (E.), FLORY (Th.), « *GATT / OMC. Recueil des contentieux du 1er janvier 1948 au 31 décembre 1999* », op. cit., p. 122.

[728] Après avoir suivi une interprétation textuelle, l'Organe d'appel s'est référé à la deuxième session de la commission préparatoire de la Conférence des Nations Unies sur le commerce et l'emploi pour déterminer s'il fallait inclure la clause du traitement national figurant dans le projet de Charte de l'OIC dans le GATT de 1947. Par ailleurs, il a rappelé le contenu de la note interprétative relative à l'article III. CANAL FORGUES (E.), FLORY (Th.), « *GATT / OMC. Recueil des contentieux du 1er janvier 1948 au 31 décembre 1999* », op. cit., p. 122.

[729] RUIZ FABRI (H.), « *L'appel dans le règlement des différends de l'OMC : trois ans après quinze rapports plus tard* », art. précit., p. 80.

Pour importante qu'elle soit, l'intentionnalité ne peut constituer, dans certains cas, l'étape définitive du raisonnement interprétatif. Afin de parvenir au bon sens ou d'éviter d'éventuelles interprétations contradictoires, l'interprète est appelé à recourir à d'autres éléments d'interprétation.

D) La référence à l'objet et au but du traité

Considérée comme étant un travail d'art juridique et non une opération mécanique, l'interprétation du droit appelle l'intelligence et la vélocité de l'interprète[730]. Celui-ci doit se borner à rechercher l'esprit du traité[731] qui est « *objectivement dégagé à l'aide de procédés techniques variés : examen du traité dans son ensemble pris en considération du but poursuivi par les auteurs du traité* »[732]. L'article 31 de CV en prévoit le respect à travers l'analyse finaliste qui renvoie à l'idée d'objet et de but du traité[733].

Afin de parvenir au sens pertinent, les Groupes spéciaux et l'Organe d'appel suivent, dans l'interprétation du droit de l'OMC, l'analyse finaliste qui suppose le respect de l'objet et du but du traité[734]. Dégagés du texte du traité, l'objet et le but sont souvent énoncés dans le préambule. Néanmoins, ils peuvent être identifiés par l'examen de tout le texte lorsque le traité ne s'y renvoie pas expressément. Ils coïncident le plus souvent avec l'objet et le but de toutes les dispositions du traité. Cependant, le traité de Marrakech, en raison des questions variées qu'il renferme et des solutions nuancées qu'il consacre, dispose de plus d'un objectif[735].

---

[730] ROUSSEAU (Ch.), « *Principes généraux du droit international* », Paris, Pedone, 1944, p. 725.

[731] La CPJI a eu l'occasion de préciser que le principe de bonne foi implique le respect des dispositions conventionnelles non seulement dans leur lettre mais aussi dans leur esprit. Avis consultatif de la CPJI relatif à l'affaire « *Traitement des nationaux polonais à Dantzig* », 4/2/1932, Rec. de la CPJI 1932, série A/B, fascicule n° 44, p. 28.

[732] ROUSSEAU (Ch.), « *Principes généraux du droit international* », op. cit., p.725.

[733] CANAL FORGUES (E.), « *Sur l'interprétation dans le droit de l'OMC* », art. précit., p. 21.

[734] Rapport de l'Organe d'appel, « *Etats–Unis – Maintien en existence et en application de la méthode de réduction à zéro* », rapport précit., p. 125, parag. 268.

[735] YASSEEN (M.K.), art. précit., p. 57.

Soucieux de l'homogénéité d'interprétation, l'Organe d'appel s'est montré favorable à l'interprétation de l'article 31.1 de la CV. En effet, il a apporté de précieuses clarifications concernant la signification qu'il faut donner à l'idée d'objet et de but. Dans son rapport « ***Poulet désossés et congelés***», il a souligné qu' « *il est largement admis que l'emploi du mot au singulier "son" qui précède les termes "objet" et "but"... indique que ce mot fait référence au traité dans son ensemble ; si les termes "objet" et "but" avaient été précédés du mot "leur", l'emploi du pluriel aurait indiqué une référence à des "termes du traité particuliers". Par conséquent, l'expression "son objet et... son but" précise que le point de départ pour établir "l'objet et [le] but" est le traité lui-même, dans son intégralité. Par ailleurs,... l'article 31 1) empêche de tenir compte de l'objet et du but de termes particuliers du traité, si cela aide l'interprète à déterminer l'objet et le but du traité dans son ensemble... Cela dit... il faut se garder d'interpréter le droit de l'OMC à la lumière de "l'objet et [du] but" prétendus de dispositions..., isolément de l'objet et du but du traité dans son ensemble...* »[736].

Si l'analyse finaliste a le mérite d'être efficace dans le discernement du bon sens de la disposition à interpréter, elle s'avère, toutefois, complexe. Cette complexité provient du fait que l'interprétation finaliste dite aussi téléologique devrait prendre en considération des questions variées, voire contradictoires du traité de Marrakech. Dans la recherche de la prévisibilité de ses recommandations, l'ORD procède par un raisonnement marqué par une logique et un dynamisme intellectuel, dont l'analyse finaliste constitue une composante essentielle. En effet, il prend en considération tantôt l'objet et le but de la disposition soumise à l'interprétation, tantôt ceux des Accords visés, parfois ceux des deux à la fois et, le cas échéant, ceux du préambule. Il s'agit, en fait d'une démarche qui manifeste la volonté de procurer une interprétation homogène et d'éviter autant que possible d'éventuelles interprétations contradictoires. On pourrait ainsi multiplier les illustrations manifestant la façon très pédagogique, cohérente et systématique dont les Groupes spéciaux et l'Organe d'appel interprètent les Accords visés. L'examen du sens ordinaire des termes ne permet pas à lui seul d'aboutir à une interprétation

---

[736] Rapport de l'Organe d'appel, « *Communautés européennes – Classification douanière des Morceaux de poulet désossés et congelés* », rapport précit., parag. 2 38.

définitive[737]. L'analyse finaliste constitue une étape avancée qui ne cesse d'être enracinée dans le raisonnement interprétatif des organes précités. D'ailleurs, dans la recherche de l'harmonie et la cohérence des interprétations, l'ORD suit une interprétation faite à la lumière de l'objet et du but de la disposition à interpréter. Cette possibilité offerte par l'article 31.1 de la CV ne réduit pas l'analyse finaliste à cette figure. Elle fonde, le cas échéant, un examen fait, directement, à la lumière de l'objet et du but de l'accord concerné. Le rapport « ***Importation de chaussures*** » est illustratif en la matière[738].

S'agissant de l'interprétation faite à la lumière de l'objet et du but de l'Accord visé en question, elle suppose une double analyse finaliste consistant d'abord dans la recherche de l'objet et du but de la disposition concernée puis un examen fait à la lumière de l'objet et du but de l'accord en question. Il semble que cette analyse ne nécessite pas un véritable effort supplémentaire de la part de l'interprète, dans la mesure où tout le raisonnement reste enfermé dans le cadre de l'accord concerné. Cependant, un tel raisonnement, justifié par le respect d'une méthode ordonnée d'interprétation, a le mérite d'avoir favorisé une interprétation compatible avec l'objet et le but de l'accord concerné[739]. Ainsi, sont évitées

---

737 Rapport du Groupe spécial, « *Inde – protection conférée par un brevet pour les produits pharmaceutiques et produits chimiques pour l'agriculture* », WT/DS50/R, 19/12/1997, p. 55.

738 Dans son rapport « *Argentine - mesures de la sauvegarde à l'importation de chaussures* », le Groupe spécial a suivi un examen à la lumière de l'objet et du but de l'Accord sur les sauvegardes et ce, pour interpréter l'article 2 de l'Accord sur les sauvegardes. Ainsi, il a précisé que « *le préambule de l'accord reconnaît que l'Accord sur les sauvegardes a pour objet, entre autres, la nécessité de clarifier et de renforcer les disciplines du GATT* ». Il a souligné également que « *cet accord a pour but de rétablir un contrôle multilatéral sur les sauvegardes et d'éliminer les mesures qui échappent à ce contrôle* ». Rapport du Groupe spécial « *Argentine - mesures de la sauvegarde à l'importation de chaussures* », WT/DS121/R, 25/6/1999, p. 179.

739 Pour interpréter l'article XIX du GATT de 1994, le Groupe spécial a procédé, dans son rapport « *Corée -produits laitiers* », à une analyse textuelle suivie d'un examen finaliste, consistant d'abord dans la recherche de l'objet et du but de l'article XIX puis un examen fait à la lumière de l'objet et du but du GATT de 1994. Ainsi, il a précisé que : « *l'objet de l'article XIX était de permettre à un Membre importateur de déroger temporairement à ses obligations découlant des articles II et XI du GATT dans les cas où un accroissement des importations cause un dommage grave à la branche de production nationale concernée* ». Il a ajouté, en outre, que l'interprétation faite « *est compatible avec l'objet et le but du GATT, qui était de conférer un peu de certitude et de prévisibilité aux consolidations tarifaires et autres obligations contractées dans le cadre du GATT* ». Rapport du Groupe spécial « *Corée - mesures de sauvegarde*

d'éventuelles contradictions au niveau des interprétations données aux dispositions d'un même Accord visé.

Plus complexe que celles qui précèdent est l'analyse faite à la lumière de l'objet et du but de la disposition à interpréter et ceux du préambule du traité de l'OMC. En effet, elle appelle la sagesse de l'interprète ; celui-ci doit adopter une approche globale qui va au-delà de la disposition à interpréter pour englober l'objet et le but du traité dans son ensemble[740]. Cette complexité est de plus en plus accentuée en raison de la nature « *mosaïque* » de l'OMC[741] due à la variété de ses objectifs qui sont parfois « *difficilement conciliables* »[742]. À cela s'ajoute le caractère flexible et technique des normes du droit de l'OMC[743] qui ne peuvent qu'alourdir la tâche de l'interprète. Une interprétation « *appropriée* » du droit de l'OMC[744] suppose alors un raisonnement logique et harmonieux qui ne peut se réaliser en l'absence des principes généraux d'interprétation énoncés dans la CV[745]. Le recours à ces principes manifeste la volonté de forger une interprétation unifiée des Accords visés en leur donnant une certaine autorité, voire « *une tournure abstraite dont la portée peut excéder le litige* »[746]. Cette interprétation semble se rapprocher à un travail d'art juridique[747] dont le maître est l'Organe d'appel. Il s'agit en fait d'un choix interprétatif qui ne peut que conférer plus de crédibilité et de notoriété à l'ORD. Malgré son caractère *sui generis*, cet organe, par l'instauration d'une méthode structurée d'interprétation basée sur les principes généraux, fait preuve qu'il s'accroche à « *la besogne*

définitives appliquées aux importations de certains produits laitiers », WT/DS98/R, 21/06/1999, p-p. 200-201.

740 Rapport de l'Organe d'appel, « *Communautés européennes – Classification douanière des Morceaux de poulet désossés et congelés* », rapport précit., parg. 201.

741 CARREAU (D.), JUILLARD (P.), « *Droit international économique* », op. cit., 4ème éd., p. 128.

742 LAGHMANI (S.), « *Suprématie de la constitution et transfert de souveraineté* », in Rec. des CAIDC, vol. 8, Constitution et Droit international, Tunis, CPU, 2000, p. 123.

743 Rapport de l'Organe d'appel « *Japon - taxes sur les boissons alcooliques* », rapport précit., p. 35.

744 Rapport de l'Organe d'appel, « *Etats-Unis - Mesures Antidumping appliquées à certains produits en acier laminés à chaud en provenance du Japon* », WT/DS184/AB/R, 24/7/2001, parag. 60.

745 Ibid.

746 RUIZ FABRI (H.), « *L'appel dans le règlement des différends de l'OMC : trois ans après quinze rapports plus tard* », art. précit., p. 97.

747 ROUSSEAU (Ch.), « *Droit international public : Introduction et sources* », op. cit., p. 291.

judiciaire »[748]. Ainsi se justifie une préférence pour ces principes dans l'interprétation du droit de l'OMC.

Paragraphe 2: la répudiation du principe des attentes légitimes

Certes, l'efficacité du Système commercial multilatéral implique que les agents économiques aient « *confiance dans chacune des disciplines de fond du système et dans l'intégrité du règlement des différends* »[749]. Cependant, cette confiance ne crée pour ces agents aucune aptitude légale[750]. Le droit de l'OMC, à la différence du droit de l'union européenne, s'interdit de reconnaître aux Membres des attentes légitimes[751]. Étant l'un des corollaires du principe de sécurité juridique[752], les attentes légitimes, dites aussi « *confiances légitimes* »[753], impliquent la protection des « *situations juridiques en voie de construction* »[754]. Si le refus de reconnaître des attentes légitimes au profit des Membres de l'OMC laisse planer des interrogations, il est toutefois justifié par le souci d'assurer l'unification d'interprétation du droit de cette organisation qui se trouve dans l'unité des règles d'interprétation.

L'intention réelle des parties[755], en raison de son importance dans l'interprétation du traité, ne peut pas être établie sur la base des vues subjectives de l'une des parties ou de manière unilatérale. En effet, l'Organe d'appel a fait preuve, dans la clarification des Accords visés,

---

[748] STAMATIS (C.M.), « *La concrétisation pragmatique des normes juridiques* », RRJ, 2005, n°5, p. 2990.

[749] Rapport du Groupe spécial, « *Etats-Unis – Article 301 de la loi de 1974 sur le commerce extérieur* », rapport précit., p. 366, parag. 7.94.

[750] NOUVEL (Y), « *Les attentes légitimes dans le droit de l'OMC* », AFDI, tome XLVII., 2001, p. 461.

[751] Ibid.

[752] DOUE (F.), Thèse précit., p. 4.

[753] CANAL FORGUES (E.), « *Sur l'interprétation dans le droit de l'OMC* », art. précit., p. 9.

[754] DONNAT (F.), « *Stabilité des situations juridiques : la jurisprudence du Conseil d'Etat vue dans le prisme de celle de la Cour de justice des Communautés européennes* », in Mélanges LABETOULLE (D.), « *Juger l'administration, administrer la justice* », Paris, Dalloz, 2007.

[755] DE VATTEL (E.), « *Le droit des gens ou principes de la loi naturelle : appliqués à la conduite et aux affaires des Nations et des souverains* », art. précit., p. 195.

d'une grande méfiance à l'égard du concept « d'attentes légitimes »[756] d'une part, et d'une préférence pour les règles générales d'interprétation énoncées dans la CV, d'autre part. Parce qu'elles ont un caractère subjectif, ces attentes ont été fermement écartées dans l'interprétation des Accords visés[757]. De surcroît, tout argument servant de par avant dans leur fondement est rejeté. C'est ainsi que l'Organe d'appel, contrairement à la Cour de Luxembourg[758], a infirmé, dans son rapport « ***Inde- protection*** », la position selon laquelle l'interprétation des Accords visés ne peut être faite isolément des attentes légitimes[759].

Chères à l'Organe d'appel, les principes généraux d'interprétation énoncées dans la CV doivent gouverner le raisonnement interprétatif de celui-ci et ne sauraient, en aucun cas, être substitués par lesdites attentes. D'ailleurs, l'Organe d'appel a eu l'occasion de souligner que « *le but de l'interprétation des traités, conformément à l'article 31 de la (C.V.), est d'établir les intentions communes des parties* ». Ces intentions ne peuvent pas être recherchées dans les attentes subjectives et déterminées de manière unilatérale de l'une des parties à un traité[760].

À l'instar de l'arbitre international qui est d'avis que tous les espoirs d'un investisseur ne sauraient constituer des attentes au sens du droit international[761], l'Organe d'appel semble assimiler les attentes légitimes

---

[756] Parmi les sens ordinaires du mot attente figure « *le fait de compter sur quelques choses* ». L'attente constitue ainsi un fait de conscience par lequel une personne se représente la conduite à venir d'une autre personne ou le cours future des évènements en tenant que la réalité sera conforme à cette représentation. NOUVEL (Y), « *Les attentes légitimes dans le droit de l'OMC* », art. précit., p. 461.

[757] Ibid.

[758] Dans l'affaire « *Opel Austria* », le Tribunal de première instance (TPI) a considéré que le principe de bonne foi était le corollaire en droit international public du principe de confiance légitime consacré par la jurisprudence de la CJCE comme partie intégrante de l'ordre juridique communautaire. Affaire «*Opel Austria* », arrêt du 22/1/1997, Rec. CJCE, aff. T-115/94, (TPI), Rec.II-39, in CANAL FORGUES (E.), « *Sur l'interprétation dans le droit de l'OMC* », art. précit., p. 9.

[759] Rapport du Groupe spécial, « *Inde – protection conférée par un brevet pour les produits pharmaceutiques et produits chimiques pour l'agriculture* », rapport précit., parag. 7.18, p.18.

[760] Rapport de l'Organe d'appel, « *Communautés européennes – Classement tarifaire de certains matériels informatiques* », rapport précit., parag. 84, p. 34.

[761] Il est fréquent de trouver dans les sentences arbitrales l'affirmation selon laquelle le droit international des investissements n'a pas pour vocation de protéger l'investisseur contre la réalisation de toute forme de risque. CAZALA (J.), « *La protection des attentes légitimes de l'investisseur dans l'arbitrage international* », RIDE, 2009, n° 1, p. 21. 5-32.

à de simples espoirs. Ces derniers ne peuvent être pris en considération lors de l'interprétation du droit de l'OMC de crainte qu'ils « *prospèrent sur ce qui est vague dans l'ensemble conventionnel* »[762]. Répudier toute référence aux attentes légitimes permet, alors, de minimiser les risques de parvenir à des interprétations subjectives tout en respectant l'objectif d'assurer la sécurité et la prévisibilité du Système commercial multilatéral[763]. Cet objectif fait peser à la charge des Groupes spéciaux et de l'Organe d'appel l'obligation de veiller à ce que la règle de droit soit la même pour tous. C'est en ce sens que les Groupes spéciaux et l'Organe d'appel établissent une distinction entre la notion des attentes légitimes et celle des attentes raisonnables. Nées avec la conclusion du traité, ces dernières doivent « *raisonnablement se maintenir jusqu'au moment où il est prétendu qu'elle(s) (ont) été déçue(s) par le Membre à qui on veut l'opposer* »[764]. Ainsi, elles deviennent dépourvues du caractère raisonnable[765] et ne peuvent, dès lors, être prises en considération dans l'interprétation du droit de l'OMC. Au demeurant, une interprétation faite à la lumière des attentes légitimes est regardée comme étant incompatible avec le principe de l'interprétation de bonne foi qui, à lui seul, assure une interprétation objective des Accords visés[766] .

Par la répudiation de toute forme d'unilatéralisme[767], l'Organe d'appel semble être stable dans sa position consistant à faire prévaloir les principes généraux d'interprétation puisque ceux-ci permettent, à la différence des attentes légitimes, d'assurer une interprétation qui respecte l'équilibre

---

762 NOUVEL (Y), « *Les attentes légitimes dans le droit de l'OMC* », art. précit., p. 463.

763 « *La sécurité et la prévisibilité ne doivent pas se fonder sur les "vues subjectives" des Membres exportateurs mais sur les intentions communes des parties au moment de la conclusion des négociations* ». Rapport de l'Organe d'appel, « *Communautés européennes – Classement tarifaire de certains matériels informatiques* », rapport précit., parag. 82, p. 33.

764 NOUVEL (Y.), « *Les attentes légitimes dans le droit de l'OMC* », art. précit., p. 465.

765 Pour que l'attente ait un caractère raisonnable, il « *faut que les mesures contestées n'aient pas pu raisonnablement être prévues au moment où la concession tarifaire a été négociée. Ces mesures ont été prévues, un Membre ne saurait s'être légitimement attendu à une amélioration de l'accès aux marchés correspondant à la réduction de cet avantage causée par lesdites mesures* ». Rapport du Groupes spécial, « *Japon – Mesures affectant les pellicules et papiers photographiques destinés aux consommateurs* », WT/DS44/R, 21/3/1998, p. 464, parag. 10.38.

766 Rapport de l'Organe d'appel, « *Inde – protection conférée par un brevet pour les produits pharmaceutiques et produits chimiques pour l'agriculture* », rapport précit., parag. 45, p. 21.

767 RUIZ FABRI (H.), « *La contribution de l'Organisation Mondiale du Commerce à la gestion de l'espace juridique mondial* », art. précit., p. 360.

négocié. Ne s'agit-il pas alors d'un choix interprétatif qui manifeste encore une fois l'attachement de l'ORD à l'unité des règles d'interprétation[768] ? D'ailleurs, une certaine doctrine estime que l'Organe d'appel se singularisera de la méthode d'interprétation du GATT-OMC s'il admet la reconnaissance des attentes légitimes comme moyen d'interprétation[769].

Justifiée par l'unité des règles d'interprétation, la répudiation des attentes légitimes a de profondes implications, non seulement sur l'application du droit de l'OMC, mais aussi sur la prévisibilité des recommandations. Ne s'agit-il pas d'un choix qui favorise l'établissement d'un courant homogène de « *décisions* »[770] ? Est renforcée ainsi la crédibilité de l'ORD et en particulier, celle de l'Organe d'appel qui prend au sérieux son rôle d'unification du droit de l'OMC.

Si les Groupes spéciaux et l'Organe d'appel s'attachent à l'unité des règles d'interprétation, c'est parce qu'ils ont l'intime conviction que cette unité favorise l'homogénéité d'interprétation du droit de l'OMC. L'Organe d'appel témoigne, tout au long de son raisonnement interprétatif, qu'il est soucieux de respecter les contraintes argumentatives « *qu'implique l'usage du langage du droit* »[771]. Bien plus, son rôle semble ne pas se réduire à résoudre un litige, voire n'importe comment. Cheminant sur les trace du juge international, l'ORD s'accroche plus à *« la besogne judiciaire (qui) consiste bien plus à la justification argumentative adéquate de l'interprétation proposée »*[772]. Cette démarche ne permet-elle d'identifier sans peine un discours juridictionnel[773] ? Ainsi sont dissipées les incertitudes relatives au caractère juridictionnel du SRD. La pratique de l'OMC en matière d'interprétation fournit des illustrations convaincantes que l'ORD est en train de renforcer la part du droit ainsi que la juridictionnalisation de ce système à travers la systématisation et le maniement des principes généraux d'interprétation. Ces principes

---

768 CANAL FORGUES (E.), FLORY (Th.), « *GATT / OMC. Recueil des contentieux du 1er janvier 1948 au 31 décembre 1999* », op. cit., p. 876.

769 Ibid., p. 876.

770 GOUTAL (J.L.), « *Le rôle normatif de l'Organisation Mondiale du Commerce* », art. précit., p. 4.

771 RUIZ FABRI (H.), « *La juridictionnalisation du règlement des litiges économiques entre Etats* », art. précit., p. 919.

772 STAMATIS (C.M.), « *La concrétisation pragmatique des normes juridiques* », art. précit., p. 2990.

773 RUIZ FABRI (H.), « *Le juge de l'OMC : ombres et lumières d'une figure judiciaire singulière* », art. précit., p. 60.

contribuent à rendre un droit assez technique comme le droit de l'OMC davantage lisible par des non spécialistes[774]. De même, ils permettent à l'ORD de renforcer la prévisibilité et la légitimité de ses recommandations en évitant des solutions différentes qui ne peuvent que causer l'incertitude et l'imprévisibilité des droits résultant des Accords visés[775]. Néanmoins, pour que l'on puisse lui reconnaître la qualité de juge, l'ORD devrait en « *enfiler les habits et en adopter le comportement* »[776], non seulement dans sa mission de clarification du droit de l'OMC, mais aussi dans le développement de celui-ci. Les impératifs de sécurité juridique et de procédure équitable doivent se comprendre dans le sens du renforcement du recours aux principes généraux de droit dans le règlement des différends de l'OMC. Une interrogation s'impose dès lors : dans quelle mesure ces impératifs peuvent-ils changer l'office de l'ORD pour qu'il puisse s'émanciper du rôle strict d'application du droit et se donner un rôle plus significatif d'interdisciplinarité ?

SECTION 2 : LA CONSOLIDATION DE LA NORMATIVITÉ DU DROIT DE L'OMC.

« *Malade de ses normes* »[777], le droit international est un droit dont la normativité souffre encore des imperfections souvent rattachées à son caractère primitif et imparfait[778]. À l'instar d'autres branches du droit international, le droit de l'OMC ne fait pas l'exception. Pourtant contenues dans des instruments contraignants[779], ses règles relèvent en

---

774 Ibid., p. 60.

775 Rapport de l'Organe d'appel, « *Brésil - Mesures visant la noix de coco desséchée* », rapport précit., p. 19.

776 RUIZ FABRI (H.), « *Le juge de l'OMC : ombres et lumières d'une figure judiciaire singulière* », art. précit., p. 47.

777 WEIL (P.), « *Vers une normativité relative en droit international ?* », art. précit., p. 7 ; BEDJAOUI (M.), « *l'humanité en quête de paix et de développement : Cours général de droit international public 2004* », RCADI, tome 324, 2008, p. 386.

778 Le degré de normativité ou de juridicité de la règle de droit se mesure à travers sa clarté, sa complétude et son caractère contraignant. WEIL (P.), « *Vers une normativité relative en droit international ?* », art. précit., p. 7.

779 KIEFFER (B.), op. cit., p. 28.

une partie de la *soft Law*[780] puisqu'elles sont marquées par la mollesse et l'insuffisance[781].

Les Groupes spéciaux et l'Organe d'appel, conscients de l'imparfaite charge normative du droit de l'OMC, ne peuvent se limiter à l'application de celui-ci. « *Accusé(s) d'activisme judiciaire* »[782], ils s'ouvrent sur des sources extérieures pour assurer le développement du droit de l'OMC. Cette ouverture s'est accompagnée de leur appropriation d'un pouvoir d'interdisciplinarité inhérent à l'activité judiciaire[783]. L'ORD fait des principes généraux de droit[784], qui sont intimement liés la notion supérieure de justice[785], une source qui nourrit continuellement le droit de l'OMC de « *sa sève vivifiante* »[786]. Ainsi, pour renforcer le degré de normativité d'un tel droit, il n'hésite pas à se référer au ***principe des droits de la défense*** pour parfaire le droit applicable **(*Paragraphe I*)** et au ***principe de la charge de la preuve*** afin d'en résorber les lacunes **(*Paragraphe2*)**.

---

[780] Parce qu'il est dépourvu de dimension contraignante, le droit doux (soft law) est aussi inévitablement un droit flou : formulé en termes d'objectifs, directives ou de recommandations, il perd de sa précision ; non seulement se multiplient les termes vagues, tels que « *charte* » ou « *partenariat* », mais encore la formulation sous forme de principes ou de standards crée une zone d'incertitude et d'indétermination. Faute de prédétermination, la signification des énoncés juridiques dépendra dans une large mesure de l'interprétation qui en sera donnée, notamment par le juge. CHEVALLIER (J.), « *L'Etat post-moderne* », LGDJ, 2004, 2ème éd., p. 123.

[781] Concernant le manque de précision des règles de l'OMC, l'Organe d'appel n'a pas hésité à préciser que le système normatif de l'OMC « *n'est manifestement pas un modèle de précision en matière de rédaction et de communication* ». Rapport de l'Organe d'appel, « *Communautés européennes - Mesures communautaires concernant les viandes et les produits carnés (Hormones)* », rapport précit., parag. CLXXI ; KIEFFER (B.), op. cit., p. 26.

[782] RUIZ FABRI (H.), « *Le juge de l'OMC : ombres et lumières d'une figure judiciaire singulière* », art. précit., p. 72.

[783] PETTITI (L.), « *Le rôle du juge international* », in Mélanges DRAI (P.), « *Le juge entre deux millénaire* », Paris, Dalloz, 2000, p. 100.

[784] Rapport du Groupe spécial, « *Communautés européennes – Mesures affectant l'approbation et la commercialisation des produits biotechnologiques* », rapport précit., parag. 7.86.

[785] BLONDEL (A.), « *Les principes généraux du droit devant la CPJI et la CIJ* », art. précit., p. 213.

[786] BELAID (S.), Thèse précit., p. 303.

Paragraphe 1 : Le rôle du principe des droits de la défense dans le perfectionnement du droit procédural

La sécurité juridique ne peut pas être assurée dans la présence des règles accusées d'être peu précises au niveau de leur rédaction[787]. L'insuffisance et l'imprécision des règles procédurales contenues dans les textes régissant le règlement des différends n'a jamais constitué un obstacle pour assurer une « *procédure régulière* ». En effet, les Groupes spéciaux et l'Organe d'appel, rapprochés plutôt à des organes judiciaires qu'à des organes diplomatiques[788], accordent une grande place au respect des garanties procédurales. Ils font du principe des droits de la défense une source incontournable dans l'assurance de la cohérence et du perfectionnement de la procédure. Dans le flou et l'insuffisance des textes, ce principe doit prêter la main forte à ces organes afin d'assurer l'amélioration des règles procédurales d'une part (*A*) et l'ajustement des pouvoirs des Groupes spéciaux en la matière, d'autre part (*B*)

A) L'amélioration des règles procédurales

S'il est vrai que le SRD est accusé d'être peu transparent[789] et que la procédure est articulée suivant l'objectif de la « *rapidité* »[790], certaines garanties procédurales élémentaires ne peuvent, néanmoins, être ignorées par l'ORD qui aspire à devenir la juridiction mondiale des échanges[791]. La jurisprudence de cet organe fait preuve d'un dynamisme en la matière de la sorte qu'on a proposé d'étendre la juridiction de l'ORD à de

---

787 Rapport de l'Organe d'appel, « *Communautés européennes - Mesures communautaires concernant les viandes et les produits carnés (Hormones)* », rapport précit., parag. CLXXI.

788 GOUTAL (J.L.), « *Le rôle normatif de l'Organisation Mondiale du Commerce* », art. précit., p .26.

789 LORENZO (L.), Thèse précit., p. 238.

790 Dans son rapport « *Droits antidumping* », l'Organe d'appel a eu l'occasion de préciser que « *les règles de procédure du mécanisme de règlement des différends de l'OMC ont pour objet de promouvoir non pas la mise au point de techniques en matière de contentieux, mais simplement le règlement équitable, rapide et efficace des différends commerciaux*». Rapport de l'Organe d'appel, « *Thaïlande – droits antidumping sur les profilés en fer ou en aciers non alliés en provenance de Pologne* », WT/DS122/AB/R. 12/3/2001, parag. 97.

791 MESSERLIN (P.), « *La naissance discrète d'une juridiction mondiale des échanges* », le Monde, 25/3/1997.

nombreux sujets du droit international[792]. Un tel dynamisme a été accompagné par le développement des règles procédurales sur la base des principes généraux[793] qui constituent l'essence même du procès[794]. En effet, soucieux d'assurer un procès acceptable[795], l'appareil judiciaire de l'OMC fait du principe des droits de la défense ou celui du contradictoire des compléments aux règles applicables pour en assurer le perfectionnement. Mais, avant d'en démontrer le rôle dans l'amélioration de la procédure, il convient de distinguer les deux principes susvisés.

La détermination de la signification du principe des droits de la défense n'est pas aisée, c'est d'autant plus vrai que les frontières entre celui-ci et le principe du contradictoire ne sont pas évidentes. Inhérent à l'idée même de droit[796], le principe des droits de la défense « *veut que toute personne, avant que ne soit prise une mesure prenant en considération la personne ou le comportement, soit avertie de cette éventualité et puisse présenter sa cause* »[797]. Pour se défendre, l'intéressé dispose alors de deux facultés ; soit il justifie ce qu'on lui reproche, soit il essaye de le contredire. Cette deuxième possibilité ne forme-t-elle pas le principe du contradictoire ?

Étant un aspect du principe des droits de la défense, le principe du contradictoire suppose, dans sa mise en œuvre, « *l'opposition de visions et d'argumentations, d'où un dialogue comportant trois actions ; une affirmation, une opposition et éventuellement une réplique* »[798]. C'est en ce sens que « *les éléments de preuve destinés à étayer la conviction du juge soient soumis à la discussion des parties. Les règles de procédure*

---

792 BACHAND (R.), « *L'interprétation juridictionnelle chez les internationalistes du XX siècle* », art. précit., p. 174.

793 Rapport annuel de l'Organe d'appel pour l'année 2009, rapport précit., p. 60.

794 CADDIET (L.), « *Et les principes directeurs des autres procès? Jalons pour une théorie des principes directeurs du procès* », in Mélanges NORMAND (J.), « *Justice et droits fondamentaux* », Litec, Lexis Nexis, 2003, p. 86.

795 Par « *acceptable* », le professeur Yves RENOUF entend : « *La procédure devant un panel doit apparaître procéduralement équilibrée et rigoureuse afin que la partie perdante estime qu'elle a eu la possibilité de se défendre pleinement et que le panel a statué de la manière la plus objective possible*». RENOUF (Y.), « *Garantir les "droits de la défense " quelques remarques préliminaires sur la nécessité de développer les règles de procédure dans le règlement des différends de l'OMC* », art. précit., 1996, p. 295.

796 BLONDEL (A.), «*Les principes généraux du droit devant la CPJI et la CIJ* », art. précit., p. 210.

797 DELVOLVE (P.), « *Droit administratif* », Paris, PUF, 1988, p. 390.

798 AJROUD (J.), « *Le principe du contradictoire dans la procédure d'imposition* », Tunis, CPU, 2008, p.15 et 16.

sur l'administration de la preuve sont d'ailleurs aménagées à cette fin, qu'il s'agisse de la communication de pièces, de la comparution personnelle des parties, de l'enquête, des constatations, de la consultation ou de l'expertise »[799]. En dépit des différences[800] au niveau de leurs significations, le principe des droits de la défense et celui du contradictoire offrent les mêmes droits qui sont de trois ordres ; celui d'être avisé de la mesure envisagée, celui de pouvoir connaître les raisons qui motivent cette mesure et finalement celui d'être entendu dans un délai raisonnable[801].

Le respect du principe des droits de la défense, bien qu'il ne soit pas explicitement posé par les textes, constitue le « *principal souci* »[802] des Groupes spéciaux et de l'Organe d'appel dans la conduite de la procédure. Ce principe a été réitéré dans la jurisprudence de l'ORD sous différentes formulations « *droits de la défense ou justice naturelle* »[803], « *procédure régulière* »[804] ou encore « *arguments contradictoires des parties* »[805]...

---

799 GHESTIN (J.), GOUBEAUX (G.), MAGNAN (M.F.) « *Traité de droit civil, "Introduction générale"* », op. cit., p. 628.

800 Moins évidente est l'assimilation du principe du contradictoire au principe des droits de la défense. D'ailleurs, la doctrine a retenu quatre thèses pour délimiter les contours du principe du contradictoire par rapport à celui des droits de la défense. Deux d'entre elles plaident en faveur de l'autonomie de chaque principe par rapport à l'autre et deux défendent, au contraire, l'absorption de l'un par l'autre. Pour plus de détails voir AJROUD (J.), « *Le principe du contradictoire dans la procédure d'imposition* », op. cit., p. 6.

801 GENEVOIS (B.), « *Principes généraux de droit* », Rép. contentieux administratif, Dalloz, tome III, n°646, p. 7, parag. 6.

802 Rapport de l'Organe d'appel, « *Argentine - Mesures affectant les importations de chaussures, textiles, vêtements et autres articles* », rapport. précit., p.36.

803 Rapport de l'Organe d'appel, « *Communautés européennes - Mesures communautaires concernant les viandes et les produits carnés (Hormones)* », rapport précit., parag.133; Rapport de l'Organe d'appel, « *Australie – Mesures de sauvegarde à l'importation de saumons* », rapport précit., parag. 264 ; Rapport de l'Organe d'appel, « *Communautés européennes – Mesures affectant l'importation de certains produits provenant de volailles* », rapport précit., parag. 133.

804 Rapport de l'Organe d'appel, « *Brésil - Mesures visant la noix de coco desséchée* », rapport précit., p. 23 ; Rapport de l'Organe d'appel, « *Etats-Unis – Loi antidumping de 1916* », rapport précit., parag. 150 ; Rapport de l'Organe d'appel, « *Australie – Mesures de sauvegarde à l'importation de saumons* », rapport précit., parag. 272.

805 Rapports du Groupe spécial, « *Communautés européennes - Mesures affectant l'amiante et les produits en contenant* », WT/DS135/R, 18/09/2000, parag. 8.206 ; Rapports du Groupe spécial, « *Argentine – Mesures antidumping définitives à l'importation de carton en provenance d'Allemagne et mesures antidumping définitives à l'importation de carreaux de sol en céramique en provenance d'Italie* »,

Sophistiquée, cette jurisprudence témoigne que l'ORD « *a eu à cœur de développer des moyens répondant au double objectif de rendre la procédure plus efficace et plus acceptable* »[806]. Ainsi, faisant son chemin dans la pratique des Groupes spéciaux et de l'Organe d'appel, le principe des droits de la défense constitue le corollaire de la conduite de la procédure. Mieux encore, l'interprétation des textes qui s'y rapportent doit se faire dans le sens du renforcement des garanties procédurales. Le Mémorandum d'accord, parce qu'il ne peut pas se suffire à lui-même pour régir toutes les situations juridiques, devrait faire l'objet d'interprétation, non seulement dans ce qu'il dit, mais aussi dans ce qu'il ne dit pas[807]. D'ailleurs, l'article 3.10 dudit Mémorandum, tel qu'interprété par l'Organe d'appel, est illustratif. Enoncé sous le titre des « *dispositions générales* », cet article prévoit que « ... *si un différend survient, tous les Membres engageront ces procédures de bonne foi dans un effort visant à régler ce différend* ».

Conscient de l'importance de son rôle dans l'interprétation et le développement des règles procédurales[808], l'Organe d'appel a donné de précieuses clarifications relatives à l'obligation découlant de l'article précité. Il s'agit, en ses termes, d'une « *manifestation concrète du principe de la bonne foi qui... est en même temps un principe juridique général et un principe général du droit international* »[809]. Mieux encore, faisant preuve d'une certaine maturité, cet organe n'hésite pas à établir un lien étroit entre les droits de la défense et le principe de bonne foi qui constitue une base à des principes dérivés. C'est ainsi qu'il a été précisé que la bonne foi veut que les Membres ; plaignants et défendeurs respectent les prescriptions du Mémorandum d'accord et les prescriptions connexes des autres Accords visés. Il s'agit d'une obligation qui impose aux Membres plaignants d'accorder aux « *Membres défendeurs une protection intégrale et la pleine possibilité de se défendre, conformément à la lettre et à l'esprit*

WT/DS189/R, 28/9/2001, parag. 6.42 ; Rapport de l'Organe d'appel « *Etats-Unis – traitement fiscal des "sociétés de ventes à l'etranger"* », rapport précit., parag .11.

806 RENOUF (Y.), « *Garantir les "droits de la défense" quelques remarques préliminaires sur la nécessité de développer les règles de procédure dans le règlement des différends de l'OMC* », art. précit., 1996, p. 301.

807 RUIZ FABRI (H.), « *Le juge de l'OMC : ombres et lumières d'une figure judiciaire singulière* », art. précit., p. 43.

808 Rapport annuel de l'Organe d'appel pour l'année 2009, rapport précit., p. 60 ; RUIZ FABRI (H.), « *Le juge de l'OMC : ombres et lumières d'une figure judiciaire singulière* », art. précit., p. 48.

809 Rapport de l'Organe d'appel, « *Etats-Unis - Traitement fiscal des sociétés de ventes à l'étranger* », rapport précit., Parag. 166.

des règles de procédure. Le même principe de la bonne foi impose aux Membres défendeurs de porter au moment opportun et rapidement à l'attention du Membre plaignant, et de l'ORD ou du Groupe spécial, les manquements allégués aux règles de procédure, de façon que, le cas échéant, des corrections puissent être apportées pour régler les différends »[810]. Ainsi, sont réunis les éléments de définition du principe des droits de la défense qui devra constituer, dès lors, un principe intangible dans la conduite de la procédure de règlement des différends. Doit-on alors comprendre cette disposition dans le sens d'octroi à chacune des parties au différend le droit de justifier ou de contredire ce qu'on lui reproche ? Il s'agit, en fait, d'une interprétation qui atteste que l'Organe d'appel « *fonctionne, selon les critères les plus élevés de la justice internationale* »[811], dans la mesure où il fait d'une garantie nécessaire d'une élémentaire justice le pivot de son raisonnement interprétatif. Que l'on soit en présence d'une telle interprétation semble naturel afin de faire promouvoir la procédure. C'est d'autant plus vrai qu'une telle procédure permet de mesurer le degré de développement et la maturité de l'ORD[812] et de dissiper, par la même, les incertitudes relatives à son caractère juridictionnel[813].

Réitérée dans la jurisprudence de l'ORD, l'interprétation donnée par l'Organe d'appel à l'article 3.10 du Mémorandum d'accord a toujours servi à parfaire les règles procédurales. D'ailleurs, faut-il remarquer que la liberté d'appréciation dont jouissent les Membres dans l'émission de leurs prétentions ne leur permet pas de se soustraire à l'obligation d'engager la procédure de bonne foi. Une telle obligation interdit aux Membres d'omettre « *indûment de présenter des arguments aux autorités compétentes dans le dessein de soulever plus tard ces mêmes arguments devant un groupe spécial...* »[814]. De même, la formulation des observations des parties ne peut pas se faire de façon arbitraire ; elle doit obéir à des règles qui sont de nature à assurer le renforcement des garanties procédurales. C'est en ce sens que l'Organe d'appel a souligné dans son

---

[810] Ibid., Parag. 166.

[811] Rapport annuel de l'Organe d'appel pour l'année 2009, rapport précit., p. 60.

[812] DELBEZ (L.), op. cit. p. 93.

[813] SHARJERDI (P.), TOMKIEWICZ (V.), « *Le procès équitable dans l'espace normatif de l'Organisation Mondiale du commerce* », art. précit., p. 270.

[814] Rapport de l'Organe d'appel, « *Etats-Unis- Mesures de sauvegarde à l'importation de viande d'agneau fraîche, réfrigérée ou congelée en provenance de Nouvelle-Zélande et d'Australie* », WT/DS177/AB/R, WT/DS178/AB/R, 1/5/2001, parag. 115.

rapport « ***Sirop de maïs*** » que « *les règles relatives à la bonne foi, à la régularité et au bon déroulement de la procédure prescrivent que les objections, notamment celles qui peuvent avoir une telle importance, devraient être soulevées explicitement* »[815]. Il est évident que l'on se retrouve face à la régularité de la procédure pour donner la possibilité à l'autre partie de se défendre pleinement.

Force est de constater que la contradiction, quoiqu'elle soit insuffisamment consacrée par les textes, elle constitue bien un principe central de la procédure dans la jurisprudence de l'ORD[816]. Etant donné qu'elle forme un aspect des droits de la défense ou encore « *l'âme du procès* »[817], elle est réitérée sous plusieurs formulations : « *arguments contradictoires des parties* »[818], « *audition contradictoire* »[819], « *preuve contradictoire* » ou encore « *des allégations contradictoires* »[820]. Il s'agit d'un instrument qui constitue « *la voie de la vérité* »[821] dans la mesure où il permet le dialogue et la confrontation et non pas seulement la réponse. Mais, pour qu'elle puisse donner sa pleine signification, la contradiction suppose un minimum de transparence de la part des parties au différend.

Parce que l'ORD est accusé d'être peu transparent à cause d'une grande confidentialité garantie par certains textes, des aménagements devraient être apportés à la procédure afin de garantir la contradiction et

---

815 Rapport de l'Organe d'appel, « *Mexique - Enquête antidumping concernant le sirop de maïs à haute teneur en fructose en provenance des Etats-Unis* », (Recours des Etats-Unis à l'article 21.5 du Mémorandum d'accord sur le règlement des différends), WT/DS132/AB/RW, 22/10/2001, parag. 47.

816 LORENZO (L.), Thèse précit., p. 233.

817 Il n'y a pas de procès digne de ce nom que si la contradiction entre les parties est assurée. CADDIET (L.), « *Et les principes directeurs des autres procès ? Jalons pour une théorie des principes directeurs du procès* », art. précit., p. 86.

818 Rapport du Groupe spécial, « *Communautés européennes - Mesures affectant l'amiante et les produits en contenant* », rapport précit., parag. 8.206 ; Rapport du Groupe spécial, « *Argentine – Mesures antidumping définitives à l'importation de carton en provenance d'Allemagne et mesures antidumping définitives à l'importation de carreaux de sol en céramique en provenance d'Italie* », rapport précit., parag. 6.42 ; Rapport de l'Organe d'appel « *Etats-Unis – traitement fiscal des* "sociétés de ventes à l'étranger" », rapport précit., parag. 11.

819 Rapport du Groupe spécial, « *Egypte – Mesures antidumping définitives à l'importation de barres d'armature en acier en provenance de la Turquie* », WT/DS211/R, 8/8/2002, parag. 7.341.

820 Rapport du Groupe spécial, «*Canada - Protection conférée par un brevet pour les produits pharmaceutiques*», WT/DS114/R, 17/3/2000, parag. 4.35, 7.29 et 7.98.

821 MARTIN (R.), « *De la contradiction à la vérité judiciaire* », Gaz., Pal., 30/4/1981, p. 209.

de faire élever le différend au rang du procès juridictionnel. En effet, soucieux d'éviter le blocage de la procédure due à une application exacerbée de la confidentialité[822], les Groupes spéciaux ont eu l'occasion de préciser que « *les renseignements pertinents sont considérés comme confidentiels n'est pas une raison valable pour ne pas les fournir avec la demande afin d'étayer les affirmations contenues dans cette dernière* »[823]. Certes, les plaignants ne peuvent pas être contraints à communiquer des renseignements commerciaux confidentiels aux Groupes spéciaux, néanmoins, ils ne peuvent pas invoquer la confidentialité pour justifier leur défaillance dans la présentation des éléments de preuve[824]. Doit-on alors signaler que, dans l'exagération ou l'insuffisance des textes, l'ORD, cheminant sur les traces de la juridiction[825], favorise le développement des règles procédurales en consacrant des principes communs à toute espèce de procès juridictionnel[826]. D'ailleurs, n'étant pas obligé de fonder sa position par référence aux textes, l'ORD n'entend pas déroger aux principes d'égalité des parties et d'égalité des armes qui sont considérés comme allant de soi, tant qu'ils sont liés à la nature des justiciables[827].

On doit constater, dès lors, que cet organe n'envisage pas la procédure comme devant se limiter à une garantie formelle. Loin de se réduire à un strict garant des textes, il en déborde, tout en assurant le respect du principe des droits de la défense dont la contradiction constitue un élément de définition. Aussi faut-il remarquer que l'interprétation que l'Organe d'appel donne à ce principe dépasse largement les simples exigences d'un procès équilibré pour favoriser une procédure équitable susceptible de conduire à une juste recommandation. C'est en ce sens que l'Organe d'appel évoque « *l'équité élémentaire, ou ce qui est connu dans nombre de systèmes juridiques comme droits de la défense ou de la justice naturelle* »[828]. Il ne tarde pas, au fil de ses rapports, à reproduire ses

---

[822] LORENZO (L.), Thèse précit., p. 243.

[823] Rapport du Groupe spécial, « *Guatemala - Enquête antidumping concernant le ciment portland en provenance du Mexique* », WT/DS/60/R, 19/6/1998, parag. 7.71.

[824] Rapport du Groupe spécial, « *Indonésie – certaines mesures affectant l'industrie automobile* », rapport précit., parag. 14.235.

[825] RUIZ FABRI (H.), « *La juridictionnalisation du règlement des litiges économiques entre Etats* », art. précit., p. 920.

[826] CADDIET (L.), « *Et les principes directeurs des autres procès? Jalons pour une théorie des principes directeurs du procès* », art. précit., p.86.

[827] RUIZ FABRI (H.), « *Le juge de l'OMC : ombres et lumières d'une figure judiciaire singulière* », art. précit., p. 49.

[828] Rapport de l'Organe d'appel, « *Communautés européennes - Mesures communautaires concernant les viandes et les produits carnés (Hormones)* », rapport

constations en insistant sur ces exigences. Une attention particulière est, dès lors, accordée à la capacité des parties au différend à construire leur défense[829]. Mieux encore, l'Organe d'appel n'hésite pas, le cas échéant, à en assurer l'évaluation[830].

Soucieux des garanties procédurales, l'Organe d'appel ne contribue- t-il pas alors à faire promouvoir une conception uniforme du procès conforme non seulement à des principes transversaux, mais aussi au standard du procès équitable[831] ? Il semble que l'on se retrouve face à un « procès » qui, sans atteindre le rang du procès équitable, aspire à le devenir. À la lumière des observations qui précèdent, on peut remarquer que le développement des règles procédurales dans le règlement des différends était le résultat de la volonté des Groupes spéciaux et de l'Organe d'appel de se faire juge. Une telle volonté a-t-elle envahi toutes les phases de la procédure même celle qui a un objet particulier[832] ?

---

précit., parag. 133. Cette formulation a été reprise dans plusieurs rapports des Organes de règlement des différends. Rapport de l'Organe d'appel, « *Australie – Mesures de sauvegarde à l'importation de saumons* », rapport précit., parag. 264 ; Rapport de l'Organe d'appel, « *Communautés européennes – Mesures affectant l'importation de certains produits provenant de volailles* », rapport précit., parag. 133 ; Rapport du Groupe spécial « *Argentine - mesures de la sauvegarde à l'importation de chaussures* », rapport précit., parag .7.20.

[829] L'Organe d'appel a admis que, dans la demande de l'établissement du Groupe spécial, la simple énumération des dispositions dont il est affirmé qu'elles ont été violées peut affecter la capacité de se défendre de la partie concernée ; encore faut-il que celle-ci le prouve. Rapport de l'Organe d'appel, « *Corée- Mesures de sauvegarde définitive à l'importation de certains produits laitiers* », WT/DS98/AB/R, 14/12/1999, parag. 131. S'agissant des allégations soutenues par la partie plaignante, l'Organe d'appel a jugé qu'une partie défenderesse « *a le droit de savoir à quelle argumentation elle doit répondre et quelles violations ont été alléguées afin qu'elle puisse commencer à préparer sa défense* ». Rapport de l'Organe d'appel, « *Thaïlande - Droits antidumping sur les profilés en fer ou en aciers non alliés et les poutrelles en H en provenance de Pologne* », rapport précit., parag. 88.

[830] L'Organe d'appel a considéré, s'agissant de la déclaration d'appel des Etats-Unis, que celle-ci était suffisamment précise, notamment au regard du fait que les intimés avaient pu présenter des communications élaborées et approfondies. Rapport de l'Organe d'appel, « *Etats–Unis – Prohibition à l'importation de certaines crevettes et de certains produits à base de crevettes* », rapport précit., parag. 97.

[831] RUIZ FABRI (H.), « *Le juge de l'OMC : ombres et lumières d'une figure judiciaire singulière* », art. précit., p. 56.

[832] Rapport du Groupe spécial, « *Japon - taxes sur les boissons alcooliques* », rapport précit., parag. 5.2.

Aussi critiquable qu'elle soit, la phase du réexamen intérimaire[833] n'était pas, néanmoins, à l'abri des tentatives des Groupes spéciaux et de l'Organe d'appel dans le sens du renforcement des garanties procédurales. Si le Mémorandum d'accord atteste que la contradiction n'est pas respectée dans cette phase[834], l'ORD se montre soucieux d'éviter que celle-ci soit utilisée pour présenter de nouvelles questions de droit, d'où « *la cristallisation du débat contentieux* »[835]. D'ailleurs, les Groupes spéciaux, dans l'interprétation de l'article 15.2 du Mémorandum d'accord, n'ont pas hésité à préciser que « *la réunion de réexamen n'avait pas pour objet de donner aux parties la possibilité de soulever de nouvelles questions judiciaires et de présenter de nouveaux éléments de preuve, ni d'engager un débat avec le Groupe spécial. A son avis, le but de la phase de réexamen intérimaire était d'examiner des aspects spécifiques et particuliers du rapport intérimaire* »[836]. Après avoir rappelé l'objectif de cette phase, le Groupe spécial, dans ce même différend, a reproché aux Etats-Unis d'avoir présenté, dans la demande de réexamen intérimaire, des arguments qui n'étaient pas exposés[837].

Bien qu'elle soit peu originale, la position des Groupes spéciaux atteste un souci d'éviter que cette phase puisse dériver de son objectif en favorisant une partie au détriment de l'autre. Ainsi se tisse une nouvelle orientation qui va dans le sens de la considération pour les garanties procédurales dans cette phase. Une telle orientation est de plus en plus

---

833 Article 15 du Mémorandum d'accord.

834 LORENZO (L.), Thèse précit., p. 219.

835 RUIZ FABRI (H.), MONNIER (P.), « *Organisation Mondiale du Commerce : Chronique du règlement des différends 2008-2009* », JDI, 2009, p. 937.

836 Rapport du Groupe spécial, « *Japon - taxes sur les boissons alcooliques* », rapport précit., parag. 5.2 ; Rapport du Groupe spéciale, « *États-Unis – Restrictions à l'importation de vêtements de dessous de coton et de fibres synthétiques ou artificielles* », WT/DS24/R, 08/11/1996, parag. 6.2 ; Rapport du Groupe spéciale, « *Australie – Mesures de sauvegarde à l'importation de saumons* », WT/DS18/R, 8/11/1996, parag. 7.3 ; Rapport du Groupe spéciale, « *Guatemala - enquête antidumping concernant le ciment portland en provenance du Mexique* », rapport précit., parag.6.2 ; Rapport du Groupe spécial, «*Inde - Restrictions quantitatives à l'importation de produits agricoles, textiles et industriels* », WT/DS90/R, 6/4/1999, parag. 4.2 ; Rapport du Groupe spécial, « *Inde – Mesures concernant le commerce et l'investissement dans le secteur automobile* », rapport précit., parag. 6.2.

837 Rapport de l'Organe d'appel, « *Etats –Unis – Lois, réglementations et méthode de calcul des marges de dumping (Réduction à zéro)* », WT/DS294/AB/RW, 14/5/2009, in RUIZ FABRI (H.), MONNIER (P.), « *Organisation Mondiale du Commerce : Chronique du règlement des différends 2008-2009* », op. cit., p. 937.

vérifiable dans la pratique des Groupes spéciaux. Malgré le silence des textes régissant le règlement des différends, ces organes témoignent d'un souci d'assurer une procédure de type contradictoire de l'écrit dans la phase de réexamen intérimaire. C'est en ce sens que des « *parties ont réservé leurs droits de répondre aux observations de chacune d'entre elles au sujet du rapport intérimaire* » en « *invoquant la pratique des Groupes spéciaux* »[838]. De même, lors de l'envoi du rapport intérimaire aux parties, le Groupe spécial « ***Amiante*** » n'a pas hésité à offrir « *à chacune d'elles la possibilité, au cas où aucune réunion ne serait demandée, de remettre par écrit des commentaires sur la demande initiale de réexamen soumise par l'autre partie, à la condition que ces commentaires se limitent strictement aux questions identifiées par l'autre partie dans sa demande initiale de réexamen* »[839]. De même, dans un souci d'équité, il a souligné que chaque partie au différend peut présenter des observations complémentaires strictement limitées aux observations de l'autre partie[840].

Appelé à examiner une question soulevée par une partie, le Groupe spécial ne s'est pas contenté du simple examen de la question. Bien plus, il s'est permis de poser des questions à chacune des parties à propos de l'admissibilité de l'argument et il a même demandé à la partie concernée d'expliciter ses déclarations et à l'autre de présenter des observations à son sujet[841]. Doit-on alors signaler que les Groupes spéciaux se forgent, dans le silence et le flou des textes, une pratique qui *« installe la contradiction où n'existait que la critique* »[842], écrit *Lorenzo Ludovic*. C'est ainsi que l'ORD contribue à l'ancrage des garanties procédurales dans le règlement des différends de l'OMC dans toutes ses phases. Si cet organe a fait preuve d'un dynamisme, au moyen du principe des droits de la défense, pour surmonter les difficultés relatives à l'insuffisance des règles procédurales, comment pourrait-il gérer les vastes pouvoirs des Groupes spéciaux dans la conduite de la procédure ?

---

838 Rapport du Groupe spécial, « *Corée – Mesures affectant les importations de viande de bœuf fraîche, réfrigérée et congelée* », WT/DS161/R, WT/DS169/R, 31/7/2000, parag. 488.

839 Rapport du Groupe spécial, « *Communautés européennes - Mesures affectant l'amiante et les produits en contenant* », rapport précit., parag .7.1.

840 Rapport du Groupe spécial, « *Argentine - Mesures visant l'exportation de peaux de bovins et l'importation de cuirs finis* », rapport précit., parag. 10.1.

841 Rapport du Groupe spécial, « *Etats-Unis – Loi antidumping de 1916* », WT/DS136/R, WT/DS162/R, 29/5/2000, parag. 5.2.

842 LORENZO (L.), Thèse précit., p . 227.

B) L'ajustement des pouvoirs des Groupes spéciaux

Justifiée par le souci d'assurer une haute qualité des rapports[843], la conduite de la procédure des Groupes spéciaux est marquée par une certaine flexibilité. En témoigne l'article 12 du Mémorandum d'accord qui reconnaît à ces organes des vastes pouvoirs en matière de demande de renseignements ou d'avis et dans la fixation des délais. Un ajustement de ces pouvoirs est, cependant, recommandé afin de rationaliser et de réguler l'intervention des Groupes spéciaux.

Etant encadrés, les pouvoirs des Groupes spéciaux devraient être orientés dans le sens du renforcement des garanties procédurales. C'est en ce sens que l'Organe d'appel n'hésite pas à valoriser le rôle de ces organes dans le déroulement de la procédure[844]. Qualifié de fondamental, ce rôle devrait assurer le renseignement suffisant des parties au différend concernant les allégations, en leur permettant de répondre aux arguments du plaignant[845]. Si l'Organe d'appel soutient la flexibilité de la conduite de la procédure, c'est parce qu'il a l'intime conviction que les efforts des Groupes spéciaux devraient être investis pour assurer une « *procédure régulière* »[846] voire équitable. Cependant, ces efforts ne pourraient, en aucun cas, se transformer en abus de pouvoirs[847]. Les Groupes spéciaux

---

843 Article 12.2 du Mémorandum d'accord.

844 Pour valoriser le rôle des Groupes spéciaux dans la conduite de la procédure, l'Organe d'appel a eu l'occasion de souligner que : « *le Mémorandum d'accord donne à un groupe spécial établi par l'ORD, et engagé dans une procédure de règlement d'un différend, le pouvoir ample et étendu d'engager et de contrôler le processus par lequel il s'informe aussi bien des faits pertinents de la cause que des normes et principes juridiques applicables à ces faits. Ce pouvoir, et son étendue, sont donc tout à fait nécessaires pour permettre à un groupe spécial de s'acquitter de la tâche que lui impose l'article 11 du Mémorandum d'accord – procéder à une évaluation objective de la question dont il est saisi, y compris une évaluation objective des faits de la cause, de l'applicabilité des dispositions des accords visés pertinents et de la conformité des faits avec des dispositions* ». Rapport de l'Organe d'appel, « *Etats–Unis –Prohibition à l'importation de certaines crevettes et de certains produits à base de crevettes* », Rapport précit., p. 41.

845 SHARJERDI (P.), TOMKIEWICZ (V.), « *Le procès équitable dans l'espace normatif de l'Organisation Mondiale du commerce* », art. précit., p. 278.

846 Rapport de l'Organe d'appel, « *Brésil - Mesures visant la noix de coco desséchée* », rapport précit., p .23 ; Rapport de l'Organe d'appel, « *Etats-Unis – Loi antidumping de 1916* », rapport précit., parag .150 ; Rapport de l'Organe d'appel, « *Australie – Mesures de sauvegarde à l'importation de saumons* », rapport précit., parag. 272.

847 Il s'agit d'abus de pouvoir, autrement dit de détournement de pouvoir qui est distinct de l'abus de droit. Ce détournement consiste en « *un vice qui entache un acte par*

devraient-ils alors s'interdire de tout agissement de nature à compromette les droits des justiciables à une procédure équitable ?

Il n'est pas sans intérêt de rappeler que l'Organe d'appel, ayant opté pour la consécration d'une conception uniforme du procès, n'a pas tardé à ajuster les vastes pouvoirs dcs Groupes spéciaux. Comparé à une Cour suprême de l'ordre commercial international[848], il exerce un contrôle rigoureux sur ces organes dans le but d'éviter les abus de leur part et ce, par le respect des droits de la défense. En effet, ayant accepté la présentation des éléments de preuve ultérieurement à la date fixée, il rappelle « *un principe fondamental* »[849] en matière de procédure régulière et d'égalité des armes. Ce principe exige qu'une partie se voit accorder la possibilité de répondre aux allégations présentées contre elle, d'où la nécessité d'un délai pour se faire. C'est en ce sens qu'on voit émerger l'égalité des armes qui renseigne sur le degré d'équité de la procédure[850]. Le respect de la contradiction ne constitue t-il pas alors un instrument de rationalisation des pouvoirs des Groupes spéciaux ?

De même, parce qu'il ne peut concevoir la flexibilité de la procédure des Groupes spéciaux que sous l'angle des droits de la défense, l'Organe d'appel n'hésite pas à réguler leurs pouvoirs dans le fonctionnement du système probatoire[851]. C'est ainsi qu'il a précisé que «*le Mémorandum d'Accord... laisse aux Groupes spéciaux une marge discrétionnaire pour s'occuper, toujours dans le respect des droits de la défense, des situations particulières qui peuvent se poser dans un cas précis et qui n'ont pas été expressément prévues* »[852]. Est interdite ainsi la substitution des avis d'experts à l'émission des allégations ou à la défaillance d'une partie dans la charge de la preuve. En effet, ayant constaté la défaillance des Etats-

lequel l'administration, en méconnaissance de ses règles, a poursuivi un but différent de celui que le droit assignait, détournant ainsi de sa finalité légale le pouvoir qui lui était confié », RIVERO (J.), WALINE (J.), « *Droit administratif* », Paris, Dalloz, 15ème édition, 1994, parag. 259, p. 216.

848 RUIZ FABRI (H.), « *Le juge de l'OMC : ombres et lumières d'une figure judiciaire singulière* », art. précit., p. 50.

849 Rapport de l'Organe d'appel « *Australie-mesures visant les importations de saumons* », rapport précit., parag. 278.

850 RUIZ FABRI (H.), MONNIER (P.), « *Organisation Mondiale du Commerce : Chronique du règlement des différends 1996-1998* », JDI, n°2, 1999, p. 502.

851 RUIZ FABRI (H.), « *Le règlement des différends au sein de l'OMC : naissance d'une juridiction, consolidation d'un droit* », art. précit., p. 317.

852 Rapport de l'Organe d'appel, « *Communautés européennes - Mesures communautaires concernant les viandes et les produits carnés (Hormones)* », rapport précit., parag. 152, note 138, p. 68.

Unis dans l'émission de l'allégation d'incompatibilité et le commencement de preuve[853], l'Organe d'appel a eu l'occasion de souligner dans son rapport « ***Produits agricoles*** » que les Groupes spéciaux ont un large pouvoir d'investigation. Néanmoins, ce pouvoir ne leur permet pas de trancher en faveur d'une partie plaignante qui n'a pas fourni un commencement de preuve d'incompatibilité sur la base d'allégations juridiques spécifiques qu'elle a formulées[854].

Ayant confirmé la position de l'Organe d'appel en la matière, l'ORD a souligné récemment qu' « *un groupe spécial doit limiter son examen aux éléments de preuve dont disposait l'organisme au cours de l'enquête et il doit tenir compte de tous les éléments de preuve de ce type communiqués par les parties au différend* »[855]. Ne s'agit-il pas alors de consécration des droits de la défense contre l'arbitraire des Groupes spéciaux ?

Mieux encore, une incompatibilité avec le Mémorandum d'Accord est admise sous réserve du respect des droits de la défense. Pour illustrer l'orientation amorcée en la matière, on cite le comportement du Groupe spécial « ***Crevettes*** » ainsi que la position de l'Organe d'appel à son égard. En effet, en vertu de son pouvoir large d'investigation, le Groupe spécial a accepté de recevoir des renseignements non demandés en l'occurrence des communications des organisations non gouvernementales. Bien qu'elles soient incompatibles avec le Mémorandum d'Accord, ces renseignements peuvent être admises, selon l'Organe d'appel, mais à condition qu'ils soient inclus « *dans la communication d'une partie* ». Un délai de réponse pour les autres parties est dès lors indispensable[856].

Aussi contestable qu'elle soit, la position de l'Organe d'appel atteste que celui-ci fait des droits de la défense un principal souci voire une excuse de l'ignorance d'une incompatibilité avec le Mémorandum d'accord. De ce qui précède, on peut remarquer que si la procédure devant les Groupes spéciaux est marquée par une flexibilité garantie par le Mémorandum d'accord, un accroissement du rôle de l'Organe d'appel

---

853 Rapport de l'Organe d'appel, « *Japon - mesures visant les produits agricoles* », rapport précit., parag. 126, p. 39.

854 Ibid., parag. 129, p. 40.

855 Rapport des Groupes spéciaux, « *Chine- Mesures imposant des droits antidumping sur les tubes, sans soudure, en acier inoxydable haute performance en provenance du japon et de l'UE* », WT/DS454/R, WT/DS460/R, 13/02/2015, p. 31, parag. 7.6.

856 Rapport de l'Organe d'appel, « *Japon - mesures visant les produits agricoles* », rapport précit., p. 498.

pour assurer l'ajustement des pouvoirs de ces organes est en voie d'ancrage[857]. Par ce contrôle intensifié qui a pour effet de renforcer les garanties procédurales, l'Organe d'appel ne contribue-t-il pas à accentuer la configuration judiciaire ? Ainsi se dessinent les prémisses d'un procès équitable dans le règlement des différends qui constitue l'un des critères décisifs de l'Etat de droit[858]. Si l'imprécision du texte a incité l'ORD à jouer un rôle dans le perfectionnement des règles procédurales, le silence du Mémorandum d'accord pourrait-il constituer une échappatoire pour s'abstenir de régler les différends de l'OMC ?

Paragraphe 2: Le rôle du principe de la charge de la preuve dans le comblement des lacunes du Mémorandum d'accord

Face à des règles incomplètes, « *le juge de l'OMC* »[859] ne peut assurer la sécurité juridique qu'en s'évadant de sa fonction classique d'application du droit[860]. S'acquittant d'un rôle plus important que celui prévu par le Mémorandum d'accord[861], l'ORD se donne un rôle d'interdisciplinarité lui permettant de s'ouvrir aux principes généraux de droit. Plus le droit de l'OMC est lacunaire plus cet organe va emprunter à ces principes pour combler la faiblesse normative de ce droit[862]. En témoigne la position des Groupes spéciaux et de l'Organe d'appel concernant la charge de la preuve.

Distincte de la question de l'examen et la pondération des éléments de preuve[863], l'attribution de la charge de la preuve est déterminante dans la conduite du procès qui peut en dépendre[864]. En effet, la partie, à qui

---

[857] SACERDOTI (G.), « *Structure et fonction du système de règlement des différends de l'OMC : les enseignements des dix premières années* », art. précit., p. 772.

[858] MORIN (J.Y.), « *La mondialisation, l'éthique et le droit* », in MOCKLE (D.), « *Mondialisation et Etat de droit* », Bruxelles, Bruylant, 2002, p. 123.

[859] RUIZ FABRI (H.), « *Le juge de l'OMC : ombres et lumières d'une figure judiciaire singulière* », art. précit., p. 40 ; GOUTAL (J.L.), « *Le rôle normatif de l'Organisation Mondiale du Commerce* », art. précit., p. 26.

[860] DE BECHILLON (D.), « *Comment traiter le pouvoir normatif du juge* », in Mélanges JESTAZ (Ph.), « *Libres propos sur les sources du droit* », Paris, Dalloz, 2006, p. 27.

[861] RUIZ FABRI (H.), « *Le juge de l'OMC : ombres et lumières d'une figure judiciaire singulière* », art. précit., p. 41.

[862] JOUANNET (E.), « *L'ambivalence des principes généraux face au caractère étrange et complexe de l'ordre juridique international* », art précit., p. 135 .

[863] RUIZ FABRI (H.), « *L'appel dans le règlement des différends de l'OMC : trois ans après quinze rapports plus tard* », art. précit., p. 68.

[864] JEANMART (N.V.), « *Droit de la preuve* », Bruxelles, Larcier, 1991, p. 37.

incombe la charge de la preuve, supporte le risque de la preuve ; elle est déboutée et perd son procès si elle ne parvient pas à établir la preuve du fait invoqué[865].

En raison de leur importance dans la conduite du procès, les règles relatives aux questions probatoires devraient être fixées dans les textes régissant le règlement des différends. Pour importante qu'elle soit dans la configuration de la procédure[866], la question de la charge de la preuve est, toutefois, ignorée dans le Mémorandum d'Accord et dans d'autres textes relatifs au règlement des différends. Il s'agit d'un constat qui a été affirmée par l'Organe d'appel lors de l'examen des articles 3.8 du Mémorandum d'Accord[867] et 5.8 de l'Accord SPS[868].

Ayant pour objet l'organisation du régime de la preuve après l'établissement d'une violation[869], l'article 3.8 du Mémorandum d'Accord dispose que : « *dans le cas où il y a infraction aux obligations souscrites au titre d'un accord visé, la mesure en cause est présumée annuler ou compromettre un avantage* ». En effet, « *codifiant la pratique antérieurement suivie dans le cadre du GATT de 1947* »[870], cet article se rapporte à ce qui se passe suite à l'établissement d'une violation. Néanmoins, il ne donne pas de précision sur celui qui supporte le fardeau de la preuve. Autrement dit, il ne détermine pas la partie qui doit en premier démontrer qu'il y a ou non manquement aux obligations souscrites au titre des Accords visés.

En ce qui concerne l'article 5.8 de l'Accord SPS[871], il n'est pas censé traiter des problèmes relatifs à la charge de la preuve. En effet, cet article

---

865 COURBE (P.) « *Introduction générale au droit*», Paris, Dalloz, 6ème édition, 1999, p. 117.

866 RUIZ FABRI (H.), « *L'appel dans le règlement des différends de l'OMC : trois ans après quinze rapports plus tard* », art. précit., p. 68.

867 Rapport de l'Organe d'appel, « *Etats-Unis - Mesures affectant les importations de chemises, chemisiers et blouses de laine, de tissus en provenance d'Inde* » rapport précit., parag. 14-15.

868 Rapport de l'Organe d'appel, « *Communautés européennes- Mesures communautaires concernant les viandes et les produits carnés (Hormones)* », rapport précit., p-p. 41-42.

869 Rapport de l'Organe d'appel, « *Etats-Unis - Mesures affectant les importations de chemises, chemisiers et blouses de laine, de tissus en provenance d'Inde* » rapport précit., p. 15.

870 CANAL FORGUES (E.), FLORY (Th.), « *GATT / OMC. Recueil des contentieux du 1er janvier 1948 au 31 décembre 1999* », op. cit., p. 642.

871 L'article 5.8 dispose que: « *lorsqu'un Membre aura des raisons de croire qu'une mesure sanitaire spécifique introduite ou maintenue par un autre Membre exerce, ou*

ne vise pas une situation de règlement des différends. Au contraire, il concerne le droit de recevoir des informations dans une situation précédant un différend.

En raison de son importance dans l'assurance d'un règlement équitable et ordonné d'un différend[872], la question de la charge de la preuve devrait être résolue. L'Organe d'appel, conscient du vide conventionnel sur cette question, s'est octroyé un pouvoir qui excède les compétences qui lui sont initialement attribuées. En effet, il n'a pas hésité à chercher la solution dans des principes communs retenus dans d'autres systèmes juridictionnels[873]. C'est ainsi qu'il a réceptionné[874] un principe « *généralement admis... dans la plupart des systèmes juridiques* »[875]. Un tel principe est connu sous la formulation suivante : « *la preuve de l'allégation par son auteur* »[876]. Admis dans les droits anciens, le principe de la charge de la preuve est exprimé en droit romain par l'adage « *actori incombit probatio* »[877]. Il est systématiquement accepté et appliqué par divers

---

peut exercer, une contrainte sur ses exportations et qu'elle n'est pas fondée sur les normes, directives ou recommandations internationales pertinentes, ou que de telles normes, directives ou recommandations n'existent pas, une explication des raisons de cette mesure sanitaire ou phytosanitaire pourra être demandée et sera fournie par le Membre maintenant la mesure ».

872 Rapport de l'Organe d'appel, « *Canada–Mesures visant l'exportation d'aéronefs civils* », WT/DS70/AB/R, 02/08/1999, parag. 198.

873 SHARJERDI (P.), TOMKIEWICZ (V.), « *Le procès équitable dans l'espace normatif de l'Organisation Mondiale du Commerce* », art. précit., p. 281.

874 Les principes communs aux systèmes juridiques ne sont pas tous applicables dans l'ordre juridique international. Encore faut-il qu'ils soient transposables. Seuls le sont ceux qui sont compatibles avec les caractères fondamentaux de l'ordre juridique international, ce qui oblige le juge ou l'arbitre international à un examen cas par cas. VERDROSS (A.) écrivait très nettement à ce sujet : « *il n'existe pas de critère général pour savoir si un principe de droit interne est applicable par analogie aux relations internationales. Il faut décider dans chaque cas d'après la nature du principe invoqué* ». QUOC DINH (N.), DAILLIER (P.), PELLET (A.), « *Droit international public* », op. cit., 8ème éd. p. 352.

875 CANAL FORGUES (E.), FLORY (Th.), « *GATT / OMC. Recueil des contentieux du 1er janvier 1948 au 31 décembre 1999* », op. cit., p.766.

876 Rapport de l'Organe d'appel, « *Etats-Unis - Mesures affectant les importations de chemises, chemisiers et blouses de laine, de tissus en provenance d'Inde* », rapport précit., p. 15 et 16.

877 CHARFI (M.), « *Introduction à l'étude du droit* », Tunis, Cérès, 1997, p. 243 ; CANAL FORGUES (E.), FLORY (Th.), « *GATT / OMC. Recueil des contentieux du 1er janvier 1948 au 31 décembre 1999* », op. cit., p. 860.

tribunaux internationaux y compris la CIJ[878]. En effet, dans l'affaire du « ***Temple de Préah Vihéar*** » qui opposait le Cambodge et la Thaïlande, la Cour a reconnu comme allant de soi que la charge de la preuve « *incombe évidemment à la partie qui affirme (les faits) ou les avance* »[879]. Autrement dit, celui qui émet une prétention doit prouver les faits nécessaires au succès de sa prétention[880]. Qu'en est-il des parties au différend dans le cadre de la jurisprudence de l'ORD ?

Ne pouvant s'écarter de la pratique internationale, les Groupes spéciaux et l'Organe d'appel appliquent, dès le début de leur fonctionnement, le principe de la charge de la preuve. Cette solution s'impose d'emblée puisque le Mémorandum d'accord ne permet pas à ces organes de s'abstenir de régler les différends en adoptant une conclusion de non liquet[881]. Ainsi, comme tous les juges, « *le juge de l'OMC* »[882] ne peut pas s'abriter derrière les lacunes du droit de l'OMC pour refuser le règlement du différend en cause. Au contraire, c'est dans le silence du Mémorandum d'accord que le Groupe spécial « **Importations de chemises** » a apporté « *les bases fondamentales du droit de la preuve à l'OMC* »[883]. En effet, il a eu l'occasion de préciser qu' « *il appartient à la partie qui affirme un fait, que ce soit le demandeur ou le défendeur, d'en apporter*

---

[878] Rapport de l'Organe d'appel, « *Etats-Unis - Mesures affectant les importations de chemises, chemisiers et blouses de laine, de tissus en provenance d'Inde* », rapport précit., p.15.

[879] Arrêt de la CIJ relatif à l'affaire du « *Temple de Preah Vihéar* », 15/6/1962, Rec. de la CIJ, 1962, p. 6.

[880] Ce principe est aujourd'hui posé par l'article 1315 du code civil français et l'article 420 du code tunisien des obligations et des contrats. Voir GHESTIN (J.), GOUBEAUX (G.), MAGNAN (M.F.) « *Traité de droit civil, "Introduction générale"* », op. cit., p. 615 ; CHARFI (M.), « *Introduction à l'étude du droit* », op. cit., p. 243.

[881] En droit international public, l'application exclusive du droit conventionnel et du droit coutumier aurait pour conséquence que beaucoup de différends devraient être tranchés dans le sens de la non-existence d'une obligation. Sur ce point le professeur Alfred VERDROSS écrit : « *si on enfermait la compétence de la Cour dans les limites des règles positives reconnues, elle aurait trop souvent à débouter les parties* ». VERDROSS (A.), « les principes généraux de droit dans le système des sources du droit international public », Mélanges Guggenheim, 1968, p. 527 et s. SACERDOTI (G.), « *Structure et fonction du système de règlement des différends de l'OMC : Les enseignements des dix premières années* », art. précit., p.783.

[882] RUIZ FABRI (H.), « *Le juge de l'OMC : ombres et lumières d'une figure judiciaire singulière* », art. précit., p. 40 ; GOUTAL (J.L.), « *Le rôle normatif de l'Organisation Mondiale du Commerce* », art. précit., p. 26.

[883] NGAMBI (J.), « *La preuve dans le règlement des différends de l'Organisation Mondiale du Commerce* », Bruxelles, Bruylant, 2010, p. 29.

la preuve»[884]. À défaut, l'examen du litige ne va pas plus loin[885]. Il y a déplacement de la charge de la preuve du plaignant au défendeur une fois des éléments de preuve suffisants sont fournis par le demandeur. Par ailleurs, le défendeur doit, à son tour, supporter le risque de la preuve ; il n'aura pas gain de cause s'il ne fournit pas les moyens de preuve, destinés à réfuter la présomption établie par le plaignant[886]. Ces règles forment, désormais, « *les principes généraux applicables à l'attribution de la charge de la preuve dans le SRD* », ce qui a été récemment précisé par les Groupes spéciaux dans leurs rapports « ***Biodiesel*** », « ***Mesures antidumping***» et autres[887].

De son côté, l'Organe d'appel était soucieux d'amener les Groupes spéciaux à se conformer au principe énoncé dans le rapport « ***Importations de chemises*** ». Un dialogue des juges internationaux s'est fait pour confirmer la nécessité de réceptionner le principe « *actori incombit probatio* ». Les références à la pratique internationale[888], citées à l'appui, sont nombreuses. D'ailleurs, dans son rapport du 21 février 1997, l'Organe d'appel n'a pas tardé à rappeler, voire à réexpliquer le dit

---

[884] Rapport de l'Organe d'appel, « *Etats-Unis - Mesures affectant les importations de chemises, chemisiers et blouses de laine, de tissus en provenance d'Inde* », rapport précit., in CANAL FORGUES (E.), FLORY (Th.), « *GATT / OMC. Recueil des contentieux du 1er janvier 1948 au 31 décembre 1999*», op. cit., p. 635.

[885] Rapport de l'Organe d'appel, « *Communautés européennes – Mesures affectant l'importation de certains produits provenant de volailles* », rapport précit., parag. 126; Rapport du Groupe spécial, « *Corée –Droits antidumping sur les importations de certains papiers en provenance d'Indonésie* », WT/DS312/RW, 28/9/2008, Arbitrage; Rapport du Groupe spécial, « *Etats-Unis – Mesures visant la fourniture transfrontière de services de jeux et paris* », WT/DS285/R, 10/11/2004; in RUIZ FABRI (H.), MONNIER (P.), « *Organisation Mondiale du Commerce : Chronique du règlement des différends 2007-2008* », JDI, n°3, 2008, p. 850.

[886] RUIZ FABRI (H.), MONNIER (P.), « *Organisation Mondiale du Commerce : Chronique du règlement des différends 1996-1998* », art. précit., p. 467.

[887] Rapport du Groupe spécial, « Union européenne - Mesures antidumping visant le biodiesl en provenance d'Argentine », rapport précit., p .27, parag.7.1.3 ; Rapport du Groupe spécial « *Etats Unis-Mesures antidumping et mesures compensatoires visant les gros lave – linge à usage domestique en provenance de Corée* », WDS/464/R, 11/03/2016, p. 44, parag. 7.2.3 ; Rapport du Groupe spécial, « *Chine - Droits compensateurs et droits antidumping visant les aciers dits magnétiques laminés, à certains orientés en provenance des Etats Unis* », rapport précit., p. 19, parag. 7.1.3 ; Rapport des Groupes spéciaux, « *Chine- Mesures imposant des droits antidumping sur les tubes, sans soudure, en acier inoxydable haute performance en provenance du japon et de l'UE* », rapport précit., p. 31, parag. 31.

[888] RUIZ FABRI (H.), « *L'appel dans le règlement des différends de l'OMC : trois ans après quinze rapports plus tard* », art. précit., p. 69.

principe en soulignant qu' « *il n'est... guère surprenant que divers tribunaux internationaux, y compris la Cour internationale de Justice, aient systématiquement accepté et appliqué la règle selon laquelle il appartient à la partie qui affirme un fait, que ce soit le demandeur ou le défendeur, d'en apporter la preuve. Par ailleurs, un critère de la preuve généralement admis en régime "code civil", en régime "common law" et, en fait, dans la plupart des systèmes juridiques, est que la charge de la preuve incombe à la partie, qu'elle soit demanderesse ou défenderesse, qui établit, par voie d'affirmation, une allégation ou un moyen de défense particulier. Si ladite partie fournit des éléments de preuve suffisants pour établir une présomption que ce qui est allégué est vrai, alors la charge de la preuve se déplace et incombe à l'autre partie, qui n'aura pas gain de cause si elle ne fournit pas des preuves suffisantes pour réfuter la présomption* »[889].

Pour importants qu'ils soient dans la réception du principe de la charge de la preuve, les rapports précités ne déterminent pas le véritable titulaire de l'obligation de prouver. Dire qu'il incombe à l'Etat qui allègue un fait, que ce soit le demandeur ou le défendeur, de le prouver ne détermine pas de manière précise sur qui pèse la charge de la preuve. C'est d'autant plus vrai que les expressions « *demandeur* » et « *défendeur* » varient au niveau de leur signification, selon qu'ils se rapportent à l'allégation ou à l'instance. Si le demandeur à l'instance n'est rien d'autre que le plaignant, le demandeur à l'allégation est, en revanche, l'Etat qui allègue un fait qui pourra être le plaignant ou le défendeur[890].

Pour éviter la confusion entre ces termes, l'Organe d'appel a adopté une solution qui permet de distinguer entre le titulaire de la charge procédurale de la preuve de celui de la charge de prouver en droit. En effet, dans son rapport « ***Corée produits laitiers*** », il a considéré *« qu'il incombe aux Communautés européennes de fournir un commencement de preuve de violation de l'accord sur les sauvegardes, notamment de démontrer que la mesure de sauvegarde appliquée par la Corée n'est pas justifiée au regard des articles 2, 4, 5 et 12 dudit accord. En l'espèce, il incombe à la Corée de réfuter de manière effective les éléments de preuve et arguments à l'appui de ce qu'elle avait établi sa détermination, elle*

889 Rapport de l'Organe d'appel, « *Etats-Unis - Mesures affectant les importations de chemises, chemisiers et blouses, de laine, tissés en provenance d'Inde* », rapport précit., p-p.15-16.

890 NGAMBI (J.), « *La preuve dans le règlement des différends de l'Organisation Mondiale du Commerce* », op. cit., p. 35 et 36.

avait bien respecté les prescriptions de l'Accord sur les sauvegardes. En droit, c'est aux Communautés européennes, en tant que partie plaignante, que la charge de la preuve incombe, et cette charge ne se déplace pas pendant les travaux du Groupe spécial »[891]. Plus récemment, l'Organe d'appel dans son rapport « ***Inde-droits additionnels*** » a précisé que « *dans les cas où la partie plaignante s'est acquittée de la charge d'établir des éléments prima facie, il appartient alors à la partie défenderesse de réfuter cette démonstration* »[892].

On ne peut manquer de remarquer que les Groupes spéciaux et l'Organe d'appel, dans la détermination des règles de preuve, ont fait preuve d'une progression. Ils ont, non seulement réceptionné le principe « *actori incombit probatio* » en droit de l'OMC, mais ils ont pu le développer en levant le doute concernant le titulaire de la charge de la preuve. C'est le plaignant qui supporte la preuve de son allégation ce que l'Organe d'appel nomme commencement de preuve. Cependant, au début de son fonctionnement, l'Organe d'appel, pour désigner le commencement de preuve, a confondu entre deux notions divergentes à savoir ; « *la preuve prima facie* » et la « *présomption d'incompatibilité* ». C'est ainsi que les professeurs *Eric Canal Forgues* et *Thiébaut Flory* ont affirmé à l'occasion du rapport « ***Importations de chemises*** », que : « *l'emploi par l'Organe d'appel du terme de présomption lorsqu'il s'agit de démontrer la violation d'une obligation est relativement trompeur car il s'agit en réalité de fournir la preuve de l'établissement "prima facie" d'une incompatibilité comme le font d'autres dispositions du GATT de 1994... Par suite, la « présomption » dégagée par l'Organe d'appel se rapproche d'un commencement de preuve, qui se traduit par la fourniture d'éléments de preuve et d'arguments suffisants pour établir la présomption que ce qui est allégué est vrai* »[893].

---

[891] Rapport de l'Organe d'appel, « *Corée - mesures de sauvegarde définitives appliquées aux importations de certains produits laitiers* », WT/DS98/R, 14/12/1999, parag. 138.

[892] Rapport de l'Organe d'appel, « *Inde - Droits additionnels et droits additionnels supplémentaires sur les importations en provenance des Etats Unis* », WT/DS360/AB/R, 30/10/2008, parag.185 ; Rapport de l'Organe d'appel, « *Etats-Unis - Mesures affectant les importations de chemises, chemisiers et blouses, de laine, tissés en provenance d'Inde* », rapport précit., parag. 337.

[893] CANAL FORGUES (E.), FLORY (Th.), « *GATT / OMC. Recueil des contentieux du 1er janvier 1948 au 31 décembre 1999* », op. cit., p. 643.

Plus prudent, l'Organe d'appel, dans les rapports ultérieurs, parle de *« preuve prima facie »*[894] et de *« commencement de preuve d'incompatibilité»*[895] et ce, pour désigner la même chose. Expression d'origine latine[896], la preuve *« prima facie »* est employée par la CIJ[897] pour désigner des allégations qui semblent être fondées à première vue, sans pour autant constituer des preuves irréfragables. D'ailleurs, il a été précisé qu'il appartient à la partie plaignante d'établir des éléments *prima facie* qui, en l'absence de réfutation effective de la part de la partie défenderesse, feraient obligation au Groupe spécial, en droit, de se prononcer en faveur de la partie plaignante[898].C'est en ce sens que l'ORD, s'alignant sur la position de la Cour de la *Haye*, fait preuve d'une prudence dans l'administration de la preuve attestant qu'il est en train de partager avec le juge international un idéal commun en matière de justice internationale.

Appliqué en matière de dispositions de fond, le principe de la charge de la preuve par son auteur est également appliqué en matière des exceptions. Le recours à ce principe s'explique par l'absence de régime particulier en la matière. Cependant, avant qu'une position nette sur la question ne soit dégagée[899], le raisonnement de l'Organe d'appel a laissé voir quelques ambiguïtés qui n'ont disparu que progressivement. Les premières réponses[900] à la question de la preuve en matière d'exceptions étaient données incidemment à l'occasion de l'examen de l'article 6 de

---

894 Rapport du Groupe spécial, « *Etats-Unis - article 110. 5) de la loi sur le droit d'auteur* », rapport précit., p. 12 ; Rapport du Groupe spécial, « *Communautés européennes-Mesures antidumping définitives visant certains éléments en acier en provenance de Chine* », rapport précit., p. 18, parag. 7.1.3.

895 Rapport de l'Organe d'appel, « *Communautés européennes - Mesures communautaires concernant les viandes et les produits carnés (Hormones* », rapport précit., parag. 98, p. 40.

896 KDHIR (M.), « *Dictionnaire juridique de la Cour internationale de justice* », op. cit., p.148.

897 Arrêt de la CIJ relatif à l'affaire des « *Essais nucléaires, mesures conservatoires* », 22/6/1973, Rec. CIJ, p. 99.

898 Rapport du Groupe spécial, « *Chine - Droits antidumping et compensateurs visant certaines automobiles en provenance des Etats –Unis* », WT/DS/440/R, 23/5/2014, p. 24, parag. 7.1.3.

899 Rapport de l'Organe d'appel, « *Communautés européennes- Mesures communautaires concernant les viandes et les produits carnés (Hormones)* », rapport précit., parag. 104, p-p. 43-44.

900 Rapport de l'Organe d'appel, « *Etats-Unis - Mesures affectant les importations de chemises, chemisiers et blouses de laine, de tissus en provenance d'Inde* », rapport précit., p.18.

l'ATV. En effet, avant d'en déterminer le statut, l'Organe d'appel a fugitivement déclaré que les exceptions générales, n'étant pas des règles positives imposant des obligations en soi, concernent des moyens de défense affirmatifs. Par conséquent, il incombe à la partie qui s'en prévaut d'établir ce moyen de défense[901]. En revanche, l'article 6 de l'ATV n'est pas concerné par ladite règle car il ne constitue pas une exception ; il fait partie d'un système de transition qui joue le rôle d'un mécanisme fondamental. Partant de ce constat, la partie qui invoque une violation supporte la charge de prouver ses allégations[902]. Il en découle que l'Organe d'appel, ayant souligné le particularisme du régime de la preuve des exceptions, a rappelé la pratique du GATT de 1947 en la matière[903]. Cependant, il a survolé la question puisqu'il n'a pas donné suffisamment de clarifications. Mieux encore, sa position est apparue même lacunaire car il ne s'agit pas de déterminer les obligations du défendeur qui se prévaut de l'application d'une exception au titre de l'article XX. En revanche, il importe de déterminer la partie qui doit en premier supporter la charge de la preuve qui jusque-là reste indéfinie.

Ce n'est qu'avec le rapport « ***Hormones*** » qu'on a pu lever le doute concernant le problème de la charge de la preuve en matière des exceptions. En effet, ce problème a été résolu à l'occasion de l'application de l'article 3.2 de l'Accord SPS. Un tel article établit une présomption de compatibilité des mesures prises conformément aux normes internationales. Ayant déduit la non-conformité de la mesure prise aux normes susmentionnées, le Groupe spécial a invité le Membre imposant ladite mesure à apporter la preuve de sa compatibilité. Le renversement de la charge de la preuve n'a pas été accepté par l'Organe d'appel ; celui-ci estime que le principe "*actori incombit probatio*" demeure applicable. Cette solution n'est pas modifiée lorsqu'il s'agit de mesures prévoyant un niveau de protection plus élevé que celui préconisé par la norme

901 CANAL FORGUES (E.), FLORY (Th.), « *GATT / OMC. Recueil des contentieux du 1er janvier 1948 au 31 décembre 1999* », op. cit., p. 637.

902 RUIZ FABRI (H.), « *L'appel dans le règlement des différends de l'OMC : trois ans après quinze rapports plus tard* », art. précit., p. 70.

903 En ce sens, quelques affaires analogues illustrent l'idée selon laquelle la partie défenderesse démontre l'application de la disposition dont elle se prévalait. Rapport du Groupe spécial, « *Etats-Unis - redevances pour les opérations douanières* », L/6264-35S/277, 2/2/1988, parag. 98 ; Rapport du Groupe spécial, « *Canada - importation, distribution et vente de boissons alcooliques par les organismes provinciaux de commercialisation* », L/6304-35S/38, 22/3/1988, parag. 4.34.

internationale, au titre des articles 3.1 et 3.3 de l'Accord SPS.[904]. Ainsi, une mesure prise au titre des exceptions générales n'entraîne, en aucun cas, le renversement de la charge de la preuve. Il appartient toujours au plaignant de prouver « *prima facie* » le bien fondé de ses allégations. Dans ce cadre, l'Organe d'appel a précisé que : « *la règle générale d'une procédure de règlement des différends selon laquelle la partie plaignante est tenue de fournir un commencement de preuve d'incompatibilité... avant que la charge de prouver la compatibilité passe à la partie défenderesse ne saurait être éludée simplement en qualifiant ladite disposition d'exception* »[905]. Ce constat a été reproduit dans les rapports ultérieurs[906]. Pour ce qui est des obligations pesant sur le défendeur quant aux règles de preuve relatives aux exceptions générales, celles-ci sont gouvernées par l'application de la théorie de l'abus de droit.

Soucieux d'appliquer le principe « *actori incombit probatio* » aussi bien en matière des dispositions de fond qu'en matière des exceptions, les Groupes spéciaux et l'Organe d'appel font preuve d'une grande maturité en matière de sécurité juridique. Ils témoignent que leur rôle ne se réduit pas à l'application du droit de l'OMC. Ils s'en éloignent, le cas échéant, pour renforcer la normativité de ce droit qui ne peut évoluer que pas à pas au moyen des principes généraux[907]. De tels principes permettent d'accroître le rôle du droit dans le système commercial

---

[904] L'article 3.1 de l'Accord SPS impose à tous les Membres l'obligation d'établir leurs mesures sanitaires sur la base des normes internationales, sauf disposition contraire de l'Accord SPS. L'article 3.3 de l'Accord SPS prévoit une exception à l'obligation générale énoncée à l'article 3.1. Il reconnaît le droit autonome de tout Membre d'établir pareil niveau plus élevé de protection, à condition que ce Membre se conforme à certaines prescriptions lorsqu'il promulgue des mesures SPS pour atteindre ce niveau. Rapport de l'Organe d'appel, « *Communautés européennes- Mesures communautaires concernant les viandes et les produits carnés (Hormones)* », rapport précit., parag. 103-104, p-p. 42-43 ; FLORY (Th.), « *Chronique du règlement des litiges de l'OMC* », RMCUE, n°429, juin 1999, p. 403.

[905] Rapport de l'Organe d'appel, « *Communautés européennes- Mesures communautaires concernant les viandes et les produits carnés (Hormones)* », rapport précit., parag. 104, p-p. 43-44.

[906] Rapport du Groupe spécial « *Etats-Unis - Droit antidumping sur les semi- conducteurs pour mémoires Ram Dynamiques (DRAM) de un Mégabit ou plus, originaires de Corée* », WT/DS99/R, 29/1/1999, parag. 6.68, p. 81.

[907] VIRALLY (M.), « *Le rôle des principes dans le développement du droit international* », in VIRALLY (M.), « *le droit international en devenir : essais écrits au fil des ans* », Paris, PUF, 1ère éd. 1990, p. 203.

multilatéral[908], non seulement le système normatif mais aussi celui du règlement des différends. C'est en ce sens que les Groupes spéciaux et l'Organe d'appel, grâce à *leur «activisme* »[909], contribuent de façon significative à renforcer la juridictionnalisation du SRD. Ayant favorisé la promotion de la justice marchande, l'ORD ne cesse d'acquérir, ces dernières années, une notoriété incontestable lui permettant de projeter son rayonnement sur les autres juridictions internationales.

[908] RUIZ FABRI (H.), « *Le juge de l'OMC : ombres et lumières d'une figure judiciaire singulière* », art. précit., p. 71.
[909] Ibid., p.72.

CONCLUSION DE LA PREMIÈRE PARTIE

Si l'ORD a pu atteindre, ces dernières années, un certain développement et une grande notoriété, c'est parce qu'il se réfère à la règle de droit en s'ouvrant, le cas échéant, à des sources extérieures au droit de l'OMC. En effet, les principes généraux constituent une source hétérogène qui inspire continuellement les Groupes spéciaux et l'Organe d'appel dans l'interprétation, l'unification et le développement de ce droit. Les principes généraux du droit international public se multiplient pour former un fond commun de règles ou une sorte de toile de fond sur laquelle se situent les Accords visés. Le recours croissant au droit international public ne permet-il pas de mesurer le degré de perméabilité du droit de l'OMC, d'une part et le degré d'unité ou de fragmentation du droit international, d'autre part ? Par ailleurs, les principes généraux de droit, quoiqu'ils ne constituent pas une source formelle du droit de l'OMC, devraient prêter secours aux organes susvisés pour remédier aux imperfections du droit de l'OMC. Leur place dans le droit applicable est renforcée puisque les impératifs de sécurité juridique et de procédure équitable font finalement leur chemin dans la jurisprudence de l'ORD.

Quoique l'ouverture du droit de l'OMC aux principes généraux du droit international soit inévitable, elle s'avère mesurée concernant les principes généraux du droit international de l'environnement. Le développement durable, principe émergent du droit international de l'environnement, est introduit au droit de l'OMC, mais il est réduit à un simple objectif. Servant dans l'interprétation des Accords visés, il est appréhendé sous l'angle de la libéralisation des échanges.

Quel que soit le degré de son ouverture à des règles extérieures, l'ORD atteste qu'il est en train de renforcer la juridictionnalisation du SRD, d'une part et de replacer la mosaïque du droit de l'OMC au sein de l'ordre juridique international[910], d'autre part. Cet organe, en dépit de sa nature *sui generis,* témoigne qu'il fonctionne selon les critères de la justice internationale[911]. Le recours systématique aux principes généraux d'interprétation contribue à instaurer une méthode structurée

[910] DUPUY (P.M.), « *L'unité de l'ordre juridique international : Cours général de droit international public 2000* », art. précit., p. 457.

[911] Rapport annuel de l'Organe d'appel pour l'année 2009, rapport précit., p. 60.

d'interprétation qui semble se rapprocher à un travail d'art juridique dont le maître est l'Organe d'appel. Une telle méthode, permettant d'identifier sans peine un langage juridictionnel, favorise le dessin d'une interprétation unifiée des Accords visés.

Face à la mollesse et l'insuffisance des règles procédurales, l'ORD devrait se donner, au moyen des principes généraux de droit, un rôle plus significatif dans le développement du droit de l'OMC. Pour parfaire la procédure et par la même le « *procès* », les Groupes spéciaux et l'Organe d'appel n'hésitent pas à recourir au principe du contradictoire, aux droits de la défense, au principe de la charge de la preuve, ce qui renforce la normativité de ce droit et par la même la juridictionnalisation du SRD. Par le renforcement de la part du droit dans ce système, n'assiste-t-on pas à l'émergence de l'Etat de droit dans le Système commercial multilatéral ?

DEUXIEME PARTIE

VERS UNE AUTONOMIE DANS LA MISE EN ŒUVRE DES PRINCIPES GENERAUX

Considéré comme étant « *l'expression de l'unité dans la diversité* »[912], le droit de l'OMC est loin d'être un droit autosuffisant posant des règles en vase clos[913]. Il connait un enchevêtrement d'espaces normatifs dans la mesure où il s'ouvre à des règles élaborées en dehors du système de l'OMC. L'ORD a un rôle à jouer en la matière puisqu' il se réfère aux principes généraux en tant que source extérieure à ce droit. Cependant, l'attraction desdits principes est appréhendée dans un mouvement d'action / rétroaction[914] avec le droit de l'OMC. S'il faut féliciter le rôle de ces principes dans la complétude et le perfectionnement de ce droit, la réception de certains d'entre eux s'avère la cause de l'un des problèmes du droit applicable. Comment des principes « *extérieurs* »[915] au droit de l'OMC peuvent- ils s'appliquer dans le règlement des différends de l'OMC sans heurter les principes de la libéralisation des échanges et la nature économique des différends ? Dans l'application des principes généraux, les Groupes spéciaux et l'Organe d'appel font preuve d'une part d'originalité. Pour satisfaire à la variété des objectifs de l'OMC[916], ils se donnent un devoir d'interdisciplinarité[917] accompagné d'une marge de manœuvre qui leur est reconnue, dans la réception et l'application de ces principes.

À l'instar de la CIJ[918], les organes susvisés sont moins sensibles à l'emprunt au droit privé et au droit international des principes généraux dans leur « *habillage d'origine* »[919]. Il y a des principes qui émigrent

912 BALMOND (L.), art. précit., p. 25.

913 Ibid., p. 25.

914 JOUANNET (E.), « *L'ambivalence des principes généraux face au caractère étrange et complexe de l'ordre juridique international* », art. précit., p. 150.

915 PROST (M.), op. cit., p.10.

916 Préambule de l'Accord instituant l'OMC.

917 PETTITI (L.), « *Le rôle du juge international* », in Mélanges DRAI (P.), « *Le juge entre deux millénaire* », art. précit., p. 100.

918 Arrêt de la CIJ relatif à l'afaire « *Sud-Ouest africain (2ème phase)* », in BARATI (H.), « *La règle d'interprétation contra proferentem en droit international* », RGDIP, 1999, p. 901.

919 Ibid., p. 901.

facilement au droit de l'OMC ; ils sont purement et simplement transposés par l'ORD. D'autres principes, comme le souligne le juge *Mc-Nair*, ne peuvent émigrer qu'une fois déchargés de leurs scories de nidus[920]. Dans le choix qu'ils opèrent, les Groupes spéciaux et l'Organe d'appel prennent en considération moins la nature commune desdits principes que leur aptitude à être adaptés avec les objectifs et les exigences spécifiques du droit de l'OMC. L'emprunt à ces principes témoigne de l'aspiration de ces organes à constituer un système juridique cheminant vers l'autonomie et susceptible d'être un modèle en matière des principes généraux[921]. En effet, derrière la perméabilité du droit de l'OMC s'abrite une ***certaine particularité dans l'application de certains principes généraux d'ordre procédural*** **(*Chapitre1*)**. Par ailleurs, dans l'application de certains principes inhérents à des valeurs non marchandes, ***l'ORD témoigne qu'il est imprégné par la logique de la libéralisation des échanges (Chapitre2)***.

[920] Ibid., p. 901.

[921] JOUANNET (E.), « *L'ambivalence des principes généraux face au caractère étrange et complexe de l'ordre juridique international* », art. précit., p.125.

CHAPITRE I : APPLICATION PARTICULIERE DE CERTAINS PRINCIPES GÉNÉRAUX

« *Tous les systèmes juridiques n'ont pas la même structure et, derrière l'unité du droit, se dissimulent plus d'une différence de nature entre les règles, différences qui influent directement sur l'exécution par le juge de ses missions d'interprétation et d'application* »[922]. Marquées par certaines particularités, la physionomie de l'ORD et la variété des objectifs de l'OMC ne peuvent que jaillir sur le fonctionnement de cet organe et sur le droit applicable[923]. Certes, certains principes procéduraux et « *architecturaux du droit international* »[924] reçoivent une application systématique dans le règlement des différends[925]. Toutefois, d'autres principes sont difficilement transposables au droit de l'OMC. L'enjeu est de taille pour l'ORD qui aspire être juge en choisissant d'en adopter le comportement, mais tout en restant fidèle aux exigences spécifiques du Système commercial multilatéral. En effet, dans l'exercice de son rôle de dire le droit, cet organe procède à une opération de sélection voire d'altération des principes généraux qui sont incompatibles avec le droit de l'OMC. Il s'agit d une réception qui se rapproche plutôt d'une opération de « *filtrage* »[926]. D'autres principes, incorporés dans le système normatif de l'OMC, ne suivent pas le même chemin qu'en droit international public. Leur mise en œuvre par l'appareil judiciaire de l'OMC présente un caractère singulier et inégal. Une part ***d'originalité marque les conditions d'agir et d'intervenir*** devant les Groupes spéciaux et l'Organe d'appel **(Section 1)**. De même, ***certains principes, non encore mûris dans le règlement des différends, marquent la primitivité de l'ORD*** en la matière **(*Section 2*)**.

922 BOULOUIS (J.), « *À propos de la fonction normative de la jurisprudence* », in Mélanges offerts à WALINE (M.), LGDJ, 1974, p.149.

923 CAVARE (L.), « *La notion de juridiction internationale* », art. précit., p. 499.

924 ROLLAND (S.E.), « *Les principes généraux à l'OMC* », art. précit., p. 111.

925 Voir première partie de la présente Thèse.

926 DENYS (S.), « *Le système juridique communautaire* », Paris, PUF, 2ème éd., 1997, p. 248.

SECTION1: ORIGINALITÉ DES CONDITIONS D'AGIR ET D'INTERVENIR

Le droit de l'OMC révèle de façon accélérée les relations d'interdépendance économique entre les Membres de cette organisation. Cette interdépendance constitue l'une des spécificités de l'économie mondiale[927]. Pour s'accommoder à la réalité de ces relations, les Groupes spéciaux et l'Organe d'appel ont pris une position dans l'application des conditions d'agir et d'intervenir dans le règlement des différends. Imprégnés par la logique du droit international économique, ils ont osé ***écarter le principe de l'intérêt à agir dans un premier lieu*** (***Paragraphe 1***) et se sont limités à ***des conditions souples pour que les tiers puissent intervenir, dans un second lieu*** (***Paragraphe 2***).

Paragraphe 1: La méconnaissance de la condition d'agir

Un Membre qui souhaite agir devant l'ORD doit avoir un intérêt potentiel c'est-à-dire possible et virtuel. Les Groupes spéciaux ont eu l'occasion de souligner, dans leurs rapports « ***Bananes*** », que « *[L]'intérêt potentiel d'un membre dans le commerce de marchandises ou de services ou son intérêt dans une détermination des droits et obligations au titre de l'Accord sur l'OMC suffit, l'un ou l'autre, pour établir un droit de mener une procédure de règlement des différends dans le cadre de l'OMC* »[928].

Confirmant cette position, l'Organe d'appel est allé jusqu'à ***écarter expressément le principe de l'intérêt à agir*** pour se suffire de l'intérêt potentiel (***A***), et ce, ***au nom de la spécificité du droit de l'OMC*** (***B***).

A) La mise à l'écart du principe de l'intérêt à agir

Il est indéniable que certains principes largement admis en droit international sont applicables dans le règlement des différends de

[927] RUIZ FABRI (H.), « *La contribution de l'Organisation Mondiale du Commerce à la gestion de l'espace juridique mondial* », art. Précit., p. 364.

[928] Rapport du Groupe spécial, « *Communautés européennes – Régime applicable à l'importation, à la vente et à la distribution des bananes* », WT/DS27/R/ECU, 12/4/1999, parag. 7.50.

l'OMC[929]. L'intérêt à agir, quoiqu'il constitue un principe général de droit[930], est, toutefois, écarté dans ce mode de règlement des différends. Le développement de la position de l'ORD en la matière nécessite au préalable la définition du principe d'intérêt à agir qui doit être distingué de celui de la qualité d'agir[931].

Force est de constater que la qualité d'agir constitue la seconde condition d'ordre général à laquelle est soumise l'existence d'une action en justice[932]. Transposée en droit international public[933], elle représente « *le titre qui permet au plaideur d'exiger du juge qu'il statue sur le fond du litige*»[934]. Toutefois, l'intérêt à agir, principe fondamental en matière de toute instance juridictionnelle, constitue la condition première du droit d'agir. Il est appliqué sous les formulations suivantes : « *pas d'intérêt, pas d'action* » ou « *l'intérêt est la mesure des actions* »[935]. Le bon sens de ce principe veut que le plaignant, dont le droit a été violé ou exposé à être violé, puisse espérer voir sa situation juridique améliorée suite à la décision. Il s'agit en fait d'un avantage d'ordre pécuniaire ou moral qui résulterait de la décision rendue par le tribunal saisi[936]. Étant essentiel et inhérent à l'idée même de droit, le principe de l'intérêt à agir a été transposé en droit international public[937]. En effet, la CIJ a eu à se prononcer sur ledit principe dans l'affaire du « ***Sud-Ouest africain*** ». Elle était amenée à savoir si les demandeurs avaient à titre individuel, comme

---

929 Rapport du Groupe spécial, « *Inde – Mesures concernant le commerce et l'investissement dans le secteur automobile*», rapport précit., parag. 7.55 - 7.66.

930 BLONDEL (A.), « *Les principes généraux du droit devant la CPJI et la CIJ* », art. précit., p. 210.

931 Ibid., p. 211.

932 GIVERDON (C.), « *La qualité : condition de recevabilité de l'action en justice* », Rec. Dalloz, 1952, Chron. XIX, p. 85.

933 La CIJ était en présence de savoir si l'ONU pouvait exercer une protection fonctionnelle, autrement dit, si elle est dotée de la personnalité internationale pour pouvoir ester en justice. A ce titre, elle a affirmé que : « *cinquante Etats... avaient le pouvoir, conformément au droit international, de créer une entité possédant une personnalité internationale objective..., ainsi que la qualité de présenter des réclamations internationales* ». Avis consultatif de la CIJ relatif à l'affaire « *Réparation des dommages subis au service des Nations-Unies* », 11/04/1949, Rec. CIJ, p. 185.

934 GHESTIN (J.), GOUBEAUX (G.), MAGNAN (M.F.), « *Traité de droit civil "introduction générale"* », op. cit., p. 551.

935 Ibid., p. 551

936 Ibid., p. 551.

937 BLONDEL (A.), « *Les principes généraux du droit devant la CPJI et la CIJ* », art. précit., p. 210.

anciens Membres de la Société des Nations, un droit ou un intérêt à agir au regard de l'objet de la demande. La Cour, après s'être reconnue compétente dans un premier arrêt, a examiné l'affaire au fond. Cependant, elle n'a pas rendu d'arrêt par manque de droit ou d'intérêt à faire valoir en justice. C'est ainsi qu'elle a précisé qu' « *un principe universel, nécessaire et cependant presque élémentaire du droit de la procédure qu'il faut distinguer entre d'une part, le droit de saisir un tribunal et le droit du tribunal de connaître du fond de la demande et, d'autre part, le droit au regard de l'objet de la demande que le demandeur doit établir à la satisfaction du tribunal* »[938]. L'intérêt à agir, condition première de l'action, est également applicable en droit communautaire[939].

Contrairement à la jurisprudence internationale, les Groupes spéciaux et l'Organe d'appel ont écarté le principe de l'intérêt à agir dans le différend des « ***Bananes*** » qui constitue un référentiel en la matière. Le différend pose le problème de l'intérêt à agir d'un Etat non producteur des bananes. Il s'agit en l'occurrence des Etats-Unis qui ne sont pas exportateurs des bananes vu les conditions climatiques et économiques de leurs pays. En conséquence, ils n'auraient aucun intérêt commercial effectif ou potentiel à avancer des allégations au titre du GATT de 1994. Toutefois, ils ont déposé une plainte en appel pour dénoncer le caractère, selon eux, discriminatoire des règles communautaires relatives à l'importation des bananes[940]. Face aux allégations des Etats-Unis, les Communautés européennes ont fait valoir qu'un requérant doit normalement avoir un intérêt à agir dans l'affaire en cause[941]. Sur la question de savoir si les Etats-Unis avaient un droit d'avancer des allégations au titre du GATT de 1994, l'Organe d'appel a constaté que l'intérêt à agir ne constitue pas une condition pour pouvoir agir devant les Groupes spéciaux et devant l'Organe d'appel. On ne peut manquer de rappeler, à ce titre, que l'article 3.7 du Mémorandum d'accord prévoit qu' « *avant de déposer un recours, un Membre jugera si une action au titre des présentes procédures serait utile* ». Malgré la présence de cette disposition, l'Organe d'appel n'a pas hésité à manifester son hostilité à

---

[938] Affaire « *Sud-Ouest africain (2ème phase)* », arrêt précit. du CIJ, parag. 99, p-p. 39-51.

[939] CANEDO (M.), « *L'intérêt à agir dans le recours en annulation du droit communautaire* », RTDE, Dalloz, n°3, juillet-septembre 2000, p. 465.

[940] FLORY (Th.), « *Chronique de règlement des litiges de l'OMC* », RMCUE, n° 425, février 1999, p. 121.

[941] Rapport de l'Organe d'appel, « *Communautés-européennes-régime applicable à l'importation, à la vente et à la distribution des bananes* », rapport précit., parag. 15, p. 8.

l'égard du principe de l'intérêt à agir. Pour fonder sa position, il a souligné que la condition de l'intérêt à agir du plaignant doit résulter d'un texte spécifique et exprès[942]. Par ailleurs, il a prétendu se référer au droit international public et c'est à ce titre qu'apparaît la défectuosité de son raisonnement juridique. En effet, l'Organe d'appel a osé nier l'existence de la règle fondamentale de l'intérêt à agir dans les arrêts invoqués par les Communautés européennes. En revanche, doctrine[943] et jurisprudence internationale reconnaissent l'existence de cette règle, condition de la recevabilité de la demande, comme un principe général de droit[944]. Un tel principe devrait s'appliquer même dans l'absence de règles conventionnelles ou coutumières, en application de la méthode successive. C'est d'autant plus vrai que la lecture des prescriptions du droit de l'OMC, au titre de l'article 3.2 du Mémorandum d'Accord, doit se faire conformément à l'article 31.3 c) de la CV. Un tel article insiste sur « *l'unité du droit international* » qui évite que les branches du droit international soient envisagées comme isolées l'une de l'autre[945]. D'ailleurs, il exige qu'il soit tenu compte de toute règle pertinente du droit international qu'elle qu'en soit la source; qu'il s'agisse d'une règle conventionnelle, coutumière ou encore d'un principe général de droit. Sur ce point l'affaire « ***Georges Pinson*** » avait précisé que toute convention internationale doit être réputée se référer tacitement au droit international commun, pour toutes les questions qu'elle ne résout pas elle-même en terme exprès et d'une façon tacite différente[946]. C'est en ce sens que les Communautés européennes, sollicitant la référence aux règles du droit international public, ont affirmé que : « *le droit des traités est un moyen de se soustraire par voie contractuelle au droit international* »[947]. À défaut des règles conventionnelles relatives à la question de l'intérêt à agir, le principe général « *pas d'intérêt, pas d'action* », devrait alors être appliqué et ce, en raison de son intimité avec la notion de justice.

[942] Ibid., parag. 132, p. 69 et 70.

[943] SALVIOLI (G.), « *problèmes de procédure dans la jurisprudence internationale* », RCADI, tome I, n° 91, 1957/1, p-p. 559-560 ; BLONDEL (A.), « *Les principes généraux du droit devant la CPJI et la CIJ* », art. précit., p. 212.

[944] Arrêt de la CIJ relatif à l'affaire « *Sud-Ouest africain (2ème phase)* », arrêt précit, p. 51.

[945] COMBACAU (J.), SUR (S.), « *Droit international public* », Paris, Montchrestien, 1995, p.177.

[946] Rec. des sentences arbitrales, vol. V, p. 422, in YASSEEN (M. K.), art. précit., p. 63.

[947] Rapport de l'Organe d'appel, « *Communautés-européennes-régime applicable à l'importation, à la vente et à la distribution des bananes* », Rapport précit., parag. 133, note 66, p.9.

Constater autrement serait contraire aux termes mêmes de l'Organe d'appel selon lequel les règles du droit de l'OMC ne doivent pas faire l'objet « *d'une lecture clinique l'isolant du droit international public* »[948].

Il semble que la position de l'Organe d'appel quant au principe de l'intérêt à agir dans le différend des « ***Bananes*** » était délibérée pour justifier le recours des Etats Unis. S'alignant sur la position des Groupes spéciaux, l'Organe d'appel a souligné que l'intérêt potentiel constitue une condition suffisante pour agir devant l'ORD. En outre, « *les Membres ont un large pouvoir d'appréciation pour décider s'il y a lieu de déposer un recours contre un autre Membre...* »[949]. Ils *« ont plus que par le passé intérêt à faire respecter les règles de l'OMC car il est probable... que tout ce qui porte atteinte à l'équilibre négocié de droits et d'obligations aura des conséquences directes ou indirectes pour eux* »[950]. Une telle position a été reproduite par les Groupes spéciaux dans d'autres rapports ultérieurs. Plus encore, pour justifier la mise à l'écart du principe de l'intérêt à agir, l'Organe d'appel s'est servi, dans le rapport « ***Sirop de maïs*** », du principe de bonne foi. En effet, il a été souligné que *« [La première phrase de l'article 3.7 du Mémorandum d'accord] exprime un principe fondamental voulant que les Membres devraient avoir recours au règlement des différends de l'OMC de bonne foi et ne pas mettre en branle de manière abusive les procédures envisagées dans le Mémorandum d'accord... Étant donné la nature "essentiellement autorégulatrice" de l'obligation qui est faite dans la première phrase de l'article 3:7, les Groupes spéciaux et l'Organe d'appel doivent présumer, chaque fois qu'un Membre présente une demande d'établissement d'un groupe spécial, que ce Membre agit de bonne foi, après avoir dûment jugé si le recours à un groupe spécial serait "utile". L'article 3:7 n'oblige ni n'autorise un groupe spécial à s'interroger sur cette décision du Membre ni à remettre en question son jugement. Par conséquent, le Groupe spécial n'était pas tenu d'examiner cette question de son propre chef*».[951] Désormais, la présomption de la bonne foi ne serait-elle pas une excuse pour mettre à

[948] Rapport de l'Organe d'appel, « *Etat-Unis-normes concernant l'essence nouvelle et anciennes formules* », rapport précit., p. 19.

[949] Rapport de l'Organe d'appel, « *Communautés-européennes - régime applicable à l'importation, à la vente et à la distribution des bananes* », rapport précit., parag. 135, p. 71.

[950] Ibid., parag. 136, p. 71-72.

[951] Rapport de l'Organe d'appel, « *Mexique – enquête antidumping concernant le sirop de mais à haute teneur en fructose en provenance des Etats Unis* », rapport précit., parag. 73 et 74.

l'écart le principe de l'intérêt à agir ? Sont illustratifs les rapports des Groupes spéciaux « ***Produits laitiers*** »[952] et « ***Produits en acier au carbone*** »[953]. Si les Groupes spéciaux et l'Organe d'appel insistent sur l'évincement du principe de l'intérêt à agir et la suffisance de l'intérêt potentiel pour agir, quel serait alors le véritable mobil ?

B) La justification de la mise à l'écart du principe de l'intérêt à agir

La mise à l'écart du principe de l'intérêt à agir et la préférence de l'intérêt potentiel s'explique par la logique même du « *règlement des différends qui est à cheval entre le juridique et le politique* »[954], souligne *Julien Burda.* Toutefois, la nature *sui generis* du SRD ne constitue pas la seule explication de la mise à l'écart du principe de l'intérêt à agir. La logique du droit international économique en constitue un alibi prédominant. Parce qu'il constitue une source irréductible de la spécificité du droit de l'OMC[955], le facteur économique a certainement des implications sur le raisonnement des Groupes spéciaux et de l'Organe d'appel. En effet, comme toutes les règles du droit international économique, le droit de l'OMC est un domaine où les règles du droit international se trouvent altérées voire remises en cause dans leurs principes mêmes[956]. Cette altération est parfois inévitable dans le but de satisfaire à certaines exigences du Système commercial multilatéral.

La mise à l'écart du principe de l'intérêt à agir a été justifiée par l'interdépendance économique. Cette interdépendance suppose l'existence d'intérêts pour les Membres dans l'univers de l'OMC dans lequel se déploient les règles correspondant à la mondialisation à laquelle est

---

[952] Rapport du Groupe spécial, « *Corée - mesures de sauvegarde définitive appliquée aux importations de certains produits laitiers* », rapport précit., parag. 7.13, p. 193.

[953] Rapport de l'Organe d'appel, « *États-Unis – réexamen à l'extinction des droits antidumping appliqués aux produits plats en acier au carbone traité contre la corrosion en provenance du Japon* », WT/DS244/AB/R, 15/12/2003, parag. 86.

[954] BURDA (J.), « *L'efficacité du mécanisme de règlement des différends de l'OMC : vers une meilleure prévisibilité du système commercial multilatéral* », art. précit, p. 8.

[955] WEIL (P.), « *Le droit international économique* », in Colloque d'Orléans, « *Aspects du droit international économique : élaboration-contrôle-sanction* », Paris, Pedone, 25-27 mai 1971, p. 4.

[956] Ibid., p. 69.

associée cette organisation[957]. Sur ce point, *Hélène RUIZ FABRI* avait noté « *qui dit interdépendance dit nécessairement solidarité, qu'elle soit voulue ou subie* »[958]. Ainsi, à cause de l'accroissement de l'interdépendance de l'économie mondiale qui est dû à la globalisation des marchés, chaque Membre a intérêt au respect des règles du droit de l'OMC. C'est en ce sens qu'*Eric Canal Forgues* avait souligné que « *les règles de l'OMC n'ont pas été élaborées pour protéger des volumes d'exportation particuliers mais pour instaurer des conditions compétitives en matière commerciale* »[959]. Pour déposer un recours, les Membres ne sont pas donc tenus d'établir l'existence de l'intérêt à agir. Autrement dit, pour ne pas heurter la complexité de l'économie mondiale, tout recours sans la preuve de l'intérêt à agir est désormais recevable. L'intérêt potentiel est, dès lors, suffisant pour agir devant l'ORD. C'est dans cette perspective que le principe de l'intérêt à agir, une des règles classiques du droit international public, a été sacrifié et ce, pour s'adapter à un monde économique foisonné et enchevêtré[960].

Pour justifiable qu'il soit, le facteur économique semble constituer un alibi discutable de la mise à l'écart du principe de l'intérêt à agir. En effet, si les Groupes spéciaux et l'Organe d'appel continuent à évincer le principe de l'intérêt à agir, le recours au règlement des différends de l'OMC risquera d'évoluer vers une logique « *d'actio popularis* »[961] avec tous les inconvénients qui s'y rapportent. Une telle action, « *assurément étrangère à l'état actuel de l'organisation judiciaire internationale* »[962], n'est pas reconnue par le droit international, tel qu'il existe actuellement et la CIJ ne saurait voir dans cette action l'un des principes généraux de droit au sens de l'article 38.1 c) de son statut[963].

957 MORIN (J.Y.), « *La mondialisation, l'éthique et le droit* », art. précit., p.83.

958 RUIZ FABRI (H.), « *La contribution de l'Organisation Mondiale du Commerce à la gestion de l'espace juridique mondial* », art. précit., p. 349.

959 CANAL FORGUES (E.), THILLIER (A.), « *Le règlement des différends à l'OMC* », op. cit., 2003, p. 21.

960 *WEIL (P.), « Le droit international économique* », art. précit., p. 18.

961 *L'actio popularis* consiste en un droit pour chaque Membre d'une collectivité d'intenter une action pour la défense d'un intérêt public. RUIZ FABRI (H.), MONNIER (P.), « *Organisation Mondiale du Commerce : Chronique du règlement des différends 1996-1998* », art. précit., p. 474.

962 DE VISSCHER (Ch.), « *Aspects récents du droit procédural de la CIJ* », Paris, Pedone, 1966, p. 71.

963 La Cour avait précisé que s'il se peut que certains systèmes de droit interne connaissent cette notion, le droit international, tel qu'il existe actuellement, ne la

Par contre, l'Organe d'appel, au nom du facteur économique et à la différence de la Cour de la *Haye*, a montré moins de souci à la sécurité juridique. Il semble que l'interdépendance économique constitue une échappatoire à l'application du principe de l'intérêt à agir. C'est d'autant plus vrai que le poids de l'Etat, auteur de la violation de la règle de l'intérêt à agir, n'est pas sans incidence sur la position de l'Organe d'appel. Il s'agit, en fait, des Etats-Unis, premières puissances mondiales, qui sont impliqués dans ce différend. En réalité, la position de l'Organe d'appel n'est pas étrange au droit international économique. Ce dernier sacrifie certaines règles du droit international classique au profit d'une vision « *reflétant avec plus de fidélité les phénomènes de puissance, c'est-à-dire les situations de fait* »[964], C'est en ce sens que l'Organe d'appel se montre favorable à la protection des intérêts des forts qu'à la sécurité juridique. D'ailleurs, ledit organe n'est pas stable sur la question de l'intérêt à agir ; sa position dans le rapport « ***Hormones*** »[965] est différente à ses constatations dans les rapports « ***Bananes*** » et « ***Produits laitiers*** »[966]. En effet, pour protéger les droits des Etats-Unis en matière de défense, l'Organe d'appel dans son rapport « ***Hormones*** » a précisé qu' : « *un appelant qui demande à l'Organe d'appel d'annuler la décision d'un Groupe spécial sur une question de procédure doit faire la preuve que cette décision lui a causé un préjudice*»[967], ce qui évoque nettement l'idée de décision faisant grief et d'intérêt subjectif à agir. En fait, ces solutions contradictoires sont la conséquence de la relativisation de l'Organe d'appel de sa position dans son rapport « ***Bananes*** ». Cette attitude témoigne de l'imprégnation de l'Organe d'appel par la logique du droit international économique. Un tel organe cherche à aboutir à une solution différente pour chaque Etat et selon son poids. Sommes-nous alors face à un domaine où le droit cède le pas à la réalité avec ses détours, ses nuances et ses méandres [968] ? Ainsi, y'a-t-il une sorte de *« dynamique de non*

---

reconnaît pas. Affaire « *Sud-Ouest africain (2ème phase)* », arrêt précit. du CIJ, p. 47, in CARREAU (D.), *« Droit international »*, Paris, Pedone, 6ème éd., 1999. p. 295.

[964] WEIL (P.), « *Le Droit international économique* », art. précit., p. 5.

[965] Rapport de l'Organe d'appel, « *Communautés européennes - Mesures communautaires concernant les viandes et les produits carnés (Hormones)* », rapport précit., parag. 152, note 138, p. 68.

[966] Rapport du Groupe spécial, « *Coréee-mesures de sauvegarde définitive appliquée aux importations de certains produits laitiers* », rapport précit., parag. 7.13, p. 193.

[967] PACE (V.), « *L'Organisation Mondiale du Commerce et le renforcement de la réglementation juridique des échanges commerciaux internationaux* », op.cit., p. 23.

[968] WEIL (P.), « *Le Droit international économique* », art. précit., p. 26.

droit » dans les rapports internationaux[969]. C'est en ce sens que l'exigence de sécurité juridique risque de sombrer avec la vague du droit international économique[970].

Le choix de l'Organe d'appel, consistant à évincer le principe de l'intérêt à agir, suscite alors deux remarques. D'abord, par la mise à l'écart du principe sus-indiqué et la préférence de l'intérêt potentiel, l'Organe d'appel méconnaît les inconvénients se rattachant à un règlement des différends ouvert à tous les Membres. Le règlement des différends de l'OMC est fragilisé par la potentialité de l'intérêt[971] qui conduit à l'élévation du nombre des recours qui a certainement des implications profondes sur l'orientation des différends et sur la sécurisation des relations commerciales multilatérales. D'ailleurs, parmi les propositions dans la perspective de la réforme du SRD est celle d'introduire un intérêt à agir qui sera traité comme une question préliminaire[972]. Ensuite, le prétexte de spécificité du droit de l'OMC ne devrait pas servir de par-avant à donner des solutions qui mettent en jeu la crédibilité du SRD. En fait, le « *"suivisme " économique, s'il est poussé trop loin, conduit à la négation même du droit* »[973]. Néanmoins, le SRD, tel qu'il existe aujourd'hui, devrait accorder plus d'importance à la sécurité juridique, d'autant plus que les tendances dans le sens juridictionnel s'étaient accentuées[974]. Or, une indifférence en ce sens fait reculer ce système des pas en arrière. Si le principe de l'intérêt à agir a été écarté au nom de l'interdépendance économique, quelle serait la position des Groupes spéciaux et de l'Organe d'appel concernant l'intervention des non Membres devant l'ORD ?

---

[969] KAHN (ph.), « *L'essor du non droit dans les relations commerciales internationales et le contrat sans loi* », dans Commission droit et vie des affaires, l'hypothèse du non droit : XXXème séminaire organisé à Liège le 21-22 Octobre 1977, Liège, Commission droit et vie des affaires, 1978, p. 231 ; MORIN (J.Y.), « *La mondialisation, l'éthique et le droit* », art. précit., p. 83.

[970] WEIL (P.), « *Le Droit international économique* », art. précit., p. 6.

[971] BURDA (J.), « *L'efficacité du mécanisme de règlement des différends de l'OMC : vers une meilleure prévisibilité du système commercial multilatéral* », art. précit., p. 8.

[972] RUIZ FABRI (H.), « *L'appel dans le règlement des différends de l'OMC : trois ans après quinze rapports plus tard* », art. précit., note 40, p. 61.

[973] CHAMPAUD (C.), « *Contribution à la définition du droit international économique* », art. précit., in RUIZ FABRI (H.), « *L'appel dans le règlement des différends de l'OMC : trois ans après quinze rapports plus tard* », art. précit., p. 24.

[974] RUIZ FABRI (H.), « *Le règlement des différends au sein de l'OMC : naissance d'une juridiction, consolidation d'un droit* », art. précit., p-p. 313-322.

Paragraphe 2 : L'assouplissement des conditions d'intervenir

Tout comme devant les juridictions internationales, l'intervention en qualité de tierce partie devant l'ORD est autorisée par le Mémorandum d'accord. Cependant cette intervention est marquée par ***un assouplissement tant au niveau de l'intérêt d'intervenir (A) qu'au niveau de la qualité de l'intervenant (B)***.

A) La suffisance de l'intérêt substantiel

Étant une procédure incidente greffée sur la procédure principale[975], l'intervention dans le règlement des différends est une faculté permettant aux tiers de participer aux consultations ou encore de s'immiscer dans le différend porté devant les Groupes spéciaux et l'Organe d'appel. Cette intervention, insuffisamment encadrée par le Mémorandum d'accord, semble être plus aisée que celle prévue par le Statut de la CIJ.

Dans le cadre de cette cour, la faculté d'intervenir se fait selon les « *principes généraux de la procédure judiciaire* »[976]. La tierce partie doit avoir, non seulement la qualité d'Etat mais de plus un intérêt juridique[977] défini par référence à une règle de droit[978]. Il s'agit manifestement « *d'une sorte de compromis par lequel les deux notions (intérêt et droit) étaient réunies dans une formule unique* », souligne le juge *Mbaye*[979]. Le but d'insérer la condition de l'intérêt d'ordre juridique dans l'article 62 est d'exclure toute intervention politique, économique ou autre[980]. C'est en ce sens que la CIJ avait rejeté la requête présentée par le Malte dans le différend « ***Tunisie /Jamahiriya Arabe Libyenne*** » puisque la connexité

---

975 SALMON (J.), (Dir.), « *Dictionnaire de droit international public* », Bruxelles, Bruylant, AUF, 2001, p. 612.

976 KOLB (R.), « *La Cour internationale de justice* », Paris, Pedone, 2014, p. 717. Aux termes de l'article 62 du Statut de la CIJ, « *lorsque qu'un Etat estime que dans un différend, un intérêt d'ordre juridique est pour lui est en cause, il peut adresser à la Cour une requête, afin d'intervention* ».

977 Ibid.

978 DOUSSIS (E.), « *Intérêt juridique et intervention devant la Cour internationale de justice* », RGDP, tome CV, 2001, n°1, p. 5 et s.

979 MBYE (K.), « *L'intérêt pour agir devant la Cour Internationale de Justice* », RCADI, 1988, tome 209, p. 290.

980 DOUSSIS (E.), « *intérêt juridique et intervention devant la Cour internationale de justice* », art. précit., p. 5.

était géographique et non juridique. Bien plus, faisant preuve d'une grande rigueur, la Cour exige, pour pouvoir intervenir, que l'intérêt soit direct, concret et individuel. D'ailleurs, il a été précisé que « *l'intérêt d'ordre juridique invoqué par Malte ne se rattache à aucun intérêt juridique lui appartenant en propre qui serait directement en cause dans la présente instance entre la Tunisie et la Libye, ou entre Malte et l'un ou l'autre de ces Etats*»[981]. C'est en ce sens que la Cour de la *Haye*, dans le but d'éviter une intervention abusive des Etats tiers au litige, dispose d'un large pouvoir pour accepter ou rejeter une telle intervention[982].

Dans le règlement des différends de l'OMC, il en va autrement. La situation de la tierce partie semble être plus confortable puisque celle-ci est soumise à une condition plus souple. Le Membre qui souhaite intervenir doit faire état d'un intérêt « *substantiel* ». Que couvre alors cette expression ? Une lecture combinée des articles 4.11et 17.4 du Mémorandum d'accord permet de souligner qu'il appartient à tout Membre autre que les parties au différend de prendre part dans la procédure de règlement des différends. Lorsqu'il considère qu'il a un intérêt commercial substantiel, il peut informer l'ORD de son désir d'être admis à participer aux consultations ou de présenter des communications écrites à l'Organe d'appel afin de se faire entendre.

Dans l'absence d'une définition conventionnelle, l'intérêt substantiel semble être entendu dans sa généralité. Contrairement à l'article 62 du Statut de la CIJ, le Mémorandum d'accord ne réduit pas, dans les articles susvisés, cet intérêt dans la forme juridique, ce qui permet donc d'englober l'intérêt économique ou autre. Cette lecture extensive de l'intérêt substantiel trouve sa justification dans l'objectif ultime de l'OMC qui est la conduite des relations commerciales entre ses Membres[983]. Aussi faut-il remarquer que le règlement des différends de l'OMC, parce qu'il ne vise pas prioritairement à rétablir un droit, témoigne d'une grande souplesse dans l'admission de l'intervention des Membres en qualité de tierce partie. Les tiers, dont les intérêts commerciaux sont également en jeu, ont la possibilité d'intervenir de manière simple. Un assouplissement se vérifie, en outre, dans le pouvoir accordé aux Etats de décider eux-

[981] Arrêt de la CIJ relatif à l'affaire « *Plateau continental : Tunisie/Jamahiriya arabe libyenne* », 14/04/1981, Rec. de la CIJ, p. 19, parag. 33.

[982] Ibid., p.12, parag. 17.

[983] Accord instituant l'OMC.

mêmes si leurs intérêts sont ou non substantiels[984]. En effet, dans le différend « ***Aéronefs*** »[985], les Communautés européennes et les États-Unis avaient décidé de réserver leur droit de participer en qualité de tierces parties aux travaux du Groupe spécial. Les premières ont fait valoir leur intérêt systémique dans l'interprétation correcte de l'Accord sur les subventions et les mesures compensatoires[986]. Par contre les seconds étaient simplement «*heureux d'avoir la possibilité d'exposer leurs vues*»[987]. Ainsi, une marge de manœuvre est accordée aux Etats dans l'appréciation de l'intérêt d'intervenir devant l'ORD. Qu'en est-il de la qualité d'intervenir ?

B) Vers l'ancrage de l'amicus curiae

Si le règlement des différends de l'OMC s'écarte, aujourd'hui de la procédure classique de règlement interétatique des différends, c'est parce que l'ORD s'ouvre à des personnes privées.

Traditionnellement, ce système était fermé aux Membres de l'OMC. Le Groupe spécial « ***Pellicules*** » a eu l'occasion de souligner que l'Accord instituant l'OMC ne soumet directement à des obligations que les gouvernements nationaux et les territoires douaniers distincts[988]. Sans compromettre la nature interétatique de ce système, l'article 4.11 du Mémorandum d'accord donne la possibilité d'intervenir à tout Membre, autre que les Membres qui prennent part aux consultations, lorsque celui-ci considère qu'il a un intérêt substantiel. Appelé à interpréter l'article susvisé, l'Organe d'appel a précisé que « *seuls les Membres de l'organisation ont accès au processus de règlement des différends de*

[984] BURDA (J.), « *L'efficacité du mécanisme de règlement des différends de l'OMC : vers une meilleure prévisibilité du système commercial multilatéral* » art. précit., p. 9.

[985] Rapport du Groupe spécial, « *Brésil – Programme de financement des exportations pour les aéronefs* », WT/DS46/R, 14/04/1999 ; Rapport de l'Organe d'appel, « *Brésil – Programme de financement des exportations pour les aéronefs* », WT/DS46/AB/R, 02/08/1999 ; Décision des arbitres « *Brésil – Programme de financement des exportations pour les aéronefs* », WT/DS46/ARB, 28/08/2000, Recours du Brésil à l'arbitrage au titre de l'article 22:6 du Mémorandum d'accord sur le règlement des différends et de l'article 4.11 de l'accord SMC (Plainte du Canada).

[986] Voir les communications des tierces parties dans le rapport du Groupe spécial, « *Brésil – Programme de financement des exportations pour les aéronefs* », WT/DS46/RW/2, 26/07/2001.

[987] Ibid.

[988] Rapport du Groupe spécial, « *Japon - Mesures affectant les pellicules et papiers photographiques destinés aux consommateurs* », rapport précit., parag. 10.52.

l'OMC... seuls les Membres qui ont « un intérêt substantiel dans une affaire portée devant un Groupe spécial peuvent être tierces parties dans la procédure de ce Groupe spécial. Ainsi, en vertu du Mémorandum d'accord, seuls les Membres qui sont parties à un différend ou qui ont informé l'ORD de leur souhait de devenir tierces parties dans ce différend ont un droit légal de présenter des communications »[989]. Il s'agit d'une interprétation restrictive de l'article 4.11 qui semble correspondre à celle donnée à l'article 62 du Statut de la CIJ[990] qui fait de l'intervention devant cette cour un droit qui « *n'est accessible en règle générale, qu'aux Etats* »[991]. L'interprétation donnée à l'article 4.11 du Mémorandum d'accord ne contribue-t-elle pas à nier la qualité d'intervenant à toute personne physique ou morale autre que les Membres ?

Dans sa nouvelle pratique, l'ORD, contrairement à son prédécesseur et à la CIJ[992], témoigne d'une grande souplesse, non seulement au niveau de l'intérêt d'intervenir, mais aussi au niveau de la qualité de l'intervenant. La démocratisation de la procédure d'intervenir[993] a eu pour effet de favoriser une « *ouverture de principe aux tiers* »[994]. Placé en dehors du rapport conventionnel, ce dernier désigne toute personne qui n'est pas partie à un traité ou qui n'est pas représentée à l'instance. Toutefois, il peut y participer à raison d'un intérêt particulier ou général dans cette

---

989 Rapport de l'Organe d'appel, « *Etats Unis – Prohibition à l'importation de certaines crevettes et de certains produits à base de crevettes* », rapport précit., parag. 101.

990 Aux termes de l'article 62 du Statut de la CIJ, « *lorsque qu'un Etat estime que dans un différend, un intérêt d'ordre juridique est pour lui est en cause, il peut adresser à la Cour une requête, afin d'intervention* ».

991 DIAITE (I.), « *L'intervention devant les juridictions internationales* », Thèse de doctorat, Université de Paris, Faculté de droit et des sciences économiques, 1992, p. 316.

992 Dans l'affaire « *Sud-Ouest africain*», la ligue internationale des droits de l'homme a été autorisée à déposer un mémoire d'amicus curiae qui n'a cependant pas été pris en compte. Dans l'avis sur la Namibie, le mémoire *d'amicus curiae* de la même organisation ainsi que celui du professeur Reisman furent rejetés. Le registraire de la CIJ estimait que l'admission *d'amicus curiae* en 1950 dans l'avis du Sud-ouest africain ne pouvait pas être considérée comme précédent. MENETREY (S.), « *L'amicus curiae, vers un principe de droit international procédural* », Thèse de doctorat, Faculté de droit, Université Laval, Québec et Université Panthéon Assas, Paris, France, 2009, p. 138.

993 STERN (B), « *L'intervention des tiers dans le contentieux de l'OMC*», RGDIP, vol. 107, n°2, 2003, p. 297.

994 MENETREY (S.), Thèse précit., p. 155.

instance. De ce fait, il acquiert un statut intermédiaire entre celui des parties et celui des tiers qui restent complètement étrangers à l'instance[995].

Dans le cadre du règlement des différends du GATT de 1947, les Parties Contractantes ont refusé de communiquer avec des personnes privées. Des lettres d'*amicus curiae* présentées par des organisations non gouvernementales (ONG) ont été jugées irrecevables[996]. *L'amicus curiae* ou l'ami de la cour, notion empruntée au droit interne anglo-américain, désigne *« la faculté attribuée à une personnalité ou à un organe non partie à une procédure judiciaire de donner des informations de nature à éclairer le tribunal sur des questions de fait ou de droit »*[997].

Si certains systèmes judiciaires ignorent ou écartent *l'amicus curiae*, d'autres l'acceptent pour les avantages qu'il apporte à la décision qui sera rendue[998]. L'importance de cette voie processuelle réside au fait qu'elle contribue à une bonne administration de la justice dans la mesure où elle assure l'information du juge. Une telle information renforce la légitimité de celui-ci par l'obtention des renseignements sur certains points qui lui serviront dans la prise des décisions[999]. Internationalisée[1000], cette voie processuelle, qui illustre l'interaction entre différentes institutions pour régler les différends, ne cesse d'avancer progressivement « *vers un principe international procédural* »[1001]. C'est d'autant plus vrai qu'elle témoigne, selon une certaine doctrine, de l'utilité d'introduire une autre dynamique juridique dans le règlement des différends dans l'ordre juridique international : « *celle d'un droit international "inter normatif" pour un règlement "systémique" ou "holistique" des différends* »[1002].

---

[995] RAMAZANI GHAVAMABADU (M.H.), « *L'ouverture modeste des instances juridictionnelles et quasi-juridictionnelles internationales au profit des ONG* », RBDI, Vol. XL, n°2, 2007, p. 508.

[996] COTE (Ch. E.), « *L'accès des particuliers au système de règlement des différends de l'OMC* », in BLIN (O.), (Dir.), « *Regards croisés sur le règlement des différends de l'Organisation Mondiale du Commerce* », Bruxelles, Bruylant, 2009, p. 49.

[997] SALMON (J.), (Dir.), « *Dictionnaire de droit international public* », op. cit., p-p. 62-63.

[998] MENETREY (S.), Thèse précit., p. 5.

[999] RAMAZANI GHAVAMABADU (M.H.), « *L'ouverture modeste des instances juridictionnelles et quasi-juridictionnelles internationales au profit des ONG* », art précit., p. 509.

[1000] STERN (B.), « *Un petit pas de plus : l'installation de la société civile dans l'arbitrage CIRDI entre l'Etat et l'investisseur* », RA, n°1, 2007, p. 42.

[1001] MENETREY (S.), Thèse précit., p. 5.

[1002] BOISSON DE CHAZOURNES (L.), MBENGUE (M.), « *L'amicus curiae* devant l'Organe de règlement des différends de l'OMC », in MALJEAN DUBOIS, (S.),

Quelle serait alors la position des Groupes spéciaux et de l'Organe d'appel vis-à-vis de cette voie processuelle qui constitue l'une des atteintes les plus contestables au caractère interétatique du SRD[1003] ? Cheminant sur les traces de la CEDH[1004], l'ORD connait une évolution progressive en ce qui concerne la pratique de *l'amicus curiae*[1005]. Cette évolution révèle l'ouverture de ce mode de règlement des différends, traditionnellement interétatique, à de nouveaux acteurs[1006], ce qui augmente le sentiment que « *la justice économique est bien rendue* »[1007].

Au début de leur fonctionnement, les Groupes spéciaux et l'Organe d'appel avaient refusé, dans leurs rapports « ***Essences*** » et « ***Hormones*** », l'admission des lettres *d'amicus curiae* au soutien d'une plainte ou en défense d'une mesure visée. En effet, suite au dépôt de mémoires *d'amicus cuiae* de la part des ONG, les Groupes spéciaux ont jugé inutile de se prononcer sur la recevabilité de ces mémoires en refusant de les prendre en considération[1008]. Ce refus était justifié par une interprétation littérale et restrictive de l'article 13 du Mémorandum d'accord qui prévoit que : « *chaque Groupe spécial aura le droit de demander à toute personne ou à tout organisme qu'il jugera approprié des renseignements et des avis techniques* ». Les Groupes spéciaux avaient tiré du pouvoir de demander des renseignements l'interdiction d'accepter tout renseignement non demandé[1009].

(Dir.), « *Droit de l'Organisation Mondiale du Commerce et protection de l'environnement* », Bruxelles, Bruylant, CERIC, 2003, note 255, p. 405.

1003 Rapport de l'Organe d'appel, « *Etats-Unis – Prohibition à l'importation de certains crevettes et de certains produits à base de crevettes* », rapport précit., parag. 101.

1004 MENETREY (S.), Thèse précit., p. 5.

1005 COTE (Ch.E.), « *L'accès des particuliers au système de règlement des différends de l'OMC* », art. précit., p. 49.

1006 RAMAZANI GHAVAMABADU (M.H.), « *L'ouverture modeste des instances juridictionnelles et quasi-juridictionnelles internationales au profit des ONG* », art précit., p. 502.

1007 STERN (B), « *L'intervention des tiers dans le contentieux de l'OMC* », art. précit., note 33, p. 299.

1008 ANGELET (N.), « *Le tiers à l'instance dans la procédure de règlement des différends de l'OMC* », in RUIZ FABRI (H.), SOREL (J.M.), (Dir.), « *Le tiers à l'instance devant les juridictions internationales* », Paris, Pedone, 2005, p. 207.

1009 KIEFFER (B.), op.cit., parag. 537.

Cependant, dans son rapport « ***Crevettes-Tortues*** »[1010], le Groupe spécial, même s'il n'a pas explicitement accepté de recevoir directement des lettres *d'amicus curiae*, il a admis leur ajout aux mémoires des parties. Plus ouvert que le Groupe spécial, l'Organe d'appel a non seulement reconnu le droit des particuliers d'intervenir, mais plutôt celui des Groupes spéciaux de recevoir de telles lettres. Par une interprétation extensive de l'article 13 du Mémorandum d'accord[1011], l'Organe d'appel a accepté la réception des renseignements non sollicitées de la part des Groupes spéciaux, tout en soulignant qu' « *il n'y a pas lieu d'assimiler le pouvoir de demander des renseignement à une interdiction d'accepter des renseignements qui ont été présentés à un Groupe spécial sans avoir été demandés. Un Groupe spécial a le pouvoir discrétionnaire soit d'accepter et de prendre en compte soit de rejeter les renseignements ou avis qui lui ont été communiqués, qu'il les ait ou non demandés* »[1012]. Tout en soulignant la pertinence de la constatation de l'Organe d'appel, une certaine doctrine approuve la reconnaissance aux Groupes spéciaux le droit de recevoir des lettres *d'amicus curiae* non sollicitées de la part des entités privées[1013]. Pour renforcer la crédibilité de l'OMC par rapport à la société civile, il est inconcevable d'aller à contre-courant de la position adoptée par l'Organe d'appel.

Mieux encore, par une lecture très innovante de ses pouvoirs, cet organe s'est reconnu, dans son rapport « ***Plomb bismuth*** », le droit de recevoir des lettres d'*amicus curiae*[1014]. Malgré l'absence d'une disposition analogue à celle de l'article 13 du Mémorandum d'accord, l'Organe d'appel n'a pas tardé à s'octroyer ce droit en précisant que « *ni le Mémorandum d'accord ni les Procédures de travail n'interdisent*

[1010] Rapport de l'Organe d'appel, « *Etats Unis – Prohibition de l'importation de certaines crevettes et de certains produits à base de crevettes* », Plainte de l'Inde, rapport précit., parag. 108.

[1011] RAMAZANI GHAVAMABADU (M.H.), « *L'ouverture modeste des instances juridictionnelles et quasi-juridictionnelles internationales au profit des ONG* », art précit., p. 525.

[1012] Rapport de l'Organe d'appel, « *Etats Unis – Prohibition de l'importation de certaines crevettes et de certains produits à base de crevettes* », Plainte de l'Inde, rapport précit., parag. 108.

[1013] STERN (B), « *L'intervention des tiers dans le contentieux de l'OMC* », art. précit., note 33, p. 298.

[1014] Ibid., note 33, p. 297.

explicitement d'accepter ou d'examiner ces mémoires »[1015]. Pour conforter sa position, il a souligné qu'il est habilité en droit à accepter et à examiner des mémoires *d'amicus curiae* s'il juge utile de le faire dans le cadre d'une procédure en appel[1016]. C'est sur la base de l'article 17.9 du Mémorandum d'accord que l'Organe d'appel s'est reconnu un pouvoir discrétionnaire en la matière puisqu'il a la possibilité de pallier les insuffisances des règles procédurales[1017]. Dans la réception de telles lettres, cet organe n'établit pas de distinction entre les communications émanant des Membres de l'OMC qui ne sont pas participants ou participants tiers et les communications émanant de non Membres[1018]. Ainsi, est assurée une « *ouverture de principe* »[1019] aux particuliers et aux organisations qui ne sont pas Membres à l'OMC. Des lettres *d'amicus curiae* sont, désormais, admises permettant l'intervention de « *toute personne physique ou morale, autre qu'une partie ou tierce partie au différend* »[1020]. Sans avoir toujours la qualité d'agir ni un intérêt à agir, les ONG et les entreprises privées peuvent, dès lors, bénéficier d'un accès indirect au règlement des différends de l'OMC au moyen des lettres *d'amicus curiae*[1021]. En permettant à des entités privées l'accès à ce mode de règlement des différends, les Groupes spéciaux et l'Organe d'appel contribuent de façon positive à faire de l'OMC *« une Organisation plus ouverte et à accroitre la confiance du public dans le système de règlement*

1015 Rapport de l'Organe d'appel, « *Etats Unis – Imposition de droits compensateurs sur certains produits en acier au carbone, plomb et bismuth laminés à chaud originaires du Royaume Unis* », WT/DS 138/AB/R, 10/05/2000, parag. 39.

1016 Ibid., parag. 42.

1017 Il a été précisé que « *l'article 17.9 du Mémorandum d'accord… indique clairement que l'Organe d'appel dispose d'un large pouvoir lorsqu'il s'agit d'adopter des règles de procédures qui n'entrent pas en conflit avec les règles et procédures énoncées dans le Mémorandum d'accord ou les accords visés. Par conséquent, nous sommes d'avis que pour autant que nous agissions conformément aux dispositions du Mémorandum d'accord et des accords visés, nous sommes habilités légalement à décider de l'opportunité d'accepter et d'examiner ou non les renseignements que nous estimons pertinents et utiles dans le cadre d'une procédure d'appel* », Ibid., parg. 39.

1018 Rapport de l'Organe d'appel, « *Communautés européennes - désignation commeciale de sardines* », rapport précit., parag. 161.

1019 MENETREY (S.), Thèse précit., p. 155.

1020 Communication de l'Organe d'appel, « *Communautés européennes - Mesures affectant l'Amiante et les produits en contenant* », Plainte du Canada, rapport précit., parag. 52.

1021 RAMAZANI GHAVAMABADU (M.H.), « *L'ouverture modeste des instances juridictionnelles et quasi-juridictionnelles internationales au profit des ONG* », art précit., p. 531.

des différends »[1022]. Un tel accès ne constitue-t-il pas une phase transitoire vers l'ancrage d'un principe permettant l'accès entier au SRD[1023] ?

Si l'Organe d'appel a reconnu aux particuliers la faculté d'intervenir, il en a rationalisé. Doté d'un pouvoir absolu dans la réception des lettres *d'amicus curiae*[1024], il n'a pas hésité à adopter, dans son rapport « ***Amiante*** »[1025], des règles additionnelles déterminant les conditions d'admission des lettres de la part des Membres de l'OMC et des non Membres. Ces règles servent, dès lors de « *mode d'emploi* »[1026] des lettres *d'amicus curiae* dans le règlement des différends de l'OMC. La rigueur de certaines conditions semble être expliquée par la volonté de l'Organe d'appel d'éviter d'être inondé par lesdites lettres[1027]. Mais, dans l'absence de contestations de la part des Membres, la jurisprudence en la matière est appelée à se perpétuer[1028]. Par la systématisation de la réception des lettres *d'amicus curiae*, les Groupes spéciaux et l'Organe d'appel ont tendance à influencer d'autres contentieux internationaux. En effet, le Tribunal arbitral, ayant repris la même démarche esquissée par l'Organe d'appel, a accepté dans l'affaire « ***Methanex*** » de recevoir les mémoires *d'amicus curiae* de trois ONG canadiennes et américaines afin d'éclairer le tribunal sur certains points avant de trancher[1029].

Mieux encore, l'ORD, admettant les lettres d'*amicus curiae*, semble contribuer à l'ancrage d'un « *principe embryonnaire de respect des droits des tiers* »[1030]. N'assiste-t-on pas alors à une ascension de l'*amicus curiae*

[1022] Réunion de l'ORD du 7/6/2000, WTDBS/M/83, parag. 8.

[1023] ASCENSIO (H.), « *L'amicus curiae devant les juridictions internationales* », RGDIP, Tome 105, n°4, 2001, p. 929.

[1024] KIEFFER (B.), op. cit., parag. 540.

[1025] Communication de l'Organe d'appel, « *Communautés européennes - Mesures affectant l'Amiante et les produits en contenant* », Plainte du Canada, rapport précit., note 182.

[1026] STERN (B), « *L'intervention des tiers dans le contentieux de l'OMC* », art. précit., note 33, p. 269.

[1027] RAMAZANI GHAVAMABADU (M.H.), « *L'ouverture modeste des instances juridictionnelles et quasi-juridictionnelles internationales au profit des ONG* », art précit., p. 530.

[1028] KIEFFER (B.), op. cit., parag. 542.

[1029] L'ensemble des textes relatifs à l'affaire est en ligne sur : www.naftaclaims.com/disputes_us_6.htm.

[1030] JOUANNET (E.), « *Quelques perspectives théoriques : incertitudes sur le tiers et désordre de la justice internationale* », in RUIZ FABRI (H.), SOREL (J.M.), (Dir.), « *Le tiers à l'instance devant les juridictions internationales* », Paris, Pedone, 2005, p. 261.

au rang des principes généraux qui gouvernent le règlement des différends ? Aussi, faut-il remarquer que les Groupes spéciaux et l'Organe d'appel, malgré le caractère interétatique du SRD, acceptent de recevoir les mémoires précités de la part des acteurs de la société civile internationale qui sont de plus en plus entendus. Est favorisée ainsi l'action des ONG dans un processus quasi juridictionnel qui leur est en principe fermé [1031], d'où la « *démocratisation des relations internationales* »[1032]. Par l'ouverture à des acteurs non étatiques, le SRD semble se transformer en vecteur d'évolution du droit international vers sa forme contemporaine [1033], dépassant ainsi sa vocation première de droit intergouvernemental[1034].

Quoiqu'elle soit révolutionnaire, l'admission des mémoires *d'amicus curiae* dans le règlement des différends de l'OMC est considérée comme « *la meilleure et la pire des choses* »[1035]. Pour porteuse qu'elle soit aux acteurs privés et aux défenseurs des valeurs non marchandes[1036], ces mémoires ont suscité, toutefois, les craintes de certains Membres. Indéniablement, la faculté accordée aux particuliers a pour conséquence d'alourdir un système de règlement des différends déjà chargé. Elle affecte, en outre, les droits des Membres, ce qui a amené l'Inde à souligner, lors de la réunion de l'ORD en 2000, que l'admission de *l'amicus curiae* risque de déboucher sur « *une situation dans laquelle non seulement des organisations non gouvernementales, mais aussi de puissantes associations commerciales... seraient à même d'intervenir dans le processus de règlement des différends. Cette évolution ne serait guère salutaire pour le fonctionnement à long terme du système de règlement des différends, censé être un mécanisme de règlement des différends entre les Membres* »[1037]. C'est d'autant plus vrai que l'examen

---

[1031] RAMAZANI GHAVAMABADU (M.H.), « *L'ouverture modeste des instances juridictionnelles et quasi-juridictionnelles internationales au profit des ONG* », art précit., p. 531.

[1032] STERN (B), « *L'intervention des tiers dans le contentieux de l'OMC* », art. précit., p. 297.

[1033] LAMY (P.), « *Allocution sur la place et le rôle du droit de l'OMC dans l'ordre juridique international* », Université Paris-Sorbonne, 19/05/2006, disponible sur le site wto.org.

[1034] BLANQUET (M.), Préface, in BLIN (O.), « *Regards croisés sur le règlement des différends de l'Organisation Mondiale* », art. précit.

[1035] STERN (B), « *L'intervention des tiers dans le contentieux de l'OMC* », art. précit., note 33, p. 299.

[1036] MENETREY (S.), Thèse précit., p. 157.

[1037] La réunion de l'ORD du 7/6/2000, WT/DSB/M83, parag. 8.

des rapports des Groupes spéciaux et de l'Organe d'appel démontre que des entreprises privées, directement impliquées dans des différends, utilisent de plus en plus cette voie pour faire valoir leurs intérêts. Le développement de la pratique de *l'amicus curiae* semble être non souhaitable puisque les Membres de l'OMC, étant parties au différend, agissent déjà pour défendre les intérêts de ces entreprises privées. « *Par l'utilisation répétée des groupements d'intérêts, l'amicus curiae risque de rompre avec ses fondements procéduraux classiques pour devenir un droit de participation des tiers* »[1038]. Ainsi, est remise en cause la nature interétatique du règlement des différends de l'OMC qui est en train d'échapper à l'emprise des Membres de l'OMC. Par l'admission systématique des lettres *d'amicus curiae* dans le SRD, l'appareil judiciaire de l'OMC ne contribue-t-il pas à réviser des conceptions les plus traditionnelles de la société internationale ?

Quoiqu' entouré de certains inconvénients, le « *principe* » de *l'amicus curiae* s'apparente comme l'une des particularités du SRD qui fait de celui-ci un mode de règlement qui aspire à l'autonomie. Faisant preuve d'une ouverture de principe à *l'amicus curiae*, ce système semble devenir plus sensible au fait que le commerce international n'est pas « *par nature interétatique* » [1039] puisqu'il est essentiellement le produit des commerçants qui sont des opérateurs économiques privés et non plus majoritairement des Etats[1040]. Si les Groupes spéciaux et l'Organe d'appel, faisant preuve d'un certain dynamisme, ont pu relativiser la nature interétatique du SRD, qu'elle serait leur position à l'égard des principes considérés comme inhérents à l'activité judiciaire ?

SECTION 2 : NON MATURATION À L'ÉGARD DE CERTAINS PRINCIPES

Reconnaître la qualité de juge à l'ORD suppose que celui-ci en « *enfile les habits et en adopte le comportement* »[1041] . A l'instar des tribunaux, les Groupes spéciaux et l'Organe d'appel devraient accueillir les principes généraux qui sous-tendent le contentieux interne et international.

[1038] MENETREY (S.), Thèse précit., p. 8.

[1039] CANAL FORGUES (E.), « *Le règlement des différends à l'OMC* », 3ème éd., Bruxelles, Bruylant, 2008, p. 21.

[1040] MENETREY (S.), Thèse précit.

[1041] RUIZ FABRI (H.), « *Le juge de l'OMC : ombres et lumières d'une figure judiciaire singulière* », art. précit. p. 47.

Cependant, une primitivité semble imprégner la démarche de l'ORD dans la réception ou dans la mise à l'écart de certains desdits principes. En effet, un flottement a marqué cet organe ***dans l'application du principe de l'estoppel*** (***Paragraphe1***). Mieux encore, ***l'autorité de la chose jugée est ignorée dans les décisions de l'ORD*** (***Pragraphe2***).

Paragraphe 1 : Flottement dans l'application du principe de l'estoppel

Contrairement aux juridictions internationales, l'ORD, à l'égard du principe d'estoppel, atteste qu'il n'a pas mûri suffisamment. ***Une hésitation a marqué les Groupes spéciaux et l'Organe d'appel dans la réception de ce principe*** (***A***). Ayant pris corps dans la jurisprudence de l'ORD, ***ce principe s'avère entouré d'incertitudes au niveau de son contenu*** (***B***).

A) Hésitation dans la réception du principe de l'estoppel

Que la sécurité juridique soit l'objectif ultime du SRD[1042], cela semble naturel pour assurer la sécurisation des relations dans le Système commercial multilatéral. Compte tenu alors de cet objectif, on peut raisonnablement attendre que ce système désapprouve les contradictions dans les comportements successifs de l'un des Membres lorsque celles-ci causent un dommage à un autre Membre[1043]. Cependant, les Groupes spéciaux et l'Organe d'appel, contrairement aux attentes de certains Membres, témoignent d'une grande prudence dans la réception du principe de *l'estoppel* qui est, pourtant, intimement lié à la confiance légitime et à la sécurité juridique[1044]. Que couvre alors ce principe emprunté au droit Anglos saxon et largement invoqué devant les juridictions internationales et l'ORD[1045] ?

[1042] La sécurité et la prévisibilité constituent des éléments fondamentaux du système de l'OMC. Article 3.2 du Mémorandum d'accord ; Rapport du Groupe spécial, « *Japon – Mesures affectant les pellicules et papiers photographiques destinés aux consommateurs* », rapport précit., parag. 10.33 et s.

[1043] DAS (H.), « *L'estoppel et l'acquiescement : assimilations pragmatiques et divergences conceptuelles* », RBDI, n°2, 1997, p. 610.

[1044] Ibid., p. 609.

[1045] MARTIN (A.), « *L'estoppel en droit international public* », Paris, Pedone, 1979, p. 240.

Dans l'affaire qui opposait le Cameroun au Nigeria, la CIJ a eu l'occasion de préciser que « *l'existence d'une situation d'estoppel supposerait que le Cameroun ait adopté un comportement ou fait, des déclarations qui auraient attesté d'une manière claire et constante qu'il avait accepté de régler le différend de frontières soumis aujourd'hui à la Cour par des voies exclusivement bilatérales. Elle impliquerait, en outre, que le Nigeria, se fondant sur cette attitude, ait modifié sa position à son détriment ou ait subi un préjudice quelconque* »[1046]. Ainsi, l'estoppel est constitué, dès lors, qu'une partie qui, par sa reconnaissance, sa représentation, sa déclaration, sa conduite ou son silence, maintient une attitude manifestement contraire au droit qu'elle prétend revendiquer devant un tribunal international. Il ne fait aucun doute que l'objectif de l'estoppel est d'interdire qu'un Etat tire profit de ses propres contradictions au préjudice d'un autre Etat[1047]. Afin de protéger la confiance légitime de l'autre Etat, l'estoppel constitue alors « *un élément de procédure permettant de contester la recevabilité d'une requête présentée à une juridiction compétente* »[1048]. C'est en ce sens que l'estoppel doit être conçu comme l'équivalent d'une fin de non- recevoir[1049]. De ce fait, il appartient à la partie qui invoque l'estoppel de démontrer que le comportement de son adversaire l'a effectivement poussé à agir ou à s'abstenir d'agir, de la manière qu'elle allègue[1050].

Quant à sa valeur normative, l'estoppel, étant d'origine jurisprudentielle[1051], est le plus souvent considéré comme un principe général de droit tiré des ordres juridiques internes et transposé en droit international[1052]. L'examen de la jurisprudence internationale révèle que l'estoppel est un principe bien reçu par les juges et les arbitres

---

[1046] Arrêt de la CIJ relatif à l'affaire de « *la frontière terrestre et maritime entre le Cameroun et le Nigéria* », 11/06/1998, Rec. de la CIJ, parag. 57.

[1047] ZOLLER (E.), « *La bonne foi en droit international public* », Paris, Pedone, 1977, p. 277.

[1048] CAZALA (J.), « *L'invocation de l'estoppel dans le cadre de la procédure de règlement des différends de l'OMC* », RGDIP, Tome 107, n°4, 2003, p. 888.

[1049] C. SOSSA (D.), « La question de l'introduction du principe de l'estoppel en droit communautaire OHADA », RASJ, Vol. 7, n°1, 2010, p. 2.

[1050] DAS (H.), « *L'estoppel et l'acquiescement : assimilations pragmatiques et divergences conceptuelles* », art. précit., p. 615.

[1051] C. SOSSA (D.), « La question de l'introduction du principe de l'estoppel en droit communautaire OHADA », art. précit., p. 5.

[1052] KOLB (R.), « *La bonne foi en droit international public : contribution à l'étude des principes généraux de droit* », op. cit., p. 378.

internationaux[1053]. En effet, dans l'affaire « ***Usine de Chorzow*** », la CPJI avait souligné que « *c'est un principe généralement reconnu par la jurisprudence arbitrale internationale, aussi bien que les juridictions nationales, qu'une partie ne saurait opposer à l'autre le fait de ne pas avoir rempli une obligation ou de ne pas s'être servi d'un moyen de recours, si la première par un acte contraire au droit, a empêché la seconde de remplir l'obligation en question, ou d'avoir recours à la juridiction qui lui aurait été ouverte* »[1054].

De même, le principe de l'estoppel a été largement évoqué devant la CIJ. Sont illustratifs les arrêts « ***Anglo-norvégienne des pêcheries*** »[1055] et « ***Nottebohm*** »[1056]... Mieux encore, une chambre de la Cour de la *Haye* a considéré dans l'affaire du « ***Golf du Maine*** » que l'estoppel, quel que soit le statut que lui réserve le droit international, découle des principes fondamentaux de la bonne foi et de l'équité[1057]. Depuis lors, un tel principe s'est assez fortement imposé dans les différents mécanismes internationaux de règlement des différends[1058]. Qu'en est – il du SRD ?

Ne pouvant pas fonctionner en isolement des principes généraux inhérents au contentieux international, les Groupes spéciaux et l'Organe d'appel devraient-ils transposer le principe de l'estoppel dans le droit de l'OMC pour satisfaire à l'objectif de sécurité juridique et à l'obligation de régler les différends de bonne foi ? Dans l'affirmatif, une situation d'estoppel devrait constituer une cause d'irrecevabilité d'un recours devant les Groupes spéciaux et l'Organe d'appel.

Dans le cadre du règlement des différends du GATT de 1947, les Parties Contractantes étaient réticentes quant au principe de l'estoppel. En effet, dans la première phase du différend des « ***Bananes*** », le *panel*, confronté à des prétentions d'estoppel, s'est contenté d'affirmer que « *le simple fait que la CEE ait notifié ces restrictions aux Parties*

1053 C SOSSA (D.), « La question de l'introduction du principe de l'estoppel en droit communautaire OHADA », art. précit., p. 8.

1054 Arrêt de la CPJI relatif à l'affaire « *Usine de Chorzów* (*Allemagne c. Pologne*) », 26/07/1927, Rec. de la CPJI, série A, n°9, p. 31.

1055 Ordonnance de la CIJ relative à l'affaire « *Pêcheries (Royaume-Uni c. Norvège) »,* ordonnance précit., p. 263.

1056 Arrêt de la CIJ relatif à l'affaire « *Nottebohm (Liechtenstein c. Guatemala)* », 6/4/1955, Rec. de la CIJ, p. 4.

1057 Affaire « *Délimitation de la frontière maritime dans la région du golfe du Maine* (*Canada /Etats-Unis d'Amérique*) », arrêt précit. de la CIJ, p. 305. parag. 130.

1058 C SOSSA (D.), « *La question de l'introduction du principe de l'estoppel en droit communautaire OHADA* », art. précit., p. 7.

Contractantes et que celles-ci n'avaient rien fait à leur sujet jusqu'à présent n'avait pas modifié les obligations de la CEE au titre de l'Accord général »[1059].

De son côté, l'ORD a fait preuve d'une hésitation dans la réception du principe de l'estoppel. Quoiqu'abusivement invoqué par les Membres, le principe de non contradiction n'a pas encore mûri. Il s'avère encore en effervescence ou à « *l'état gazeux* »[1060] puisqu'il est confronté à la résistance des Groupes spéciaux et de l'Organe d'appel. Cette résistance est justifiée par le fait que l'estoppel réduit le droit des Membres de porter une plainte devant l'ORD. Pour faire respecter ce droit, le Groupes spécial « ***Automobile*** » a souligné que « *l'un des principes fondamentaux du Mémorandum d'accord et qu'il n'est pas permis de faire à la légère des suppositions au sujet des circonstances dans lesquelles les rédacteurs du Mémorandum d'accord auraient pu vouloir qu'un Membre renonce à ce droit* »[1061]. Mais, paradoxalement le Groupe spécial a fugitivement considéré, dans une note de bas de page, « *qu'un principe général comme celui de l'estoppel peut s'appliquer au règlement des différends dans le cadre de l'OMC* »[1062]. La position du Groupe spécial semble être non confortable. Situé entre le marteau et l'enclume, celui-ci fait preuve d'une grande hésitation dans la réception du principe de l'estoppel. Cette hésitation s'explique par le fait que le Groupe spécial se trouve lié par deux impératifs difficilement conciliables à savoir l'assurance du droit d'agir d'une part, et la sécurité juridique qui suppose la non contradiction des Membres, d'autre part.

S'alignant sur la position du Groupe spécial, l'Organe d'appel était aussi réservé, dans son rapport « ***Sucre*** », quant au principe de l'estoppel. En effet, s'abritant derrière le Groupe spécial, il a reconnu, « *comme (celui-ci), qu'on ne sait pas très bien, loin s'en faut, si le principe d'estoppel s'applique dans le contexte du système de règlement des différends de l'OMC* »[1063]. Toutefois, pour éviter la réception d'un tel

---

1059 CAZALA (J.), « *L'invocation de l'estoppel dans le cadre de la procédure de règlement des différends de l'OMC* », art. précit, p. 889.

1060 Ce terme est employé par le Conseil d'Etat dans son rapport pour l'année 1991 pour désigner les règles en gestation, in MATHIEU (B.), « *La normativité de la loi : une exigence démocratique* », Cahiers du Conseil constitutionnel n° 21, p. 3.

1061 Rapport du Groupe spécial, « *Inde – Mesures concernant le commerce et l'investissement dans le secteur automobile* », rapport précit., parag. 7.115.

1062 Ibid., note 364.

1063 Rapport de l'Organe d'appel, « *Communautés européennes - Subvention à l'exportation de sucre* », rapport précit., parag. 310.

principe, l'Organe d'appel a ajouté que l'estoppel « *n'a jamais été appliqué par l'Organe d'appel. Qui plus est, le concept de l'estoppel, tel qu'il est présenté par les Communautés européennes*[1064]*, semblerait restreindre la capacité des Membres de l'OMC d'engager une procédure de règlement des différends à l'OMC. Nous voyons peu d'éléments dans le Mémorandum d'accord qui limitent explicitement le droit des Membres de l'OMC d'engager une action ; les Membres de l'OMC doivent "juger si une action au titre des présentes procédures serait utile", conformément à l'article 3:7 du Mémorandum d'accord, et ils doivent engager les procédures de règlement des différends de bonne foi, conformément à l'article 3:10 du Mémorandum d'accord. Cette dernière obligation vise, selon nous, le processus de règlement des différends tout entier, depuis l'engagement d'une action jusqu'à la mise en œuvre. Ainsi, même à supposer pour les besoins de l'argumentation que le principe de l'estoppel puisse s'appliquer dans le cadre de l'OMC, son application s'inscrirait dans le cadre des paramètres étroits énoncés dans le Mémorandum d'accord* »[1065].

Il semble que les arguments avancés par l'Organe d'appel, contestant la réception du principe de l'estoppel, ne sont pas fondés. Au contraire, plusieurs raisons militent en faveur de son attraction. D'abord, on doit souligner qu'aux termes de l'article 3.2 du Mémorandum d'accord, l'objectif ultime du SRD est d'assurer la sécurité et la prévisibilité du Système commerciale multilatéral[1066]. Le principe de l'estoppel, parce qu'il est destiné à protéger la confiance légitime et la sécurité juridique des relations internationales[1067], devrait dès lors être accueilli par les Groupes spéciaux et l'Organe d'appel. Ensuite, l'obligation qui incombe à ces organes de régler les différends de bonne foi ne peut, en aucun cas, s'opposer au principe de l'estoppel. En revanche, elle devrait en favoriser la réception puisque ledit principe n'est, en fait, que « le *revers*

[1064] Dans le rapport « *Sucre* » de l'Organe d'appel, les Communautés européennes ont fait valoir que l'estoppel est un principe général du droit international qui découle du principe plus général de la bonne foi. En tant que tel, l'estoppel est « *un des principes que les Membres sont tenus d'observer lorsqu'ils engagent des procédures de règlement des différends conformément à l'article 3:10 du Mémorandum d'accord* ». Ibid., parag. 311.

[1065] Ibid., parag. 312.

[1066] Article 3.2 du Mémorandum d'accord.

[1067] DAS (H.), « *L'estoppel et l'acquiescement : assimilations pragmatiques et divergences conceptuelles* », art. précit., p. 610.

indissociable de la bonne foi »[1068]. C'est d'autant plus qu'il existe, dans le règlement des différends de l'OMC, une base juridique permettant aux Groupes spéciaux et à l'Organe d'appel de déterminer, dans une affaire appropriée, si un Membre n'a pas agi de bonne foi[1069]. Il s'agit, en particulier, d'examiner la bonne ou la mauvaise foi d'un Membre qui doit respecter une règle de conduite : « *ne pas se contredire dans ses comportements, être logique avec lui-même, être cohérent dans ses attitudes* »[1070]. C'est en ce sens que la contradiction entre les comportements et les allégations d'un Membre de l'OMC entraine l'irrecevabilité d'un recours devant l'ORD. Enfin, comme tous les principes généraux, l'estoppel devrait s'appliquer dans le règlement des différends de l'OMC, même dans l'absence de texte conventionnel[1071].

Moins catégoriques, les Groupes spéciaux et l'Organe d'appel semblent, dans leur pratique ultérieure, renoncer à leur position hostile quant au principe de l'estoppel. Le rapport du Groupe spécial « ***Amiante*** »[1072] en atteste. Mais, si cet organe a pu franchir un pas dans la reconnaissance de la possibilité d'invoquer l'estoppel par les Membres de l'OMC, un tel pas demeure insuffisant. Sans être élevé au rang d'un principe général du droit de l'OMC, l'estoppel est présent dans le raisonnement du Groupe spécial. Mais, celui-ci n'a pas donné gain de cause, sur le fond, au Canada qui a invoqué la notification du décret français, objet du litige, au Comité des obstacles techniques au commerce. Ayant fondé une légitime confiance sur la notification du décret français, le Canada s'est trouvé dans une situation où il devrait subir les conséquences négatives du fait du changement d'une position de l'autre partie[1073]. Sans éprouver le besoin de recourir au principe de la bonne foi, le Groupe spécial a considéré que cette situation constitue un cas d'estoppel. Avec beaucoup d'hésitation et d'errements, l'estoppel prend corps dans le règlement des différends de l'OMC mais avec quel contenu ?

1068 ZOLLER (E.), « *La bonne foi en droit international public* », op. cit., p. 276.

1069 Rapport de l'Organe d'appel, « *Etats Unis – Loi de 2000 sur la compensation pour continuation du dumping et maintien de la subvention* », rapport précit., parag. 297.

1070 ZOLLER (E.), « *La bonne foi en droit international public* », op. cit., p. 279.

1071 CARREAU (D.), « *Droit international* », op. cit., 6ème éd., p. 287.

1072 Rapport du Groupe spécial, « *Communautés européennes-Mesures affectant l'amiante et les produits en contenant* », rapport précit., parag. 8.60.

1073 Ibid., parag. 8.60.

B) Incertitude au niveau du contenu du principe d'estoppel

Si les Groupes spéciaux et l'Organe d'appel témoignent d'une hésitation dans la réception du principe de l'estoppel, c'est parce qu'ils n'en maitrisent pas la signification. Entourée d'incertitude, la notion d'estoppel se confond à d'autres notions voisines.

Loin d'être certain, le Groupe spécial assimile l'estoppel à la forclusion. En effet, dans le différend « ***Ciment Portland*** », le Guatemala demande au Groupe spécial de constater que *« le Mexique a encouru la forclusion en ne présentant pas les observations écrites destinées au dossier administratif relatif à l'enquête en temps voulu et dans les formes voulues »*[1074]. Le terme d'estoppel n'apparait pas dans la version française du rapport, mais les versions espagnole et anglaise traduisent le terme de forclusion par l'estoppel. Bien qu'elles contribuent toutes les deux à rendre un recours irrecevable[1075], ces notions ne doivent pas être confondues. La forclusion ou la prescription correspond à faire de l'écoulement du temps un moyen d'extinction ou d'acquisition du temps de droits par les sujets de l'ordre juridique de référence. Comme l'explique *Louis Delbez « l'idée de prescription répond... à la nécessité sociale de mettre un terme aux conflits »*[1076]. Liée à une déchéance, la forclusion décrit un effet juridique et ne constitue pas un principe général de droit. Par contre, l'estoppel vise une institution juridique particulière qui fixe les conditions dans lesquelles un Etat peut être définitivement lié par des comportements qui pourtant, par eux-mêmes, n'étaient pas de nature à créer une obligation ou à engendrer la perte d'un droit[1077].

De façon encore étrange, l'estoppel est confondu à la renonciation. Le Guatemala dans le différend « ***Ciment Portland*** » a invoqué le principe d'estoppel en renvoyant à une prétendue application antérieure du principe dans le différend « ***Canada / Communauté économique***

[1074] Rapport du Groupe spécial, « *Guatemala-Enquête antidumping concernant le ciment portland en provenance du Mexique* », rapport précit., parag. 3.2.

[1075] La CIJ reconnait que, même dans l'absence d'une disposition conventionnelle applicable, le retard d'un Etat demandeur peut rendre une requête irrecevable. Affaire « *certaines terres à phosphates à Nauru (exceptions préliminaires)* », arrêt du 26/06/1992, Rec. CIJ

[1076] DELBEZ (L.), op. cit., p. 200.

[1077] CARREAU (D.), « *A propos du principe de l'estoppel en droit des gens* », in Mélanges GUGGENHEIM (P.), Genève, IUHEI, 1968, p. 365.

européenne – droits au titre de l'article XXVIII »[1078]. Or ce n'est pas le principe d'estoppel qui est appliqué par l'arbitre dans l'affaire précité. D'ailleurs, il a été précisé que « *pour qu'un système multilatéral de commerce international fonctionne convenablement, il faut qu'au bout d'un certain temps, silence vaille acceptation d'un état de choses ou renonciation à toute plainte* »[1079]. Il est donc question d'acquiescement ou de renonciation mais, en aucun cas, d'estoppel[1080]. La distinction entre l'estoppel et la renonciation ne fait aucun doute même s'il y a un rapprochement entre les deux notions. La renonciation « *est une expression unilatérale ou conventionnelle de la volonté d'abandonner un droit, une prétention ou une réclamation* »[1081]. Il s'agit, en fait, d'un acte unilatéral qui existe sans que soit prise en compte l'attitude des autres sujets de droit face à lui. Par contre, l'estoppel nécessite au moins deux protagonistes. D'ailleurs, la doctrine est unanime sur le fait qu'un argument d'estoppel ne peut être reçu que dans la présence d'une partie invoquant cet argument, à cause du comportement antérieur de l'autre Etat[1082].

Cependant, le Groupe spécial « ***Amiante*** » a pu se rattraper en retenant les conditions classiques de l'estoppel et non les conditions de la renonciation. En effet, il a souligné qu'il y aurait estoppel des Communautés européennes du fait de leur notification du décret, s'il « *était déterminé que le Canada avait fondé une légitime confiance sur la notification du décret et en subissait maintenant les conséquences négatives du fait du changement de position* »[1083]. Malgré ces éclaircissements, l'estoppel demeure encore flou et confus dans la pratique des Groupes spéciaux et de l'Organe d'appel. De façon surprenante, le Groupe spécial n'a-t-il pas précisé dans son rapport « ***Ciment portland*** » que la notion d'estoppel

---

1078 Rapport du Groupe spécial, « *Guatemala-Mesures antidumping définitives concernant le ciment portland gris en provenance du Mexique* », WT/DS156/R, 24/10/2000, parag. 5.43.

1079 Rapport du Groupe spécial, « *Canada / Communauté économique européenne - droits au titre de l'article XXVIII* », décision de l'arbitre, 16/10/1990, DS12/R, IBDD, 37S/84, p. 90.

1080 CAZALA (J.), « *L'invocation de l'estoppel dans le cadre de la procédure de règlement des différends de l'OMC* », art. précit., p. 895.

1081 SALMON (J.), (Dir.), « *Dictionnaire du droit international public* », op. cit., p. 968.

1082 DAS (H.), « *L'estoppel et l'acquiescement : assimilations pragmatiques et divergences conceptuelles* », art. précit., p. 614.

1083 Rapport du Groupe spécial, « *Communautés européennes – Mesures affectant l'amiante et les produits en contenant* », rapport précit., parag. 8.60 ; Rapport du Groupe spécial, « *Guatemala - Mesures antidumping définitives concernant le ciment Portland gris en provenance du Mexique* », rapport précit., parag. 8.23 - 8.24.

« *...est analogue à celle d'acquiescement* »[1084]? Dans la confusion entre ces deux notions, le Groupe spécial s'écarte de la position de la CIJ. Dans l'affaire du « ***Golf du Maine*** », la Cour de la *Haye* a eu l'occasion de préciser que les deux notions procèdent de raisonnements juridiques différents. L'élément le plus net de la distinction entre les deux notions repose sur le fait que « *l'acquiescement a souvent un silence pour origine or, l'attitude constitutive d'un estoppel ne peut être certaine. Elle doit, pour constituer un estoppel, être dépourvue de toute ambigüité* »[1085]. Il en découle que l'acquiescement tend à établir le consentement de l'Etat ayant gardé le silence alors que l'estoppel ne s'intéresse aucunement à l'intention de l'Etat auteur du comportement, voire, reconnait implicitement qu'il n'est pas certain que cet Etat ait entendu s'engager. Il résulte de ce qui précède qu'un flottement marque l'ORD dans l'utilisation du principe de l'estoppel. Derrière ce flottement se dissimulent une primitivité et une ignorance de certains principes et notions du droit international par des organes (les Groupes spéciaux et l'Organe d'appel) qui, malgré leur qualification[1086], demeurent peu informés en la matière. Aussi faut-il ajouter que le principe de l'estoppel, à l'instar des principes généraux qui constituent « *l'expression de la conscience juridique de la société internationale* »[1087], est le plus souvent tributaire de volonté et d'efforts prolongés dans le temps pour qu'il soit cristallisé dans la jurisprudence de l'OMC. Cette volonté dépend non seulement des Membres de l'OMC mais aussi de l'ORD qui devrait apporter une coloration morale au droit de l'OMC à travers ces principes. Si l'ORD témoigne qu'il n'a pas mûri suffisamment à l'égard du principe de l'estoppel, quelle serait sa position à l'égard du principe de l'autorité de la chose jugée ?

Paragraphe 2: Ignorance du principe de l'autorité de la chose jugée

Contrairement au juge international, l'ORD ***refuse de conférer l'autorité de la chose jugée à ses décisions*** (***A***). Délibéré, ***ce refus semble s'expliquer par la nature sui generis de l'ORD*** (***B***).

[1084] Ibid., parag. 8.23.

[1085] Arrêt de la CIJ relatif à l'affaire « *Délimitation de la frontière maritime dans la région du Golfe du Maine* (*Canada /Etats-Unis d'Amérique*) », arrêt precit., p. 305.

[1086] Articles 8 et 17 du Mémorandum d'accord.

[1087] TRUYOL Y SERRA (A.), RGDIP, 1951, p. 227.

A) Refus de conférer l'autorité de la chose jugée aux « décisions » de l'Organe de règlement des différends

« *Un acte n'est juridictionnel que s'il est revêtu de l'autorité de la chose jugée* »[1088]. Lié à la qualité spécifique de la décision juridictionnelle, l'autorité de la chose jugée ou la *res judicata* constitue l'un des principes généraux qui sous-tendent le contentieux interne et international[1089]. C'est en ce sens que la CIJ a souligné, dans son avis consultatif, « ***Tribunal administratif des Nations Unis*** » que « *suivant un principe de droit bien établi et généralement reconnu, un jugement rendu par un corps judiciaire est chose jugée et a force obligatoire entre les parties au différend* »[1090] .

La détermination des contours du principe de l'autorité de la chose jugée suppose que celui-ci soit distingué du principe de l'exécution. Si tous les deux sont destinés à assurer l'efficacité du jugement, ils le font toutefois différemment. Ayant un contenu positif, la force exécutoire tend directement à la réalisation forcée du jugement auquel elle s'attache[1091]. Par contre, le principe de l'autorité de la chose jugée est compris comme englobant trois éléments : une décision définitive, sur une question donnée, entre les mêmes parties[1092]. L'application de ce principe suppose « *qu'une question, ayant fait l'objet d'une décision définitive, sous réserve des voies de recours disponibles, doit être considérée comme réglée entre les parties au différend* »[1093].

Cheminant « *sur les traces de la juridiction* »[1094], l'ORD doit-il réceptionner le principe de l'autorité de la chose jugée, en raison de son intimité évidente avec la décision juridictionnelle ? Au début de son

---

[1088] COMBACAU (J.), SUR (S.), « *Droit international public* », Paris, Montchrestien, 4ème éd., 1999, p-p. 564-565.

[1089] BRANT (L.N.C.), « *L'autorité de la chose jugée en droit international public* », Paris, LGDJ, 2003, p. 20.

[1090] Avis consultatif de la CIJ relatif à l'affaire, « *Effets de jugement du tribunal administratif des Nations Unies* », 13/07/1954, Rec. de la CIJ, p. 53.

[1091] VALTICOS (N.), « *L'autorité de la chose jugée au criminel sur le civil* », LGDJ, Paris, 1953, p-p. 30-31.

[1092] BRANT (L.N.C.), « *L'autorité de la chose jugée en droit international public* », art. précit., p. 20.

[1093] Rapport du Groupe spécial, « *Inde – Mesures concernant le commerce et l'investissement dans le secteur automobile* », rapport précit., parag. 7.62.

[1094] RUIZ FABRI (H.), « *La juridictionnalisation du règlement des litiges économiques entre Etats* », art. précit., p. 920.

fonctionnement, cet organe n'était pas directement confronté à la question de l'autorité de la chose jugée, pourtant essentielle dans la détermination du statut des rapports des Groupes spéciaux et de l'Organe d'appel.

Dans le traitement de la question de la détermination de la valeur juridique des rapports précités, les Groupes spéciaux et l'Organe d'appel étaient fidèles au texte du Mémorandum. Un tel texte cite seulement les conditions dans lesquelles ces organes pourront adopter les rapports des Groupes spéciaux et de l'Organe d'appel, sans en préciser l'effet juridique[1095]. C'est cette adoption qui donne aux recommandations des organes susvisés leur force obligatoire. Toutefois, il faut remarquer que ces rapports n'ont force obligatoire qu'entre les parties au litige. Dans ce cadre, l'Organe d'appel a précisé que « *les rapports des Groupes spéciaux n'ont aucune force obligatoire, sauf pour ce qui est du règlement du différend entre les parties en cause* »[1096]. Ce même raisonnement a été adopté par l'ORD pour déterminer le Statut des rapports de l'Organe d'appel adoptés.

Toutefois, il a été précisé qu'un Groupe spécial peut utiliser les constatations de l'Organe d'appel comme instrument pour son propre raisonnement[1097]. Mieux encore, les Groupes spéciaux et l'Organe d'appel n'ont pas hésité à souligner la pertinence de ces constations « *à titre de précédent pour les groupes spéciaux suivants* »[1098]. C'est en ce sens qu'*Hélène Ruiz Fabri* confère à ces rapports « *l'autorité de la chose interprétée* »[1099] .

Compte tenu de leur pertinence dans l'interprétation du droit de l'OMC, les rapports adoptés par les Groupes spéciaux et l'Organe d'appel pourraient-ils alors acquérir l'autorité de la chose jugée ? Il a fallu attendre le différend « ***Inde-automobile***»[1100] pour que la question de l'autorité de la chose jugée des rapports précités soit directement soulevée devant l'ORD. Une telle question a été soumise au Groupe spécial pour

---

1095 Article XVI du Mémorandum d'accord.

1096 Rapport de l'Organe d'appel, « *Japon- taxes sur les boissons alcooliques* », rapport précit., p.16.

1097 Rapport de l'Organe d'appel, « *Etats-Unis – Prohibition à l'importation de certaines crevettes et de certains produits à base de crevettes* », rapport précit., parag. 109.

1098 Rapport du Groupe spécial, « *Inde – Mesures concernant le commerce et l'investissement dans le secteur automobile*», rapport précit., parag. 7.58.

1099 RUIZ FABRI (H.), « *Le règlement des différends dans le cadre de l'OMC* », JDI, n°3, 1997, note 82.

1100 Rapport du Groupe spécial, « *Inde – Mesures concernant le commerce et l'investissement dans le secteur automobile*», rapport précit., parag. 7.58.

déterminer si la portée du différend « ***Inde - restrictions quantitatives*** » et les « décisions » adoptées dans ce différend constituent ou non une autorité de la chose jugée[1101]. Dans l'affirmatif, les Organes de règlement des différends concernés devraient éviter de se saisir de nouveau de la même question.

Dans sa première communication relative au différend « ***Inde Automobile*** », l'Inde a fait valoir que la question soumise au Groupe spécial était chose jugée. Parce qu'elle constitue un principe bien établi en droit international, l'autorité de la chose jugée doit être considérée dans la procédure de règlement des différends de l'OMC. L'inde a ajouté, en outre, que ce principe empêche de soumettre le même différend entre les mêmes parties à un nouveau Groupe spécial[1102].

Ne pouvant méconnaitre la pertinence dudit principe dans le renforcement de la juridictionnalisation du SRD[1103], le Groupe spécial a précisé que « *la question générale de l'applicabilité du principe de la chose jugée dans les procédures de règlement des différends de l'OMC a une importance systémique* »[1104]. Mais, paradoxalement, il a refusé de recevoir ce principe en s'abritant derrière des arguments qui paraissent discutables. Le Groupe spécial a souligné que la question de l'autorité de la chose jugée semble n'a jamais été abordée explicitement dans le cadre de ces procédures de règlement des différends. *« De même, un principe général de la chose jugée n'a jamais été évoqué ou adopté par ailleurs par un Groupe spécial ou par l'Organe d'appel, bien qu'il soit indéniable que certains principes largement admis du droit international ont été jugés applicables dans les procédures de règlement des différends de l'OMC, en particulier eu égard à des questions de procédures fondamentales* »[1105].

Pour justifier son refus de réceptionner le principe de l'autorité de la chose jugée dans la pratique de l'ORD, le Groupe spécial « ***Inde-automobile*** »[1106] a adopté une interprétation restrictive du texte du Mémorandum d'accord. En effet, il a souligné que ce texte ne « *traite pas*

[1101] Ibid., parag. 7.55.
[1102] Ibid., parag. 7.44.
[1103] RUIZ FABRI (H.), « *Le juge de l'OMC : ombres et lumières d'une figure judiciaire singulière* », art. précit. p. 40.
[1104] Rapport du Groupe spécial, « *Inde – Mesures concernant le commerce et l'investissement dans le secteur automobile* », rapport précit., parag. 7.55-7.66.
[1105] Ibid., parag. 7.55-7.66.
[1106] Ibid., parag. 7.58.

directement de cette question. Plus généralement, il ne renferme aucune disposition expresse concernant le statut des rapports de Groupes spéciaux ou de l'Organe d'appel qui ont été adoptés, ou leur effet possible dans des procédures distinctes engagées au titre du Mémorandum d'accord en relation avec la même question »[1107]. Pour pertinents qu'ils soient dans l'interprétation du droit de l'OMC, les rapports adoptés aussi bien des Groupes spéciaux que de l'Organe d'appel « *ne sont pas dotés de la chose jugée comme empêchant de contester de nouveau les mêmes questions* »[1108].

Sur l'argument tiré du silence du Mémorandum d'accord sur la question de l'autorité de la chose jugée, on doit remarquer que les principes généraux de droit, y compris le principe précité, constituent un « *stock de règles juridiques, un réservoir de normes applicables à des domaines nouveaux du droit international* »[1109]. Ils servant à combler les insuffisances des règles conventionnelles et coutumières ; la non consécration conventionnelle de l'autorité de la chose jugée ne devrait donc pas servir de paravent pour se soustraire à l'application de celle-ci dans le règlement des différends de l'OMC. C'est d'autant plus vrai que les Groupes spéciaux et l'Organe d'appel étaient favorables à la réception d'autres principes généraux qui, pourtant, ne sont pas consacrés conventionnellement.

Pourtant, il était ouvert à des principes largement admis du droit international (*le principe des droits de la défense, la charge de la preuve...*)[1110], le Groupe spécial a, néanmoins, fait preuve d'un refus acerbe à l'égard du principe de l'autorité de la chose jugée, d'où une utilisation inégale au niveau des principes généraux. Un tel refus était reproduit dans la pratique ultérieure des Groupes spéciaux et de l'Organe d'appel[1111]. Il s'agit d'une position qui semble masquer une prise de position quant à la réception du principe de la chose jugée dans la jurisprudence de l'ORD.

1107 Rapport du Groupe spécial, « *Communautés européennes - Mesures communautaires concernant les viandes et les produits carnés (hormones)* », WT/DS48/R, WT/DS26/R, 18/08/1997, parag. 9.14.

1108 Rapport du Groupe spécial, « *Inde – Mesures concernant le commerce et l'investissement dans le secteur automobile*», rapport précit., parag. 7.58.

1109 CARREAU (D.), « *Droit international* », Paris, Pedone, 9ème éd., 2007. p. 284.

1110 Voir première partie de la présente Thèse.

1111 Rapport du Groupe spécial, « *Inde – Mesures concernant le commerce et l'investissement dans le secteur automobile*», rapport précit., parag. 5.57.

B) La justification de l'ignorance du principe de l'autorité de la chose jugée

Si l'ORD témoigne, dans son fonctionnement, de son accrochage à « *la besogne judiciaire* »[1112], c'est parce qu'il peine à adopter le comportement d'une véritable juridiction internationale à travers le recours systématique aux principes généraux inhérents à tout contentieux. Toutefois, une hostilité a marqué la position de l'ORD à l'égard du principe de l'autorité de la chose jugée qui est, pourtant, essentiel voire élémentaire à la caractérisation de la juridictionnalité[1113]. Cette hostilité s'est traduite par un refus direct de conférer l'autorité de la chose jugée aux rapports des Groupes spéciaux, de l'Organe d'appel et aux décisions de l'ORD. Une telle hostilité ne permet-elle pas de faire distinguer « *le juge de l'OMC* »[1114] du reste des juridictions internationales ?

Malgré leurs efforts dans le sens de la juridictionnalisation[1115], les Groupes spéciaux et l'Organe d'appel demeurent primitifs vis-à-vis du principe de l'autorité de la chose jugée. La maturité et l'audace qui ont marqué le raisonnement de l'ORD dans la réception et l'application de certains principes généraux ne sont pas ressenties dans le traitement de la question de l'autorité des « décisions » adoptées par les Groupes spéciaux et l'Organe d'appel. Au contraire, un refus ferme de réceptionner le principe de l'autorité de la chose jugée a imprégné la position de ces organes. Quelles seraient alors les véritables justifications ? On ne saurait blâmer, pour autant, ces organes pour leur position qui semble être délibérée. Quoiqu'elle atteste la primitivité de l'ORD, une telle position témoigne que la non réception de ce principe dans la pratique de cet organe s'avère justifiable.

Certes, on ne peut fonder le refus de réceptionner le principe de l'autorité de la chose jugée dans la pratique de l'ORD sur le silence du

---

1112 STAMATIS (C.M.), « *La concrétisation pragmatique des normes juridiques* », art. précit., p. 2990.

1113 LORENZO (L.), Thèse précit., p. 383 ; BERGEL (J.L.), « *Théorie générale du droit* », Paris, Dalloz, 3ème éd., 1999, p. 311 et s. ; CONDORELLI (L.), « *L'autorité de la décision des juridictions internationales permanentes », in Colloque de Lyon,* « *La juridiction internationale permanente* », Paris, Pedone, 1987, p-p. 289-294.

1114 RUIZ FABRI (H.), « *Le juge de l'OMC : ombres et lumières d'une figure judiciaire singulière* », art. précit. p. 40 ; GOUTAL (J.L.), « *Le rôle normatif de l'Organisation Mondiale du Commerce* », art. précit., p. 26.

1115 ANDRIANARIVONY (M.J.), « *Un panel institué dans le cadre de l'Organisation Mondiale du Commerce n'est-il pas une juridiction* », art. précit., p. 1197.

Mémorandum d'accord. Mais, il faut remarquer qu'une confusion terminologique sur l'existence d'une quelconque autorité ne peut qu'approuver la thèse qui s'oppose à la réception de ce principe. En effet, pour désigner les actes d'adoption des rapports des Groupes spéciaux et de l'Organe d'appel, le Mémorandum d'accord utilise tantôt l'expression « *décision* » tantôt l'expression « *recommandation* »[1116], or entre la première et la deuxième expression il y a une grande différence. La décision est intimement liée à l'autorité de la chose jugée[1117]. Toutefois, la recommandation, ayant pour cadre général le règlement diplomatique des différends, s'accommode mal avec l'autorité de la chose jugée puisqu'elle est dépourvue de toute autorité[1118].

Par ailleurs, on ne saurait passer sous silence la physionomie de l'ORD et son impact sur son fonctionnement ainsi que sur la valeur et la catégorisation des décisions susvisées. Il est vrai qu'une gradation semble se dessiner au niveau des décisions adoptées qui, selon une certaine doctrine, commence par « *l'autorité juridique atténuée des Groupes spéciaux, passerait par l'autorité juridique renforcée de l'Organe d'appel et se conclurait par l'autorité juridique obligatoire conférée par l'ORD*»[1119]. Toutefois, à y regarder d'un peu plus près, ces « décisions », malgré leur gradation, n'ont pas la vertu d'une décision juridictionnelle. Leur conférer l'autorité de la chose jugée est incompatible avec la nature de l'ORD qui est encore « *à cheval entre le juridique et le politique* »[1120]. À cause de la nature *sui generis* de cet organe, les Groupes spéciaux et l'Organe d'appel se sont trouvés mis à mal dans la détermination de la valeur des rapports des Groupes spéciaux et de l'Organe d'appel. Envahis d'une nostalgie de l'époque du règlement des différends du GATT de 1947[1121], ils ont méconnu toute autorité de la chose jugée au bénéfice

---

[1116] Voir les articles 3.2, 3.4, 7.1, 11, 21.1.

[1117] BRANT (L.N.C.), « *L'autorité de la chose jugée en droit international public* », art. précit., p. 20.

[1118] Tous les moyens diplomatiques de règlement des différends se caractérisent par l'aspect non obligatoire des solutions dégagées, ce qui les différencie de l'arbitrage ou de la juridiction internationale. CARREAU (D.), « *Droit international* », op. cit., 9ème éd., p. 536.

[1119] PACE (V.), « *L'Organisation Mondiale du Commerce et le renforcement de la règlementation juridique des échanges commerciaux internationaux* », op.cit., p-p. 195-227.

[1120] BURDA (J.), « *L'efficacité du mécanisme de règlement des différends de l'OMC : vers une meilleure prévisibilité du système commercial multilatéral* », art. précit., p. 8.

[1121] Le règlement des différends du GATT de 1947 était fondamentalement diplomatique.

d'une décision politique. Malgré son adoption par ces Organes, cette décision n'acquière pas la qualité d'une décision juridictionnelle au sens strict du terme puisque l'ORD ne constitue pas une véritable juridiction au sens organique et fonctionnelle.

Par référence au critère organique, la juridiction est nécessairement composée par des juges impartiaux et indépendants[1122], ce qui n'est pas le cas pour les organes de règlement des différends. Pour qualifiés[1123] qu'ils soient, les Groupes spéciaux et l'Organe d'appel ne sont que des experts. Aussi faut-il remarquer que l'ORD, dont le rôle est d'adopter les rapports des Groupes spéciaux et de l'Organe d'appel apparait, toutefois, comme « *un organe fondamentalement politique* »[1124]. Malgré l'importance du rôle qui lui est assigné, il est composé, non pas par des juges, mais de représentation diplomatique de chaque Etat Membre de l'OMC majoritairement experts en commerce international. On comprend alors pourquoi les membres des organes de règlement des différends n'abordent pas nécessairement les questions soulevées devant eux de la même façon que les professeurs de droit international siégeant à la CIJ[1125]

En outre, par référence au critère fonctionnel, la juridiction est décrite comme « *l'Organe chargé de régler des différends par l'édiction d'une décision obligatoire rendue en application de la règle de droit* »[1126]. Or, l'article 3.11 du Mémorandum d'accord prévoit que *« les demandes de conciliation et le recours aux procédures de règlement des différends ne devraient pas être conçus ni considérés comme des actes contentieux* ». Le règlement des différends de l'OMC, destiné à établir un cadre dans lequel les parties pourront régler leurs différends, s'accommode alors mal

---

1122 BLOCTEUR (M.), Thèse précit., p. 7.

1123 L'article 8.1 du Mémorandum d'accord prévoit que « *les Groupes spéciaux seront composés de personnes très qualifiées... (ayant) enseigné le droit ou la politique commercial international ou publié des ouvrages dans ces domaines, ou qui ont été responsables de la politique commerciale d'un Etat* ». De même, l'article 17.3 prévoit que « *l'Organe d'appel comprendra des personnes dont l'autorité est reconnue, qui auront fait la preuve de leur connaissance du droit, du commerce international et des questions relevant des accords visés en général* ».

1124 PACE (V.), « *L'Organisation Mondiale du Commerce et le renforcement de la règlementation juridique des échanges commerciaux internationaux* », op. cit., p .218 ; RUIZ FABRI (H.), « *L'appel dans le règlement des différends de l'OMC : trois ans après quinze rapports plus tard* », art. précit., p .53, note 29.

1125 FOURET (J.), PROST (M.), « *La multiplication des juridictions internationales : de la nécessité de remettre quelques pendules à l'heure* », art. précit., p. 131.

1126 SANTULLI (C.), « *Droit du contentieux international* », Paris, Montchrestien, 2005, p. 23.

avec l'établissement d'un organe aboutissant à l'édiction d'une décision que les parties devraient respecter. C'est d'autant plus vrai que la fonction des Groupes spéciaux se présente clairement comme une « *aide à la prise de décision de l'ORD* »[1127] dans l'accomplissement de ses responsabilités au titre du présent Mémorandum d'accord et des Accords visés. Ces organes devraient « *procéder à une évaluation objective de la question dont il est saisi... et formuler d'autres constatations propres à aider l'ORD à faire des recommandations ou à statuer ainsi qu'il est prévu dans les Accords visés* »[1128]. Ce rôle d'aide est confirmé par le mandat type énoncé dans l'article 7 du Mémorandum.

De son côté, l'Organe d'appel, considéré comme étant une innovation remarquable du SRD, se limite à examiner les questions de droit couvertes par le rapport du Groupe spécial et non pas le différend initial[1129]. Par ailleurs, cet organe, tout comme le Groupe spécial, en examinant le rapport qui lui est soumis, a pour fonction d'aider l'ORD à adopter des recommandations et des décisions. Conformément à l'article 17.13 du Mémorandum d'accord, il se limite à confirmer, à infirmer ou à modifier des constations faites par le Groupe spécial. C'est en ce sens que le travail des organes susvisés débouche sur un rapport contenant des constatations et des recommandations qui doivent être distinguées de celle de l'O.R.D.

Bien que l'examen effectif du différend appartienne aux Groupes spéciaux et à l'Organe d'appel, il est regardé comme une simple préparation d'une décision qui est formellement prise par l'ORD[1130]. « *L'autorité de la chose jugée, qui aurait pu caractériser la décision unifiée des Groupes spéciaux et de l'Organe d'appel, est annihilée par le processus d'adoption* »[1131] de cette décision. Au lieu d'acquérir l'autorité de la chose jugée, les rapports non adoptés des Groupes spéciaux et de l'Organe d'appel sont considérés comme invalides.

Qu'en est-il de la décision de l'adoption de ces rapports faite par l'ORD ? Normalement, c'est à la « *décision* » qui émane de l'ORD que devrait s'appliquer l'autorité de la chose jugée. Or le rattachement de cette décision à celle juridictionnelle est inadmissible dans le SRD à cause de l'identité et de la fonction de cet organe qui s'accommode mal à la

[1127] LORENZO (L.), Thèse précit., p. 383.
[1128] Article 11 du Mémorandum d'accord.
[1129] Article 17.6 du Mémorandum d'accord.
[1130] LORENZO (L.), Thèse précit., p. 370.
[1131] Ibid., p. 370.

« *philosophie d'une procédure pleinement juridictionnelle* »[1132]. En effet, l'ORD ne participe pas directement à l'examen et au traitement du différend de l'espèce. Mais, il dispose simplement d'une fonction d'administration des règles et des procédures organisant le règlement des différends[1133]. C'est en ce sens que le principe de l'autorité de la chose jugée apparait comme victime de la prédominance de l'autorité politique de la « *décision* » adoptée par l'ORD.

Aussi faut-il remarquer que la reconnaissance d'une autorité de la chose jugée au profit des « d*écisions* » de l'ORD serait problématique dans l'absence d'une instance hiérarchiquement supérieure aux Groupes spéciaux et à l'Organe d'appel. Dans ces conditions, et par l'effet combiné de l'ensemble des arguments qui viennent d'être exposés, la composition et les attributions de l'ORD ne lui confèrent pas « *la totalité des signes d'un organe de jugement* »[1134]. C'est pourquoi, il nous semble prématuré de solliciter la réception du principe de l'autorité de la chose jugée dans la pratique de l'ORD en raison de la prédominance de la logique diplomatique dans ses « *décisions* ». D'ailleurs, une certaine doctrine évite de parler d'une véritable autorité de la chose jugée au profit desdites décisions et préfèrent, toutefois, parler d'une « *sorte d'autorité proche de l'autorité de la chose jugée caractérisant les procédures juridictionnelles ordinaires* »[1135].

Certes fondés, les arguments susmentionnés ne doivent pas, pour autant, conduire à nier tout intérêt de l'application du principe de l'autorité de la chose jugée dans le règlement des différends de l'OMC. L'ORD, qualifié d'organe « *quasi juridictionnel avec un penchant non pas pour le quasi, mais pour le juridictionnel* »[1136], ne cesse d'affirmer progressivement sa juridictionnalisation[1137]. Considérée comme un remède aux maux du droit de l'OMC[1138], cette juridictionnalisation suppose le

---

[1132] BLOCTEUR (M.), Thèse précit., p. 480.

[1133] LORENZO (L.), Thèse précit., p. 370.

[1134] JACQUET (J.M.), « *rapport de synthèse* », art. précit., p. 111.

[1135] DUPUY (P.M.), « *Droit international public* », Paris, Dalloz ,4ème éd., 1998, p. 559 ; PACE (V.), « *L'Organisation Mondiale du Commerce et le renforcement de la réglementation juridique des échanges commerciaux internationaux* », op. cit., p . 221.

[1136] KENFACK (H.), « *Le SRD et les autres systèmes de règlement des litiges commerciaux internationaux* », in BLIN (O.), « *Regards croisés sur le règlement des différends de l'Organisation Mondiale du Commerce* », Bruxelles, Bruylant, 2009, p. 18.

[1137] BLOCTEUR (M.), Thèse précit., p. 16.

[1138] VIRALLY (M.), « *Sur la prétendue "primitivité" du droit international* », art. précit., p. 91.

revêtement des « *décisions* » de l'ORD par les vertus de la décision juridictionnelle. L'autorité de la chose jugée ne constitue-t-elle pas l'une des vertus ? Nul ne peut ignorer que la justice en matière du commerce international « *est de fait plus en marche qu'en recul* »[1139]. D'ailleurs, l'Organe d'appel a eu l'occasion de souligner, dans son rapport annuel 2009, que l'ORD fonctionne, « *selon les critères... de la justice internationale...* »[1140].

Si l'application de certains principes généraux dans le règlement des différends de l'OMC s'avère singulière ou inégale, c'est à cause de la physionomie de l'ORD et de la vocation économique des différends. Cette application devient plus complexe chaque fois qu'il y ait multiplication des éléments de références. C'est d'autant plus vrai que le droit de l'OMC, loin d'être autosuffisant[1141], s'ouvre à plusieurs fronts, d'où la délicatesse du rôle de l'ORD qui doit déterminer l'articulation entre plusieurs normes de références.

[1139] BLOCTEUR (M.), Thèse précit., p. 489.

[1140] Rapport annuel de l'Organe d'appel pour l'année 2009, rapport précit., p. 60.

[1141] RUIZ FABRI (H.), « *La contribution de l'Organisation Mondiale du Commerce à la gestion de l'espace juridique mondial* », art. précit., p. 365.

CHAPITRE II: APPLICATION IMPREGNEE PAR LA LOGIQUE DE LA LIBÉRALISATION DES ÉCHANGES

Comme tous les régimes nouvellement institués, le droit de l'OMC forme une *lex specialis* en produisant sa propre souche de principes généraux[1142]. Reflétant parfaitement les objectifs de cette organisation, ces principes s'inscrivent dans la logique de la libéralisation des échanges qui constitue la pierre angulaire du Système commercial multilatéral[1143]. La libre circulation et la non-discrimination[1144] en constituent des principes cardinaux. Mais ce droit spécial, régissant le commerce multilatéral, demeure-t-il un « *simple vecteur* »[1145] des intérêts de l'OMC ?

Pour spécial qu'il soit, le droit de l'OMC est considéré comme un « *système mosaïque* »[1146] puisqu'il s'ouvre à des sources « *extérieures* », porteuses de valeurs non marchandes comme la santé, l'environnement et la moralité publique[1147]. L'enchevêtrement, la cohabitation et la contradiction sont les maîtres mots d'une bonne compréhension de la nature mosaïque de ce droit. Dans la multiplicité des objectifs de l'OMC[1148] et la variété de son tissu normatif, les Groupes spéciaux et l'Organe d'appel devraient déterminer l'articulation entre des principes « *extérieurs* » au Système commercial multilatéral et les principes de la libéralisation des échanges. Est-ce que les différents principes coexistent ou plutôt s'opposent [1149] ? Admettant une coexistence entre ces principes, il serait judicieux de déterminer le statut des principes généraux dans le droit de l'OMC, s'il y a lieu à une hiérarchisation, à une concurrence ou à une

---

1142 JOUANNET (E.), « *L'ambivalence des principes généraux face au caractère étrange et complexe de l'ordre juridique international* », art précit., p. 119.

1143 GARGOURI (M.), « *Libéralisation des échanges et accord d'association tuniso-européen* », Thèse de doctorat en droit, Faculté de droit de Sfax, 2004/2005, p. 2.

1144 CARREAU (D.), JUILLARD (P.), « *Droit international économique* », op. cit., 4ème éd., p. 338.

1145 JOURDAIN FORTIER (C.), « *Le règlement des différends de l'OMC et la protection des valeurs non marchandes* », art. précit., p. 87.

1146 CARREAU (D.), JUILLARD (P.), « *Droit international économique* », op. cit., 4ème éd., p.128 ; BOISSON DE CHAZOURNES (L.), « *Le rôle des organes de règlement des différends de l'OMC dans le développement du droit international de l'environnement: entre le marteau et l'enclume* », art. précit., p. 399.

1147 Article XX du GATT de 1994.

1148 Préambule de l'Accord instituant l'OMC.

1149 LAGHMANI (S.), « *Le droit international face aux nouvelles technologies : rapport introductif* », BEN ACHOUR (R.), (Dir.), LAGHMANI (S.), « *Le droit international face aux nouvelles technologies* », Colloque des 11, 12 et 13 avril 2002, p-p. 23-41.

complémentarité[1150] ? ***Si certains principes généraux sont au service du principe de la libre circulation (Section 1), le principe de précaution est, toutefois, problématique dans son application (Section 2).***

SECTION 1: L'INTERDICTION DE L'ABUS DE DROIT ET SON CORROLAIRE LA BONNE FOI AU SERVICE DE LA LIBRE CIRCULATION

Derrière la variété des objectifs de l'OMC et l'ouverture de l'ORD aux principes généraux se dissimule une priorité accordée à la libéralisation des échanges[1151]. La réception et l'application des principes extérieurs au droit de l'OMC supposent qu'une étape préalable soit franchie. Celle-ci consiste à n'accueillir les principes généraux que s'ils ne bouleversent pas les principes de la libéralisation des échanges. Parce qu'ils sont au service de la libre circulation, certains principes sont réceptionnés sans trop de difficulté par l'ORD. En témoignent le principe de bonne foi et son corollaire le principe de l'interdiction de l'abus de droit qui se vérifient aussi bien dans ***l'interprétation du chapeau de l'article XX du GATT de 1994 (Paragraphe1)*** qu'au niveau ***de la charge de la preuve en matière des exceptions générales (Paragraphe 2).***

Paragraphe 1: le rattachement de l'introduction de l'article XX du GATT de 1994 au principe de l'interdiction de l'abus de droit

Fondé sur des valeurs marchandes, le Système commercial multilatéral est destiné à réaliser la libéralisation des échanges[1152] qui suppose la création d'un marché territorial globalisé. Ce marché est destiné à établir un commerce sans barrières nationales, tout en exigeant des mesures particulières réduisant les diverses barrières et garantissant la libre

---

[1150] BALMOND (L.), art. précit., p.13.

[1151] OLIVIER (S.R.), « *Droit du commerce international et protection des droits sociaux : le regard de l'internationaliste privatiste* », in FORTEAU (M.), « *La fragmentation du droit applicable aux relations internationales : regards croisés d'internationalistes privatistes et publicistes* », Actes de la journée d'étude du 16/04/2010, p. 51.

[1152] GARGOURI (M.), Thèse précit., p.8.

circulation des marchandises[1153]. L'encadrement du Système commercial multilatéral se fait par des principes fondamentaux qui lui sont propres[1154] et qui ne sont en fait que les principes qui sous-tendent la libéralisation des échanges. De tels principes se rapportent à la non-discrimination, la réciprocité et le désarmement douanier[1155]. La règle de la clause de la nation la plus favorisée constitue l'une des clefs de voûte du Système commercial multilatéral[1156]. Elle a pour effet d'interdire tout régime commercial discriminatoire et ce, par la conciliation entre la réciprocité des engagements et l'égalité des participants[1157]. Une telle règle a gouverné le GATT de 1947 puis sous-tend, aujourd'hui, l'OMC en tant qu'instrument de la libéralisation des échanges[1158]. En effet, à partir du moment où un Etat devient Membre de l'OMC, il supporte les obligations découlant de cette règle consacrée par l'article I du GATT de 1994[1159]. Bien qu'elle constitue le cadre propice pour le triomphe des valeurs marchandes, l'OMC ne peut pas être à l'écart des valeurs humanistes. Loin d'être trop spécialisée, elle témoigne d'une volonté de réceptionner des valeurs non marchandes comme la protection de la santé et de l'environnement. C'est d'autant plus vrai que ces valeurs font partie des intérêts communs de l'humanité.

1153 EHRICKE (U.), « *Les principes de libération et de libéralisation : de l'ouverture des marchés à l'adaptation aux conditions de la concurrence globale. L'exemple de la CE* », in « *La mondialisation du droit économique : vers un nouvel ordre public économique* », RIDE, n 3-4, 2003, p. 371.

1154 JOURDAIN FORTIER(C.), « *Le règlement des différends de l'OMC et la protection des valeurs non marchandes* », art. précit., p. 109.

1155 QUOC DINH (N.), DAILLIER (P.), FORTEAU (M.), PELLET (A.), « *Droit international public* », op. cit., 8ème éd., p. 1250.

1156 Ibid., p. 1250.

1157 CARREAU (D.), JUILLARD (P.), « *Droit international économique* », op. cit., 4ème éd., p. 230 et s.

1158 La liberté du commerce a été définie par la CPJI comme « *la faculté, en principe illimitée, de se livrer à toute activité commerciale, que celle-ci ait pour objet le négoce proprement dit, c'est-à-dire la vente et l'achat de marchandises ou qu'elle s'applique à l'industrie..., qu'elle s'exerce à l'intérieur ou elle s'exerce avec l'extérieur par importation ou exportation* », Avis consultatif de la CPJI relatif à l'affaire « *Oscar Chinn* », 12/12/1934, Rec. CPJI, série A/B, fascicule n° 63, p. 84 ; arrêt de la CIJ relatif à l'affaire « *Plates formes pétrolières entre la République islamique d'Iran et les Etats-Unis (exception préliminaire)* », 12/12/1996, Rec. CIJ, p. 819.

1159 L'article I.1 du GATT de 1994 prévoit que « *tous avantages, faveurs, privilèges ou immunités accordés par une partie contractante à un produit originaire ou à destination de tout autre pays seront, immédiatement et sans condition, étendus à tout produit similaire originaire ou à destination du territoire de toutes les autres parties contractantes* ».

Dans le cadre du GATT de 1947, la question de la légitimité des mesures environnementales ou sanitaires a été soulevée devant les *panels*. Le droit du commerce international, parce qu'il ne comportait pas, à l'époque, des dispositions nécessaires pour traiter cette question, avait censuré les mesures restrictives au commerce international.

Malgré les critiques y adressées, l'OMC s'avère plus ouverte aux valeurs non marchandes que son prédécesseur. Ne pouvant être enfermé sur lui-même, le droit de cette organisation prévoit des « *exceptions générales aux obligations découlant de l'Accord général : l'obligation du traitement national*[1160] *et l'obligation de la nation la plus favorisée...* »[1161]. En témoigne le fameux article XX du GATT de 1994 qui trouve son écho dans deux autres Accords visés ; le préambule de l'Accord sur les obstacles techniques au commerce et l'article 2.1 de l'Accord sur l'application des mesures sanitaires et phytosanitaires.

Reflétant la perméabilité du droit de l'OMC, l'article XX du GATT de 1994 prévoit que « *... rien dans le présent Accord ne sera interprété comme empêchant l'adoption ou l'application par toute partie contractante des mesures : b) nécessaire à la protection de la santé...* ». Considéré comme une « *disposition – balai* »[1162], cet article vise des situations totalement différentes comme la protection de la moralité publique[1163], la santé, la vie des personnes et des animaux, la protection des végétaux, les droits de propriété intellectuelle, la défense des consommateurs ou la conservation des ressources naturelles épuisables. En raison de son ouverture sur des valeurs non marchandes, il est considéré comme « *la seule garantie contre une vision absolutiste du*

[1160] La clause du traitement national constitue le complément de la clause de la nation la plus favorisée. Insérée dans l'article III du GATT de 1994, elle interdit d'une façon générale les discriminations de traitement à raison de l'origine des produits, que ceux-ci soient importés ou confectionnés localement. Ces derniers ne doivent pas bénéficier d'une protection nationale indirecte (art. III.1).

[1161] Rapport de l'Organe d'appel, « *Etats-Unis Normes concernant l'essence nouvelle et ancienne formules* », Rapport précit., p. 27.

[1162] CARREAU (D.), « *Commerce international multilatéral (droit matériel commun)* », Rép. international, Dalloz, 1998, parag.166.

[1163] Comme les autres causes d'exception, l'article XX a) du GATT de 1994 permet aux Etats d'adopter des mesures protectrices en raison de l'impératif de protection de la moralité publique, à condition de ne pas introduire de discrimination injustifiée entre les Etats, ni de restreindre le commerce de manière déguisée. Rapport de l'Organe d'appel, « *Etats Unis Mesures visant la fourniture transfrontière de services de jeux et de paris* », WT/DS285/AB/R, 07/04/2005.

commerce international »[1164]. Il devrait jouer le rôle d'une réserve d'ordre public [1165] puisqu'il constitue « *une reconnaissance en filigrane des droits de l'homme, ou du moins de certains d'entre eux* »[1166].

Force est de constater que l'ORD voit dans les exceptions générales prévues par l'article XX un « *droit légal* »[1167] qui peut être invoqué pour adopter des mesures restrictives au commerce international[1168]. Une question s'impose dès lors, les principes de la libéralisation des échanges peuvent-ils conserver leur pérennité dans l'autorisation desdits exceptions ou dudit droit ?

Considéré comme étant fondamental dans la protection de certaines valeurs éthiques, l'article XX du GATT de 1994 cristallise, toutefois, le plus d'oppositions et de luttes d'intérêts[1169]. Si le commerce multilatéral souffre aujourd'hui de protectionnisme par l'accroissement des mesures restrictives au commerce international[1170], c'est parce que l'article XX

1164 WITMEUR (R.), « *L'article XX A) du GATT : l'exception de la moralité publique dans le commerce international* », RIDIE, n° 3, 2012, p. 237.

1165 Les motifs énumérés par l'article XX se rapprochent de près de la souveraineté, de l'indépendance de l'Etat et de son identité telle qu'exprimée dans le système de valeurs dominantes. Ainsi admet-on que certains pays musulmans interdisent les importations d'alcool, y compris le vin, sous couvert de moralité publique, sous réserve qu'ils ne doivent pas en être eux-mêmes producteurs. RUIZ FABRI (H.), « *Organisation Mondiale du Commerce, droit matériel* », Jurisclasseur droit international, fasc. 130, 20/11/1998, n°132, p. 21.

1166 FLORY (Th.), LIGNEUL (N.), « *Commerce international, droits de l'homme, mondialisation : les droits de l'homme et l'Organisation Mondiale du Commerce* », Bruxelles, Bruylant, 2001, p. 184.

1167 L'Organe d'appel a eu l'occasion de souligner que « … *si les exceptions prévues à l'article XX peuvent être invoquées en tant droit légal, le détenteur du droit ne doit pas les appliquer de façon à aller à l'encontre ou à faire fi des obligations légales résultant pour lui des règles de fond de l'accord général. En d'autres termes, pour éviter tout abus ou toute mauvaise utilisation de ces exceptions, les mesures relevant des exceptions particulières doivent être appliquées de manière raisonnable* ». Rapport de l'Organe d'appel, « *Prohibition à l'importation de certaines crevettes et de certains produits à base de crevettes* », rapport précit., parag.157.

1168 Rapport du Groupe spécial, « *Thaïlande – restrictions à l'importation et taxes intérieures touchant les cigarettes* », DS10/R - 37S/214, 7/11/1990, parag. 74.

1169 BUSSEUIL (G.), GARINOT (J.M.), GRAYOT DIRX (S.), JOURDAIN FORTIER (C.), MOINE DUPUIS (I.), « *Chronique de jurisprudence : chronique commentée des décisions de l'Organe de règlement des différends (6/2010-11/2011)* », RIDE, n°2, 2012, p. 170.

1170 GHERARI (H.), « *Protectionnisme : le retour ?* », RUE, n°558, Mai 2012, p. 315 et s.

« *porte en germe le plus d'abus possibles* »[1171]. En fait, ce qui est critiqué ce n'est pas l'article XX puisque la commission chargée d'en assurer la rédaction était hostile à l'emploi des mesures sanitaires pouvant constituer une mesure de protectionnisme déguisé[1172]. C'est la manière dont cet article est appliqué qui est, plutôt contestée. En effet, l'Organe d'appel « ***Essence*** » a souligné, en ce sens, que « *le texte introductif (de l'article XX) s'applique expressément non pas tant à la mesure en cause ou à sa teneur spécifique proprement dite, mais plutôt à la manière dont la mesure est appliquée* »[1173]. En effet, s'abritant derrière des valeurs humanistes, certains Membres de l'OMC, abusent de l'utilisation de cet article. C'est pourquoi des expressions comme « *crise économiques* », « *protectionnisme* »[1174], « *impasse* » ont été fréquemment entendues lors de la 8ème Conférence ministérielle de l'OMC tenue à Genève du 15 au 17 décembre 2011[1175].

Appelés à régler les différends, les Groupes spéciaux et l'Organe d'appel doivent déterminer si une mesure restrictive au commerce relève du protectionnisme ou constitue une disposition réellement justifiée par les valeurs éthiques reconnues par l'article XX[1176]. C'est d'autant plus vrai que ces organes ne doivent ni fausser ni compromettre l'équilibre des droits et obligations négociés[1177]. L'enjeu est de taille puisque le protectionnisme s'oppose à la réalisation d'un marché global dont la libre

[1171] JAKSON (J.H.), « *World Trade and the law of GATT* », Indianapolis, the Bobbs Merrill Company, 1969, P. 741.

[1172] EPCT/A/PV/30, p. 12 et 13 in « *Guides des règles et pratiques du GATT, VO.1, articles1-XXI* », Genève, OMC, 1995, p-p. 611-612.

[1173] Rapport de l'Organe d'appel, « *Etats-Unis Normes concernant l'essence nouvelle et ancienne formules* », Rapport précit., p. 25.

[1174] Le concept de protectionnisme est basé sur le principe du maintien des restrictions du commerce et non sur leur suppression. Le protectionnisme a des effets sur le marché global et sur d'autres marchés. Il peut résulter d'une discrimination des auteurs étrangers sur le marché global. En ce qui concerne les flux commerciaux transfrontaliers, des raisonnements politiques priment sur les forces du marché. EHRICKE (U.), « *Les principes de libération et de libéralisation : de l'ouverture des marchés à l'adaptation aux conditions de la concurrence globale. L'exemple de la CE* », art. précit, p. 359.

[1175] GHERARI (H.), « *L'OMC au bout de souffle : quelques observations sur la 8ème Conférence ministérielle*», RGDIP, n°1, 2012, p. 111.

[1176] GHERARI (H.), « *Protectionnisme : le retour ?* », art. précit., p. 315 et s.

[1177] Rapport de l'Organe d'appel, « *Etats-Unis-prohibition à l'importation de certaines crevettes et de certains produits à base de crevettes* », rapport précit. parag. 159.

circulation des produits et des services constitue la clef de voute du Système commercial multilatéral[1178]

L'étude de la jurisprudence de l'ORD démontre que l'exception générale de l'article XX, « *vague et grosse de dangers* »[1179], ne doit pas être menacée de détournement aux fins de protectionnisme. L'interprétation de cet article est d'importance capitale puisqu'elle permet soit de trouver un équilibre entre les principes de la libéralisation des échanges et les préoccupations non marchandes, soit au contraire de confronter le commerce international aux valeurs humanistes.

Dans le cadre du GATT de 1947, l'article XX est restrictivement interprété ; il est souvent qualifié d'« *exceptions limitées et conditionnelles* »[1180].

Plus souple que son prédécesseur, l'ORD est soucieux de dévoiler les mesures protectionnistes sans pour autant ignorer les valeurs éthiques. Ainsi, pour qu'une mesure restrictive au commerce multilatéral puisse être prise, elle doit être justifiée au titre de l'article XX. Conscient de l'importance et de la délicatesse des enjeux que porte cet article, l'Organe d'appel n'a pas hésité à en déterminer le sens en procédant à une interprétation finaliste qui tient compte de son texte introductif. Pour le faire, cet organe a souligné qu' « *il faut... essentiellement mener à bien la tâche délicate de localiser et de circonscrire le point d'équilibre entre le droit qu'a un Membre d'invoquer une exception au titre de l'article XX et les droits que les autres Membres tiennent de diverses dispositions de fond du GATT de 1994, de façon qu'aucun des droits en cause n'annule l'autre et, partant, ne fausse et ne compromette l'équilibre des droits et des obligations établi par les Membres eux-mêmes dans cet accord* »[1181].

1178 EHRICKE (U.), « *Les principes de libération et de libéralisation : de l'ouverture des marchés à l'adaptation aux conditions de la concurrence globale. L'exemple de la CE* », art. ptécit., p. 359.

1179 CARREAU (D.), JUILLARD (P.), « *L'OMC - Bilan de recherches de la section de la langue française du Centre de l'étude de recherche de l'Académie* », in « *L'Organisation Mondiale du Commerce* », Académie de droit international de la Haye, Centre d'études de recherche de droit international et de relations internationales, Dordrech-Boston-London, Martinus Nijhoff Publishers, 1998, n°80, p. 50.

1180 Rapport du Groupe spécial, « *Etats Unis – L'article 337 de la loi douanière de 1930* », L/6439 - 36S/386, 7/11/1989, parag. 5.9.

1181 Rapport de l'Organe d'appel, « *Etats-Unis – Prohibition à l'importation de certaines crevettes et de certains produits a base de crevettes* », rapport précit., parag. 159.

Mieux encore, pour rationaliser l'utilisation des exceptions générales, les Groupes spéciaux et l'Organe d'appel ont rattaché le préambule de l'article XX à la théorie de l'abus de droit. À l'instar des systèmes juridiques internes et internationaux, ils appliquent dans le règlement des différends le « *principe de l'interdiction de l'abus de droit* », dit aussi « *la théorie de l'abus de droit* ». Cette application vise à réduire la marge de manœuvre des Etats résultant de l'application des exceptions générales. Si le principe de l'interdiction de l'abus de droit devrait être appliqué, c'est pour éviter qu'un Membre, sous couvert des mesures sanitaires ou environnementales, puisse agir à des fins protectionnistes. Mais, avant de démontrer le rattachement de l'article XX à ce principe, l'origine et la définition de celui-ci se révèlent être un incontournable préalable.

Trouvant son origine dans le droit de la propriété[1182], l'interdiction de l'abus de droit est intervenue en réponse à la question de la détermination des limites du droit[1183]. Elle s'est imposée en droit français[1184]comme instrument majeur du contrôle de l'exercice des droits privés. Elle suppose que « *l'exercice d'un droit cesse d'être légitime et constitue une faute, quand il ne peut avoir d'autre but que de causer à autrui un dommage* »[1185]. À ce titre, il convient de noter que la notion d'abus de droit « *abrite des fautes qui pourraient être aussi bien sanctionnées* »[1186]. L'intention de nuire est donc la faute constitutive de l'abus de droit. Malgré les divergences doctrinales[1187], elle demeure « *le point d'ancrage de tout le système* »[1188]. Le critère de l'intention de nuire, difficile à être démontré, a été assoupli par la jurisprudence internationale. Il est désormais déduit à partir d'autres éléments comme la mauvaise foi et l'absence de motif légitime.

Étant, à l'origine, un principe général de droit privé, l'interdiction de l'abus de droit a été transposée en droit international par la CPJI dans l'affaire relative à « ***certains intérêts allemands en haute - Silésie polonaise*** ». Ladite cour avait souligné que « … *ce n'est qu'un abus de*

1182 COURTIEU (G.), « *Droit à réparation* », Jurisclasseur, 1997, fasc. 131-1, p. 5.

1183 GHESTIN (J.), GOUBEAUX (G.), MAGNAN (M.F.), « *Traité de droit civil "introduction générale"* », op. cit., p. 751.

1184 ROTONDI (M.), « *Le rôle de la notion de l'abus de droit* », RTDC, 1980, p. 67.

1185 CARBONNIER (J.), « *Droit civil : introduction* », Thémis, 1997, p. 325.

1186 COURTIEU (G.), « *Droit à réparation* », art. précit., p. 5.

1187 GHESTIN (J.), GOUBEAUX (G.), MAGNAN (M.F.), « *Traité de droit civil "introduction générale"* », op. cit., p. 763.

1188 CORNU (G.), « *Droit civil : introduction* », 1994, n° 147, in COURTIEU (G.), « *Droit à réparation* », Juris-classeur, 1997, fasc.131-1, p. 9.

ce droit ou un manquement au principe de la bonne foi qui pourrait donner à cet acte le caractère d'une violation du traité»[1189]. Dans ce passage, l'abus de droit côtoie la bonne foi qui se définit, en droit international, comme une « *disposition d'esprit de loyauté et d'honnêteté consistant en ce qu'un sujet de droit ne tente pas de minorer ses obligations juridiques, quels qu'en soient l'origine et le fondement, ni d'accroître indûment, en faisant valoir ses droits, les obligations d'un autre sujet de droit à son égard* »[1190]. Ainsi, un Etat manque à la bonne foi dans l'exécution d'un traité lorsqu'il cherche à tourner, à éluder l'obligation qu'il a consentie ou encore à faire indirectement.[1191]. C'est dans le cadre d'une conception subjective que la théorie de l'abus de droit est reçue en droit international[1192] .

Il parait évident que le principe de l'abus de droit et celui de la bonne foi soient concomitants dans la jurisprudence internationale puisque les deux principes sont très proches. D'ailleurs, la doctrine considère que celui-ci comme le critère de celui-là. Parfois on les confond[1193] et le plus souvent on considère que l'interdiction de l'abus de droit dérive de la bonne foi dans la mesure où elle en constitue l'une des applications[1194]. D'ailleurs, *Robert Kolb* souligne que « *le rapport entre les deux principes est alors décrit comme relevant des deux côtés d'une même médaille, avec la bonne foi sur le versant positif, requérant certaines attitudes, et l'abus de droit sur le versant négatif, interdisant certaines conduites* »[1195].

Conscients de la nécessité du contrôle de l'exercice des exceptions générales, les Négociateurs du Cycle de l'Uruguay, ont prévenu la

---

[1189] Arrêt de la CIJ relatif à l'affaire « *pêcheries norvégiennes* », 18/12/1951, Rec. De la CIJ 1951, p. 142.

[1190] SALMON (J.), (Dir.), « *Dictionnaire du droit international public* », op. cit., p. 134. Voir également Arrêt de la CIJ relatif à l'affaire « *Essaies nucléaires, (Australie / France)* », arrêt précit. parag. 46 ; Arrêt de la CIJ relatif à l'affaire « *Activités militaires et paramilitaires au Nicaragua et contre celui-ci* », arrêt précit, parag. 60 ; Arrêt de la CIJ relatif à l'affaire « *Projet GabCikovo – Nagymaros (Hongrie / Slovaquie)* », arrêt précit., p. 79.

[1191] Observations de MARCQ (M.), agent du gouvernement belge, in Arrêt de la CPJI relatif à l'affaire « *prises d'eau à la Meuse* », 28/06/1937, Rec. de la CPJI, série c, fascicule n°81, p. 466.

[1192] ZOLLER (E.), « *La bonne foi en droit international public* », op. cit., p. 110.

[1193] STRUPP (K.), « *Les règles générales du droit de la paix* », RCADI, vol. 47, 1934- 1, p. 559.

[1194] VERDROSS (A.), SIMMA (B.), « *Universelles volkerrecht* », 3ème éd., Berlin, 1984, p. 48.

[1195] KOLB (R.), « *La bonne foi en droit international public* », art. précit., p. 720.

méconnaissance du principe de l'abus de droit. Cette méconnaissance est déduite d'une lecture finaliste du préambule de l'article XX du GATT de 1994 qui prévoit que: «… *sous réserve que ces mesures ne soient pas appliquées de façon à constituer un moyen de discrimination arbitraire ou injustifiable entre les pays où les mêmes conditions existent, soit une restriction déguisée au commerce international, rien dans le présent accord ne sera interprété comme empêchant l'adoption ou l'application par toute partie contractante des mesures* » restrictives au commerce.

Dans l'interprétation de ce préambule, les Groupes spéciaux et l'Organe d'appel témoignent de la volonté d'atteindre un équilibre par la conciliation des intérêts antagonistes du commerce international, d'une part et des valeurs humanistes, d'autre part. Loin d'assurer une véritable intégration des valeurs non marchandes[1196], l'équilibre recherché ne peut être obtenu fortuitement. On doit éviter une interprétation restrictive qui viderait de sens les expressions de l'article XX d'un côté, et une interprétation trop large qui réduirait à néant les règles de fond, de l'autre côté. Pour atteindre cet équilibre, il a fallu attendre une évolution dans l'interprétation des dispositions introductives de l'article précité. Les premiers rapports des *panels* étaient silencieux sur ces dispositions. Cependant, dans le cadre d'un différend non environnemental, le *panel* « ***Assemblages de ressorts*** » avait insisté sur l'examen de l'application de la mesure restrictive[1197]. Il s'agissait d'une précision qui a été développée, par la suite, dans la pratique ultérieure de l'ORD. En effet, dans son premier rapport « ***Essence*** », l'Organe d'appel a mis en évidence la fonction du chapeau introductif de l'article XX. Mieux encore, par une interprétation finaliste[1198], il a pu y rattacher la théorie de l'abus de droit tout en soulignant « … *que le but et l'objet des clauses introductives est généralement de prévenir l'abus des exceptions énumérées à la disposition qui est ensuite devenue l'article XX* »[1199]. Pour étayer sa position, l'Organe d'appel s'est référé à l'historique de la rédaction de

---

[1196] MOINE-DUPUIS (I.), JOURDAIN FORTIER (C.), « *L'éthique et l'industrie pharmaceutique : un difficile équilibre à trouver* », in Mélanges FOUCHARD (Ph.), « *L'éthique dans les relations économiques internationales* », Paris, Pedone, 2005, p. 74.

[1197] Rapport du Groupe spécial, « *Etats-Unis-Importations de certains assemblages de ressorts pour automobiles* », L/5333 - 30S/111, 26/05/1983, parag. 56.

[1198] Guide des règles et pratiques du GATT, Genève, OMC, 1995, vol. 1, p. 609 et s. ; Rapport de l'Organe d'appel « *Etats-Unis-normes concernant l'essence nouvelle et ancienne formules* », rapport précit., p. 25.

[1199] Ibid., p. 24.

l'article XX qui indique que son préambule vise à « ... *éviter tout abus ou toute mauvaise utilisation de ces exceptions, les mesures relevant des exceptions particulières doivent être appliquées de manière raisonnable* ... »[1200]. On doit dès lors respecter « *le point d'équilibre entre le droit qu' a un Membre d'invoquer une exception au titre de l'article XX et les droits que les autres Membres tiennent de diverses dispositions de fond du GATT de 1994, de façon qu'aucun des droits en cause n'annule l'autre* »[1201].

Au contraire, une lecture trop large de l'article XX pourrait conduire à un nombre excessif d'utilisation des exceptions générales. Un rôle de « *garde-fou* »[1202] contre les abus de droit dans l'utilisation des exceptions générales incombe alors au préambule de l'article XX. Si les Membres de l'OMC peuvent déroger aux règles de fond par l'adoption des mesures unilatérales, celles-ci ne peuvent être abusives. Pour rationaliser le recours à l'article XX, l'adoption des mesures relevant des exceptions générales ne peut donc se faire en isolement de ce préambule qui consacre la théorie de l'abus de droit. Mieux encore, les Groupes spéciaux et l'Organe d'appel, à l'instar du juge international, font de la bonne foi un principe qui côtoie l'abus de droit dans l'application des exceptions générales. Il s'agit d'une position qui semble être défendable puisque l'abus de droit n'est que « *le revers indissociable de la bonne foi* »[1203]. En effet, amené à interpréter le chapeau de l'article XX, l'Organe d'appel a fait allusion, dans son premier rapport[1204], au principe de la bonne foi qui devrait inspirer l'ORD dans l'interprétation des droits et des obligations des

---

1200 Ibid., p-p. 43-44.

1201 Rapport du Groupe spécial, « *Communautés européennes – Mesures affectant l'amiante et les produits en contenant* », rapport précit., parag. 8.226.

1202 PROST (M.), op. cit., p. 67.

1203 COT (J.P.), « *La bonne foi en droit international public* », Paris, CIHEI, 1968- 1969, p. 3.

1204 L'Organe d'appel a souligné dans son rapport « *Essences* » : « *que le but et l'objet des clauses introductives de l'article XX est généralement de prévenir l'abus des exceptions énumérées à la disposition qui est ensuite devenue l'article XX. Cet éclairage fourni par l'historique de la rédaction de l'article XX est précieux. Le texte introductif repose sur le principe que, si les exceptions prévues à l'article XX peuvent être invoquées en tant droit légal, le détenteur du droit ne doit pas les appliquer de façon à aller à l'encontre ou à faire fi des obligations légales résultant pour lui des règles de fond de l'accord général. En d'autres termes, pour éviter tout abus ou toute mauvaise utilisation de ces exceptions, les mesures relevant des exceptions particulières doivent être appliquées de manière raisonnable* ». Rapport de l'Organe d'appel, « *Etats-Unis Normes concernant l'essence nouvelle et ancienne formules* », Rapport précit., p. 24.

Membres[1205]. De façon directe plus que jamais, il a souligné dans son rapport « ***Crevettes*** » que « *le texte introductif de l'article XX du GATT de 1994 n'est en fait qu'une façon d'exprimer le principe de la bonne foi. Celui-ci, qui est en même temps un principe juridique général et un principe général du droit international, régit l'exercice des droits que possèdent les États. L'une de ses applications, communément dénommée la doctrine de l'abus de droit, interdit l'exercice abusif de ces droits et prescrit que, dès lors que la revendication d'un droit empiète sur le domaine couvert par une obligation conventionnelle, le droit soit exercé de bonne foi, c'est-à-dire de façon raisonnable* »[1206] . Eviter l'abus dans l'usage des exceptions générales est en quelque sorte, une façon de garantir la bonne foi dans l'application des Accords visés. Il s'agit d'une fonction nécessaire à la sauvegarde de l'équilibre des concessions[1207] .

Plus loin, l'Organe d'appel n'a pas hésité à souligner, dans son rapport « ***Pneumatiques rechapés*** », que le texte introductif sert à garantir les droits des Membres qui découlent des exceptions générales. Ces droits doivent être exercés de bonne foi afin de protéger des intérêts considérés comme légitimes au titre de l'article XX, et non comme un moyen de violer les obligations d'un Membre à l'égard des autres Membres de l'OMC[1208]. C'est ainsi que l'interprétation donnée par les Groupes spéciaux et l'Organe d'appel au préambule de l'article XX cherche à débusquer des mesures protectionnistes. De telles mesures se dissimulent derrière des objectifs non marchands afin de favoriser les matières premières ou produits nationaux. La volonté de l'ORD de rationaliser le recours à l'article XX se limite-t-elle à son interprétation ?

[1205] Rapport de l'Organe d'appel, « *Etats-Unis - Traitement fiscal des sociétés de vente à l'étranger* », rapport précit., parag. 166.

[1206] Rapport de l'Organe d'appel « *Etats-Unis - prohibition à l'importation de certaines crevettes et de certains produits à base de crevettes* », rapport précit., parag. 158.

[1207] Ibid., parag. 159.

[1208] Rapport de l'Organe d'appel, « *BRÉSIL - Mesures visant l'importation de Pneumatiques rechapés* », rapport précit., in OMC 20 ans, « *Ouvrir la voie au développement durable* ».

Paragraphe 2: L'interdiction de l'abus de droit dans la charge de la preuve en matière des exceptions générales

Le principe de la charge de la preuve, selon lequel le demandeur à l'allégation supporte le fardeau de la preuve[1209], est appliqué aussi bien en matière des dispositions de fond qu'en matière des exceptions générales. D'ailleurs, il a été précisé que « *la règle générale d'une procédure de règlement des différends selon laquelle la partie plaignante est tenue de fournir un commencement de preuve d'incompatibilité... avant que la charge de prouver la compatibilité passe à la partie défenderesse ne saurait être éludée simplement en qualifiant ladite disposition d'exception* »[1210].

Cependant, si la preuve de la légitimité des exceptions générales recèle plus de difficultés pour le défendeur, c'est parce qu'elle est gouvernée par le principe de l'interdiction de l'abus de droit. Appliqué par les Groupes spéciaux et l'Organe d'appel, ce principe a pour effet de rationaliser le recours à l'article XX du GATT de 1994 et d'éviter, par la même, toute sorte de protectionnisme.

Créant un « *droit légal* »[1211] permettant l'adoption des mesures restrictives au commerce, l'article XX du GATT de 1994 est invoqué comme un moyen de défense au cours d'une procédure et ce, pour justifier la violation d'une disposition de fond. La question de la preuve en matière des exceptions générales, en raison de son importance dans la conduite du procès, a été examinée par l'ORD. En effet, l'Organe d'appel a eu l'occasion de souligner dans son premier rapport « ***Essence*** » qu'il « *incombe à la partie qui invoque l'exception de démontrer qu'une mesure provisoirement justifiée du fait qu'elle entre dans le cadre de l'une des exceptions énoncées dans les différents paragraphes de l'article XX ne*

1209 Rapport de l'Organe d'appel « *Etats-Unis-mesures affectant les importations de chemises, chemisiers et blouses de laine tissés en provenance d'Inde* », rapport précit., p. 15 ; Rapport du Groupe spécial, « *Etats-Unis - Mesures antidumping et mesures compensatoires visant les gros lave–linge à usage domestique en provenance de Corée* », rapport précit., p. 44, parag. 7.2.3.

1210 Rapport de l'Organe d'appel « *Communautés européennes - Mesures communautaires concernant les viandes et les produits carnés (Hormones)* », rapport précit., p-p. 43-44, parag. 104.

1211 Rapport de l'Organe d'appel, « *Etats Unis - Normes concernant l'essence ancienne et nouvelle formule* », rapport précit., p. 25 ; Rapport de l'Organe d'appel « *Communautés européennes Mesures affectant l'amiante et les produits en contenant* », rapport précit., parag. 168.

constitue pas dans son application, un abus de cette exception au regard du texte introductif »[1212].

Force est de constater que la tâche du défendeur, l'auteur de la mesure contestée, est lourde. Une telle mesure est doublement évaluée puisque l'article XX du GATT de 1994 prévoit une double analyse de la mesure que l'on cherche à justifier. Le défendeur doit d'abord démontrer que ladite mesure relève de l'un des alinéas de l'article XX. Lorsqu'il arrive à l'établir, il doit, par la suite, faire la preuve que la mesure en cause satisfait aux prescriptions énoncées dans le texte introductif de l'article XX[1213]. Autrement dit, pour justifier des mesures incompatibles avec le droit de l'OMC, le défendeur doit établir, dans un premier temps, un moyen de défense affirmatif. Un tel moyen veut que « … *la partie défenderesse invoque une disposition d'un accord visé pour justifier la violation d'une autre disposition* »[1214]. Ainsi, il appartient à l'auteur de la mesure contestée de démontrer que sa mesure est légitime au titre d'un objectif de l'article XX[1215], en faisant la preuve que les motifs avancés pour justifier la discrimination ont un lien rationnel avec l'objectif précité. En particulier, il s'agit de démontrer en quoi la mesure a pour objet la protection de la santé, l'environnement ou la moralité publique. Mais, on doit souligner que ce n'est pas parce qu'une mesure restrictive répond aux objectifs de l'article XX qu'elle respecte nécessairement les prescriptions du texte introductif[1216].

[1212] Rapport de l'Organe d'appel, « *Etats Unis - Normes concernant l'essence ancienne et nouvelle formules* », rapport précit., parag. 22.

[1213] Rapport de l'Organe d'appel « *Chine – Mesures relatives à l'exportation de diverses matières premières* », WT/DS394/AB/R, WT/DS395/AB/R, WT/DS398/AB/R, 30/01/2012, in Rapport annuel de l'Organe d'appel pour l'année 2012, WT/AB/18, 09/04/2013, p. 22.

[1214] Rapport du Groupe spécial, « *Etats Unis - Maintien de la suspension d'obligations dans le différend CE - Hormones* », rapport précit. ; Rapport du Groupe spécial, « *Canada - Maintien de la suspension d'obligations dans le différend CE – Hormones* », WTDS321/R, 31/03/2008, parag. 7.362.

[1215] Rapport de l'Organe d'appel, « *Brésil – Mesure visant l'importation de pneumatiques rechapés (Plainte des Communautés européennes)* », rapport précit., p. 227.

[1216] Rapport de l'Organe d'appel, « *États-Unis - Prohibition à l'importation de certaines crevettes et de certains produits à base de crevettes* », rapport précit., note 9, parag. 149.

La mesure restrictive doit faire l'objet, dans un second temps, d'une autre évaluation au regard du préambule dudit article[1217] qui suppose que l'on transcende l'objectif de la mesure contestée pour s'interroger sur la manière dont elle a été appliquée[1218]. Il appartient donc à la partie qui invoque une exception d'apporter la preuve qu'une mesure, entrant dans le champ d'application de l'article XX, ne constitue pas un abus au sens du texte introductif de l'article susmentionné. On ne peut manquer de remarquer que cette deuxième charge de preuve s'avère plus lourde que celle qui consiste à démontrer qu'une mesure relève de l'une des exceptions de l'article XX[1219]. Qualifiée de preuve négative, celle-ci vise à démontrer l'absence de l'intention de nuire ou la mauvaise foi dans l'application des exceptions générales. La légitimité d'une mesure restrictive au commerce dépond alors de la bonne foi de son auteur. Ainsi, pour qu'une mesure restrictive au commerce passe avec succès le test de la bonne foi, elle doit remplir les critères établis par le préambule de l'article XX. Un tel préambule fait peser sur le défendeur deux charges successives. D'abord, le défendeur doit prouver que sa mesure ne constitue pas un moyen de discrimination arbitraire ou injustifiable entre les pays où les mêmes conditions existent, avec la remarque que cette discrimination « *recouvre tant la discrimination entre produits de différents pays fournisseurs que la discrimination entre produits nationaux et importés* »[1220].

Ensuite, l'auteur de la mesure contestée doit démontrer que celle-ci ne forme pas une restriction déguisée au commerce international. Même plus, le défendeur doit prouver que cette mesure doit être appliquée « *conjointement c'est-à-dire concurremment* »[1221] avec des restrictions à la production ou à la consommation nationales. L'examen des conditions prévues par le préambule de l'article XX se fait selon un ordre bien établi

---

1217 Rapport de l'Organe d'appel, « *États-Unis - Normes concernant l'essence nouvelle et ancienne formules* », rapport précit., p. 25.

1218 Rapport de l'Organe d'appel « *Chine – Mesures relatives à l'exportation de diverses matières premières* », in Rapport annuel de l'Organe d'appel pour l'année 2012, rapport précit., p. 22.

1219 Rapport de l'Organe d'appel, « *Etats-Unis-normes concernant l'essence nouvelle et ancienne formules* », rapport précit., p. 25.

1220 Ibid., p. 28.

1221 Rapport de l'Organe d'appel « *Chine –Mesures relatives à l'exportation de diverses matières premières* », in Rapport annuel de l'Organe d'appel pour l'année 2012, rapport précit., p. 23.

qui n'est pas hasardeux[1222]. Dans cette perspective, les Groupes spéciaux et l'Organe d'appel ont eu l'occasion de préciser que les termes « arbitraire » et « injustifiable », lus dans le contexte du texte introductif de l'article XX, désignent dans l'ensemble, la nécessité de pouvoir justifier ou expliquer de façon convaincante la raison d'être de toute discrimination dans l'application de la mesure contestée. Comme l'a affirmé le Groupe spécial « ***peaux de bovins*** », l'interdiction d'une discrimination injustifiable « *suppose nécessairement qu'une discrimination justifiable n'est possible* »[1223].

Par ailleurs, pour distinguer la discrimination injustifiable de la discrimination arbitraire, les Groupes spéciaux et l'Organe d'appel ont établi une interprétation selon le sens ordinaire des termes et ce, par référence au dictionnaire. Ainsi, ils ont considéré qu'une discrimination arbitraire n'est en fait qu'une discrimination « *fantaisiste* » et « *imprévisible* »[1224]. C'est ainsi que le caractère discriminatoire de la mesure contestée s'avère insuffisant pour que celle-ci soit sanctionnée[1225]. Le préambule de l'article XX exige qu'on cherche des éléments indicateurs d'abus de droit dans le comportement de l'auteur de la mesure restrictive. Le défendeur est, dès lors, tenu de démontrer qu'il n'était pas de mauvaise foi dans l'adoption de la mesure restrictive. A ce titre, il y a lieu de noter que l'Organe d'appel a montré une certaine rigidité dans l'appréciation de la mauvaise foi du défendeur. Cette appréciation se fait en raison des intérêts économiques en jeu[1226]. Parce qu'il ne doit pas détourner l'article XX de son but, le défendeur supporte une charge de preuve qui s'avère de plus en plus difficile. La difficulté provient du fait qu'il doit établir *prima facie* que la mesure restrictive était nécessaire[1227].

[1222] Rapport du Groupe spécial, « *Chine –Mesures relatives à l'exportation de diverses matières premières* », WT/DS394/R, WT/DS395/R, WT/DS398/R, 5/7/2011, parag. 7.478.

[1223] Rapport du Groupe spécial, « *Argentine - Mesures visant l'exportation de peaux de bovins et l'importation de cuirs finis* », rapport précit., parag. 11.315.

[1224] Rapport du Groupe spécial, « *Brésil – Mesure visant l'importation de pneumatiques rechapés* », WT/DS332/R, 12/06/2007, parag. 7.270-7.281.

[1225] Rapport du Groupe spécial, « *Etats-Unis –Prohibition à l'importation de certaines crevettes et de certains produits à base de crevettes* », rapport précit., parag. 7.33.

[1226] BUSSEUIL (G.), GARINOT (J.M.), JOURDAIN FORTIER (C.), MOINE DUPUIS (I.), PIRONON (V.), « *Chronique de jurisprudence : chronique commentée des décisions de l'Organe de règlement des différends (Novembre 2011-Aout 2013)* », RIDE, 2013, p. 338.

[1227] Rapport du Groupe spécial, « *Chine – Mesures affectant des droits de commercialisation et les services de distribution pour certaines publications et*

Dans l'absence d'une définition conventionnelle, le caractère nécessaire de la mesure contestée a été déterminé par les Groupes spéciaux et l'Organe d'appel[1228]. Son évaluation « *supposait un soupesage et une mise en balance d'un certain nombre de facteurs distincts concernant à la fois la mesure que l'on cherchait à justifier comme étant nécessaire et les mesures... possibles dont le Membre défendeur pouvait raisonnablement disposer pour atteindre l'objectif souhaité* »[1229].

Par référence à la jurisprudence de l'ORD[1230], une mesure est considérée nécessaire en fonction de l'importance de sa contribution dans la réalisation de son objectif, ce que le Groupe spécial appelle une contribution « *ni marginale, ni insignifiante* »[1231]. De plus, il faut montrer que la mesure est proportionnelle à l'objectif poursuivi et qu'il n'existe pas d'autres mesures alternatives raisonnables. Pour apprécier le caractère nécessaire de la mesure restrictive, on tient alors compte de l'intérêt commun ou des valeurs communes que l'on veut protéger. D'ailleurs, il a été précisé, dans le rapport de l'Organe d'appel « ***Viande de bœuf*** », que « *plus cet intérêt commun ou ces valeurs communes sont vitaux ou*

---

certains produits de divertissement audiovisuels », WT/DS363/R, 12/8/2009, rapport précit., parag. 7.911.

[1228] RUIZ FABRI (H.), « *La nécessité devant le juge de l'OMC* », in « *La nécessité en droit international* », Colloque de Grenoble, Société française de droit international, Paris, Pedone, 2007, p-p. 189-201.

[1229] Rapport de l'Organe d'appel, « *Chine – Mesures affectant les droits de commercialisation et les services de distribution pour certaines publications et certains produits de divertissement audiovisuels* », rapport précit., p. 126, parag. 239.

[1230] Rapport de l'Organe d'appel, « *Communautés européennes - Mesures affectant l'Amiante et les produits en contenant* », rapport précit., supra note 13, parag. 164-175 ; Rapport de l'Organe d'appel, « *Corée – Mesures affectant les importations de viande de bœuf fraîche, réfrigérée et congelée* », WT/DS161/AB/R, WT/DS169/AB/R, 11/12/2000, parag. 159-182 ; Rapport de l'Organe d'appel, « *Brésil – Mesures visant l'importation de pneumatiques rechapés* », rapport précit., supra note 8, parag. 133-212 ; Rapport de l'Organe d'appel, « *Chine – Mesures affectant les droits de commercialisation et les services de distribution pour certaines publications et certains produits de divertissement audiovisuels* », rapport précit., parag. 234-335.

[1231] « *Lorsqu'une mesure a sur le commerce international des effets restrictifs aussi graves que ceux qui résultent d'une interdiction d'importer, il apparait... qu'il serait difficile pour un groupe spécial de constater que cette mesure est nécessaire, à moins qu'il ne soit convaincu qu'elle est à même d'apporter une contribution importante à la réalisation de son objectif* », Rapport de l'Organe d'appel, « *Brésil – Mesures visant l'importation de pneumatiques rechapés* », rapport précit., parag. 150.

importants, plus il sera facile d'admettre la nécessité de la mesure comme un instrument d'application »[1232].

À côté de l'importance des intérêts que l'on veut protéger, la légitimité de la mesure dépend du degré de sa compatibilité avec les dispositions de fond. Cette deuxième charge de la preuve est plus lourde que celle consistant à prouver simplement la nécessité des mesures prises[1233]. « *Une partie contractante a l'obligation d'utiliser, parmi les mesures dont elle dispose raisonnablement, celle qui comporte le moindre degré d'incompatibilité avec les autres dispositions de l'Accord général* »[1234]. En raison de son incidence relativement faible sur les produits importés, une mesure pourra plus facilement être considérée comme nécessaire qu'une mesure qui a des effets restrictifs profonds ou plus larges[1235]. C'est à la lumière des intérêts commerciaux que le critère de la nécessité est examiné. Une mesure, pourtant nécessaire, peut être condamnée parce qu'elle n'est pas proportionnelle aux objectifs respectifs. Bien plus, la nécessité de la mesure semble importer peu devant l'incidence de la mesure sur la libre circulation.

Par ailleurs, la mauvaise foi est déduite même de la passivité du défendeur quant à la prise de mesures moins incompatibles que celles adoptées[1236]. En effet, l'Organe d'appel a précisé dans son rapport « ***Essence*** », que « *le dossier concernant cette affaire contient les justifications détaillées présentées par les Etats-Unis. Toutefois, il n'indique pas quels efforts ont fait les Etats-Unis, s'ils en ont fait, pour adopter des procédures appropriées en coopération avec les gouvernements vénézuélien et brésilien afin d'atténuer les problèmes administratifs qu'ils ont évoqués* »[1237]. L'accent semble donc être mis sur les efforts de l'Etat concerné pour adopter une mesure qui produit moins d'effets adverses sur le commerce. C'est en ce sens que le défendeur doit

---

1232 Rapport de l'Organe d'appel, « *Corée – Mesures affectant les importations de viande de bœuf fraîche, réfrigérée et congelée* », rapport précit., parag. 162-164.

1233 Rapport de l'Organe d'appel, « *Etats-Unis Normes concernant l'essence nouvelle et ancienne formules* », Rapport précit., parag. 22.

1234 Rapport du Groupe spécial, *« Etats Unis – L'article 337 de la loi douanière de 1930* », rapport précit., parag. 5.26.

1235 Rapport de l'Organe d'appel, « *Corée – Mesures affectant les importations de viande de bœuf fraîche, réfrigérée et congelée* », rapport précit., parag. 163.

1236 RUIZ FABRI (H.), « *L'appel dans le règlement des différends de l'OMC : trois ans après quinze rapports plus tard* », art. précit., p.71.

1237 Rapport de l'Organe d'appel, « *Etats-Unis Normes concernant l'essence nouvelle et ancienne formules* », Rapport précit., p. 30.

établir qu'il a bien envisagé toutes les mesures alternatives raisonnables avant d'adopter sa mesure, avec la remarque qu'une mesure est considérée comme une alternative raisonnable lorsqu'elle est moins restrictive au commerce que la mesure mise en cause, ce qui permet de préserver le but ultime du Système commercial international qui est la promotion des échanges[1238].

On ne peut manquer de remarquer que l'ORD a durci, depuis les différends « ***Etats Unis – jeux et paris*** » et « ***Brésil – pneumatiques rechapés*** », son examen des conditions d'adoption d'une mesure de protection d'une valeur non marchande[1239]. L'analyse des critères établis par l'article XX ne peut conduire qu'à une conclusion préliminaire sur le caractère nécessaire de la mesure. Il faut que cette conclusion soit consolidée par une comparaison entre les mesures contestées et des « *mesures moins restrictives pour le commerce et raisonnablement disponibles* »[1240]. C'est dans ce cadre qu'on retrouve le critère commercial puisque moins la mesure est attentatoire aux intérêts du commerce international, plus elle a de chance d'être reconnu nécessaire. La preuve de la conformité des mesures restrictives au chapeau de l'article XX semble donc évoluer vers une sorte de « *preuve de la proportionnalité* »[1241].

Dans le même ordre d'idées, l'Organe d'appel a précisé, dans son rapport « ***Amiante*** », que l'auteur de la mesure doit faire la preuve qu'il a engagé de bonne foi avec les intimés des négociations générales

---

1238 Rapport de l'Organe d'appel, « *Brésil – Mesures visant l'importation de pneumatiques rechapés* », rapport précit., parag. 156 ; Rapport de l'Organe d'appel, « *Etats Unis Mesures visant la fourniture transfrontière de services de jeux et de paris* », rapport précit., note 7, parag. 308 ; Rapport de l'Organe d'appel, « *Communautés européennes - Mesures affectant l'Amiante et les produits en contenant* », rapport précit., note 13, parag. 174.

1239 BUSSEUIL (G.), GARINOT (J.M.), GRAYOT DIRX (S.), JOURDAIN FORTIER (C.), MOINE DUPUIS (I.), « *Chronique de jurisprudence : chronique commentée des décisions de l'Organe de règlement des différends (6/2010-11/2011)* », art. précit, parag. 2.2.3, p. 173.

1240 Rapport du Groupe spécial, « *Chine – Mesures affectant les droits de commercialisation et les services de distribution pour certaines publications et certains produits de divertissement audiovisuels* », rapport précit., parag. 7.869.

1241 La proportionnalité renvoie à l'adéquation d'une mesure avec l'objectif poursuivi. Il s'agit de s'assurer que « *le 'coût' imposé par la mesure est pesé par rapport aux avantages qui en résultent du point de vue de l'objectif poursuivi, l'idée directrice étant celle d'équilibre* ». NGAMBI (J.), « *La preuve dans le règlement des différends de L'Organisation Mondiale du Commerce* », op.cit., p. 203.

« *sérieuses* » dans le but de conclure des accords bilatéraux ou multilatéraux pour la protection et la conservation de l'environnement et de la santé[1242]. L'établissement de ces négociations constitue bel et bien une condition préalable à l'adoption des mesures restrictives au commerce[1243]. Par ailleurs, le défendeur doit démontrer que sa mesure est flexible dans la mesure où elle tient compte des différences qui existent entre sa propre situation et celle des autres pays[1244]

Si l'auteur de la mesure restrictive a réussi à démontrer que celle-ci n'est ni arbitraire ni injustifiable, il doit en outre faire la preuve qu'elle ne constitue pas une restriction déguisée au commerce international. Dans l'absence d'une définition conventionnelle pour ces expressions[1245], l'Organe d'appel a eu l'occasion de souligner que l'élément objectif clé ne réside pas dans la notion de « *restriction* » puisque toute mesure relevant de l'article XX est par essence une restriction au commerce international. C'est le terme « *déguisée* » qui donne à l'article XX sa pleine signification. Faisant l'objet d'interprétation par référence aux règles de la CV, ce terme renvoie à la mauvaise foi de l'auteur de la mesure. Ainsi une mesure restrictive qui répond, dans sa forme, aux conditions prescrites dans l'une des exceptions énumérées à l'article XX[1246], devient abusive dès lors que la restriction cache un déguisement. Il s'agit de vérifier que la mesure en cause ne masque pas une intention protectionniste. C'est en ce sens qu'il appartient au défendeur de prouver l'absence de la mauvaise foi, ce qui a conduit une certaine doctrine de souligner que certains différends relatifs aux exceptions générales sont « *révélateurs d'une guerre commerciales ou d'une guerre des mauvaises*

1242 Rapport de l'Organe d'appel, « *États-Unis - Prohibition à l'importation de certaines crevettes et de certains produits à base de crevettes* », rapport précit., parag. 166.

1243 Ibid., parag. 164.

1244 Ibid., parag. 158.

1245 Rapport du Groupe spécial, « *Communautés européennes - Mesures affectant l'Amiante et les produits en contenant* », rapport précit., parag. 8.2333.

1246 Rapport de l'Organe d'appel, « *Etats-Unis Normes concernant l'essence nouvelle et ancienne formules* », Rapport précit., p. 28.

fois d'Etats d'abord soucieux de leurs intérêts économiques »[1247]. Le différend « ***Chine matières premières*** »[1248] est illustratif en la matière.

À la lumière des observations qui précèdent, la jurisprudence de l'ORD témoigne que dans l'application du principe de l'interdiction de l'abus de droit, les Groupes spéciaux et l'Organe d'appel, contrairement à la Cour de la *Haye*, font prévaloir le critère subjectif de l'intention de nuire sur le critère objectif du dommage causé. Or le critère subjectif est « *d'une utilité marginale dans la théorie de l'abus de droit* », souligne *Elisabeth Zoller*[1249]. L'acte abusif est conditionné dans son existence par la création d'un dommage dans l'exercice du droit. « *Tant que l'Etat, dans l'exercice de ses droits, ne cause aucun dommage à autrui, agirait-il avec la plus grande mauvaise foi, l'abus de droit n'est pas constitué* »[1250]. C'est la production d'un dommage dans l'exercice d'un droit qui conditionne alors son caractère abusif[1251] .

L'article XX du GATT de 1994, parce qu'il porte en filigrane le plus d'abus possibles, ne peut donc s'appliquer en isolement du principe de l'interdiction de l'abus de droit. Servant dans l'interprétation des exceptions générales et l'administration de la preuve, ce principe reçoit une application finalisée marquée par la prévalence du critère subjectif. Il s'agit d'un choix qui a pour effet de rendre le recours à l'article XX abusif dès lors qu'il y ait intention de nuire. C'est en ce sens que l'ORD entend militer contre les mesures discriminatoires qui masquent un abus de droit[1252].

Pour important qu'il soit dans la lutte contre le protectionnisme, le principe de l'interdiction de l'abus de droit, appliqué en matière des

---

1247 BUSSEUIL (G.), GARINOT (J.M.), JOURDAIN FORTIER (C.), MOINE DUPUIS (I.), PIRONON (V.), « *Chronique de jurisprudence : chronique commentée des décisions de l'Organe de règlement des différends* (11/2011-8/2013) », art. précit., p. 338.

1248 Rapport de l'Organe d'appel « *Chine – Mesures relatives à l'exportation de diverses matières premières* », in Rapport annuel de l'Organe d'appel pour l'année 2012, rapport précit., p. 23.

1249 ZOLLER (E.), « *La bonne foi en droit international public* », op. cit., p. 114.

1250 Ibid., p. 114.

1251 « *La théorie de l'abus de droit ne peut être invoquée par un Etat contre un autre à moins que ce dernier, en exerçant les droits qu'il détient du droit international, ne cause un préjudice au premier* ». Opinion dissidente de Read (M.), Arrêt de la CIJ relatif à l'affaire « *Nottebohm (Liechtenstein c. Guatemala)* », arrêt précit., p. 37.

1252 JOURDAIN FORTIER (C.), « *Le règlement des différends de l'OMC et la protection des valeurs non marchandes* », art. précit., p. 98.

exceptions générales, semble être au service du principe de la libre circulation et au détriment des valeurs non marchandes. Les différends précités ont pu donner le sentiment que les Groupes spéciaux et l'Organe d'appel font prévaloir les principes de la libéralisation des échanges sur les valeurs humanistes. Mieux encore, le bénéfice de l'application de l'article XX ne peut avoir lieu que sous l'angle de la libéralisation des échanges.

Bien qu'il constitue un support matriciel des préoccupations humanistes à l'OMC[1253], l'article XX, relatif aux exceptions générales, continue d'être victime d'une application prudente et ségrégationniste[1254] eu égard à l'importance qu'acquiert aujourd'hui la protection des valeurs humanistes. Au lieu de recevoir une application systématique, il est soumis à des conditions draconiennes qui rendent son application très difficile voire impossible.[1255].

Si la réception des valeurs non marchandes traduit la volonté des Négociateurs de concilier des intérêts *a priori* contradictoires, leur

---

[1253] ANDELA (J.J.), « *L'article XX du GATT de 1994 dans la jurisprudence de l'Organe de règlement des différends de l'OMC : une analyse sous le prisme environnemental* », RQDI, 25, 2012, p. 27.

[1254] La question de la situation des Protocoles d'accession au droit de l'OMC a soulevé des interrogations sur l'approche interprétative adoptée par les Organes de règlement des différends pour l'article XX du GATT de 1994. Le SRD avait le choix entre d'une part, une approche holistique intégrant le protocole d'accession et les autres accords portant sur le même objet et, d'autre part, une approche traitant chaque disposition du Protocole comme un texte autonome. Les Groupes spéciaux et l'Organe d'appel ont eu l'occasion de souligner que « *l'article XX du GATT de 1994 n'avait pas vocation à "s'exporter" à d'autres accords sauf incorporation explicite. Les seconds accédants à l'OMC, comme la Chine, ne peuvent pas invoquer l'article XX pour fonder l'adoption des mesures restrictives au commerce international* ». Rapport du Groupe spécial, « *Chine – Mesures relatives à l'exportation de diverses matières premières* », rapport précit. ; Rapport du Groupe spécial, « *Etats Unis Mesures affectant la production et la vente de cigarettes aux clous de girofle* », WT/DS406/R, 02/09/2011, parag. 7.307 ; BUSSEUIL (G.), GARINOT (J.M.), GRAYOT DIRX (S.), JOURDAIN FORTIER (C.), MOINE DUPUIS (I.), « *Chronique de jurisprudence : chronique commentée des décisions de l'Organe de règlement des différends (6/2010-11/2011)* », art. précit., p.166 ; RUIZ FABRI (H.), MONNIER (P.), « *Organisation Mondiale du Commerce : Chronique du règlement des différends* 2011-2012 », JDI, 2013, p. 1467.

[1255] BOSSIS (G.), « *La notion de sécurité alimentaire selon l'OMC : entre minoration et tolérance timide* », art. précit., p. 331 et s.

application ne va pas jusqu'à une véritable intégration[1256]. Les Groupes spéciaux et l'Organe d'appels, soucieux de garantir la stabilité et la prévisibilité du Système commercial multilatéral, n'hésitent pas à hisser la libre circulation au sommet des préoccupations de l'OMC. En cas de conflit entre le droit de l'OMC et des valeurs non marchandes, le « *juge de l'OMC* » donne la primauté au droit de l'OMC[1257]. Il s'agit d'un choix délibéré, ne serait-ce que l'OMC n'a pas été créée pour protéger des valeurs non marchandes. Celle-ci se présente plutôt comme un cadre institutionnel commun pour la conduite des relations commerciales entre ses Membres[1258]. Elle vise avant tout la promotion de la libéralisation des biens et services à travers la consécration de la non-discrimination. L'article XX du GATT de 1994 illustre le cantonnement des valeurs non marchandes au rang d'exceptions dont l'interprétation et l'application demeurent largement imprégnées par la logique de la libéralisation des échanges. C'est ainsi que les soucis de la personne humaine et ceux de « *l'ordre public international* »[1259] demeurent au cœur des difficultés du Système commercial multilatéral[1260].

Pour spécial qu'il soit, le droit de l'OMC ne doit pas apparaitre comme hermétiquement séparé du reste du droit international[1261]. Malgré la différence de leurs finalités, les valeurs marchandes et les valeurs humanistes pourraient toutefois converger[1262]. Le droit de l'OMC devrait être sensible aux préoccupations de la société civile internationale qui tend

---

1256 BUSSEUIL (G.), GARINOT (J.M.), JOURDAIN FORTIER (C.), MOINE DUPUIS (I.), PIRONON (V.), « *Chronique de jurisprudence : chronique commentée des décisions de l'Organe de règlement des différends* (11/2011-8/2013) », art. précit., p. 339.

1257 THOUVENIN (J.M.), « *OMC et conflits de normes : le regard de l'internationaliste publiciste* », art. precit., p. 46.

1258 Accord instituant l'OMC, 15/04/1994, 1867RTNU3 (entrée en vigueur le 01/01/1995).

1259 COMBACAU (J.), « *Le droit international : bric-à-brac ou système ?* », art. précit., p. 90.

1260 BUSSEUIL (G.), GARINOT (J.M.), JOURDAIN FORTIER (C.), MOINE DUPUIS (I.), PIRONON (V.), « *Chronique de jurisprudence : chronique commentée des décisions de l'Organe de règlement des différends* (11/2011-8/2013) », art. précit., p. 336.

1261 Le rapport de l'Organe d'appel a eu l'occasion de souligner dans son rapport « *Essence* » qu'il « *ne faut pas lire l'accord général en l'isolant cliniquement du droit international public* ». Rapport de l'Organe d'appel, « *Etats-Unis Normes concernant l'essence nouvelle et ancienne formules* », Rapport précit., p. 19.

1262 MOINE-DUPUIS (I.), JOURDAIN FORTIER (C.), « *L'éthique et l'industrie pharmaceutique : un difficile équilibre à trouver* » art. précit., p. 75.

à asseoir « *un système de valeurs mondial qui interfère sur l'économie tout en la débordant* »[1263]. Ainsi, au lieu de diaboliser le commerce multilatéral, il vaut mieux assurer son dynamisme, son ouverture et en réduire les effets pervers en donnant justice aux valeurs humanistes[1264]. Le droit de l'OMC ne doit pas dès lors s'enfermer dans une sorte de tropisme commercial ignorant par la même la finalité assignée au Système commercial multilatéral à savoir le développement durable[1265]. Il faut « *combiner les règles du commerce international, traditionnellement fondées sur le dogme d'un libre-échange bon en soi, et des exigences nouvelles, relevant du concept de développement durable* »[1266]. C'est d'autant plus vrai que celui-ci passe immanquablement par la protection des valeurs humanistes comme la protection de la santé et de l'environnement.

De son côté, l'ORD doit être plus ouvert au droit international ; il est invité à s'affranchir de « *la dictature du libre-échange* »[1267] pour intégrer dans ses « *décisions* » les préoccupations non marchandes. Afin de garantir « *un commerce international durable* », l'intégration des valeurs éthiques est, non seulement possible, mais nécessaire au nom d'un impératif supérieur : « *le bien commun international* »[1268]. Pour *Philippe Fauchard*, celui-ci « *exigerait que l'on s'abstienne de faire commerce de n'importe quoi et avec n'importe qui* »[1269]. Il s'agit d'un impératif qui permet le développement du commerce multilatéral tout en améliorant la qualité de vie de la société internationale. Dans ce cadre, le directeur général de l'OMC a fait valoir que « *la mondialisation et l'ouverture des*

1263 MEZGHANI (A.), « *Méthodes de droit international privé et illicite* », RCADI, 2003, p. 453.

1264 JOURDAIN FORTIER (C.), « *Santé et commerce international : contribution à l'étude de la protection des valeurs non marchandes par le droit du commerce international* », Thèse de doctorat, Université de Bourgogne, 2004, p. 409.

1265 Préambule de l'Accord instituant l'OMC.

1266 JOUANNEAU (D.), « *L'Organisation mondiale du commerce* », Paris, PUF, 4ème éd, 2003, p. 93.

1267 ANDELA (J.J.), « *L'article XX du GATT de 1994 dans la jurisprudence de l'Organe de règlement des différends de l'OMC : une analyse sous le prisme environnemental* », art. précit., p. 28.

1268 MOINE-DUPUIS (I.), JOURDAIN FORTIER (C.), « *L'éthique et l'industrie pharmaceutique : un difficile équilibre à trouver* » art. précit., p. 75.

1269 FOUCHARD (Ph.), « *Droit et morale dans les relations économiques internationales* », Revue des sciences morales et politiques, 1997, n° 3, p. 1 et s.

échanges pouvaient œuvrer pour les droits humains universels »[1270]. C'est ainsi que se dessinent les prémisses d'un « *ordre économique mondial humaniste* »[1271].

Si l'interdiction de l'abus de droit et la bonne foi constituent des principes au service de la libre circulation, qu'en est-il du principe de précaution ?

SECTION II : APPLICATION FRUSTRÉE DU PRINCIPE DE PRÉCAUTION

Malgré l'ouverture de l'OMC à l'influence du droit international de l'environnement, le droit d'entraver le commerce à des fins de sécurité alimentaire ou environnementale n'a pas été reconnu jusqu'à présent[1272]. La réception du principe de précaution dans le droit de l'OMC, loin d'être automatique, se heurte aux résistances des Groupes spéciaux et de l'Organe d'appel qui demeurent imprégnés par la logique de la libéralisation des échanges. ***La position de ces organes dans la détermination de la valeur normative de ce principe en témoigne***. (Paragraphe 1). Mieux encore, ***une adaptation de ce principe est rendue nécessaire pour satisfaire aux exigences de la libéralisation des échanges*** (paragraphe 2).

Paragraphe I: Prise de position dans la détermination de la valeur normative du principe de précaution

En raison de son importance dans l'orientation des différends environnementaux, le principe de précaution a fait l'objet d'examen quant à sa valeur normative devant les Groupes spéciaux et l'Organe d'appel. Marquée par une certaine hésitation au début, la position de l'ORD a évolué ***d'une prudence (A) à une fermeté exagérée (B).***

[1270] LAMY (P.), « *Allocution sur la place et le rôle du droit de l'OMC dans l'ordre juridique international* », art. précit.

[1271] JACQUET (J.M.), « *rapport de synthèse* », art. précit., p. 117.

[1272] BOSSIS (G.), « *La notion de sécurité alimentaire selon l'OMC : entre minoration et tolérance timide* », art. précit., p. 343.

A) D'une prudence …

Dans ses premiers rapports, l'ORD, pour déterminer le statut juridique du principe de précaution, a témoigné d'une certaine prudence. Aussi contestable qu'elle soit, cette prudence semble ne pas s'opposer complètement à reconnaitre à la précaution la qualité de principe coutumier du droit international de l'environnement. Mais avant de développer la position de l'Organe d'appel sur la question, il convient au préalable de s'interroger sur la notion de précaution pour la distinguer d'une autre notion voisine.

Inscrite dans le contexte du « *développement durable* »[1273], la précaution est une méthode de gestion de l'incertitude scientifique dans la législation et dans la mise en œuvre du droit[1274]. Sa première consécration explicite remonte à la Déclaration ministérielle de la deuxième Conférence internationale sur la protection de la mer du Nord de 1987 qui impose une « *approche de précaution* » afin de protéger cette mer contre les effets dommageables des substances les plus dangereuses[1275]. Au fil des textes, la précaution s'affina ; elle est énoncée et définie par le principe n°15 de la Déclaration de *Rio* sur l'environnement et le développement de 1992. Ce principe prévoit qu'« e*n cas de risque de dommage graves ou irréversibles, l'absence de certitude scientifique absolue ne doit pas servir de prétexte pour remettre à plus tard l'adoption de mesures effectives visant à prévenir la dégradation de l'environnement* ». Ainsi formalisée, la précaution a été par la suite qualifiée de principe dans plusieurs instruments internationaux[1276].

[1273] QUOC DINH (N.), DAILLIER (P.), FORTEAU (M.), PELLET (A.), « *Droit international public* », op. cit., 8ème éd., p .1452 ; MARTIN-BIDOU (P.), « *Le principe de précaution en droit international de l'environnement* », RGDIP, tome CIII, 1999, p. 632.

[1274] PETTITI (P.), SAUVAIN (A.), « *Impact de la mondialisation sur les droits nationaux : Le droit de l'environnement* », in MORAND (Ch.A.), « *Le droit saisi par la mondialisation* », Bruxelles, Bruylant, 2001, p. 409.

[1275] JOURDAIN FORTIER (C.), Thèse précit., p. 411.

[1276] En tant que principe, la précaution est pour la première fois affirmée dans la Déclaration ministérielle de Bergen sur le développement durable de 1990. Il est ensuite consacré dans plusieurs instruments conventionnels. La Convention multilatérale de Bamako de 1991 relative à l'interdiction d'importer des déchets dangereux et au contrôle de leurs mouvements transfrontières en Afrique. Cette affirmation régionale du principe sera confirmée et surtout élargie avec la Déclaration de *Rio* de 1992. Deux conventions viennent, par la suite préciser le principe de précaution et compléter son champ d'application : la Convention–cadre des Nations unies sur les changements climatiques et la Convention pour la protection du milieu

Reposant sur l'incertitude scientifique, le principe de précaution ne doit pas se confondre avec le principe de prévention[1277] qui pose le devoir de « *prendre toutes les mesures nécessaires à la non survenance d'un évènement prévisible ou, en tout cas probabilisable* »[1278]. Certes, les principes de précaution et de prévention ont en commun l'idée de risque. Néanmoins, le principe de précaution, dicté par la nécessité d'adopter une approche de prudence[1279], permet de prendre des mesures de protection, non seulement en cas de risque probable, mais encore en cas de « *risque incertain, inconnu et hypothétique* »[1280].

Quant à sa valeur normative, la précaution, malgré sa consécration par plusieurs conventions internationales, prête à controverse. Pour la désigner, certains textes internationaux la cantonnent dans une formulation incitative[1281] comme « *les mesures de précaution* »[1282] alors que la majorité des accords internationaux font d'elle un principe. Mais, « *ce n'est pas parce qu'il est affirmé dans le dispositif d'une convention que le principe de précaution constitue nécessairement un principe de droit positif* »[1283], constate *Boisson De Chazournes*. Ne serait-il pas alors

---

marin de l'Atlantique Nord–EST (Convention OSPAR)… LAGHMANI (S.), « *Le droit international face aux nouvelles technologies : rapport introductif* », art. précit., p. 28 ; MIGAZZI (M.), « *Précaution et évolution du droit international de l'environnement* », in AOUIJ MRAD (A.), (Dir.), « *Quelles précautions pour quels risques ? Regards croisés* », Latrach, 2011, p-p. 116-117.

[1277] Le principe de prévention est défini par le principe 21 de la Déclaration de Stockholm de 1972 sur l'environnement qui fait de celui-ci comme étant « *le devoir à la charge des Etats de faire en sorte que les activités exercées dans les limites de leur juridiction ou sous leur contrôle ne causent pas de dommage à l'environnement dans d'autres Etats ou dans des régions ne relevant d'aucune juridiction nationale* ».

[1278] MARTIN (G.), « *Précaution et évolution du droit* », Dalloz, Sirey, 1995, p. 301.

[1279] MIGAZZI (M.), « *Précaution et évolution du droit international de l'environnement* », art. précit., p. 113.

[1280] HAMMAMI MARRAKCHI (A.), Thèse précit., p. 367.

[1281] LAGHMANI (S.), « *Le droit international face aux nouvelles technologies : rapport introductif* », art. précit., p. 29.

[1282] Protocole de Montréal relatif aux substances qui appauvrissent la couche d'ozone du 16/9/1987 (Préambule), le principe 15 de la Déclaration de Rio sur l'environnement et le développement, la Convention cadre de New York du 9/5/1992 sur les changements climatiques (article 3.3) ou de la Convention de Bamako sur l'interdiction d'importer des déchets dangereux et le contrôle de leurs mouvements transfrontières en Afrique (article 4.3f). LUCCHINI (L.), « *Le principe de précaution en droit international de l'environnement : ombres plus que lumières* », art. précit., p. 717.

[1283] BOISSON DE CHAZOURNES (L.), « *Le principe de précaution : nature, contenu et limites* », art. précit., p. 89.

important de déterminer si le principe de précaution est sorti ou non de la sphère de la *soft Law* ?

Force est de constater que la valeur juridique du principe de précaution se dessine à partir du rang que lui accorde le juge international[1284]. Il appartient à celui-ci de déterminer la nature de ce principe ? S'agit-il d'un principe directeur, simple guide pour l'action[1285], ou d'un principe juridique qui inspire diverses applications et s'impose avec une autorité supérieure[1286] ? Mieux encore, le principe de précaution a-t-il atteint le rang d'un principe du droit international coutumier pour qu'il soit opposable à tous les Etats y compris les Membres de l'OMC ? La réponse à cette question s'impose d'emblée aussi bien pour les Membres de l'OMC que pour l'ORD. C'est d'autant plus vrai que le droit d'entraver le commerce à des fins de protection n'a pas été reconnu[1287] et que les Membres continuent, en revanche, à utiliser le principe de précaution comme moyen de défense pour imposer des restrictions commerciales.

Vu la divergence des intérêts, les Membres de l'OMC sont loin d'être unanimes sur la valeur normative de ce principe. Si les Etats-Unis considèrent la précaution comme une « *approche* »[1288] dénuée de toute force normative[1289], les Communautés européennes font d'elle un principe général du droit international général[1290]. Plus nuancée est la position du Canada; le "*concept de précaution*" a été regardé comme étant « *un "principe de droit naissant" qui pourrait à l'avenir devenir l'un des "principes généraux de droit reconnu par les nations civilisée" au sens de l'article 38.1 c) du statut de la C.I.J.* »[1291].

1284 Ibid., p. 89.

1285 LUCCHINI (L.), « *Le principe de précaution en droit international de l'environnement : ombres plus que lumières* », art. précit., p. 730.

1286 CORNU (G.), « *Vocabulaire juridique* », op. cit., p. 720.

1287 BOSSIS (G.), « *La notion de sécurité alimentaire selon l'OMC : entre minoration et tolérance timide* », art. précit., p. 343.

1288 Rapport de l'Organe d'appel, « *Communautés européennes - Mesures communautaires concernant les viandes et les produits carnés (Hormones)* », rapport précit., parag. 122, p. 52.

1289 BOISSON DE CHAZOURNES (L.), « *Le principe de précaution : nature, contenu et limites* », art. précit., p. 89.

1290 Rapport de l'Organe d'appel, « *Communautés européennes - Mesures communautaires concernant les viandes et les produits carnés (Hormones)* », rapport précit., parag. 121, p. 51.

1291 Ibid., parag. 123, p. 52.

Dans la différence des positions, l'ORD devrait-il apporter une réponse à la question de la détermination du statut du principe de précaution ? Appelé à s'y prononcer, il a témoigné d'une certaine prudence dans le traitement d'une question d'importance cruciale dans le débat commerce/ environnement. Pour lui, s'aventurer à prendre une position à un sujet si délicat comme la détermination de la valeur normative du principe de précaution est hasardeux[1292]. La prudence dans le traitement de ce sujet ne serait-elle pas alors la solution ? C'est ainsi que l'Organe d'appel avait souligné dans son rapport « ***Hormones*** » que « *le principe de précaution, du moins en dehors du droit international de l'environnement, n'a pas encore fait l'objet d'une formulation faisant autorité* »[1293].

À la fois marquée par la prudence et l'hésitation, la position de l'Organe d'appel, prête à discussion. Pour prudent qu'il soit, celui–ci n'en reste pas moins tolèrent. S'il n'a pas reconnu la qualité de principe coutumier du droit international général à la précaution, il n'en n'a pas dénué la qualité de principe coutumier du droit international de l'environnement. Il s'agit d'une réception du principe de précaution, qui pourtant hésitante, pourrait constituer les jalons d'une certaine évolution en la matière[1294]. D'ailleurs, l'Organe d'appel a eu l'occasion de développer, dans des rapports ultérieurs, une approche qui pourrait profiter à la consolidation de ce principe. Dans son interprétation de « *la nécessité* » telle que prévue par XX b) du GATT de 1994, l'Organe d'appel a fait observer dans son rapport « ***Viandes de boeuf fraîche*** » que « *plus l'intérêt commun ou les valeurs communes poursuivies sont vitaux ou importants, plus il sera facile d'admettre la nécessité de mesures conçues pour atteindre ces objectifs* »[1295]. Le principe de précaution ne devrait-il pas être l'instrument incontournable de juridisation de ces objectifs[1296] ? Sans se référer directement au principe susvisé, l'Organe d'appel n'a pas

---

1292 L'Organe d'appel a souligné, dans son rapport « Hormones », qu'il « *est superflu, et probablement imprudent (de prendre position) dans le présent appel au sujet de cette question importante, mais abstraite* », Ibid., parag. 123, p. 53.

1293 Ibid., parag. 123, p. 53.

1294 SALPIN (Ch.), « *Contributions de la Cour internationale de justice et de l'Organe de règlement des différends de l'OMC à la protection et au droit international de l'environnement* », Mémoire de DEA précit. p. 71.

1295 Rapport de l'Organe d'appel, « *Corée – Mesures affectant les importations de viande de bœuf fraîche, réfrigérée et congelée* », rapport précit., parag. 167.

1296 BOISSON DE CHAZOURNES (L.), « *Le principe de précaution : nature, contenu et limites* », art. précit., p-p. 65-94.

hésité, dans son rapport « ***Amiante*** »[1297], à autoriser l'adoption de mesures restrictives au commerce au motif de la santé publique. « *Un Membre n'est pas tenu, dans l'élaboration d'une politique de santé de suivre automatiquement ce qui, à un moment donné, peut constituer une opinion scientifique majoritaire* »[1298]. Cette position ne constitue-elle pas une consécration de la logique dont s'inspire le principe de précaution[1299] ?

Dans l'espoir d'assurer effectivement le « *verdissement* »[1300] ou « *l'écologisation* »[1301] du Système commercial multilatéral, les Membres de l'OMC peuvent-ils espérer plus et attendre que les Groupes spéciaux et l'Organe d'appel reconnaissent explicitement la qualité de principe coutumier du droit international à la précaution ? Alors qu'on s'attendait à ce que ces organes soient favorables à la réception du principe de précaution, ils déçoivent, par leur nouvelle position, les Membres de l'OMC les plus favorables à la protection de l'environnement.

B) À une fermeté

De nouveau posée, la question de la détermination du statut du principe de précaution a fait l'objet de réexamen dans le différend « ***Biotech*** ». Appelés à déterminer si le principe de précaution entre dans la catégorie des règles coutumières du droit international ou dans celle des principes

---

1297 Rapport de l'Organe d'appel, « *Communautés européennes - Mesures affectant l'Amiante et les produits en contenant* », rapport précit.

1298 Dans son rapport « *CE - Amiantes* », l'Organe d'appel a précisé que « *pour justifier une mesure au regard de l'article XXb) du GATT, un Membre peut également se fonder, de bonne foi, sur des sources scientifiques qui, à ce moment-là, peuvent constituer une opinion divergente mais qui provient de sources compétentes et respectées. Un Membre n'est pas tenu, dans l'élaboration d'une politique de santé de suivre automatiquement ce qui, à un moment donné, peut constituer une opinion scientifique majoritaire*». Rapport de l'Organe d'appel, « *Communautés européennes - Mesures affectant l'Amiante et les produits en contenant* », rapport précit., parag. 178.

1299 DUPUY (P.M.), « *Le principe de précaution, règle émergente du droit international général* », in LEBEN (Ch.), VERHOEVEN (J.), « *Le principe de précaution : aspects de droit international et communautaire* », Paris, LGDJ, 2002, p. 110.

1300 PROST (M.), op. cit., p. 162.

1301 ROMI (R.), « *Quelques réflexions sur "l'affrontement économie - écologie" et son influence sur le droit* », Droit et Société, 1998, p-p. 131-135.

généraux de droit[1302], les Groupes spéciaux étaient plus péremptoires. S'abritant derrière la jurisprudence internationale, ils ont fait preuve d'une ultime prudence. Pour eux, le principe de précaution demeure encore entouré d'incertitude puisque le débat juridique sur son statut juridique se poursuit. Jusqu'ici, précisent les Groupes spéciaux, aucune cour internationale ne lui reconnaît la qualité de principe de droit international coutumier. La doctrine, quant à elle, diverge sur sa valeur normative[1303]. C'est en ces termes que ces organes ont fini par souligner que : « *la prudence nous suggère de ne pas essayer de régler cette question complexe, en particulier s'il n'est pas nécessaire de le faire. Nous n'avons pas à prendre position sur le point de savoir si le principe de précaution est ou non un principe reconnu de droit international général ou coutumier* »[1304]. Ainsi se dissipe l'hésitation constatée dans le rapport « ***Hormones*** » à l'égard de ce principe et s'affirme, toutefois, une ultime prudence voire une méfiance accompagnée d'une fermeté dans le refus de se prononcer sur la valeur normative de ce principe. Décevante, cette position ne répond pas aux attentes des Membres de l'OMC et à celles des juristes ?

Force est de constater que la position des Groupes spéciaux quant à la détermination de la valeur normative dudit principe ne peut être étudiée en isolement de la jurisprudence internationale d'une part, et de la pratique de l'ORD et les objectifs de l'OMC, d'autre part. Des remarques doivent être avancées concernant la négation de la qualité de principe de droit international coutumier[1305] à la précaution. S'il est vrai que la jurisprudence internationale n'a pas encore reconnu directement la qualité de principe de droit international coutumier à la précaution, elle témoigne, cependant, d'une certaine évolution en la matière[1306]. On doit souligner

---

[1302] Rapport du Groupe spécial, « *Communautés européennes – Mesures affectant l'approbation et la commercialisation des produits biotechnologiques* », rapport précit., p. 384, parag. 7.86.

[1303] Si de nombreux auteurs ont été d'avis que le principe de précaution existait en tant que principe général du droit international, d'autres sont sceptiques et nient cette qualité au dit principe. Ibid., p. 384, parag. 7.88.

[1304] Ibid., p. 384, parag. 7.89.

[1305] Pour devenir une règle relevant du droit international coutumier, il doit s'agir d'une pratique uniforme, suivie et acceptée comme étant le droit. Article 38 du Statut de la CIJ.

[1306] La CPA n'a pas hésité à affirmer l'appartenance du développement durable et du principe de prévention aux principes du droit international général. Sentence arbitrale de la CPA, « *la ligne de chemin de fer Rhin d'acier* (*Belgique* c. *Pays-Bas*),

qu'au même temps où des cours internationales refusent de se prononcer sur la valeur juridique du principe de précaution[1307], aucune cour n'a déclaré que la qualité de principe général du droit international coutumier ne lui revenait pas[1308]. Bien plus, une évolution en la matière semble se dessiner, permettant la cristallisation du principe de précaution. Si la CIJ[1309] était prudente sur la question, d'autres juridictions internationales se sont, toutefois, montrées plus ouvertes.

Dans l'affaire relative au « ***Thon à nageoire bleue*** »[1310], le Tribunal international du droit de la mer (TIDM) avait ordonné aux parties l'application de la précaution en exigeant un comportement précautionneux[1311] sans s'y référer directement. Aussi, faut–il remarquer que la CPA semble cheminer sur les traces du TIDM. Dans la sentence arbitrale « ***Rhin de fer*** », ladite cour, après avoir insisté sur le lien entre la protection de l'environnement et le développement[1312], a consacré, une obligation d'empêcher la réalisation du dommage ou d'atténuer les conséquences

---

24/5/2005, parag. 59 ; WECKEL (Ph.), « *Chronique de jurisprudence internationale* », RGDIP, 2005, n°3, p-p. 715-723.

1307 Arrêt de la CIJ relatif à l'affaire « *Projet GabCikovo - Nagymaros (Hongrie / Slovaquie)* », arrêt précit., parag. 49-58, p-p. 39-46.

1308 SANDS (Ph.), « *Les Cours internationales et le principe de précaution* », in « *La précaution de Rio à Johannesburg : Travaux d'une table organisée par le réseau environnement de Genève* », International Environnement House, 16/5/2002, p. 35.

1309 Dans l'affaire du « *Projet Gabcikovo Nagymaros* », la CIJ qui devait se prononcer sur les conditions de mise en œuvre du principe de précaution, s'est contentée d'évoquer l'apparition de nouvelles normes en matière de protection de l'environnement sans pour autant consacrer la valeur juridique dudit principe. Arrêt de la CIJ relatif à l'affaire « *Projet GabCikovo - Nagymaros (Hongrie / Slovaquie)* », arrêt précit., parag.112 et 140.

1310 Ordonnance du TIDM relative à l'affaire « *Thon à nageoire bleue et les chevauchements de juridictions internationales (Nouvelle-Zélande / Japon ; Australie / Japon)* », 27/8/1999, parag.79-80.

1311 Dans son ordonnance, le tribunal était d'avis que les parties devraient agir avec prudence et précaution et veiller à ce que les mesures de conservation efficaces soient prises dans le but d'empêcher que le stock du thon à nageoire bleue ne subisse des dommages graves (parag. 77). Le Tribunal a ordonné aux parties de s'abstenir d'entreprendre tout programme de pêche impliquant une capture de thons à nageoire bleue ; Ibid., parag. 77-80.

1312 L'arbitre n'hésite pas à affirmer que le développement et la protection de l'environnement sont des « *concepts intégrés se renforçant mutuellement* » ; Sentence arbitrale de la CPA, « *Ligne de chemin de fer Rhin d'acier* (*Belgique* c. *Pays-Bas*) », sentence précit, parag. 59.

préjudiciables d'une activité[1313]. Cette obligation pourrait, dès lors, être une obligation de prévention ou de précaution. Ne serait-il pas alors concevable de consacrer la valeur normative du principe de précaution par « *le truchement du principe de prévention* »[1314] ?

La jurisprudence internationale, qu'on a répertoriée ci-dessus, était à l'origine de nombreuses opinions individuelles ou dissidentes qui pourraient former une opinion majoritaire[1315] faisant de la précaution un principe du droit international coutumier[1316]. Aussi faut–il remarquer qu'une partie de la doctrine anglo-saxonne est allée dans le même sens[1317].

L'état de la jurisprudence internationale à l'égard du principe de précaution pourrait–il alors justifier le refus acerbe des Groupes spéciaux de déterminer la valeur normative de celui-ci ? La position des Groupes spéciaux était décevante non seulement au regard de la jurisprudence

---

1313 BARRAL (V.), « *La sentence du Rhin de fer, une nouvelle étape dans la prise en compte du droit de l'environnement par la jurisprudence internationale* », art. précit., p-p. 647-668.

1314 MIGAZZI (M.), « *Précaution et évolution du droit international de l'environnement* », art. précit., p-p. 123-124.

1315 SANDS (Ph.), « *Les Cours internationales et le principe de précaution* », art précit., p. 35.

1316A l'occasion de l'ordonnance de la CIJ relative à l'affaire « *Essais nucléaires II* », Sir Palmer (G.), juge *ad hoc*, avait souligné que « *la norme qu'implique le principe de précaution s'est développé rapidement et pourrait maintenant être un principe de droit international coutumier de l'environnement* ». Rapport de la CIJ, 1995. Voir aussi Dissenting in Opinion dans Threat or Use of Nuclear Weapons, 1996, rapport de la CIJ à l'occasion de l'ordonnance de la CIJ « *Usines de pâte à papier sur le fleuve Uruguay* », le juge *ad hoc* Vinuesa avait souligné que même si le principe de précaution n'était pas mentionné par la CIJ, ce principe, appartenant au droit international général, avait vocation à s'appliquer. CIJ, ordonnance, 13 juillet 2006, Affaire relative à des « *Usines de pâte à papier sur le fleuve Uruguay* », (Argentinec.Uruguay). Une opinion dissidente a soutenu une interprétation qui aurait conduit le droit international pour la protection de l'individu à progresser dans ce domaine en renforçant « *le principe de précaution* ». Cette opinion reconnaissait implicitement que le principe de précaution faisait partie intégrante du droit international. CEDM, Balmer-Schafroth / Suisse, requête n°22110/93, décision du 26/8/1997, Européen Humon Rights reports, vol. 25, 1998, p. 598.

1317 CAMERON (J.), ABOUCHAR (J.), « *The status of the precautionary principe of international environmental law* », in FREESTON (D.), HEY (E.), « *The precautionary principe in international law* », The hague, kluwer, 1996, p-p. 29-54 ; SANDS (Ph.), « *Principles of international environment law* », vol. I, Manchester university press, 1995, p. 212 ; SANDS (Ph.), « *L'affaire des essais nucléaires II (Nouvelle Zélande/France) : contribution de l'instance au droit international de l'environnement* », RGDIP, 1997, p. 473.

internationale mais aussi eu égard aux Membres de l'OMC. De profondes implications auraient pu se produire si les Groupes spéciaux étaient plus progressistes et n'avaient pas exprimé leur fermeté. Admettre le caractère coutumier du principe de précaution, imposerait l'obligation d'en assurer le respect par tous les Membres de l'OMC. En effet, pour interpréter le droit de cette organisation, les Groupes spéciaux et l'Organe d'appel devraient appliquer les règles coutumières d'interprétation du droit international public dont l'observation est prescrite par l'article 3.2 du Mémorandum d'accord. Pour se faire, ils ne devraient pas seulement examiner le contexte des Accords de l'OMC, leur objet et leur but. Mais, ils doivent observer aussi « *toute règle pertinente de droit international applicable dans les relations entre les parties* » au sens de l'article 31.3 c) de la CV.[1318] Cet article qui ne distingue les règles admises ni « *rationae materiae* »[1319] ni en raison de leur origine[1320], constitue « *l'unique outil disponible en droit international permettant d'établir le droit international général, tout en réconciliant les normes conventionnelles et coutumières issues de branches différentes* »[1321]. Ne serait-il pas alors regrettable que les Groupes spéciaux refusent acerbement de reconnaître la valeur normative du principe de précaution et d'éviter, par la même, l'application de l'article 31 précité. C'est d'autant plus vrai que ce principe répond à la condition de pertinence[1322] puisqu'il habilite les Membres à adopter des mesures en vue de prévenir à un risque hypothétique.

[1318] Rapport du Groupe spécial, « *Communautés européennes – Mesures affectant l'approbation et la commercialisation des produits biotechnologiques* », rapport précit., parag. 7.64.

[1319] SANDS (Ph.), « *Vers une transformation du droit international? Institutionnaliser le doute* », art. précit., p. 213.

[1320] Toute règle de droit international devrait être tenue compte quelle qu'en soit la source qu'il s'agisse d'une règle conventionnelle, coutumière ou d'un principe général de droit. YASSEEN (M.K), art. précit., p. 63.

[1321] SANDS (Ph.), « *Vers une transformation du droit international ? Institutionnaliser le doute* », art. précit., p. 213.

[1322] La règle de droit international est pertinente « *lorsqu'elle a un certain rapport avec le traité objet de l'interprétation ; comme les règles du droit des traités ; c'est à dire les règles auxquelles le traité en tant que tel est soumis; et comme les règles qui concernent la matière sur laquelle le traité porte; ou clarifient certaines notions que le traité renferme* ». YASSEEN (M.K), art. précit., p. 63.

Bien plus, par une interprétation restrictive de l'expression « *les parties* » figurant dans ledit article[1323], les Groupes spéciaux semblent réduire les règles de droit international dont il faut tenir compte dans l'interprétation du droit de l'OMC dans celles qui sont applicables dans les relations entre les Membres de l'OMC. La cohérence de l'interprétation du droit de l'OMC ne serait-elle pas alors au prix de la cohérence du régime des traités internationaux dans son ensemble ? [1324]

Il n'y a pas longtemps, on a pu enregistrer des tentatives vers le rattachement du droit de l'OMC à l'ordre juridique international[1325] et l'ouverture au droit international de l'environnement[1326]. Il serait alors décevant que le rapport « ***Biotech*** » puisse constituer un recul, non seulement au regard de la protection du droit international de l'environnement, mais aussi au regard du droit international général[1327]. En effet, dans ce rapport, les Groupes spéciaux semblent méconnaître l'objectif de développement durable dont la consécration a connu une évolution depuis le rapport « ***Crevettes*** » [1328]. La position des Groupes spéciaux ne fait-elle

---

1323 Rapport du Groupe spécial, « *Communautés européennes – Mesures affectant l'approbation et la commercialisation des produits biotechnologiques* », rapport précit., parag. 7.68.

1324 Le professeur Martti Koskenniemi précisait à propos de ce différend, dans son rapport à la Commission du droit international sur la fragmentation du droit international que cette « *affirmation rend pratiquement impossible de jamais trouver un contexte multilatéral où il serait permis de faire référence à d'autres traités internationaux pour faciliter l'interprétation en vertu du paragraphe 3c) de l'article 31. Le Groupe spécial assure ce qu'il appelle la « cohérence » de son interprétation du traité de l'OMC au prix de la cohérence du régime des traités internationaux dans son ensemble* ». Rapport de la CDI sur « *la fragmentation du droit international : difficulté découlant de la diversité et de l'expansion du droit international* », Doc off. CDI NU, 58ème sess. , A/CN.4/L.682 (2006).

1325 L'Organe d'appel a eu l'occasion de souligner dans son rapport « *Essences* » que l'ORD n'entend pas s'isoler cliniquement du reste du droit international public. Rapport de l'Organe d'appel, « *Etats-Unis Normes concernant l'essence nouvelle et ancienne formules* », Rapport précit., parag. 19.

1326 MALJEAN-DUBOIS (S.), (DIR.), « *Droit de l'Organisation Mondiale du Commerce et protection de l'environnement* », Bruxelles, Bruylant, CERIC, 2003, p. 109 et s.

1327 Il est regrettable qu'aucune des parties n'ait décidé de porter l'affaire en appel. DUFOUR (G.), « *Les OGM à l'OMC : résumé critique du rapport du Groupe spécial dans l'affaire CE Produits biotechnologiques* », RQDI, 2007, n° hors-série, p. 307 et s.

1328 Rapport de l'Organe d'appel, « *Etats-Unis – Prohibition à l'importation de certaines crevettes et de certains produits à base de crevettes* », rapport précit., note 129, p. 107.

pas apparaître le droit du commerce international et le droit international de l'environnement, organiquement déconnectées l'un de l'autre[1329] ? Une politique judiciaire conservatrice des Groupes spéciaux et de l'Organe d'appel semble donc constituer un obstacle au développement de principes émergents du droit international comme celui de la précaution[1330].

On ne saurait blâmer pour autant les Groupes spéciaux pour cette prudence, qui pourtant exagérée, semble être délibérée. D'ailleurs, l'élévation de la précaution au rang d'un principe général du droit international exige que l'articulation valeurs non marchandes / libre circulation soit revue. Or, l'ORD, malgré son ouverture au droit international de l'environnement, demeure encore imprégné par la logique économique[1331]. C'est pourquoi les Groupes spéciaux et l'Organe d'appel ont choisi de prendre une position qui va de pair avec le principe de la libre circulation. Aussi faut-il justifier la réticence de ces organes dans la détermination de la valeur normative de ce principe par leur conscience des limites de leur office et par un refus acerbe de faire œuvre créatrice[1332].

Pourtant, elle n'est pas hissée au rang d'un principe général du droit international, la précaution fait corps dans le droit et la jurisprudence de l'ORD, mais à quel contenu ?

Paragraphe 2: L'adaptation du principe de précaution aux exigences de la libéralisation des échanges

En dehors de la valeur matérielle qu'ils véhiculent, certaines notions et certains principes du droit international sont instrumentalisés afin de parvenir à certains objectifs[1333]. En effet, pour satisfaire aux objectifs du Système commercial multilatéral, l'adaptation du principe de précaution aux principes de la libéralisation des échanges est devenue inévitable.

1329 SANDS (Ph.), « *Vers une transformation du droit international ? Institutionnaliser le doute* », art. précit., p. 219.

1330 ROLLAND (S.E.), « *Les principes généraux à l'OMC* », art. précit., p. 120.

1331 BOSSIS (G.), « *La notion de sécurité alimentaire selon l'OMC : entre minoration et tolérance timide* », art. précit., p. 347.

1332 JOURDAIN FORTIER (C.), « *Le règlement des différends de l'OMC et la protection des valeurs non marchandes* », art. précit., p. 93.

1333 KHAN (R.), « *L'Organisation Mondiale du commerce et la protection internationale des droits de l'homme de la dissociation à l'articulation*», DEA, Université Paris II, 2000-2001, p.174.

Modelé, ***ce principe a connu une mutation par rapport à son objet*** (*A*). Aussi critiquable qu'elle soit, cette ***mutation semble répondre à la logique du système commercial multilatéral qui est dominé par le principe de la libre circulation*** (***B***).

A) Mutation affectant le contenu du principe de précaution

Au-delà de toute controverse quant à sa valeur normative, le principe de précaution constitue un instrument juridique novateur qui redonne vie à la protection de l'environnement et à la sécurité sanitaire dans l'ordre juridique international[1334]. Considéré comme étant un « *symbole de la volonté... de maîtriser les aléas de la nature* »[1335], ce principe veut que le risque hypothétique[1336] forme en soi un motif pour adopter des mesures de protection permettant la réduction ou l'élimination d'un dommage potentiel à l'environnement et à la santé publique. L'absence de certitude scientifique ne peut, en aucun cas, constituer un prétexte pour retarder l'adoption de mesures visant à limiter ou à évincer ce risque[1337]. Le principe de précaution, tel que consacré par le droit de l'OMC et appliqué par l'ORD, demeure-t-il fidèle à « *l'utopie de la domination des risques* »[1338] qu'implique la Déclaration de *Rio* ?

L'examen des dispositions de l'Accord SPS[1339] ainsi que la jurisprudence de l'ORD montre que ce principe, au-delà de sa valeur

---

1334 BOISSON DE CHAZOURNES (L.), « *Faire entrer le doute dans le droit* », in Bio Tech forum, « *le principe de précaution pour mieux gérer les incertitudes* », 3/9/2001, p-p. 10-11.

1335 PRIEUR (M.), « *Les nouveaux principes du droit de l'environnement : l'exemple du principe de précaution* », les Xème journées juridiques franco-chinoises sur le droit de l'environnement organisées par la Société de législation comparée du 11 au 19 octobre 2006, p. 1, Publication sur le site internet de la société de législation comparée http:/WWW.legiscompare.com.

1336 AOUIJ MRAD (A.), (Dir.), « *Quelles précautions pour quels risques ? Regards croisés* », Tunis, Latrach éd., 2011, p-p. 56-57.

1337 Ibid., p-p. 56-57.

1338 PRIEUR (M.), « *Les nouveaux principes du droit de l'environnement : l'exemple du principe de précaution* », art. précit., p. 1.

1339 L'Accord sur l'application des mesures sanitaires et phytosanitaires fait partie des principaux Accords de l'OMC ; il figure à l'Annexe 1 A de l'Accord de Marrakech instituant l'OMC. L'objectif de l'Accord SPS est « *d'établir un cadre multilatéral de règles et de dispositions pour orienter l'élaboration, l'adoption et l'application des mesures sanitaires et phytosanitaires afin de réduire au minimum leurs effets négatifs sur le commerce* ». Préambule de l'Accord SPS, parag. 1.

normative, est pris en compte dans le droit de l'OMC, d'où une « *reconnaissance mitigée* »[1340]. Comme le confirme le rapport « ***Hormones*** »[1341], l'article 5.7 de l'Accord SPS reconnait aux Membres de cette organisation la faculté de restreindre le commerce d'un aliment lorsqu'ils doutent de sa sécurité. Le recours à cet article constitue un droit et non une exception aux obligations posées par l'Accord SPS, précise le Groupe spécial « ***Biotech*** »[1342]. L'interprétation donnée par les Groupes spéciaux et l'Organe d'appel à cet article[1343] semble traduire le besoin et la volonté d'appliquer le principe de précaution, mais de quel principe s'agit-il et à quel contenu ?

Entre l'autonomie comme suite logique au principe de la spécialité des organisations internationales et l'ouverture qu'implique la sécurité alimentaire, se dessine une relation particulière entre l'OMC et le principe de précaution. Une influence réciproque ; action et rétroaction marque l'articulation entre la précaution en tant que principe général du droit international de l'environnement et cette organisation qui est à vocation économique. S'il n'est pas ignoré par l'Accord SPS, le principe de précaution est, toutefois, loin d'être reçu dans sa conception classique. Il semble faire l'objet d'un emprunt qui consiste en un processus alliant réception et assimilation pour des fins propres au système emprunteur à

1340 BOISSON DE CHAZOURNES (L.), « *Le rôle des organes de règlement des différends de l'OMC dans le développement du droit international de l'environnement : entre le marteau et l'enclume* », art. précit., p. 392.

1341 Rapport de l'Organe d'appel, « *Communautés européennes - Mesures communautaires concernant les viandes et les produits carnés (Hormones)* », rapport précit., note 73, parag. 124.

1342 Les Groupes spéciaux ont eu l'occasion de souligner que « *l'article 5:7 devrait être qualifié de droit et non d'exception à une obligation générale énoncée à l'article 2:2.1342. En d'autres termes, nous considérons que de la même manière que "[l]'article 3:1 de l'Accord SPS exclut... de son champ d'application les situations visées par l'article 3:3 de cet accord" 1342, l'article 2:2 exclut de son champ d'application les situations visées par l'article 5:7. Comme nous le préciserons plus loin, qualifier l'article 5:7 de droit et non d'exception a des répercussions sur l'attribution de la charge de la preuve* ». Rapport du Groupe spécial, « *Communautés européennes – Mesures affectant l'approbation et la commercialisation des produits biotechnologiques* », rapport précit., note 1, parag. 7.2969.

1343 Rapport de l'Organe d'appel, « *Japon – Mesures visant les produits agricoles* », rapport précit., note 73, parag. 80 ; Rapport de l'Organe d'appel, « *Communautés européennes – Conditions d'octroi de préférences tarifaires aux pays en développement* », rapport précit., parag. 88.

savoir le droit de l'OMC[1344]. En effet, de crainte que ce principe puisse produire des restrictions au commerce multilatéral, les Négociateurs ainsi que l'ORD se montrent plutôt fidèles à la nature économique du droit de l'OMC qu'à la logique du principe de précaution. Ils ne tardent pas, dès lors, à l'adapter[1345] aux principes de la libéralisation des échanges et en particulier à celui de la libre circulation.

Que le principe de précaution soit adapté et modelé pour satisfaire aux objectifs du Système commercial multilatéral, cela semble être logique voire évident. Mais, serait-il justifiable que cette adaptation soit accompagnée d'un risque de déformation ou de déperdition dudit principe ? Pour raisonnable qu'elle soit, l'adaptation de ce principe à celui de la libre circulation le fait apparaître, cependant comme un « *faux principe de précaution* »[1346]. En effet, ce principe, tel que formulé dans l'article 5.7 de l'Accord SPS et interprété par les Groupes spéciaux et l'Organe d'appel, semble avoir une signification différente de celle donnée par l'article 15 de la Déclaration de *Rio*. Au sens classique, le principe de précaution se rapporte à la situation d'incertitude scientifique. Néanmoins, dans le cadre de l'OMC, il prend un contenu particulier puisqu'il se limite aux situations d'insuffisance scientifique. Une question s'impose dès lors : les situations d'insuffisances scientifiques se rapportent-elles à la complétude ou plutôt à l'absence des savoirs ? Pour en déterminer la signification, l'Organe d'appel a eu l'occasion de préciser, dans son rapport « ***Japon–Pommes*** », que « *les "preuves scientifiques pertinentes" seraient "insuffisantes" au sens de l'article 5:7 si l'ensemble des preuves scientifiques disponibles ne permet pas, sur le plan quantitatif, de procéder à une évaluation adéquate des risques telle qu'elle est exigée à l'article 5.1 et définie dans l'Annexe A de l'Accord SPS* »[1347]. Ainsi, les preuves scientifiques pourraient être considérées comme insuffisantes dès lors qu'elles « *produisent des résultats qui ne sont pas concluants ou qui ne sont pas dignes de foi* »[1348]. Il s'agit de situations qui diffèrent de celles d'incertitudes scientifiques,

---

[1344] OLINGA (A.D.), « *Les emprunts normatifs de la commission africaine des droits de l'Homme et des peuples aux systèmes européen et interaméricain de garantie des droits de l'Homme* », RTDH, n° 62, 2005, p. 52.

[1345] NOIVILLE (Ch.), « *Principe de précaution et Organisation Mondiale du Commerce : le cas du commerce alimentaire* », JDI, n° 2, 2000, p. 268.

[1346] BOSSIS (G.), « *La notion de sécurité alimentaire selon l'OMC : entre minoration et tolérance timide* », art. précit., p. 346.

[1347] Rapport de l'Organe d'appel, « *Japon – Mesures visant l'importation de pommes* », WT/DS245/AB/R, 26/11/2003, parag. 179.

[1348] Ibid., parag. 185.

précise *Olivier Godard*. Dans ces dernières, les scientifiques demeurent incapables de déterminer les phénomènes qui sont à l'origine de la réalisation possible ou probable des dommages[1349], d'où l'absence de certitudes scientifiques quant au fondement d'un risque[1350]. C'est sur cet élément que repose le principe de précaution dans sa conception européenne et ce, afin de faire face au risque hypothétique et non avéré[1351].

Par contre, dans la situation d'insuffisances scientifiques, l'incertitude est liée au manque d'informations ; de la sorte qu'on demeure incapable d'évaluer le pourcentage de réalisation d'un dommage probable ou possible[1352]. C'est à cette situation que se rapporte le principe de précaution dans le cadre de l'OMC. En témoigne le champ d'application de l'article 5.7 de l'Accord SPS. En effet, un Membre peut provisoirement adopter une mesure sanitaire ou phytosanitaire en cas de situation dans laquelle les informations scientifiques pertinentes sont insuffisantes. Cette mesure doit être adoptée « *sur la base des renseignements pertinents disponibles* »[1353]. Conformément à la seconde phrase de l'article 5:7, cette mesure provisoire ne peut être maintenue que si le Membre qui l'a adopté s'efforce d'obtenir les renseignements additionnels nécessaires pour procéder à une évaluation plus objective du risque. Un tel Membre doit examiner la mesure dans un délai raisonnable. Il s'agit des conditions cumulatives et d'importance égale, précise l'Organe d'appel dans son rapport « ***Produits agricoles*** »[1354]. Ainsi, seuls les cas d'insuffisance de preuves scientifiques pertinentes permettent d'engager des mesures de précaution. Sommes-nous alors face à un principe de précaution dont le contenu est transformé ?

1349 GODARD (O.), « *Le principe de précaution et la proportionnalité face à l'incertitude scientifique* », 2005, Chaire de développement durable, Cahier n° 2005-018, École polytechnique, Paris, p. 14.

1350 VAQUE (L.G.), EHRING (L.), JACQUET (C.), « *Le principe de précaution dans la législation communautaire et nationale relative à la protection de la santé* », RMUE, n°1,1999, p-p. 89-90.

1351 DUFOUR (G.), « *Les OGM à l'OMC : résumé critique du rapport du Groupe spécial dans l'affaire CE Produits biotechnologiques* », art. précit., p. 300.

1352 OLIVIER (D.), « *Le principe de précaution et la proportionnalité face à l'incertitude scientifique* », Chaire de développement durable, 2005, Cahier n°18, École polytechnique, Paris, p.14.

1353 Ces renseignements peuvent émaner des organisations internationales compétentes où des mesures sanitaires ou phytosanitaires appliquées par d'autres Membres.

1354 Rapport de l'Organe d'appel, « *Japon – Mesures visant les produits agricoles* », rapport précit., note 73, parag. 89.

La logique du principe de précaution postule d'agir sans attendre que l'existence de ce risque soit confirmée par la preuve scientifique[1355]. Néanmoins, selon l'Organe d'appel[1356], il faut apporter des preuves scientifiques sur l'existence d'un risque plus que des indices probants sur l'existence d'un doute. Il s'agit d'un principe de certitude plus qu'un principe de précaution[1357] .

Aussi faut-il remarquer que le principe de précaution est non seulement transformé, mais il est d'application particulière. Par souci du respect du principe de la libre circulation, le « *juge de l'OMC* »[1358] témoigne que la science demeure « *l'épine dorsale* »[1359] et le critère décisif incontournable et prioritaire de toute mesure de protection. En effet, le principe de précaution, pourtant introduit dans l'Accord SPS, s'avère d'application timorée et provisoire[1360]. La jurisprudence de l'ORD montre que le recours à ce principe est soumis à « *un seuil unique* »[1361] tout en se limitant à deux situations ; premièrement, au cas où il n'existerait pas encore d'évaluation des risques[1362]. Ainsi, l'avènement des connaissances

1355 NOIVILLE (Ch.), « *Principe de précaution et Organisation Mondiale du Commerce le cas du commerce alimentaire* », art. précit., p. 269.

1356 Rapport de l'Organe d'appel, « *Communautés européennes - Mesures communautaires concernant les viandes et les produits carnés (Hormones)* », rapport précit., parag. 104, p-p. 43-44.

1357 CALDWELL (D.J.), « *WTO panel decision on EU-US beef hormone dispute : preliminary analysis* », Sierra Club, dact septembre 1997, in BOSSIS (G.), « *La notion de sécurité alimentaire selon l'OMC : entre minoration et tolérance timide* », RGDIP, 2001, vol. II, note 25, p. 346.

1358 RUIZ FABRI (H.), « *Le juge de l'OMC : ombres et lumières d'une figure judiciaire singulière* », art. précit. p. 40 ; GOUTAL (J.L.), « *Le rôle normatif de l'Organisation Mondiale du Commerce* », art. précit., p. 26.

1359 NOIVILLE (Ch.), « *Principe de précaution et Organisation Mondiale du Commerce le cas du commerce alimentaire* », art. précit., p-p. 263-272.

1360 VAQUE (L.G.), EHRING (L.), JACQUET (C.), « *Le principe de précaution dans la législation communautaire et nationale relative à la protection de la santé* », art. précit., p. 94.

1361 DUFOUR (G.), « *Les OGM à l'OMC : résumé critique du rapport du Groupe spécial dans l'affaire C.E. Produits biotechnologiques* », art. précit., p. 297.

1362 L'Organe d'appel a eu l'occasion de souligner dans son rapport « *Saumons* », qu' « *il ne suffit pas [...] que l'évaluation des risques conclue à la possibilité de l'entrée, de l'établissement ou de la dissémination de maladies et des conséquences biologiques et économiques en résultant. Une bonne évaluation des risques de ce type doit évaluer la "probabilité" de l'entrée, de l'établissement ou de dissémination de maladies et des conséquences biologiques et économiques en résultant* ». Rapport de l'Organe d'appel, « Australie – Mesures visant les importations de saumons », rapport précit., parag. 123-124.

scientifiques a pour effet la disparition de la faculté d'adopter des mesures de précaution. Ces mesures ne peuvent, dès lors, prévaloir sur l'exigence d'une preuve scientifique des risques. Au contraire, elles doivent céder le pas à la certitude scientifique lorsque celle-ci est établie[1363]. Par ailleurs, le principe de précaution concerne les seuls cas d'urgence qui supposent une réaction rapide[1364]. L'utilisation du principe de précaution parait alors doublement limitée ; elle ne sera utile que pour gérer l'attente d'informations scientifiques liée aux seuls cas d'urgence. C'est en ce sens que le principe de précaution semble s'éloigner de sa conception européenne qui permettrait d'agir avant qu'un risque ne soit réalisé[1365]. Comme le soulignent *M.Ph kourilsky* et Mme *G. Viney*, cette application « *minimaliste du principe de précaution en réduit donc l'utilité, et poussée à l'extrême, elle tend à assigner purement et simplement la précaution à la prévention* »[1366] .

Il est regrettable que le rapport des Groupes spéciaux « ***Biotech*** »[1367] puisse s'inscrire dans la logique de la jurisprudence de l'ORD en matière environnementale. Pourtant, il se rapporte au domaine d'organismes génétiquement modifiés (OGM)[1368] où le risque est hypothétique[1369], il confirme le champ d'application de l'article 5.7 de l'Accord SPS et l'application frustrée du principe de précaution.

1363 Article 2.2 de l'Accord SPS.

1364 DUFOUR (G.), « *Les OGM à l'OMC : résumé critique du rapport du Groupe spécial dans l'affaire C.E. Produits biotechnologiques* », art. précit., p. 298.

1365 Article 15 de la Déclaration de Rio sur l'environnement et le développement. Rapport de la conférence des Nations Unies sur l'environnement et le développement, 3-14 juin 1992, annexe 1 (A/CONF.151/26 (Vol. I)).

1366 KOURILSKY (Ph.), VINEY (G.), « *Le principe de précaution, rapport au premier ministre* », Paris, 2000, éd. Odile Jacob, La Documentation française, p. 139.

1367 Rapport du Groupe spécial, « *Communautés européennes – Mesures affectant l'approbation et la commercialisation des produits biotechnologiques* », rapport précit., parag. 7.3232.

1368 LASEN DIAZ (C.), « *La biotechnologie et le Protocole de Cartagena* », in « *La précaution–de Rio à Johannesburg : Travaux d'une table ronde organisée par le réseau environnemental de Genève* », International Environnement House 16/05/2002, p-p.17-23.

1369 Bien que plusieurs expériences aient démontré l'innocuité des produits génétiquement modifiés sur la santé des humains, quelques scientifiques remettent en doute le caractère définitif de ces conclusions et appellent à une utilisation prudente des données scientifiques vu l'absence de recherches indépendantes menées sur une longue période. C'est donc dire à quel point le cas des OGM appartiennent au domaine de l'incertitude scientifique. Ibid., p-p. 17-23.

Alors qu'on s'attendait à ce que ce différend soit l'occasion pour faire justice aux préoccupations environnementales et sanitaires, les Groupes spéciaux demeurent fidèles à la jurisprudence de l'ORD en matière environnementale. Ayant une croyance aveugle en science, ils s'opposent à l'adoption de mesures de précaution dès lors qu'une évaluation des risques existe. Malgré l'existence de doute sérieux relatif aux OGM[1370] tant pour l'environnement que pour la santé humaine, les Groupes spéciaux méconnaissent l'appartenance des OGM au domaine de l'incertitude scientifique et refusent, en outre, de donner au principe de précaution sa pleine signification.

Bien plus, les Groupes spéciaux, à l'occasion du différend précité, ne semblent–ils pas exagerer dans le suivisme de la logique libre-échangiste adoptée par l'ORD ? Il ne fait guère de doute que le principe de précaution se rapporte aux situations d'insuffisance de preuves scientifiques et non aux situations d'incertitude scientifique[1371]. Entre les deux situations, aucune possibilité de gradation n'est permise. En dépit de leur lien étroit avec le principe de précaution[1372], les situations d'incertitudes scientifiques sont ignorées par l'article 5.7 de l'Accord SPS. Or dans sa conception européenne, ce principe qui se rapporte au risque hypothétique, était élaboré pour éviter que les informations requises pour prouver un argument puissent se trouver aux mains de la partie qui cause ou menace de causer le dommage en cause[1373]. Ainsi faut-il s'interroger sur la portée du principe de précaution dans le règlement des différends de l'OMC ? Si l'ORD a tenu compte dans sa pratique du principe de précaution, à quelle logique répond-il ? Quel intérêt sert-il ? La libre circulation ou le développement durable ?

[1370] Rapport du Groupe spécial, « *Communautés européennes – Mesures affectant l'approbation et la commercialisation des produits biotechnologiques* », rapport précit., supra note 1, parag. 7.3240 et 7.3059 et s.

[1371] Rapport de l'Organe d'appel, « *Japon – Mesures visant les produits agricoles* », rapport précit., note 73, para. 184,

[1372] OLIVIER (D.), « *Le principe de précaution et la proportionnalité face à l'incertitude scientifique* », art. précit., p. 15.

[1373] Opinion individuelle du juge Weeramantry (M), in Rapport de la CIJ « *La nouvelle Zélande au sujet des essais nucléaires* », rapport précit., 1995 ; Voir aussi Affaire « la licéité de la menace ou de l'emploi d'armes nucléaires », rapport précit. De la CIJ, 1996.

B) La libre circulation au détriment du développement durable

Aussi critiquable qu'elle soit, l'application du principe de précaution dans la jurisprudence de l'ORD n'en reste pas moins justifiable sous l'angle des principes de la libéralisation des échanges et en particulier du principe de la libre circulation. En effet, « *précaution et OMC chemineraient sur deux axes directement opposés et par suite inconciliables* »[1374], souligne *Christine Noiville.*

Reconnaître que le principe de précaution est incorporé dans le droit de l'OMC devrait autoriser les Membres à prendre des mesures restrictives au commerce sans attendre la confirmation scientifique d'un risque. Le doute et l'incertitude sur la sécurité d'un produit entraîneraient, désormais, des effets juridiques et justifieraient, par la suite, l'adoption des mesures restrictives au commerce multilatéral. Ces mesures supposeraient le retrait du marché d'un produit ou l'évaluation obligatoire de ses effets sur la santé[1375]. La commercialisation d'un produit pourrait, au demeurant, être facilement entravée et risquerait de remettre en cause la suprématie de la libre circulation[1376]. Ainsi, serait menacé l'équilibre des droits et des obligations que les Membres tiennent des Accords de Marrakech. Or, l'OMC, malgré son ouverture au droit international de l'environnement, reste avant tout une institution intergouvernementale régissant les relations commerciales internationales entre ses Membres. C'est pourquoi elle devrait établir un équilibre entre la volonté de promouvoir le développement durable et la sauvegarde de l'acquis commercial. Cet équilibre ne peut se réaliser que par l'adaptation du principe de précaution qui devient nécessaire dès lors qu'un ralentissement de la libéralisation du commerce risque de se produire. Cette adaptation se vérifie, comme il a été démontré, au niveau de l'accord SPS et de son application par le l'ORD.

Etant provisoire, l'application du principe de précaution est justifiée par le souci d'éviter au maximum l'entrave de la sécurité juridique qui ne

---

1374 NOIVILLE (Ch.), « *Principe de précaution et Organisation Mondiale du Commerce le cas du commerce alimentaire* », art. précit., p. 265.

1375 Ibid., p.265.

1376 BOSSIS (G.), « *La notion de sécurité alimentaire selon l'OMC : entre minoration et tolérance timide* », art. précit., p. 333.

peut être rétablie que par la certitude scientifique[1377], ce qui n'est pas garanti suite à une application classique du principe de précaution.

Par ailleurs, la jurisprudence de l'ORD montre que l'application du principe de précaution est exceptionnelle dans la mesure où elle permet d'éviter le recours abusif au dit principe au nom du « *protectionnisme* »[1378]. Sur cette application spécifique ou timorée du principe de précaution, le professeur *Virgile PACE* estime que celle-ci a pour vocation de maintenir l'équilibre fragile entre les intérêts partagés qui consistent, d'une part, à promouvoir le commerce international et, d'autre part, à protéger la vie et la santé des êtres humains[1379]. Ainsi, seraient harmonisées les mesures sanitaires et phytosanitaires au plan mondial[1380]. Cette application spécifique du principe de précaution semble avoir le mérite du réalisme puisqu'elle rattache le principe de précaution aux exigences de la vie internationale économique.

Certes fondées, les raisons de l'adaptation du principe de précaution, ne devraient pas, néanmoins, conduire au « *tropisme commercial* »[1381] qui a pour effet la prééminence du principe de la libre circulation au prix même des valeurs non marchandes. Malgré son ouverture au droit international de l'environnement[1382], l'ORD atteste que l'équilibre qu'on entend établir entre l'acquis du commerce international et la sécurité

1377 VAQUE (L.G.), EHRING (L.), JACQUET (C.), « *Le principe de précaution dans la législation communautaire et nationale relative à la protection de la santé* », art. précit., p. 94.

1378 Protectionnisme : politique douanière selon laquelle, en vue de protéger le marché national contre la concurrence étrangère ou de procurer des ressources fiscales à l'Etat, l'importation des marchandises est soit prohibée, soit soumise au payement des droits de douane. CORNU (G.), « *Vocabulaire juridique* », op. cit., p. 720 ; Pour plus de détails sur le protectionnisme, voir FLORY (Th.), « *Libéralisme, protectionnisme, libre-échange organisé: de quelques implications juridiques actuelles* », in Mélanges COLLIARD (C.A.), « *Droit et libertés à la fin du XX ème siècle : influence des données économiques et technologiques* », Paris, Pedone, 1984, p-p. 250-252.

1379 PACE (V.), « *L'Organisation Mondiale du Commerce et le renforcement de la règlementation juridique des échanges commerciaux internationaux* », op.cit., p. 120.

1380 NOIVILLE (Ch.), « *Principe de précaution et Organisation Mondiale du Commerce le cas du commerce alimentaire* », art. précit., p. 270.

1381 RUIZ FABRI (H.), « *Le cadre de règlement des différends environnementaux : pouvoir d'attraction du système de règlement des différends de l'OMC et concurrence avec les mécanismes de règlement des accords multilatéraux environnementaux* », art. précit, p. 376.

1382 PROST (M.), op. cit., p. 162.

alimentaire, est loin d'être établi. D'ailleurs, le principe de précaution, tel que consacré dans l'accord SPS et appliqué par les Groupes spéciaux et l'Organe d'appel, renseigne sur la place que ceux-ci accordent à l'objectif de développement durable énoncé dans le préambule de l'Accord instituant l'OMC. Cette place se dessine à partir de l'articulation entretenue entre ce principe et celui de la libre circulation[1383]. Si on a réitéré leur coexistence, ces deux principes sont, toutefois, marqués par une hiérarchisation dans leur rapport. L'ORD n'hésite pas à situer le principe de la libre circulation au sommet des principes applicables. Ainsi, il n'utilise le principe de précaution qu'à partir de l'approche libre-échangiste[1384]. Tout comme son prédécesseur, il continue à hiérarchiser les valeurs non marchandes par rapport au développement économique[1385]. Or celui-ci ne peut promouvoir que dans la sécurité sanitaire et la protection de l'environnement. Ainsi, il y a lieu de s'interroger jusqu'à quand cette organisation va rester enfermée dans son rôle strict de « *garant du développement du commerce mondiale* »[1386], ignorant par la même les valeurs non marchandes ?

Même si elle satisfait aux besoins du Système commercial multilatéral, l'adaptation du principe de précaution ne saurait répondre aux aspirations des Membres de l'OMC. La pratique l'ORD constitue un recul en matière des droits des consommateurs eu égard au premier rapport « ***Essence*** » de l'Organe d'appel. Celui-ci n'a pas hésité à souligner que « *les Membres de l'OMC disposent d'une large autonomie pour déterminer leurs propres politiques en matière d'environnement, leurs objectifs environnementaux et la législation environnementale qu'ils adoptent et mettent en*

1383 DUPUY (P.M.), « *Où en est le droit international de l'environnement à la fin du siècle ?* », art. précit., p. 889.

1384 CANAL FORGUES (E.), FLORY (Th.), « *GATT / OMC Recueil des contentieux du 1er janvier 1948 au 31/12/1999* », op. cit., p. 987. Rapport de l'organe d'appel, « *Communautés européennes - Mesures communautaires concernant les Viandes et les produits carnés (Hormones)* », rapport précit, p. 51.

1385 BOY (L.), « *Commentaire à la communication d'E VOS, Mondialisation et régulation–cadre des marchés* », RIDE, 2002, 2-3, n° spécial Mondialisation et droit économique, p. 253.

1386 CANAL FORGUES (E.), FLORY (Th.), « *GATT / OMC Recueil des contentieux du 1er janvier 1948 au 31 décembre 1999* », op.cit., p. 987.

œuvre »[1387]. Cette autonomie devient, cependant, illusoire[1388] dès lors que les Membres n'arrivent pas à atteindre le niveau de protection souhaité. En effet, la prise de mesures de protection est assortie de plusieurs restrictions. Il appartient à l'Etat qui désire entreprendre une mesure de précaution de prouver « *prima facie* » que celle-ci ne causera aucun dommage, et non à l'autre partie de prouver qu'elle en causera[1389]. Or, il est fréquemment affirmé par la doctrine et par certains juges que le principe de précaution impose un renversement de la charge de la preuve au détriment de la partie à l'origine du risque[1390]. D'ailleurs, dans une opinion concordante à l'occasion de l'arrêt « *Bacila c. Roumanie* » de la CEDH, le juge *Zupancié* a eu l'occasion de souligner que « *le principe de précaution n'a d'autre finalité qu'un simple renversement de la charge de la preuve. Si la théorie du principe de précaution peut sembler compliquée à beaucoup, elle n'est intrinsèquement rien d'autre du point de vue juridique qu'une présomption réfragable (presumptio juris)* »[1391].

Il en résulte que les restrictions se rattachant au principe de précaution, tant sur son application que sur la charge de la preuve qui s'y rapporte, ne peuvent être sans incidence sur le droit des peuples de choisir librement leurs modes alimentaires[1392]. L'application de ce principe dans la jurisprudence de l'ORD semble ignorer la tendance récente selon laquelle

---

1387 Rapport de l'Organe d'appel, « *Etats-Unis Normes concernant l'essence nouvelle et ancienne formules* », Rapport précit., p. 33.

1388 LEMAIRE (Ph.), « *Maintien de l'embargo sur la viande aux hormones* », Le Monde, 30/9/1997, in BLIN (O.), « *Regards croisés sur le règlement des différends de l'Organisation Mondiale du Commerce* », Bruxelles, Bruylant, 2009, note 59, p. 54.

1389 Contrairement à l'approche suivie par le Groupe spécial, « *Japon – Produits agricoles II* », le Groupe spécial a eu l'occasion de préciser dans son rapport « *Produits bio-technologiques* », qu'il appartient à la partie invoquant l'article 5:7, d'établir *prima facie* le bien-fondé de sa position. *Rapport du Groupe spécial,* « *Communautés européennes – Mesures affectant l'approbation et la commercialisation des produits biotechnologiques* », Rapport précit., note7. 2978.

1390 CAZALA (J.) « *Le principe de précaution en droit international* », Paris et Louvain, LGDJ et Anthémis, 2006, p.413.

1391 Arrêt « Bacila c. Roumanie», CEDH, 30/03/2010, n°19234/04, parag. 4.

1392 Ce droit, renvoyant au fameux droit des peuples à disposer d'eux-mêmes, est entendu par certains comme le droit, pour un Etat, de faire entendre ses positions dans le concert international, d'autres l'envisagent dans son versant « *droit de sécession* » et prônent, à travers lui, l'autosuffisance alimentaire, voire le renoncement à la philosophie du libre-échange. Voir NICHOLSON (P.), JADOT (Y), « *La sécurité alimentaire face à l'OMC* », Coopération internationale pour la santé, n° 8, décembre 1998, p. 99 et s., in NOIVILLE (Ch.), « *Principe de précaution et Organisation Mondiale du Commerce le cas du commerce alimentaire* », JDI, n° 2, 2000, p. 266.

les consommateurs s'attachent de plus en plus à des considérations d'ordre sanitaire ou écologique dans le choix de leurs produits[1393]. Ce sont des considérations que l'OMC devrait prendre en considération. En effet, « *on ne peut laisser se mondialiser le système économique sans parallèlement rechercher à construire un véritable ordre public international capable d'imposer le respect de certaines valeurs collectives aux opérateurs économiques* »[1394]. Afin d'assurer une meilleure sécurité sanitaire, les Groupes spéciaux et l'Organe d'appel sont censés donner au principe de précaution sa pleine signification. C'est d'autant plus que l'évaluation scientifique ne constitue ni un outil de fiabilité absolue ni le moyen d'obtenir des réponses universelles[1395]. L'OMC, pourtant reliée à la mondialisation, ne peut pas être complètement à l'écart des défis du droit international[1396] puisqu'elle en constitue un sous ensemble. Certes, les valeurs de l'ordre juridique international sont ambivalentes et la morale universelle est encore considérée comme une utopie[1397].Cependant, l'OMC, malgré sa vocation économique, devrait jouer un rôle, à travers son appareil judiciaire, dans le sens d'éviter une mondialisation incontrôlée. Si les Négociateurs et l'ORD sont censés œuvrer en faveur de la pérennité et du développement du Système commercial multilatéral, ils doivent se donner des moyens qui ne sont pas forcément de nature directement économique.

1393 BLIN (O.), « *Regards croisés sur le règlement des différends de l'Organisation Mondiale du Commerce* », art. précit., p. 54.

1394 REMICHE (B.), « *Droit économique, marché et intérêt général* », in « *Philosophie du droit et droit* », économique, Paris, Frison-Roche, 1999, p. 82.

1395 NOIVILLE (Ch.), « *Principe de précaution et Organisation Mondiale du Commerce le cas du commerce alimentaire* », art. précit., p. 278.

1396 LAGHMANI (S.), « *Le droit international face aux nouvelles technologies : rapport introductif* », art. précit., p. 24.

1397 ZBIDI (A.), « *Allocution d'ouverture* », BEN ACHOUR (R.), (Dir.), LAGHMANI (S.), « *Le droit international face aux nouvelles technologies* », Colloque des 11, 12 et 13 avril 2002, Paris, Pedone, 2002, p. 11.

CONCLUSION DE LA DEUXIÈME PARTIE

La réception de certains principes généraux dans le règlement des différends est inévitable et ce, pour assurer la complétude et le perfectionnement du droit de l'OMC. Toutefois, d'autres principes sont difficilement transposables au droit de l'OMC ; ils ne peuvent être accueillis que s'ils ne heurtent pas les objectifs et les exigences spécifiques de celui-ci. Incorporés dans le système normatif de l'OMC, certains principes s'éloignent, dans leur application, du droit international général. En effet, une part d'originalité marque les conditions d'agir et d'intervenir devant l'ORD.

Quoiqu'il constitue un principe général de droit[1398], l'intérêt à agir est écarté, voire altéré dans ce mode de règlement des différends. L'interdépendance économique constitue un mobile pour la préférence de l'intérêt potentiel. Par ailleurs, l'intervention en qualité de tierce partie devant l'ORD est marquée par un assouplissement tant au niveau de l'intérêt d'intervenir qu'au niveau de la qualité de l'intervenant. Le Membre qui souhaite intervenir doit faire état d'un intérêt « *substantiel* ». De même, une ouverture de principe aux tiers est assurée au moyen de l'*amicus curiae*. Ainsi, est remise en cause la nature interétatique de ce mode de règlement des différends qui, par l'admission des lettres l'*amicus curiae,* semble contribuer à la révision des conceptions les plus traditionnelles de la société internationale.

À l'égard d'autres principes, l'ORD fait, toutefois, preuve d'une grande primitivité qui atteste que celui-ci n'a pas mûri suffisamment. En témoigne la démarche suivie par les Groupes spéciaux et l'Organe d'appel dans l'application du principe de l'estoppel ainsi que dans l'ignorance du principe de l'autorité de la chose jugée. Si l'application de certains principes généraux dans le règlement des différends s'avère primitif, singulière ou inégale, c'est à cause de la physionomie de l'ORD et de la vocation économique des différends.

Le particularisme du règlement des différends est de plus en plus ressenti lorsqu'il s'agit de déterminer l'articulation entre certains principes généraux et les principes de libéralisation des échanges. Les

---

1398 BLONDEL (A.), « *Les principes généraux du droit devant la CPJI et la CIJ* », art. précit., p. 210.

principes généraux ne sont réceptionnés dans la jurisprudence de l'ORD qu'à partir de l'angle de la libéralisation des échanges. Appliqués en matière des exceptions générales, le principe de la bonne foi et son corollaire l'interdiction de l'abus de droit semblent être au service du principe de la libre circulation et au détriment des valeurs non marchandes. La préférence pour les principes de la libéralisation des échanges semble, aussi, accabler l'ORD dans la réception du principe de précaution. Cet organe témoigne d'une ultime prudence dans la détermination de la valeur normative de ce principe. Il refuse de lui reconnaitre la valeur de principe général du droit international de crainte qu'un tel principe puisse s'imposer avec une autorité supérieure. Aussi, faut-il remarquer qu'un tel principe, ayant finalement pris corps dans le droit de l'OMC, est toutefois loin d'être reçu dans sa conception classique. Adapté au principe de la libre circulation, il est altéré voire dénaturé. En somme, l'ORD, dans l'application des principes extérieurs au droit de l'OMC, semble contribuer à une sectorisation de ce droit[1399] en favorisant le dessein d'un modèle propre au règlement des différends de l'OMC en matière des principes généraux[1400].

[1399] KIEFFER (B.), op. cit., p. 253.

[1400] JOUANNET(E.), « *L'ambivalence des principes généraux face au caractère étrange et complexe de l'ordre juridique international* », art. précit., p. 125.

CONCLUSION

Si la justice internationale dans le Système commercial multilatéral est en voie de progression, c'est parce l'ORD œuvre en faveur du développement de la normativité du droit de l'OMC. Non seulement, il se réfère principalement aux Accords visés, mais il s'ouvre à des sources extérieures qui témoignent de la nature composite et interdisciplinaire de ce droit. Pour remplir la mission de véritable juridiction, il fait des principes généraux une source du droit applicable dont la portée est indéniable. Marqués par l'hétérogénéité et l'enchevêtrement, certains principes généraux semblent constituer le gage de la cohésion du système commercial multilatéral en y apportant une coloration morale. Par l'ouverture à ces principes, le juge de l'OMC fait preuve d'une certaine émancipation de sa fonction classique d'application du droit. Sans s'approprier d'un rôle normatif, il s'octroie un pouvoir d'orientation non négligeable ainsi qu'un devoir d'interdisciplinarité inhérent à l'activité judiciaire, d'où le renforcement de la juridictionnalisation du SRD.

Un dialogue entre l'ORD et les juridictions internationales est souvent effectué en matière des principes généraux. Quoiqu'il conduise parfois à des applications non harmonieuses, ce dialogue s'avère nécessaire pour donner cohérence au SRD et à l'ordre juridique international auquel il appartient. En effet, les Groupes spéciaux et l'Organe d'appel n'hésitent pas à partager avec ces tribunaux un idéal commun en faisant œuvre jurisprudentielle. Non seulement, un cheminement sur les traces du juge international est réalisé, mais aussi le rayonnement de ces organes sur les autres juridictions internationales est manifestement vérifiable. La contribution de l'ORD à l'enracinement de certains principes procéduraux et architecturaux du droit international profite au développement du droit international.

Cependant, il faut remarquer que derrière l'ouverture de l'ORD aux principes généraux se dissimulent des particularités qui font de celui-ci un organe qui tend vers l'autonomie. Cette autonomie est due à la nature économique de l'OMC qui semble, parfois, ne pas défendre le droit pour le droit, mais le droit au service de ses propres objectifs.

Considéré comme l'interface de l'OMC, l'ORD, en s'ouvrant à certains principes généraux, ne peut pas ignorer les objectifs de cette organisation. Une influence réciproque est établie entre les principes généraux et l'OMC qui fonctionne dans un univers avec lequel elle se trouve en tension. Si lesdits principes exercent une action sur ce système et sur le droit de cette organisation, ils subissent, toutefois, les nouvelles donnes qu'implique la mondialisation, à laquelle est reliée l'OMC. Dans le cadre de la jurisprudence de l'ORD, certains principes paraissent avec une allure particulière. Loin d'être classique, leur application suppose un façonnage et une adaptation aux principes de la libéralisation des échanges qui constituent la propre marque de l'OMC. Alors que le juriste s'attendait à ce que l'OMC s'adapte pour répondre à des problèmes de nature multidimensionnelle, il assiste à sa contribution, à travers son ORD, à une « *OMCisation* »[1401] de certains principes généraux en droit international, ce qui reflète un moment d'évolution curieuse de l'ordre juridique international. En effet, le droit international s'est complexifié et des acquis les plus traditionnels de la société internationale sont, désormais, remis en cause. En l'absence d'une Cour suprême internationale, l'unité de l'ordre juridique international ne risque-t-elle pas, alors, de sombrer avec la vague de la *lex specialis* ainsi que la multiplication et le foisonnement de quasi juridictions spécialisées comme l'ORD ?

Entre l'ouverture et la séparation hermétique, l'ORD essaye de se situer tout en restant fidèle aux enjeux économiques que porte l'OMC. Facteur de pluralisme juridique, mais aussi de l'unité de l'ordre juridique, les principes généraux, en tant que sources extérieures, méritent d'être renforcés dans la jurisprudence de l'ORD. Leur rôle devrait s'accroître tout en permettant à l'ORD de s'affranchir de sa fonction de strict garant de la libéralisation des échanges. Dans un monde en pleine mutation, l'appareil judicaire de l'OMC devrait ressentir la nécessité de faire promouvoir la justice dans le Système commercial multilatéral voire dans l'ordre juridique international dans son ensemble.

Suite à l'enlisement de l'ONU qui fut porteuse, au moment de sa création, d'un renouvellement spectaculaire du droit international[1402], l'OMC ne devrait-elle pas prendre la relève dans une société internationale qui est de plus en plus complexifiée ? Tendant vers l'universalité, cette organisation pourrait devenir, à travers son ORD, un

---

[1401] KIEFFER (B.), op. cit., p. 2

[1402] FORTEAU (M.), « Le droit international dans la Charte des Nations Unies », in C.J.P., PELLET (A.), FORTEAU(M.), « La Charte des Nations Unies. Commentaire article par article », Economica, 3ème éd. ; 2005, Tome 1, p-p. 126-127.

« *vecteur d'une plus grande cohérence internationale* »[1403]. L'ORD, en cherchant la règle de droit dans une zone qui échappe au déclin du droit et aux méandres de la *soft law*, pourrait exercer des contraintes sur les Membres de cette organisation. Ainsi, il pourrait réduire les problèmes rattachés à l'effectivité du droit international et à la justice internationale qui, jusque - là, constituent les points faibles de l'ordre juridique international.

Si le droit de l'OMC constitue une illustration particulière du « *pluralisme juridique mondial* »[1404], il devrait s'inscrire, à travers son ORD, dans le mouvement de décloisonnement et de rattachement à l'ordre juridique international. À l'instar du juge international, les Groupes spéciaux et l'Organe d'appel ne pourraient pas se passer des Soucis de la Commission du droit international relatifs à la fragmentation ou la complexification de cet ordre juridique. La contribution à l'unité de l'ordre juridique international suppose que ces organes, chargés de dire le droit, évitent que le droit de l'OMC soit déconnecté de cet ordre juridique. Ils devraient ainsi s'engager à replacer le droit de l'OMC dans l'enlacement et l'interconnexion des différentes branches du droit international. Paradoxalement, l'unité et la cohérence de l'ordre juridique international sont envisageables à travers des principes généraux hétérogènes qui se concurrencent, mais qui devraient cohabiter en gardant des liens entre eux. C'est dans le respect des principes généraux du droit international public que l'ORD pourrait apporter les remèdes aux maux d'une organisation accusée d'être trop économique. De même, l'ORD, à l'instar de certaines juridictions internationales, n'aurait-il pas pu faire preuve de plus d'audace et contribuer au développement de principes émergents du droit international comme celui du développement durable et celui de la précaution ? Cette contribution aurait le mérite de permettre à l'ORD de s'affirmer en tant que véritable juridiction internationale dont le rôle normatif pourrait être significatif. C'est d'autant plus que lesdits principes pourraient, non seulement, renforcer le tissu normatif de l'OMC, mais aussi devenir des vecteurs importants du verdissement du droit de cette organisation.

1403 LAMY (P.), « *Avant-propos* », in KIEFFER (B.), op. cit., p. 15.

1404 BERGER (J.S.), « *L'application du droit au pluriel : le double déplacement* », in Mélanges MARTIN (D.R.), Paris, LGDJ, 2015, p. 57.

Bien plus, l'ORD aurait pu saisir l'occasion de l'examen du différend « ***Biotech*** »[1405] relatif aux OGM, domaine où le risque est sérieux pour la santé humaine, pour faire justice à des valeurs non marchandes que l'OMC devrait défendre. Afin de pouvoir s'émanciper du « *génie mercantiliste de l'organisation* »[1406], il devrait dès lors se donner le rôle de stabilisateur du système commercial multilatéral tout en composant avec les défis des sciences du vivant.

Une mondialisation régulée, consciente de l'épuisement des ressources de la planète et de l'intérêt de l'individu, est désormais recommandée. La régulation de la mondialisation ne serait envisageable que si l'ORD œuvre en faveur de la juridicisation de la notion d'intérêt commun des biens collectifs qui est inhérente à l'ordre public mondial. L'OMC devrait-elle alors se donner, à travers son ORD, un rôle actif dans la contribution à construire les prémisses d'un ordre économique mondial humaniste[1407] ? Cette proposition rejoint l'orientation de la Déclaration de Rio+20[1408].

En somme, les enseignements tirés devraient être pris en compte pour la viabilité et la cohérence du SRD, ainsi que pour le devenir de l'OMC dont les centres d'intérêt touchent à des enjeux sensibles et parfois difficilement conciliables. C'est d'autant plus vrai que cette organisation, malgré son apport considérable dans la juridisation de l'espace international, cristallise encore les contestations des détracteurs de la mondialisation et de la philosophie libérale qui en sous-tendent l'activité. Faut-il alors voir dans l'OMC et dans son ORD un moyen plutôt de régulation que d'accélération de la mondialisation ?

[1405] Rapport du Groupe spécial, « *Communautés européennes – Mesures affectant l'approbation et la commercialisation des produits biotechnologiques* », rapport précit., parag. 7.3240 et 7.3059 et s.

[1406] PROST (M.), op. cit., p. 156.

[1407] JACQUET (J.M.), « *Rapport de synthèse* », art. précit., p. 117.

[1408] Document final de la Conférence de Rio+20, Conférence des Nations Unies sur le développement durable.

BIBLIOGRAPHIE

I. *OUVRAGES*

AJROUD (J.), « *Le principe du contradictoire dans la procédure d'imposition* », Tunis, CPU, 2008.

AL KHATIB (G.), « *La part du droit dans l'organisation économique internationale contemporaine : essai d'évolution* », Bruxelles, Bruylant, 1994.

ALLAND (D.), « *Droit international public* », Paris, Puf, 2000.

AMSELET (P.), « *Interprétation et droit* », Bruxelles, Bruylant, 1995.

ARNAUD (A.J.), « *Entre modernité et mondialisation : cinq leçons d'histoire de la philosophie du droit et de l'Etat* », Paris, LGDJ, 1998.

BEAUD (M.), « *Mondialisation : les mots et les choses* », Paris, Karthala, 1999.

BEGUIN (J.), DEHAUSS (J.), JACQUET (J.M.), MONEGER (F.), « *Un siècle d'études du droit international, choix d'articles parus en Clunet (1874-2000)* », Litec, 2006.

BELAIDI (N.), « *La lutte contre les atteintes globales à l'environnement : vers un ordre public écologique* ? », Bruxelles, Bruylant, 2008.

BELANGER (M.), « *Droit international humanitaire* », Paris, Gualino, 2002.

BELANGER (M.), « *Institutions économiques internationales. La mondialisation économique et ses limites* », Paris, Econmica ,6ème éd., 1997.

BERGEL (J.L.), « *Méthodes du droit, théorie générale du droit* », Paris, Dalloz, 1985.

BERGEL (J.L.), « *Théorie générale du droit* », Paris, Dalloz, 3ème éd., 1999.

BERGER (V.), « *La jurisprudence de la Cour européenne des droits de l'homme* », Sirey 9ème éd., 2004.

BERTHELOT (E.), « *La Communauté européenne et le règlement des différends au sein de l'OMC* », Rennes, Apogée, 2001.

BLIN (O.), « *L'Organisation Mondiale du Commerce* », Paris, Ellipses, 1999.

BOISSON DE CHAZOURNES (L.), « *Les contres mesures dans les relations internationales économiques* », Genève, IHEI, 1992.

BOY (L.), RACINE (J.B.), SIIRIAINEN (F.), « *Sécurité juridique et droit économique* », Bruxelles, Larcier, 2008.

BRANT (L.N.C.), « *L'autorité de la chose jugée en droit international public*», Paris, LGDJ, 2003.

CANAL FORGUES (E.), FLORY (Th.), « *GATT / OMC Recueil des contentieux du 1er janvier 1948 au 31 décembre 1999* », Bruxelles, Bruylant, 2001.

CANAL FORGUES (E.), RAMBAUD (P.), « *Droit international public* », Paris, Flammarion, 2007.

CANAL FORGUES (E.), THILLIER (A.), « *Le règlement des différends à l'OMC* », Bruxelles, Bruylant, 3ème éd., 2008.

CARBONNIER (J.), « *Droit civil : introduction* », Thémis, 1997.

CARBONNIER (J.), « *Flexible droit. Pour une sociologie du droit sans rigueur* », LGDJ, 10ème éd. ,2001.

CARREAU (D.), JUILLARD (P.), « *Droit international économique* », Paris, LGDJ, 4ème éd., 1998.

CARREAU (D.), « *Droit international* », Paris, Pedone, 9ème éd., 2007.

CARREAU (D.), MARRELLA (F.), « *Droit international* », Paris, Pedone, 2012.

CAZALA (J.) « *Le principe de précaution en droit international* », Paris, LGDJ, 2006.

CEREXHE (E.), « *Principes généraux et fondements du droit. Le phénomène institutionnel, juridictionnel et normatif* », Presses Universitaires de Namur, 1977.

CHAPUS (R.), « *Droit administratif général* », Montchrestien, tome 1, 2001.

CHARFI (M.), « *Introduction à l'étude du droit* », Tunis, Cérès, 1997.

CHARLES (R.), « *Droit international public* », Hachette, 1992.

CHAUMONT (A.), « *L'objectif de développement durable de l'organisation mondiale de commerce* », Paris, l'Harmattan, 2008.

CHEVALLIER (J.), « *L'Etat de droit* », Montchrestien, Clefs, 4ème éd., 2003.

CHEVALLIER (J.), « *L'Etat post-moderne* », LGDJ, 2ème éd., 2004.

COMBACAU (J.), « *Le droit des traités* », Paris, PUF, 1991.

COMBACAU (J.), SUR (S.), « *Droit international public* », Paris, Montchrestien, 10ème éd., 2012.

CORNU (G.), « *Vocabulaire juridique* », Paris, PUF, 2007.

COT (J.P.), « *La bonne foi en droit international public* », Paris, CIHEI, 1968-1969.

COT (J.P.), PELLET (A.), « *La Charte des Nations Unis : commentaire article par article* », Paris, Economica, 2ème éd., 1991.

COURBE (P.), « *Introduction générale au droit* », Paris, Dalloz, 6ème éd., 1999.

DE BECHILLON (D.), « *Le gouvernement des juges : une question à dissoudre* », Dalloz, 2002.

DE BECHILLON (D.), « *Qu'est-ce qu'une règle de droit* ? », Odile Jacob, 1997.

DE BECHILLON (M.), « *Hiérarchie des normes et hiérarchie des fonctions normatives de l'Etat* », Economica, 1996.

DE BECHILLON (M.), « *La notion de principe général en droit privé* », PUAM, 1998.

DE BRICHAMBAUT (M.P.), DOBELLE (J.F), D'HAUSSY (M.R), « *Leçons de droit international public* », Presses de sciences politiques, Dalloz, 2002.

DECAUX (E.), « *Droit international public* », Dalloz, 5ème éd., 2006.

DELBEZ (L.), « *Les principes généraux du contentieux international* », Paris, LGDJ, 1962.

DELMAS-MARTY (M.), « *Pour un droit commun* », Seuil, 1994.

DELVOLVE (P.), « *Droit administratif* », Paris, PUF, 1988.

DENIS (A.), « *Droit international public* », Paris, PUF, 1ère éd., 2000.

DENYS (S.), « *Le système juridique communautaire* », Paris, PUF, 2ème éd., 1997.

DENYS (S.), « *L'interprétation judiciaire des traités d'organisations internationales* », Paris, Pedone, 1981.

DE SALVIA (M.), « *Compendium de la CEDH. Les principes directeurs de la jurisprudence relative à la Convention européenne des droits de l'homme, jurisprudence de 1960 à 2002* », N.P. Engel, 2003.

DEUMIER (P.), « *Le Droit spontané* », Economica, 2002.

DEUMIER (P.), « *Introduction générale au droit* », LGDJ, 2011.

DE VELAS-CO VALLEJO (D.), « *Les organisations internationales* », Paris, Economica, 2002

DE VISSCHER (Ch.), « *Aspects récents du droit procédural de la CIJ* », Paris, Pedone, 1966.

DE VISSCHER (Ch.), « *Problèmes d'interprétation judiciaire en droit international public* », Paris, Pedone, 1963.

DE VISSCHER (Ch.), « *Théories et réalités en droit international public* », Paris, Pedone, 4ème éd., 1970.

DE VISSCHER (Ch.), « *De l'équité dans le règlement arbitral ou judiciaire des litiges de droit international public* », Paris, Pedone, 1972.

DIONISIO (A.), « *Cours de droit international* », Paris, LGDJ, 1999.

DIMASSI (J.), « *Le traité au regard de l'article 32 de la constitution tunisienne* », Tunis, CPU, 2006.

DUPUY (P.M.), « *Droit international public* », Paris, Dalloz ,4ème éd., 1998.

DUPUY (P.M.), KERBRAT (Y.), « *Précis de droit international public* », Paris, Dalloz, 11ème éd., 2012.

EISENMANN (P.M.), PAZARTZIS (Ph.), « *La jurisprudence de la Cour internationale de justice* », Paris, Pedone, 2008.

FLORY (Th.), « *L'Organisation Mondiale du Commerce : droit institutionnel et substantiel* », Bruxelles, Bruylant, 1999.

GENY (F.), « *Les sources du droit* », Paris, Edouard Duchemin, 1977.

GHESTIN (J.), GOUBEAUX (G.), MAGNAN (M.F.), « *Traité de droit civil "introduction générale"* », Paris, LGDJ, 4ème éd., 1996.

GHORRA GOBIN (C.), « *Dictionnaire des mondialisations* », Armand Colin, 2006.

GIOVANNI (D.), GIONATA (P.B.), « *Bréviaire de jurisprudence internationale affaire Texaco-calasiatic* », Bruxelles, Bruylant, 2005.

GOUNELLE (M.), « *La motivation des actes juridiques* », Paris, Pedone, 1979.

GRIDEL (J.P.), « *La Cour de Cassation française et les principes généraux du droit privé* », Dalloz, 2002.

GUESMI (A.), « *Le médicament à l'OMC : droit des brevets et enjeux de santé* », Larcier, 2011.

GUEVREMONT (V.), « *Valeurs non marchandes et droit de l'OMC : Mondialisation et droit international* », Bruxelles, Bruylant, 2013.

GUGGENHEIM (P.), « *Traité de droit international public* », Genève, tome I, 1967.

GUILLERMET (C.J.), « *La motivation des décisions de justice. La vertu pédagogique de la justice* », Paris, l'Harmattan, 2006.

GUY (A.), « *Droit international public* », Paris, Hachette, 1998.

GUY (I.), BLANQUET (M.), « *Droit général de l'Union européenne* », Sirey, 9ème éd. 2006.

HOFFE (O.), « *Principes du droit* », CERF, 1993.

HORCHANI (F.), « *Règlement pacifique des différends internationaux* », Tunis, CPU, 2002.

HORCHANI (F.), « *Droit international public*», Tunis, CPU, tome I, 2000.

HORCHANI (F.), « *Les sources du droit international public* », Tunis, CPU, 2éd. 2008.

JACQUET (J.M.), DELEBECQUE (Ph.), « *Droit du commerce international* », Paris, Dalloz, 3éme éd., 2002.

JAKSON (J.H.), « World Trade and the law of GATT », Indianapolis, the Bobbs Merrill Company, 1969.

JAVELOT (S.), « *La loyauté dans le commerce international* », Economica, 1998.

JEAN (F.), « *Les règles d'interprétation : principes communément admis par les juridictions* », Swisse, Editions Universitaires Fribourg, 1989.

JEANMART (N.V.), « *Droit de la preuve* », Bruxelles, Larcier, 1991.

JOUANNEAU (D.), « *L'Organisation mondiale du commerce* », Paris, PUF, 4ème éd, 2003.

JEANNEAU (B.), « *Les principes du droit dans la jurisprudence administrative* », Sirey, 1954.

JOURDAIN FORTIER (C.), « *Santé et commerce international : contribution à l'étude de la protection des valeurs non marchandes par le droit du commerce international* », Paris, Litec, 2006.

KDHIR (M.), « *Dictionnaire juridique de la Cour internationale de justice* », Bruxelles, Bruylant, 2ème éd., 2000.

KELSEN (H.), « *Théorie générale du droit et de l'Etat* », Paris, LGDJ, Bruxelles, Bruylant, 1997.

KELSEN (H.), « *Théorie pure du droit* », Paris, LGDJ, Bruylant, 1999.

KENFACK (H.), « *Droit du commerce international* », Paris, Dalloz, 2002.

KIEFFER (B.), « *L'Organisation Mondiale du Commerce et l'évolution du droit international public* », Bruxelles, Larcier, 1ère éd. 2008.

KISS (A.), **BEURIER (J.P.)**, « *Droit international de l'environnement* », Paris, Pedone, 2éme éd., 2000.

KISS (A.), **SHELTON (D.)**, « *Traité de droit européen de l'environnement* », Paris, Frison Roche, 1995.

KOLB (R.), « *La bonne foi en droit international public : contribution à l'étude des principes généraux de droit* », Paris, Puf, 2000.

KOLB (R.), « *La Cour internationale de justice*», Paris, Pedone, 2014.

KOLB (R.), « *Les Cours généraux de droit international public à l'académie de la Haye* », Bruxelles, Bruylant, 2003.

KOLB (R.), « *Théorie du droit international* », Bruxelles, Bruylant, 2ème éd., 2012.

KOURILSKY (Ph.), **VINEY (G.),** « *Le principe de précaution, rapport au premier ministre* », Paris, Odile Jacob, La Documentation française, 2000.

LABBEE (P.), « *Introduction au droit processuel* », Paris, Presses Universitaires de Lille, 1995.

LAGHMANI (S.), « *Répertoire élémentaire de jurisprudence internationale* », Tunis, CERP, 1993.

LANKARAN EL ZEIN (L.), « *Les contrats d'Etat à l'épreuve du droit international* », Bruxelles, Bruylant, 2001.

LASSERRE (V.), « *Le nouvel ordre juridique : le droit de la gouvernance* », Lexis, Nexis, 2015.

LA VIEILLE (J.M.), « *Droit international de l'environnement* », Paris, Ellipses, 1998.

LUFF (D.), « *le Droit de l'Organisation Mondiale du Commerce : analyse critique* », Bruxelles, Bruylant, 2004.

LYNEDJIAN (M.), « *L'Accord de l'Organisation Mondiale du Commerce sur l'application des mesures sanitaires et phytosanitaires : une analyse juridique* », Paris, LGDJ, 2002.

MAJZOUB (F.Q.), « *La défense du droit à un procès équitable* », Bruxelles, Bruylant, 1999.

MALJEAN-DUBOIS (S.), (Dir.), « *Droit de l'Organisation Mondiale du Commerce et protection de l'environnement* », Bruxelles, Bruylant, CERIC, 2003.

MARTIN (A.), « *L'estoppel en droit international public* », Paris, Pedone, 1979.

MARTIN (G.), « *Précaution et évolution du droit* », Dalloz, Sirey, 1995.

MESSERLIN (P.), « *La nouvelle Organisation Mondiale du Commerce* », Paris, DUNOD, 1995.

MORVAN (P.), « *Le principe du droit privé* », LGDJ, 1999.

MOUSSE (J.), « *Le contentieux des organisations internationales et de l'Union européenne* », Bruxelles, Bruylant, 1997.

MULAMBA-MBUYI (B.), « *Introduction à l'étude des sources modernes du droit international public* », Bruxelles, Bruylant, 1999.

NAHAVANDI (F.), « *Du développement la globalisation : histoire d'une stigmatisation* », Bruxelles, Bruylant, 3ème éd., 2009.

NEMER (L.), BRUNT (C.), « *L'autorité de la chose jugée en droit international public* », LGDJ, 2003.

NGAMBI (J.), « *La preuve dans le règlement des différends de l'Organisation Mondiale du Commerce* », Bruxelles, Bruylant, 2010.

OST (F.), VAN DE KERCHOVE (M.), « *Entre la lettre et l'esprit. Les directives d'interprétation en droit* », Bruylant, 1989.

PACE (V.), « *L'Organisation Mondiale du Commerce et le renforcement de la réglementation juridique des échanges commerciaux internationaux* », Paris, l'Harmattan, 2000.

PADOPOULOU (R.E.), « *Principes généraux du droit et droit communautaire : origine et concrétisation* », Athènes, Sakkoulas et Bruxelles, Bruylant, 1996.

PANTZ (D.), « *Institutions et politiques commerciales internationales : du GATT à l'OMC* », Paris, Armand Colin ,1998.

PAQUEROT (S.), « *Le statut des ressources vitales en droit international : essai sur le concept de patrimoine commun de l'humanité* », Bruxelles, Bruylant, 2002.

PERELMAN (Ch.), « *Le raisonnable et déraisonnable en droit : au-delà du positivisme juridique* », Paris, LGDJ, 1984.

PRIEUR (M.), « *Précis de droit de l'environnement* », Dalloz, 5ème éd., 2004.

PROST (M.), « *D'abord les moyens, les besoins viendront après commerce et environnement dans la jurisprudence du GATT et de L'OMC* », Bruxelles, Bruylant, 2005.

QUOC DINH (N.), DAILLIER (P.), PELLET (A.), FORTEAU (M.), « *Droit international public* », Paris, LGDJ, 8ème éd., 2009.

RACINE (J.B.), « *L'arbitrage commercial et l'ordre public* », tome 309, Paris, LGDJ, 1999.

RAINELLI (M.), « *Le GATT* », Paris, La découverte, 1996.

RAWLS (J.), « *Théorie de la justice* », Paris, Nouveaux Horizons, 1987.

REUTER (P.), « *Le développement de l'ordre juridique international : Écrits de droit international* », Paris, Economica, 1995.

RIGAUX (F.), « *La loi des juges* », Odile Jacob ,1997.

ROMI (R.), « *Quelques réflexions sur " l'affrontement économie - écologie" et son influence sur le droit* », Droit et Société, 1998.

RIVIER (R.), « *Droit international public* », Paris, Thémis droit, Puf, 2ème éd., 2013.

RIVERO (J.), WALINE (J.), « *Droit administratif* », Paris, Dalloz, 15ème édition, 1994.

ROSENBERG (D.), « *Le principe de souveraineté des Etats sur leurs ressources naturelles* », Paris, LGDJ, 1983.

ROSIAK (P.), « *Les transformations du droit international économique* », Paris, L'harmattan, 2003.

ROUBIER (P.), « *Théorie du droit, histoire des doctrines juridiques et philosophiques des valeurs sociales* », Paris, Sirey, 1946.

ROUSSEAU (Ch.), « *Droit international public : introduction et sources* », Paris, Sirey, tome I, 1970.

ROUSSEAU (Ch.), « *Principes généraux du droit international*, Paris, Pedone, 1944.

RUZIE (D.), « *Droit international public* », Paris, Dalloz, 16ème éd., 2002.

SALMON (J.), (Dir.), « *Dictionnaire de droit international public* », Bruxelles, Bruylant, AUF, 2001.

SANTULLI (C.), « *Droit du contentieux international* », Paris, Montchrestien, 2005.

SCELLE (G.), « *Précis du droit des gens* », Paris, LGDJ, tome II, 1934.

SERGE (S.), « *L'interprétation en droit international public* », Paris, LGDJ, 1974.

SIMON (D.), « *L'interprétation judiciaire des traités d'organisations internationales* », Paris, Pedone, 1981.

SIMON (D.), « *Le système juridique communautaire* », Paris, PUF, 3ème éd., 2001.

SMOUTS (M.C.), BATTISTELLA (D.), VENNESSON (P.), « *Dictionnaire des relations internationales. Approches concepts doctrines* », Paris, Dalloz, 2ème éd., 2006.

SORENZEN (M.), « *Les sources du droit international : étude sur la jurisprudence de la Cour permanente de justice internationale* », Copenhague, Einar Munksgaard, 1946.

SUR (S.), « *L'interprétation en droit international* », Paris, LGDJ, 1974.

TAXIL (B.), « *L'OMC et les pays en développement* », Paris, Montchrestien, 1998.

TERRE (F.), « *Introduction générale au droit* », Paris, Dalloz, 1991.

TERRE (F.), SIMLER (Ph.), LEQUETTE (Y.), « *Droit civil : les obligations* », Paris, Dalloz, 8ème éd., 2002.

THIEFFRY (P.), « *Droit européen de l'environnement* », Dalloz. 1998.

VARAUT (J.M.), « *Le Droit au droit : pour un libéralisme institutionnel* », Paris, PUF, 1ère éd., 1986.

VERDURE (Ch.), « *La conciliation des enjeux économiques et environnementaux en droit de l'Union européenne* », Paris, LGDJ, 2014.

VERHOVEN (J.), « *Droit international public* », Bruxelles, Larcier, 2000.

VIRALLY (M.), « *La pensée juridique* », Paris, LGDJ, 1960.

VIRALLY (M.), « *Le droit international en devenir : essais écrits au fil des ans* », Paris, PUF, 1ère éd. 1990.

VON BERTALANFFY (L.), « *Théorie générale des systèmes* », Paris, Dunod, 2012.

VOYNET (D.), KISS (A.Ch.), « *L'application renforcée du droit international de l'environnement : harmonisation et développement des procédures internationales de contrôle, de sanction et de règlement des différends* », Paris, Frison-Roche, 1999.

WEIL (P.), « *Ecrits de droit international* », Paris, PUF, 1ère éd., 2000.

ZOLLER (E.), « *La bonne foi en droit international public* », Paris, Pedone, 1977.

II. ARTICLES

ABDEL FATTAH (A.), « *La perméabilité juridique entre l'ordre international et l'ordre constitutionnel* », in « *L'internationalisation du droit constitutionnel* », RCAIDC, vol. XVI, 2007, p-p. 95-123.

ABDEL MALKI (L.), SADNI JALLAB (M.), « *L'Organisation Mondiale du Commerce entre libéralisation des échanges et protection de l'environnement : les enjeux et les ambiguïtés* », in Colloque de Lyon « *l'OMC : vers un droit mondial du commerce ?* », 2/3/2001, Bruxelles, Bruylant, 2001, p-p. 135-186.

ABDELGAWAD (W.), « *Le commerce équitable et la société internationale : une chance pour la mondialisation d'un droit de l'économie solidaire* », RIDE, 2003-2, p-p. 197-232.

ABDELGAWAD (W.), JOURDAIN-FOURTIER (C.), MOINE-DUPUIS (I.), « *Chronique de jurisprudence : chronique du règlement des différends de l'OMC* (2006-2008) », RIDE, 2008, p-p. 357-393.

ABI-SAAB (G.), « *Cours général de droit international public*», RCADI, tome VII, 1987, p-p. 9-464.

ABI-SAAB (G.), « *The Appellate Body and Treaty Interpretation* », Conférences pour le 10ème anniversaire : Programme provisoires, Stresa, Italie, 11-13 mars 2005, p-p. 491-503.

AGO (R.), « *Droit des traités à la lumière de la Convention de Vienne* », RCADI, vol.134, 1971, p-p. 297-332.

AMSELEK (P.), « *Brèves réflexions sur la notion de sources du droit* », APD, tome 27, 1982, p-p. 251-258.

ANDELA (J.J.), « *L'article XX du GATT de 1994 dans la jurisprudence de l'Organe de règlement des différends de l'OMC : une analyse sous le prisme environnemental* », RQDI, 25, 2012, p. 27.

ANDRIANARIVONY (M.J.), « *Un panel institué dans le cadre de l'Organisation Mondiale du commerce n'est-il pas une juridiction* ? », RRJ, n°2, 2002, p-p. 1181-1202.

ANDRIANARIVONY (M.J.), « *L'organe d'appel de l'OMC : une institution originale investie d'une mission constitutionnelle et normative (ou de la structuration d'un droit international de concurrence)*», RBDI, vol. XXXIII, 2000-1, p-p. 276-340.

ANGELET (N.), « *Le tiers à l'instance dans la procédure de règlement des différends de l'OMC* », in **RUIZ FABRI (H.), SOREL (J.M.), (Dir.)**, « *Le tiers à l'instance devant les juridictions internationales* », Paris, Pedone, 2005.

AOUIJ MRAD (A.), « *Les organismes génétiquement modifiés entre impératifs de développement et protection de l'environnement* », in Colloque « *Le droit international face aux nouvelles technologies* », Paris, Pedone, 2002, p-p. 87-106.

ASCENSIO (H.), « *L'amicus curiae devant les juridictions internationales* », RGDIP, tome 105, n°4, 2001, p-p.901-910.

ASCENSIO (H.), « *La notion de juridiction internationale en question* », in Colloque SFDI, « *La juridictionnalisation du droit international* », Paris, Pedone, 2003, p-p. 163-199.

ASCENSIO (H.), « *Principes généraux du droit* », Répertoire international, Dalloz, 2004, p. 17 et s.

AZE MANNO (A.), « *Le principe de précaution en droit communautaire : stratégie de gestion des risques ou risque d'atteinte au marché intérieur* ? », RDUE, n° 4, 2001, p-p. 917-953.

AZOULAI (L.), « *La valeur normative de la sécurité juridique* », in **BOY (L.), RACINE (J.B.), SIIRIAINEN (F.), (Dir.)**, « *Sécurité juridique et droit économique* », Bruxelles, Larcier, 2008, p. 25-42.

BACHAND (R.), « *L'interprétation juridictionnelle chez les internationalistes du XXème siècle* », RBDI, 2006/1, p-p. 177-195.

BALMOND (L.), « *Les sources du droit de l'Organisation Mondiale du Commerce* », in Colloque de Nice, 24-25 juin 2010, « *Les sources et les normes dans le droit de l'OMC* », Paris, Pedone, 2012, p-p. 11-25.

BARATI (H.), « *La règle d'interprétation contra proferentem en droit international* », RGDIP, 1999, p. 901.

BARRAL (V.), « *La sentence du Rhin de fer, une nouvelle étape dans la prise en compte du droit de l'environnement par la jurisprudence internationale* », RGDIP, tome 110/3, 2006, p-p. 647-656.

BARTELS (L.), « *Applicable law in WTO dispute settlement proceeding* », JWT, vol. 35, n°3, Juin 2001, p-p. 499-519.

BASTID BURDEAU (G.), « *Le Principe de souveraineté permanente sur les ressources naturelles à l'épreuve de la mondialisation* », in Mélanges en l'honneur de **PUISSOCHET (J.P.)**, « *L'Etat souverain dans le monde d'aujourd'hui* », Paris, Pedone, 2008, p-p.27-34.

BEDJAOUI (M.), « *l'humanité en quête de paix et de développement : Cours général de droit international public 2004* », RCADI, tome 324, 2008.

BELAID (S.), « *Le juge, aujourd'hui* », in Mélanges offerts à **ABDEL FATTAH (A.)**, CPU, 2005, p-p. 55-134.

BERGEL (J.L.), « *Le processus de transformation de décisions de justice en normes juridiques*», RRJ, 1993, p-p. 1055-1062.

BERGE (J.S.), « *L'application du droit au pluriel : le double déplacement* », in Mélanges **MARTIN (D.R.)**, Paris, LGDJ, 2015.

BERLIA (G.), « *Contribution à l'interprétation des traités* », RCADI, vol. I, 114, 1965, p-p. 283-334.

BIERMANN (F.), « *The rising tide of green unilateralism in world trade law : Options for reconciling the emerging north-south conflict* », JWT, vol. 35, n°3, Juin 2001, p-p. 421-448.

BLANCHARD (D.), « L*es effets des rapports de l'organe de règlement des différends de l'OMC à la lumière du règlement (CE) 15/5/2001 du Conseil de l'Union européenne (1)* », RMCUE, n°464, janvier 2003, p-p. 37-48.

BLIN (O.), « *La politique sanitaire de la Communauté européenne à l'épreuve des règles de l'Organisation Mondiale du Commerce : le contentieux des hormones* », RTDE, n°1, janvier- mars 1999, p-p. 43-57.

BLIN (O), « *La stratégie communautaire dans l'Organisation Mondiale du Commerce* », JDI, n°1, 2006, p-p. 89-125.

BLIN (O.), « *Propos introductif* », in **BLIN (O.)**, **(Dir.)**, « *regards croisés sur le règlement des différends de l'Organisation Mondiale du Commerce* », Bruxelles, Bruylant, 2009.

BLONDEL (A.), « *Les principes généraux du droit devant la CPJI et la CIJ* », in Mélanges **GUGGENHEIM (P.)**, Genève, IUHEI, 1968, p. 201 et s.

BOISSON DE CHAZOURNES (L.), « *La mise en oeuvre du droit international dans le domaine de la protection de l'environnement : enjeux et défis* », RGDIP, vol. 99, n°1, 1995, p-p. 37-76.

BOISSON DE CHAZOURNES (L.), « *Faire entrer le doute dans le droit* », in Bio Tech forum, « *le principe de précaution pour mieux gérer les incertitudes* », 3/9/2001, p-p. 10-11.

BOISSON DE CHAZOURNES (L.), « *Le principe de précaution : nature, contenu et limites* », in **LEBEN (Ch.), VERHOEVEN (J.)**, « *Le principe de précaution : aspects de droit international et communautaire* », Paris, LGDJ, 2002, p-p. 65-94.

BOISSON DE CHAZOURNES (L.), « *Le rôle des organes de règlement des différends de l'OMC dans le développement du droit international de l'environnement : entre le marteau et l'enclume* », in **MALJEAN-DUBOIS (S.), (Dir.)**, « *Droit de l'Organisation Mondiale du Commerce et protection de l'environnement* », Bruxelles, Bruylant, CERIC, 2003, p-p. 379-400.

BOISSON DE CHAZOURNES (L.), MBENGUE (M.M.), « *La Déclaration de Doha de la Conférence ministérielle de l'OMC et sa portée dans les relations commerce / environnement* », RGDIP, n°4, 2002, p-p. 855-891.

BOISSON DE CHAZOURNES (L.), MBENGUE (M.), « *L'amicus curiae devant l'Organe de règlement des différends de l'OMC* », in **MALJEAN DUBOIS, (S.), (Dir.)**, « *Droit de l'Organisation Mondiale du Commerce et protection de l'environnement* », Bruxelles, Bruylant, CERIC, 2003, note 255, p. 405.

BOKOR-SZEGO (H.), « *Les principes généraux du droit* », in **BEDJAOUI (M.)**, « *Droit international : bilan et perspectives* », Paris, Pedone, Tome 1, 1991, p-p. 227-228.

BORDES (A.), « *Le rôle du mécanisme de règlement des différends de l'OMC, entre souveraineté réglementaire et institutionnalisation : quel avenir* », in **BLIN (O.), (Dir.)**, « *regards croisés sur le règlement des différends de l'Organisation Mondiale du commerce* », Bruxelles, Bruylant, 2009, p. 25.

BOSSIS (G.), « *Les aspects sociaux du développement durable : vers une définition communautaire ?* », RMCUE, n°456, mars 2002, p-p. 165-182.

BOSSIS (G.), « *La notion de sécurité alimentaire selon l'OMC : entre minoration et tolérance timide* », RGDIP, 2001, vol. II, p-p. 331-354.

BOULANGER (J.), « *Principes généraux du droit et droit positif* », in **RIPERT (G.)**, « *Le droit privé français au milieu du XXème siècle* », Paris, LGDJ, Tome I, 1950, p-p. 51-74.

BOULOUIS (J.), « *Principes généraux* », Répertoire communautaire, Dalloz, tome2, 15/4/1992, p-p. 1-8.

BOULOUIS (J.), « *À Propos de la fonction normative de la jurisprudence* », in Mélanges offerts à **WALINE (M.)**, LGDJ, 1974, p-p. 149-162.

BOULOUIS (J.), « *Quelques observations à propos de la sécurité juridique* », in Mélanges **PESCATORE (P.)**, Baden nomos, 1987, p. 53.

BOY (L.), « *Le déficit démocratique de la mondialisation du droit économique et le rôle de la société civile* », RIDE, p-p. 471-493.

BRANT (L.N.C.), « *L'autorité de la chose jugée et la révision devant la Cour internationale de justice à la lumière des derniers arrêts de celle-ci (Yougoslavie / Bosnie et El Salvador / Honduras)* », AFDI, 2003, p-p. 248-265.

BRUNET (P.), « *Les principes généraux du droit et la hiérarchie des normes* », in Mélanges **TROPER (M.)**, « *L'architecture du droit* », Economica, 2006, p-p. 207-221.

BRUNET (P.), « *À quoi sert la "Théorie" des principes généraux du droit ?* », in **CAUDAL (S.)**, **(Dir.)**, « *Les principes en droit* », Études juridiques 30, 2008, p-p.173-187.

BURDA (J.), « *L'efficacité du mécanisme de règlement des différends de l'OMC : vers une meilleure prévisibilité du système commercial multilatéral* », RQDI, 2005, n°18.2., p-p. 1-8.

BURDA (J.), « *Les fonctions de la démarche interprétative dans le cadre de l'OMC* », RQDI, n°21.2, 2008.

BUSSEUIL (G.), **GARINOT (J.M.)**, **GRAYOT DIRX (S.)**, **JOURDAIN FORTIER (C.)**, **MOINE DUPUIS (I.)**, « *Chronique de jurisprudence : chronique commentée des décisions de l'Organe de règlement des différends (6/2010-11/2011)* », RIDE, n°2, 2012.

BUSSEUIL (G.), **GARINOT (J.M.)**, **JOURDAIN FORTIER (C.)**, **MOINE DUPUIS (I.)**, **PIRONON (V.)**, « *Chronique de jurisprudence : chronique commentée des décisions de l'Organe de règlement des différends* (11/2011-8/2013) », RIDE, 2013, p-p. 336-338.

BUZZINI (G.P.), « *La "généralité", du droit international général, réflexions sur la polysémie d'un concept* », RGDIP, tome 108, 2004, n°2, p-p. 381-406.

C.MAOIDIS (P.), « *The meetings in Doha keep on keeping on* », JWT, vol. 36, n°2, April 2002, p-p. 167-169.

CADDIET (L.), « *Et les principes directeurs des autres procès ? Jalons pour une théorie des principes directeurs du procès* », in Mélanges **NORMAND (J.)**, « *Justice et droits fondamentaux* », Litec, Lexis Nexis, 2003, p-p.71-86.

CAHIER (Ph.), « *Changement et continuité du droit international* », RCADI, vol.195, 1985, p-p. 21-374.

CAMBY (J.P.), « *La sécurité juridique : une exigence juridictionnelle (observation à propos de l'arrêt du Conseil d'Etat du 24 mars 2006, Société KPMG)* », RDP, n° 5, 2006, p-p. 1169-1177.

CANAL FORGUES (E.), « *La procédure d'examen en appel de l'Organisation Mondiale de commerce* », AFDI, vol. 42, 1996.

CANAL FORGUES (E.), « *Le système de règlement des différends de l'OMC* », in Colloque de Nice, 1995, « *La réorganisation mondiale des échanges (problèmes juridiques)* », Paris, Pedone, 1996, p-p. 281-292.

CANAL FORGUES (E.), « *Mutations de l'ordre juridique international et système de règlement des différends de l'OMC* », in Colloque de l'Université Saint-Joseph de Beyrouth « *L'adhésion de Liban et des pays* *arabes à l'Organisation Mondiale du Commerce* », Bryulant, 2004, p-p. 139-153.

CANAL FORGUES (E.), « *Sur l'interprétation dans le droit de l'OMC* », RGDIP, tome CV, 2001, p-p. 5-24.

CANEDO (M.), « *L'intérêt à agir dans le recours en annulation du droit communautaire* », RTDE, Dalloz, n°3, juillet-septembre 2000, p-p. 454-510.

CANS (Ch.), « *Le principe de précaution, nouvel élément du contrôle de l'égalité* », AFDA, n° 2, 1999, p. 750 et s.

CARREAU (D.), « *À propos du principe de l'estoppel en droit des gens* », REDI, en hommage à **GUGGENHEIM (P.)**, Genève, IUHEI, 1968, p-p. 327-365.

CARREAU (D.), « *Commerce international multilatéral (droit matériel commun)* », Dalloz, 1998, parg. 166.

CARTOU (L.), « *La Cour de justice des Communautés européennes et le droit communautaire* », in Mélanges **WALINE (M.)**, « *Le juge et le droit public* », Paris, LGDJ, 1974, p-p. 163-171.

CASSIA (P.), « *La sécurité juridique, un « nouveau » principe général du droit aux multiples facettes* », Dalloz, n°18, 2006, p-p.1190-1195.

CASTBERG (F.), « *L'excès de pouvoir dans la justice internationale* », RCADI, vol.35, 1931, p-p. 353-472.

CAUDAL (S.), « *Rapport introductif* », in CAUDAL (S.), (Dir.), « *Les principes en droit* », Economica, Etudes juridiques, n° 30, 2008, p. 4.

CAVARE (L.), « *La notion de juridiction internationale* », AFDI, 1956, p. 499.

CAZALA (J.), « *L'invocation de l'estoppel dans le cadre de la procédure de règlement des différends de l'OMC* », RGDIP, tome 107, n°4, 2003, p-p. 835-905.

CAZALA (J.), « *La protection des attentes légitimes de l'investisseur dans l'arbitrage international* », RIDE, 2009, n° 1, p-p. 5-32.

CAZALA (J.), « *L'OMC à la carte ? Les aménagements conventionnels aux obligations des Membres permis par le droit conventionnel de l'OMC* », RGDIP, tome CXIII, 2009.

CHALTIEL (F.), « *la consécration du principe de sécurité juridique par le Conseil d'Etat* », RMCUE, n° 500, Juillet - Août 2006.

CHAMPAUD (C.), « *Contribution à la définition du droit international économique* », Dalloz, 1967, Chron.

CHAPUS (R.), « *De la valeur juridique des principes généraux du droit et les autres règles jurisprudentielles du droit administratif* », Sirey, Rec. Dalloz, 1966, p-p. 99-106.

CHAUMONT (Ch.), « *Cours général de droit international public* », RCADI, vol. 129, 1970, p-p. 333-528.

CHEDLY (L.), « *Ordre public transnational et investissement* », in Colloque « *Où va le droit de l'investissement : désordre normatif et recherche d'équilibre* », Paris, Pedone, 2006, p. 289 et s.

CHEROT (JY), **CIMAMONTI (S.)**, « *Avant-propos* », in Mélanges en l'honneur de **BERGEL (J.L.)**, « *Le droit entre autonomie et ouverture* », Bruxelles, Bruylant, 2013.

CHEVALIER (J.), « *Vers un droit post-moderne ? Les transformations de la régulation juridique* », RDP, 1998, p-p. 659-590.

CHEVALLIER (J.), « *Le droit économique : insécurité juridique ou nouvelle sécurité juridique ?* », in **BOY (L.), RACINE (J.B.)**, **SIIRIAINEN (F.) (Dir.)**, « *Sécurité juridique et droit économique* », Bruxelles, Larcier, 2007, p-p. 559-578.

CHEVALLIER (J.), « *La mondialisation de l'Etat de droit* », in Mélanges **GELARD (P.)**, « *Droit constitutionnel* », Paris, Montchrestien, 1999.

CLAES (E.), VANDAELE (A.), « *L'effet direct des traités internationaux : une analyse en droit positif et en théorie du droit axée sur les droits le l'homme* », RBDI, 2001-2, p-p. 413-491.

COHEN (M.G.), « *La codification du droit des traités : quelques éléments pour un bilan global* », RGDIP, n° 3, 1990.

COHEN (J.G.), « *Le rôle des principes généraux dans l'interprétation et l'application de la Convention européenne des droits de l'homme* », in Mélanges **EDMOND (P.L.)**, Bruxelles, Bruylant, 1998, p-p. 165-196.

COHEN (J.G.), **FLAUSS (J.F.)**, « *Cour européenne des droits de l'homme et droit international général* », AFDI, XLVII, 2001, p-p. 423-457.

COMANDUCCI (P.), « *Quelques problèmes conceptuels concernant l'application du droit* », in Mélanges en l'honneur de **TROPER (M.)**, « *L'architecture du droit* », Economica, 2006, p-p. 315-327.

COMBACAU (J.), « *Conclusions générales* », *in* Colloque de Caen 2000, « *L'ordre public : ordre public ou ordres publics ? Ordre et droits fondamentaux* », Bruxelles, Bruylant, 2001.

COMBACAU (J.), « *Le droit international : bric-à-brac ou système ?* », in « *Le système juridique* », Archives de philosophie du droit, tome 31, 1986.

CONDORELLI (L.), « *L'autorité de la décision des juridictions internationales permanentes* », in Colloque de Lyon, « *La juridiction internationale permanente* », Paris, Pedone, 1987, p-p. 289-294.

CONFORTI (B.), « *L'unité et fragmentation du droit international : "glissez mortels, n'appuyer pas ! "* », RGDIP, tome CXI, 2007, p-p. 5-18.

COPPENS (Ph.), « *La sécurité juridique comme expression de la normativité* », in **BOY (L.), RACINE (J.B.), SIIRIAINEN (F.) (Dir.)**, « *Sécurité juridique et droit économique* », Bruxelles, Larcier, 2008, p-p.153-204.

CORCELLE (G.), « *20 ans après Stockholm : la Conférence des Nations Unies de Rio de Janeiro sur l'environnement et le développement : point de départ ou aboutissement ?* », RMC, n° 365, février 1993. p-p. 107-135.

CORCELLE (G.), « *La perspective communautaire du principe de précaution* », RMC, n°450, Juillet -Août 2001, p-p. 445-454.

COTE (Ch.E.), « *L'accès des particuliers au système de règlement des différends de l'OMC* », in **BLIN (O.), (Dir.)**, « *Regards croisés sur le règlement des différends de l'OMC* », Bruxelles, Bruylant, 2009.

CORTEN (O.), « *L'interprétation du raisonnable par les juridictions internationales : au-delà du positivisme juridique* ? », RGDIP, 1998, p-p.5-43.

COTTIER (Th.), « *Les tâches de l'OMC : évolution et défis* », RIDE, n° 3, 2004, p-p. 273-291.

COURTIEU (G.), « *Droit à réparation* », Juris-classeur, 1997, fasc.131-1, p-p. 1-17.

COUSTON (M.), « *La multiplication des juridictions internationales. Sens et dynamique* », JDI, n°1, 2002, p-p. 5-53.

COUSTON (M.), « *Les principes en droit international* », in CAUDAL (S.), (Dir.), « *Les principes en droit* », Economica, Etudes juridiques, n° 30, 2008, p. 306.

COUVREUR (Ph.), « *L'organisation et les moyens des juridictions internationales face au contentieux international* », in Colloque de Lille « *La juridictionnalisation du droit international* », Paris, Pedone, 2003, p-p. 467-510.

CUBERTAFOND (B.), « *La création du droit* », in Colloque « *Le droit en question* », Ellipses, 1999.

CUENDET(S.), EL BOUDOUHI(S.), HERVE (A.), « *Les rapports des Groupes spéciaux et de l'Organe d'appel de l'OMC (2012)* », AFDI, LVIII, 2012, p-p. 568-603.

DAS (H.), « *L'estoppel et l'acquiescement : assimilations pragmatiques et divergences conceptuelles* », RBDI, n°2, 1997, p-p. 609-615.

DE BECHILLON (D.), « *Comment traiter le pouvoir normatif du juge* », in Mélanges **JESTAZ (Ph.)**, « *Libres propos sur les sources du droit* », Paris, Dalloz, 2006, p. 27-34.

DE BRABANDERE (E.), « *La doctrine en tant que source de droit de l'OMC* », in Colloque de Nice, 24-25 juin 2010, « *Les sources et les normes dans le droit de l'OMC* », Paris, Pedone, 2012, p. 208 et s.

DE BRABANDERE (E.), « *La 58ème session de la Commission du droit international* », RBDI, n°1, 2007, p-p. 243-255.

DE GROVE VALDEYRON (N.), « *La protection de la santé et de la sécurité du consommateur à l'épreuve de l'affaire de dioxine* », RMC, n°433, novembre/décembre 1999, p-p. 700-723.

DELMAS-MARTY (M.), « *Les processus de mondialisation du droit* », in **MORAND (Ch.A.)**, **(Dir.)**, « *Le droit saisi par la mondialisation* », Bruxelles, Bruylant, 2001, p-p. 63-80.

DELMAS-MARTY (M.), « *Du désordre mondial à la force du droit international* », Le Monde, 22 mars 2003, p. 16.

DEL VECCHIO (G.), « *Les principes généraux du droit* », in Recueil d'études sur les sources du droit en l'honneur de **GENY (F.)**, tome II, « *Les sources générales des systèmes juridiques actuels* » , Sirey, 1934, p-p. 69-84.

DEMARET(P.), « *Les métamorphoses du GATT : de la Charte de la Havane à l'OMC* », JTD, n°13,16 novembre 1994.

DE SADELEER (N.), « *Le statut du principe de précaution en droit international* », in **PAQUES (M.), FAURE (M.), (Dir)**, « *La protection de l'environnement au cœur du système juridique international et du droit interne : acteurs, valeurs et efficacité* », Bruxelles, Bruylant, 2001.

DE VISSCHER (Ch.), « *Cours général de principes de droit international public* », RCADI, vol. 86, 1954, p-p. 445-556.

DE VISSCHER (P.), « *Cours général de droit international public* », RCADI, vol.136, 1972, p-p. 1-202.

DE WILIAMS (J.M), STEENBERGEN (J.), « *La notion de sécurité juridique dans la jurisprudence de la Cour de justice des Communautés européennes* », in Mélanges **LEGROS (R.)**, L'université de Bruxelles, 1985, p-p. 449-456.

DIAS VARELLA (M.), « *La complexité croissante du système juridique international : certains problèmes de cohérence systématique* », RBDI, 2003-2, p-p. 331-412.

DIAS VARELLA (M.), « *L'OMC, les brevets, les médicaments et le rapport Nord-Sud : un point de vue du Sud* »**,** RIDE, n°1, 2004, p-p.79-117.

DIEZ DE VELASCO (M.), « *Quelques observations au sujet des problèmes de réglementation internationale de la responsabilité pour les atteintes à l'environnement* », in **GROS ESPIELI (H.), LIBER (A.)**, « *personne humaine et droit international* », Bruxelles, Bruylant, 1997, p-p. 253-267.

DOUSSIS (E.), « *Intérêt juridique et intervention devant la Cour internationale de justice* », RGDIP, tome CV, 2001, p-p. 55-91.

DRAI (P.), « *Etre juge... et juger* », RFDA, 1990, n° 5, p. 694-698.

DREXL (J.), « *Les principes de protection des intérêts diffus et des biens collectifs : quel ordre public pour les marchés globalisés* ? », RIDE n° 3/4, p-p. 387-409.

DUBOUIS (L.), « *Le droit à cheval sur les principes généraux* », in Mélanges en l'honneur de **ALFANDARI (E.)**, « *Drôle(s) de droit(s)* », Dalloz, 2000, p-p. 77-90.

DUBOUIS (L.), « *Les principes généraux du droit communautaire, un instrument périmé de protection des droits fondamentaux* ? », in Mélanges en l'honneur de **JEANNEAU (B.)**, « *Les mutations contemporaines du droit public* », Dalloz, 2002, p-p.77-90.

DUFOUR (G.), « *Les OGM à l'OMC : résumé critique du rapport du Groupe spécial dans l'affaire CE Produits biotechnologiques* », RQDI, 2007, n° hors-série, p-p. 281-312.

DUFOUR (G.), BREAULT (P.), « *Organe de règlement des différends de l'Organisation Mondiale* », RQDI ,18.2, 2005, p-p. 428-456.

DUPUY (P.M.), « *Conclusions générales* », in Colloque de Nice, 1995, « *La réorganisation mondiale des échanges (problèmes juridiques)* », Paris, Pedone, 1996.

DUPUY (P.M.), « *Où en est le droit international de l'environnement à la fin du siècle ?* », RGDIP, tome 101, n°4, 1997, p-p. 873-903.

DUPUY (P.M.), « *Le juge et la règle générale* », RGDIP, tome 93, n°3, 1989, p-p. 569-598.

DUPUY (P.M.), « *La multiplication des juridictions internationales menace-t-elle le maintien de l'unité de l'ordre juridique international ?* », in « *Clés pour le siècle* », Paris, Dalloz, 2000, p-p. 1221-1241.

DUPUY (P.M.), « *La Convention de Vienne sur le droit des traités à l'épreuve de la pratique : quel bilan trente ans après son entrée en vigueur* », RBDI, 2006/2, p-p. 411-431.

DUPUY (P.M.), « *L'unité de l'ordre juridique international : Cours général de droit international public 2000* », RCADI, tome 297, 2002, p-p. 4-490.

DUPUY (P.M.), « *Le principe de précaution, règle émergente du droit international général* », in **LEBEN (Ch.)**, **VERHOEVEN (J.)**, « *Le principe de précaution aspects de droit international et communautaire* », Paris, LGDJ, 2002, p-p. 94-110.

DUPUY (P.M.), « *Sur le maintien ou la disparité de l'unité de l'ordre juridique international* », in **BEN ACHOUR (R.)**, « *Harmonie et contradiction en droit international* », Paris, Pedone, 1996.

DUPUY (R.J.), « *L'adaptation de la CIJ au monde d'aujourd'hui* », RBDI, 1966,1, p-p. 29-49.

DUPUY (R.J.), « *Réflexions sur l'universalité des droits de l'homme* », in **GROS ESPIELL (H.)**, **LIBER (A.)**, « *personne humaine et droit international* », Bruxelles, Bruylant, 1997, p-p. 279-286.

DUONG (L.), « *La sécurité juridique et les standards du droit économique : la notion de raisonnable* », in **BOY (L.)**, **RACINE (J.B.)**, **SIIRIAINEN (F.) (Dir.)**, « *Sécurité juridique et droit économique* », Bruxelles, Larcier, 2008, p-p. 207-229.

EHRICKE (U.), « *Les principes de libération et de libéralisation : de l'ouverture des marchés à l'adaptation aux conditions de la concurrence globale. L'exemple de la CE* », in « *La mondialisation du droit économique : vers un nouvel ordre public économique* », RIDE, n 3-4, 2003, p. 371.

EHRLICH (L.), « *L'interprétation des traités* », RCADI, vol. 24, 1928, p-p.1-75.

EISENMANN (P.M.), « *Le système normatif de l'OMC* », in Colloque de Nice, 1995, « *La réorganisation mondiale des échanges (problèmes juridiques)* », Paris, Pedone, 1996.

FARJAT (G.), « *Propos critiques et utopiques sur l'évolution du droit économique et la mondialisation* », in « *La mondialisation du droit économique : vers un nouvel ordre public économique* », n° spécial, 3/4, RIDE, 2003, p. 513.

FIEVET (G.), « *Réflexions sur le concept de développement durable : prétention économique, principes stratégiques et protection des droits fondamentaux* », RBDI, 2001-1, p-p. 128-184.

FITZMAURICE (G.), « *The general principles of international law considérée! From the stand point of the rule of law* », RCADI, 1957-11, vol. 92, p-p. 1-227.

FLAUSS (J.F.), « *Le Droit international des droits de l'homme face à la globalisation économique* », in « *Commerce mondial et protection des droits de l'homme* », Bruxelles, Bruylant, 2001, p-p. 217-256.

FLORY (M.), « *Mondialisation et droit du développement* », RGDIP, vol.101, n°3, 1997, p-p. 609-632.

FLORY (Th.), « *Libéralisme, protectionnisme, libre-échange organisé : de quelques implications juridiques actuelles* », in Mélanges **COLLIARD (C.A.)**, « *Droit et libertés à la fin du XX*ème *siècle : influence des données économiques et technologiques* », Paris, Pedone, 1984, p-p. 249-272.

FLORY (Th.), « *La mise en place d'un régime global de libre - échange mondial et ses limites* », in colloque de Nice, 1995, « *La réorganisation mondiale des échanges (problèmes juridiques)* », Paris, Pedone, 1996, p-p. 89-112.

FLORY (Th.), « *Le nouveau régime juridique : Rapport général* », in colloque de Nice, 1995, « *La réorganisation mondiale des échanges (problèmes juridiques)* », Paris, Pedone, 1996.

FLORY (Th.), « *Chronique de règlement des litiges de l'OMC* », RMCUE, n° 425, février 1999.

FLORY (Th.), « *Chronique du règlement des litiges de l'OMC* », RMCUE, n°429, juin 1999, p- p. 401-413.

FLORY (Th.), LIGNEUL (N.), « *Commerce international, droits de l'homme, mondialisation : les droits de l'homme et l'Organisation Mondiale de Commerce* », Bruxelles, Bruylant, 2001, p-p. 179-191

FORTIER (V.), « *La fonction normative des notions floues* », RRJ, 1991, n°126, p-p. 753-768.

FOUCHARD (Ph.), « *Droit et morale dans les relations économiques internationales* », RSMP, 1997, n° 3, p.1 et s.

FOUCHARD (Ph.), « *L'arbitrage et la mondialisation de l'économie* », in Mélanges **FARJAT (G.)**, « *Philosophie du droit et droit économique. Quel dialogue* ? », Paris, Frison-Roche, 1999.

FOURET (J.), **PROST (M.)**, « *Du rôle de la Cour internationale de justice : peau neuve ou peau de chagrin ? Quelques réflexions sur l'arbitralisation de la Cour Mondiale* », RQDI, n°16.2, 2003.

FOURET (J.), **PROST (M.)**, « *La multiplication des juridictions internationales : de la nécessité de remettre quelques pendules à l'heure* », RQDI, 2002, n° 15.2, p-p. 117-138.

FOYER (J.), « *Droits internationaux de l'homme et ordre public international* », in Mélanges **RAYMONT (G.)**, « *Du droit interne au droit international : le facteur religieux et l'exigence des droits de l'homme* », Mont Saint-Aignan, Pub. de l'Université de Rouen, 1998, p. 333.

FRANCESCO (F.), « *WTO law in context: The Integration of International Human Right and Environmental Law in the Dispute Settlement Process* », Conférences pour le 10ème anniversarie: programme provisoire, Stresa, Italie, 11-13 mars 2005, p.155.

FRANZ MATSCHER (M.), « *Le droit à un procès équitable dans la jurisprudence des organes de la convention européenne des droits de l'homme* », in Collection « *Science et technique de la démocratie* », n° 28, éd. Conseil de l'Europe, 2000, p-p. 10-165.

GAILLARD (E.), « *La distinction des principes généraux du droit et des usages du commerce international* », in Mélanges **BELLET (P.)**, Paris, Litec, 1991, p-p. 202-217.

GENEVOIS (B.), « *Principes généraux de droit* », Rép. contentieux administratif, Dalloz, tome III.

GHERARI (H.), « *La marche vers l'universalité de l'Organisation Mondiale du Commerce* », RMCUE, n° 505, Février 2007.

GHERARI (H.), « *L'OMC A Bout de souffle : quelques observations sur la 8ème Conférence ministérielle* », RGDIP, n°1, 2012.

GHERARI (H.), « *Protectionnisme : le retour ?* », RUE, n°558, 5/2012, p. 315 et s.

GHERARI (H.), « *Conclusions* », in Colloque de Nice, 2010, **TOMKIEWICZ (V.)**, « *Les sources et les normes dans le droit de l'Organisation Mondiale du Commerce* », Paris, Pédone, 2012, p. 311.

GHERARI (H.), CHEMAIN (R.), « *Chronique sur l'activité de l'Organe de règlement des différends de l'Organisation Mondiale du Commerce. Année 2003* », RMCUE, n°492, octobre novembre 2005.

GHERARI (H.), CHEMAIN (R.), « *Chronique : l'Union européenne et l'OMC 2004-2005* », RMCUE, n°498, mai 2006, p-p. 335-341.

GHERARI (H.), CHEMAIN (R.), « *Chronique UE-OMC (2006): 2ème partie règlement des différends* », RMCUE, n°513, décembre 2007.

GHERARI (M.), THOUVENIN (J.M.), « *Chronique de l'organe de règlement des différends de OMC 2002 – 1er Semestre 2002* », RMCUE, n°466, mars 2003, p-p. 183-193.

GIVERDON (C.), « *La qualité : condition de recevabilité de l'action en justice* », Rec. Dalloz, 1952, Chron. XIX.

GODARD (O.), « *Le principe de précaution et la proportionnalité face à l'incertitude scientifique* », 2005, Chaire de développement durable, Cahier n° 2005-018, École polytechnique, Paris, p. 14.

GOHIN (O.), « *Les principes directeurs du procès administratif en droit français* », RDP, 2005, p-p. 171-181.

GOLDMAN (B.), « *La lex mercatoria dans les contrats et l'arbitrage internationaux : réalités et perspectives* », JDI, 1979, p. 475

GOUTAL (J.L.), « *Le rôle normatif de l'Organisation Mondiale du Commerce* », Les Petites Affiches, n°5, 11 janvier 1995.

GHERARI (H.), « *L'Organisation Mondiale de Commerce face à la concurrence procédurale des accords commerciaux régionaux* », in **DOUBE BILLE(S.)**, **(Dir.)**, « Justice et solidarité », Bruylant, 2012, p-p. 57-67.

GRZEGORCZYK (C.), « *La rationalité de la décision juridique*», APD, 1978, p-p. 237-256.

GUEVREMONT (V.), « *Traités multilatéraux : nouvelles perspectives relatives à l'articulation* », in Colloque de Nice, 24-25 juin 2010, « *Les sources et les normes dans le droit de l'OMC* », Paris, Pedone, 2012.

GUERY (F.), « *En guise de conclusion des principes en droit aujourd'hui ?* », in **CAUDAL (S.), (Dir.)**, « *Les principes en droit* », Economica, Etudes juridiques, n° 30, 2008.

GUGGENHEIM (P.), « *Les principes de droit international public* », RCADI, vol. 80, 1952, p-p. 5-187.

GUGGENHEIM (P.), « *Contribution à l'histoire des sources du droit des gens* », RCADI, tome II, vol. 94, 1958, p-p. 1-84.

GUILLAUME (G.), « *Methods and Practice of Treaty Interpretation by the International Court of Justice* », Conférences pour le 10ème anniversaire : programme provisoire, Stresa, Italie, 11-13 mars 2005, p-p. 504-512.

GUILLAUME (G), « *Transformations du droit international et jurisprudence de la Cour Internationale de Justice* », in **BEN ACHOUR (R.) et LAGHMANI (S.) (Dir.)**, « *Les nouveaux aspects du droit international* », Paris, Pedone, 1994.

GUILLOCHON (B.), « *L'OMC, un premier bilan* », RFE, 1997, p-p. 35-64.

HAFNER (G.), « *Le contexte particulier de la responsabilité dans le droit international de l'environnement* », Paris, Pedone, CIHEI, 2001, p-p. 7-29.

HAMMAMI MARRAKCHI (A.), « *Le principe de précaution existe-t-il en droit tunisien ?* », in « *Quelles précautions pour quel risque ? Regards croisés* », in **AOUIJ MRAD (A.), (Dir.)**, « *Quelles précautions pour quels risques ? Regards croisés* », Tunis, Latrach, 2011.

HARANG (L.), « *Au nom du principe de précaution* », RRJ, n°4, 2005.

HEILBOR (P.), « *les sources du droit international*», RCADI, vol. 11, 1926, p-p. 5-61.

HENFACK (H.), « *Le SRD et les autres systèmes de règlement des litiges commerciaux internationaux* », in **BLIN (O.), (Dir.)**, « *regards croisés sur le règlement des différends de l'OMC* », Bruxelles, Bruylant, 2009.

HIRSCH (M.), « *International trade law, political economy and rules of origin aplea for a reform of the wto regime on rules of origin* », JWT, vol. 36, n°2, April 2002, p-p. 171-189.

HOEFNER (W.), « *Organe de règlement des différends et jurisprudence internationale* », in Colloque de Nice, 24-25 juin 2010, « *Les sources et les normes dans le droit de l'OMC* », Paris, Pedone, 2012, p-p. 139-152.

HOFFE (O.), « *La justice qui définit le droit* », Droits, 1989, n°10, p-p. 35-41.

HOWSE (R.), MUTUA (M.), « *Protection des droits humains et mondialisation de l'économie : un défi pour l'OMC* », Droit et démocratie, 2000.

HUGLO (Ch.), « *Un défi moderne: le juge judiciaire face aux nouveaux conflits dans le domaine de l'environnement* », in Mélanges **DRAI (P.)**, « *Le juge entre deux millinaires* », Paris, Dalloz, 2000, p-p. 615-632.

IOVANE (M.), « *La participation de la société civile à l'élaboration et l'application du droit international de l'environnement* », RGDIP, 2008, n° 3, p-p. 465-519.

JACQUET (J.M.), « *Rapport de synthèse* », in **BLIN (O.), (Dir.)**, « *Regards croisés sur le règlement des différends de l'OMC* », Bruxelles, Bruylant, 2009, p-p. 111-117.

JACQUE (J.P.), « *Acte et norme en droit international public* », RCADI, 1991-2, vol. 227, p-p. 357-389.

JARROSSON (Ch.), « *La bonne foi, instrument de moralisation des relations économiques internationales* », in Mélanges **FOUCHARD (Ph.)**, « *L'éthique dans les relations économiques internationales* », CREDIMI, 2005, p-p. 185-206.

JEAMMAUD (A.), « *De la polysémie du terme "principe" dans les langages du droit et des juristes* », in **CAUDAL (S.), (Dir.)**, « *Les principes en droit* », Economica, Etudes juridiques, n° 30, 2008.

JEANNEAU (B.), « *La nature des principes généraux du droit en droit français* », Travaux et recherches de l'institut de droit comparé de l'université de Paris, T.XXIII 1962, p-p. 203 et s.

JEGOUZO (Y.), « *Les principes généraux du droit de l'environnement* », RFDA, 12(2) mars- avril, 1996, p-p. 209-217.

JESTAZ (Ph.), « *Rapport de synthèse : les standards dans les divers systèmes juridiques* », RRJ, n°3, 2005, p-p. 2673-2680.

JOUANNET (E.), « *L'ambivalence des principes généraux face au caractère étranger et complexe de l'ordre juridique international* », in **VINAIXA (R.)**, **WELLENS (K.)**, **(Dir.)**, « *L'influence des sources sur l'unité et la fragmentation du droit international* », Bruxelles, Bruylant, 2006, p-p. 115-154.

JOUANNET (E.), « *Quelques perspectives théoriques : incertitudes sur le tiers et désordre de la justice internationale* », in **RUIZ FABRI (H.)**, **SOREL (J.M.)**, **(Dir.)**, « *Le tiers à l'instance devant les juridictions internationales* », Paris, Pedone, 2005.

JOUANNET (E.), « *La notion de jurisprudence internationale en question* », in Colloque SFDI, « *La juridictionnalisation du droit international* », Paris, Pedone, 2002, p. 357.

JOURDAIN FORTIER (C.), « *Le règlement des différends de l'OMC et la protection des valeurs non marchandes* », in **BLIN (O.)**, **(Dir.)**, « *Regards croisés sur le règlement des différends de l'OMC* », Bruxelles, Bruylant, 2009, p-p. 87-98

JUILLARD (P.), « *Existe-t-il des principes généraux du droit international économique ?* », in Mélanges **PLANTEY (A.)**, « *L'internationalité dans les institutions et le droit* », Paris, Pedone, 1995, p-p. 243-252.

KAHN (Ph.), « *Les principes généraux du droit devant les arbitres du commerce international* », JDI, 1989, n°1, p-p. 305-327.

KAMTO (M.), « *Les nouveaux principes du droit international de l'environnement* », RJE, n°3, 1993, p. 3.

KARAGIANNIS (S.), « *La multiplication des juridictions internationales : un système anarchique ?* », in Colloque de Lille, « *La juridictionnalisation du droit international* », Paris, Pedone, 2003.

KELSEN (H.), « *Théorie du droit international public* », RCADI, vol. III, 1953, p-p. 1-203.

KELSEN (H.), « *Théorie générale du droit international public : problèmes choisis* », RCADI, vol. 42, 1932, p-p. 117-351.

KENFACK (H.), « *Le SRD et les autres systèmes de règlement des litiges commerciaux internationaux*», in **BLIN (O.), (Dir.)**, « *Regards croisés sur le règlement des différends de l'OMC* », Bruxelles, Bruylant, 2009, p. 18.

KLEBES PELISSIER (A.), « *L'OMC : quels enseignements pour le droit des organisations internationales ?* », in Mélanges **SCHWOB (J.)**, « *Le Droit des organisations internationales* », Bruxelles, Bruylant, 1997, p-p. 72-114.

KOHEN (G.M.), « *La codification du droit des traités : quelques éléments pour un bilan global* », RGDIP, 2000, p-p. 577-613.

KOHEN (G.M.), « *Internationalisme et mondialisation* », in **MORAND (Ch.A.)**, **(Dir.)**, « *Le droit saisi par la mondialisation* », Bruxelles, Bruylant, 2001, p-p. 107-128.

KOLB (R.), « *La bonne foi en droit international public* », RBDI, n°2, 1998, p. 720.

KOLB (R.), « *Les maximes juridiques en droit international public : questions historiques et théoriques* », RBDI, n°2, 1999, p. 413.

KOLB (R.), « *Note sur l'émergence d'une maxime de l'utilisation du moyen le moins fort "civiliter uti" en droit international public* », RBDI, vol. XXXIX, 2006, 2, p-p. 599-620.

KUNZNETS (S.), « *Economic Growth of Nations* », Harvard University press, 1971, in **GHORRA GOBIN (C.)**, **(Dir.)**, « *Dictionnaire des mondialisations* », Armand Colin, 2006, p. 101.

LAFER (C.), « *Réflexion sur l'OMC lors du 50ème anniversaire du système multilatéral commercial : impact d'un monde en transformation sur le droit international économique* », JDI, n°4, 1998, p-p. 933-944.

LAGHMANI (S.), « *Le phénomène de "perte de sens" en droit international* », in **BEN ACHOUR (R.)**, **LAGHMANI (S.)**, **(Dir.)**, « *Harmonies et contradictions en droit international* », Paris, Pedone, 1996, p-p. 55-75.

LAGHMANI (S.), « *Suprématie de la constitution et transfert de souveraineté* », in « *Constitution et Droit international* », RCAIDC, vol. 8, Tunis, CPU, 2000.

LAGHMANI (S.), « *Le droit international face aux nouvelles technologies : rapport introductif* », **BEN ACHOUR (R.)**, **LAGHMANI (S.)**, **(Dir.)**, « *Le droit international face aux nouvelles technologies* », Colloque des 11-13 avril 2002, p-p. 23-41.

LAGHMANI (S.), « *Du juge international aux juges internationaux* », in Mélanges **BELAID (S.)**, CPU, 2004, p-p. 477-.492.

LAGHMANI (S.), « *Les principes généraux de droit dans l'ordre juridique international* », in Mélanges offerts à **MEZIOU DOURAI (K.)**, « *La diversité dans le droit* », Tunis, CPU, 2013, p-p. 532-542.

LAGHMANI (S.), « *Le concept d'Etat de droit* », in Mélanges **BEN ACHOUR (R.)**, « *Mouvances du droit* », Konrad Adenauer Stiftung, 2015, p-p. 437-443.

LAMBERT (Ch.), « *Le concept européen de procès équitable* », RFDP, n°83, Septembre 2003.

LAMY (P.), « *Allocution sur la place et le rôle du droit de l'OMC dans l'ordre juridique international* », Université Paris-Sorbonne, 19/05/2006, disponible sur le site wto.org.

LANG (W.), « *Les mesures commerciales au service de la protection de l'environnement* », RGDIP, vol. 99, n°3, 1995, p-p. 545-566.

LANFRANCHI (P.M.), « *L'intégration de considérations environnementales dans les principes de l'OMC, le principe de non- discrimination entre produits similaires* », in **MALJEAN-DUBOIS (S.), (Dir.)**, « *Droit de l'OMC et protection de l'environnement* », Bruxelles, Bruylant, 2003, p.102 et s.

LASEN DIAZ (C.), « *La biotechnologie et le Protocole de Cartagena* », in « *La précaution–de Rio à Johannesburg : Travaux d'une table ronde organisée par le réseau environnemental de Genève* », International Environnement House, 16/05/2002, p.17-23.

LASSER-KIESOW (V.), « *L'ordre des sources ou le renouvellement des sources du droit* », Dalloz, 2006, p-p. 2279-2287.

LEBULLENGER (J.), « *La communauté européenne face au processus de réexamen du système de règlement des différends de l'Organisation Mondiale du Commerce* », RMCUE, n°422, 1998, p-p. 629-637.

LECOURT (R.), « *Le rôle unificateur du juge dans la Communauté* », in Mélanges offerts à **TEITGEN (P.H.)**, « *Etudes de droit des Communautés européennes* », Paris, Pedone, 1984, p-p. 223-237.

LE FUR (L.), « *La coutume et les principes généraux du droit comme sources du droit international public* », in Mélanges **GENY (F.)**, « *Les sources des diverses branches du droit* », Paris, Sirey, 1934, p-p. 362-374.

LENOBLE (J.), « *La crise du juge* », in Colloque « *La pensée juridique moderne* », Paris, LGDJ, 1990, p. 171et s.

LENOIR (N.), « *L'Europe, le droit et les bioéthiques* », in **GROS ESPIELL (H.)**, LIBER (A.), « *personne humaine et droit international* », Bruxelles, Bruylant, 1997, p-p. 641-666.

LIGNEUL (N.), « *Principes généraux de droit* », in **FLORY (Th.), LIGNEUL (N.)**, « *Chronique du règlement des litiges de l'OMC (1er juillet 1999 – 31 décembre 1999)* », RMCUE, n°442, octobre - novembre 2000, p-p. 609-619.

LIM (H.), « *Trade and human rights what's at issue ?* », JWT, vol. 35, n°2, April, 2001, p-p. 275-299.

LLORENS (J.C.), « *Le rôle des traités* », in Colloque de Palma, « *L'influence des sources sur l'unité et la fragmentation du droit international* » 20-21 Mai 2005, Bruylant, 2006.

LONG (O.), « *La place du droit et ses limites dans le système commercial multilatéral du GATT* », RCADI, tome 182, 1983, p. 17-132.

LORAND (B.), « *Article XX of GATT and the problem of extra territorial jurisdiction : the case of trade measures for the protection for human rights* », JWT, vol. 36, n° 2, April 2002, p-p. 352-403.

LUCCHINI (L.), « *Le principe de précaution en droit international de l'environnement : ombres plus que lumières* », AFDI, Vol. XLV, 1999, p-p. 712-730.

LUFF (D.), « *An overview of international Law of sustainable development and a confrontation between WTO rules and sustainable development* », RBDI, 1996, p-p. 90-144.

MADDALON (Ph.), « *Les rapports des groupes spéciaux et de l'organe d'appel de l'OMC* », AFDI, vol. LI, 2005, p-p. 603-632.

MADDALON (Ph.), « *Les rapports des Groupes spéciaux et de l'Organe d'appel (2007)* », AFDI, vol. LIII, 2007, p-p. 605-711.

MALJEAN-DUBOIS (S.), (Dir.), « *Bioéthique et droit international* », AFDI, XLVI, 2000, p-p. 82-109.

MALJEAN-DUBOIS (S.), (Dir.), « *Environnement, développement durable et droit international de Rio à Johannesburg : et au-delà* ? », AFDI, XL. vol. VIII, 2002, p-p. 592- 623.

MARCEAU (G.), « *A call for coherence in International Law. Praises for the prohibition against, clinical isolation in WTO Dispute settlement* », JWT, Vol. 33, n°5, octobre 1999, p-p. 87-152.

MARCEAU (G.), « *Le principe de précaution et les règles de l'Organisation Mondiale du Commerce (OMC)* », in **LEBEN (Ch.)**, **VERHOEVEN (J.)**, « *Le principe de précaution aspect de droit international et communautaire* », Paris, LGDJ, 2002, p-p.131-149.

MARCEAU (G.), « *Le principe de précaution et les aspects juridiques de l'OMC* », in « *La précaution de Rio à Johannesburg : travaux d'une table ronde organisée par le réseau environnement de Genève* », IEH, 16/05/2002, p. 26.

MARCEAU (G.), « *L'organe de règlement des différends de l'OMC* », in **RUIZ FABRI (H.)**, **SOREL (J.M.)**, « *Le principe du contradictoire devant les juridictions internationales* », Paris, Pedone, 2004.

MARCEAU (G.), **P.TRACHTMAN (J.)**, « *The technical barriers to trade agreement, the sanitary and phytosanitary measures agreement, and the general agreement on tariffs and trade : A map of the world trade organization law of domestic regulation of foods* », JWT, vol.36, n°5, October 2002, p-p. 811-877.

MARCEAU (G.), **VAN DEN BOSSCHE (P.)**, « *Le système de règlement des différends de l'Organisation Mondiale du Commerce : analyse d'un système particulier et distinctif* », RMUE, n° 3, 1998, p-p. 29-57.

MARGUENAUD (J.P.), « *Droit de l'homme à l'environnement et Cour européenne des droits de l'homme* », RJE, 2003, p-p. 15-21.

MARRE (B.), « *De la mondialisation subie au développement contrôlé : Les enjeux de la Conférence de Seattle 30/11/99 - 3/12/99* », Rapport d'information n°1824, p. 10, in **BOSSIS (G.)**, « *La notion de sécurité alimentaire selon l'OMC : entre minoration et tolérance timide* », RGDIP, 2001, vol. II, p-p. 331-354.

MARTIN (R.), « *De la contradiction à la vérité judiciaire* », Gaz., Pal., 1981.

MARTIN-BIDOU (P.), « *Le principe de précaution en droit international de l'environnement* », RGDIP, tome CIII, 1999, p-p. 631-666.

MAURY (J.), « *Observations sur la jurisprudence en tant que source de droit* », in Mélanges **RIPERT (G.)**, « *Le droit privé français au milieu du XX Siècle* », tome I, LGDJ, 1950, p-p. 28-50.

MATHIEU (B.), « *La normativité de la loi : une exigence démocratique* », Cahiers du Conseil constitutionnel n° 21.

MATHIEU (B.), « *Constitution et sécurité juridique* », Rapport français, XV table ronde de jurisprudence constitutionnelle, AIJC, 1999.

MBYE (K.), « *L'intérêt pour agir devant la Cour Internationale de Justice* », RCADI, 1988, tome 209, p. 290.

McRAE (D.), « *The contribution of International Trade Law to the development of international Law* », RCADI, 1996, tome 260, p. 99 et s.

MECARELLI (G.), « *Les principes fondamentaux de procédure civile transnationale et les "nouvelles" règles transnationales : premières observations* », in **FOUCHARD (Ph.)**, « *Vers un procès civil universel ? Les règles transnationales de procédure civile de l'Américain law institute* », Paris, LGDJ, 2001, p-p. 157-169.

MECHICHI (L.), « *Prolifération des juridictions internationales et unité de l'ordre juridique international* », in **BEN ACHOUR(R.)**, **(Dir.)**, **LAGHMANI (S.)**, « *Justice et juridictions internationales* », Paris, Pedone, 2000, p-p. 73-101.

MESSAOUDI (M.A.), « *Harmonie et contradiction du droit de l'OMC* », in Colloque de Tunis « *Harmonie et contradictions en droit international* », Paris, Pedone, 1996, p-p. 283-309.

MESSERLIN (P.), « *La naissance discrète d'une juridiction mondiale des échanges* », le Monde, 25/3/1997.

MIGAZZI (M.), « *Précaution et évolution du droit international de l'environnement* », in **AOUIJ MRAD (A.)**, **(Dir.)**, « *Quelles précautions pour quels risques ? Regards croisés* », Tunis, Latrach, 2011, p-p. 113-124.

MODERNE (F.), « *Actualité des principes généraux du droit* », RFDA, 14-3 Mai-Juin 1998, p. 517.

MODERNE (F.), « *Légitimité des principes généraux et théorie du droit* », RFDA, n°2, 1999, p-p. 722-742.

MODERNE (F.), « *Les principes : permanence et nouveauté* », RFDA, 15-4 Juillet-Août 1999, p. 739.

MOINE-DUPUIS (I.), **JOURDAIN FORTIER (C.)**, « *L'éthique et l'industrie pharmaceutique : un difficile équilibre à trouver* », in Mélanges **FOUCHARD (Ph.)**, « *L'éthique dans les relations économiques internationales* », Paris, Pedone, 2005, p. 74.

MONACO (R.), « *Cours général de droit international public* », RCADI, vol. 125, 1968, p-p. 93-335.

MONNIER (J.), « *Observations sur la codification et le développement progressif du droit international* », in Mélanges **PERRIN (G.)**, Diffusion Payot Lausanne, 1984, p-p. 237-249.

MONNIER (P.), « *Chronique du règlement des différends de l'OMC du 1er septembre 2001 au 31 août 2002* », RDAI, p-p. 297-317.

MONNIER (P.), « *Working procedures before panels, the Appellate Body and other adjudicating bodies of the WTO* » , in The law and practice of international Courts and Tribunals : A practitioners Review, Kluwer, 2002, vol. 1, p. 481 et s.

MORAND (Ch.A), « *Le droit saisi par la mondialisation : définitions, enjeux et transformations* », in **MORAND (Ch.A) (Dir.)**, « *Le droit saisi par la mondialisation* », Bruxelles, Bruylant, 2001, p-p. 81-103.

MORANGE (G.), « *Une catégorie juridique ambiguë : les principes généraux du droit* », RDIP, tome, XCIII, n°4, 1977, p-p. 761-778.

MORELLI (G.), « *La théorie générale du procès international* », RCADI, vol. 61, 1937, p-p. 253-376.

MORELLI (G.), « *Cours général de droit international public* », RCADI, vol. 89, 1956, p-p. 437-604.

MORIN (J.Y.), « *L'Etat de droit : émergence d'un principe du droit international* », RCADI, tome 254, 1995, p-p. 21-462.

MORIN (J.Y.), « *La mondialisation, l'éthique et le droit* », in **MOCKLE (D.)**, « *Mondialisation et Etat de droit* », Bruxelles, Bruylant, 2002, p-p. 81-137.

MOTTAL (D.A.), « *Multilateral environmental agreement (MEAS) and wto rules : why "burden of accommodation" should shift to MEAS* », JWT, vol. 35, n°6, Décembre 2001, p-p. 1214-1233.

NICORA (P.), « *L'organe de règlement des différends a-t-il un avenir ?* », in Colloque de Lyon, « *l'Organisation Mondiale du Commerce : vers un droit mondial de commerce* », 2/3/2001, Bruxelles, Bruylant, 2001, p-p. 235-259.

NOIVILLE (Ch.), « *Principe de précaution et Organisation Mondiale du Commerce le cas du commerce alimentaire* », JDI, n° 2, 2000, p-p. 265-297.

NOUVEL (Y.), « *Relations économiques internationales : l'unité du système commercial multilatéral* », AFDI, XLVI, 2000, p-p. 654-670.

NOUVEL (Y.), « *Les attentes légitimes dans le droit de l'OMC* », AFDI, tome XLVII, 2001, p-p. 461-474.

OLINGA (A.D.), « *Les emprunts normatifs de la commission africaine des droits de l'Homme et des peuples aux systèmes européen et interaméricain de garantie des droits de l'Homme* », RTDH, n° 62, 2005, p.52.

OLIVIER (S.R.), « *Droit du commerce international et protection des droits sociaux : le regard de l'internationaliste privatiste* », in **FORTEAU (M.)**, « *La fragmentation du droit applicable aux relations internationales : regards croisés d'internationalistes privatistes et publicistes* », Actes de la journée d'étude du 16/04/2010, p. 51 et s.

OLIVIER (D.), « *Le principe de précaution et la proportionnalité face à l'in certitude scientifique* », Chaire de développement durable, 2005, Cahier n° 18, École polytechnique, Paris.

ORAISON (A.), « *La Cour internationale de justice, l'article 38 de son statut et les principes généraux* », RRJ, 2002, p-p. 987-1010.

ORIANE (P.), « *Les standards et le pouvoir du juge* », in **BERGEL (J.L.) (Dir.)**, « *Les standards dans les divers systèmes juridiques* », Actes du 1er Congrès de l'Association internationale de Méthodologie juridique, Aix-en Provence, 5-7 septembre 1988, RRJ, 1988, n°4, p-p. 1037-1068.

ORIANE (P.), « *Nature et rôle de la jurisprudence dans le système juridique* », RRJ, 1993, p-p. 1295-1311.

OST (F.), « *Juge pacificateur, juge arbitre, juge entraîneur, trois modèles de justice* », in **GERARD (Ph.), VAN DE KERCHOVE, OST (F.), (Dir.)**, « *Fonction de juger et pouvoir judiciaire : transformations et déplacements* », Bruxelles, Publications des facultés universitaires, Saint Louis, 1983, p. 40.

OST (F.), « *Mondialisation, globalisation, universalisation : s'arracher, encore et toujours, à l'état de nature* », in **MORAND (Ch.A.)**, **(Dir.)**, « *Le droit saisi par la mondialisation* », Bruxelles, Bruylant, 2001, p-p. 5-34.

OST (F.), VAN DE KERCHOVE (M.), « *Le juge entre ordre et désordre* », in Mélanges **COMPERNOLLE (J.V.)**, Bruylant, 2004, p-p. 469-485.

PACE (V.), « *Cinq ans après sa mise en place : la nécessaire réforme du mécanisme de règlement des différends de l'OMC* », RGDIP, 2000, n°3, p-p. 615-658.

PACTEAU (B.), « *La sécurité juridique, un principe qui nous manque ?* », in « *le droit administratif, des principes fondamentaux à l'effectivité des règles, bilan et perspectives d'un droit en mutation* », AJDA, n° spécial du cinquantenaire, 20/6/1995, p. 151.

PALLEMAERTS (M.), « *La Conférence de Rio : grandeur ou décadence du droit international de l'environnement ?* », RBDI, Bruxelles, Bruylant, vol. XXVIII, 1995-1, p-p. 174-223.

PAUWELYN (J.), « *The role of public international law, in WTO : How far can we go* », AJIL, 2001, p-p. 535-578.

PAZARTZIS (Ph.), « *Le rôle de la pratique dans le droit coutumier* », in Colloque de Palma, « *L'influence des sources sur l'unité et la fragmentation du droit international* », 20-21 mai 2005, Bruylant, 2006, p. 100.

PELLET (A.), « *Préface* », in **BURGORGUE-LARSEN (L.)**, **DUBOUT (E.)**, **MATROT DE LA MOTTE (M.)**, **TOUZE (S.)**, « *Les interactions normatives : droit de l'Union européenne et droit international* », Paris, IREDIES, 2012.

PETEV (V.), « *Standards et principes généraux du droit* », in **BERGEL (J.L.)**, **(Dir.)**, « *Les standards dans les divers systèmes juridiques* », Actes du 1er Congrès de l'Association internationale de Méthodologie juridique, Aix-en Provence , 5-7 septembre 1988, RRJ, 1988, n°4, p-p. 825-831.

PETTITI (P.), **SAUVAIN (A.)**, « *Impact de la mondialisation sur les droits nationaux : le droit de l'environnement* », in **MORAND (Ch. A.)**, « *Le Droit saisi par la mondialisation* », Bruxelles, Bruylant, 2001, p-p. 407-418.

PETTITI (P.), « *Le rôle du juge international* », in Mélanges **DRAI (P.)**, « *Le juge entre deux millénaires* », Paris, Dalloz, 2000, p-p. 99-107.

PIERATTI (G.), **PRAT (J.L.)**, « *Droit, économie, écologie et développement durable : des relations nécessaires conflictuelles mais inévitablement ambiguës* », RJE, n° 3, 2000, p. 421.

PINAULT (M.), « *Incertitude et sécurité juridique* », rapport du groupe de travail n°1 du séminaire de la Cour de Cassation, de l'institut des hautes études sur la justice, du centre des hautes études sur l'assurance et de l'école nationale supérieure de sécurité sociale, 22 mars 2005, in **LA VERGNE (B.)**, « *La norme jurisprudentielle et son revirement en droit public* », RRJ, n°1, 2008, p. 303 et s.

PRIEUR (M.), « *Les nouveaux principes du droit de l'environnement : l'exemple du principe de précaution* », les Xème journées juridiques franco-chinoises sur le droit de l'environnement organisées par la Société de législation comparée du 11 au 19 octobre 2006, Publication sur le site internet de la société de législation comparée http://WWW.legiscompare.com.

PROST (M.), « *Discours sur le fondement, l'unité et la fragmentation du droit international : à propos d'une utopie paresseuse* », RBDI, vol. XXXIX, 2006, 2, p-p. 621-670.

QUADRI (R.), « *Cours général de droit international public* », RCADI, vol.113, 1964, p-p. 237-483.

RABU (G.), « *La mondialisation et le droit : éléments macro juridiques de convergence des régimes juridiques* », RIDE, 2OO8, p .335-355.

RACINE (J.B.), SIIRIAINEN (F.), « *Sécurité juridique et droit économique : propos introductifs* », in **RACINE (J.B.), SIIRIAINEN (F.), (Dir.)**, « *Sécurité juridique et droit économique* », Larcier, 2008, p-p. 5-21.

RAIMBAULT (Ph.), « *Nature et racines du principe de sécurité juridique : une mise au point* », RIDC, n°1, 2003, p-p. 85-103.

RAMAZANI GHAVAMABADU (M.H.), « *L'ouverture modeste des instances juridictionnelles et quasi-juridictionnelles internationales au profit des ONG* », RBDI, Vol. XL, n°2, 2007, p. 508 et s.

REMICHE (B.), « *Droit économique, marché et intérêt général* », in « *Philosophie du droit et droitéconomique* », Paris, Frison-Roche, 1999.

RENAUD (S.), « *Amélioration de la qualité de la justice : difficultés théoriques et pratiques* », RRJ, n°5, 2005, p-p. 2952-2978.

RENOUF (Y.), « *Le règlement des litiges* », in **FLORY (Th.) (Dir.)**, « *Évaluation des accords de l'Uruguay Round* », Rennes, Apogée, 1995, p-p.17-22.

RENOUF (Y.), « *Garantir "les droits de la défense" quelques remarques préliminaires sur la nécessité de développer les règles de procédure dans le règlement des différends de l'OMC* », in Colloque de Nice, 1995, « *La réorganisation mondiale des échanges (problèmes juridiques)* », Paris, Pedone, 1996, p-p. 293-308.

REUTER (P.), « *Principes de droit international public* », RCADI, vol. 103, 1961, p-p. 425-656.

REUTER (P.), « *Le recours de la Cour de justice des Communautés européennes à des principes généraux de droit* », in Mélanges **ROLIN (M.)**, « *Problèmes de droit des gens* », Paris, Pedone, 1964, p-p. 263-283.

REUTER (P.), « *Quelques réflexions sur l'équité en droit international* », in **REUTER (P.)**, « *Le développement de l'ordre juridique international : écrits de droit international* », Paris, Economica, 1995, p. 24.

RIALS (S.), « *Ouverture : l'office du juge*», Droits, 1989, n°9, p-p. 3-20.

RIDEAU (J.), « *La mise en œuvre du droit international économique* », in Colloque de Nice, 1986, « *Les Nations Unies et le droit international économique* », Paris, Pedone, 1986, p-p. 271-294.

RIGAUX (F.), « *Le juge, ministre du sens dans la justice et argumentation* », Essais à la mémoire de **PERELMAN (C.)**, Bruxelles, ULB, 1986, p-p. 79-95.

RIPERT (G.), « *Les règles du droit civil applicables aux rapports internationaux (Contribution à l'étude des principes généraux du droit visés au Statut de la Cour permanente de Justice internationale)* », RCADI, vol. 44, II, 1933, p-p. 565-664.

RIVERO (J.), « *Le juge administratif français : un juge qui gouverne ?* », Dalloz, Chronique VI, 1951, p-p.21-24.

ROBERT (E.), « *L'affaire des normes américaines relatives à l'essence : le premier différend commercial environnemental à l'épreuve de la nouvelle procédure de règlement des différends de l'OMC* », RGDIP, vol. 101, n°1, 1997, p-p. 91-139.

ROBERT (E.), « *L'articulation de l'environnement et du développement-la résolution de l'Institut de Droit International sur l'environnement* », RBDI, 1997, p. 527.

ROESSLER (F.), « *Evolution du système de règlement des différends du GATT / de l'OMC* », in Colloque de Nice, 1995, « *La réorganisation mondiale des échanges (problèmes juridiques)* », Paris, Pedone, 1996, p-p. 309-318.

ROLLAND (S.E.), « *Les principes généraux à l'OMC* », in **TOMKIEWICZ (V.)**, **(Dir.)**, « *Les sources et les normes dans le droit de l'OMC* », Colloque de Nice, 24-25 juin 2010, Paris, Pedone, 2012, p-p. 105-121.

ROLIN (H.), « *Les principes de droit international public* », RCADI, 1950-11, vol. 77, p-p. 305-479.

ROLIN (H.), « *Vers un ordre public réellement international* », in Mélanges **BASDEVANT**, Paris, Pedone, 1960, p-p. 441-461.

ROTONDI (M.), « *Le rôle de la notion de l'abus de droit* », RTDC, 1980, p-p. 66-69.

ROUSSEAU (Ch.), « *De la compatibilité des normes juridiques dans l'ordre international* », RGDIP, 1932, tome I, p-p. 133- 192.

ROUSSEAU (Ch.), « *Principes de droit international public* », RCADI, vol. 93, 1958, p-p. 369-550.

RUIZ FABRI (H.), « *Le règlement des différends dans le cadre de l'Organisation Mondiale du Commerce* », JDI, n°3, 1997, p-p. 709-755.

RUIZ FABRI (H.), « *Organisation Mondiale du Commerce, droit matériel* », Jurisclasseur Droit international, fasc. 130, 20/11/1998, n°132.

RUIZ FABRI (H.), « *L'appel dans le règlement des différends de l'OMC : trois ans après quinze rapports plus tard* », RGDIP, tome CIII, 1999, p-p. 48-128.

RUIZ FABRI (H.), « *Le contentieux de l'exécution dans le règlement des différends de l'OMC* », JDI, 2000, n°3, p-p. 605-645.

RUIZ FABRI (H.), « *Le règlement des différends au sein de l'OMC : naissance d'une juridiction, consolidation d'un droit* », in Mélanges **KAHN (Ph.)**,

« *Souveraineté étatique et marchés internationaux à la fin du 20ème siècle* », Litec, 2000, p-p. 303-334.

RUIZ FABRI (H.), « *La contribution de l'Organisation Mondiale du Commerce à la gestion de l'espace juridique mondial* », in **KESSEDJIAN (C.)**, **LOQUIN (E.)**, « *La mondialisation du droit* », Litec, vol. 19, 2000, p-p. 347-354.

RUIZ FABRI (H), « *L'OMC : une organisation en crise* ? », AFRI, 2001, p-p. 943-951.

RUIZ FABRI (H), « *L'ordre public en droit international* », *in* Colloque de Caen 2000, « *L'ordre public : ordre public ou ordres publics* ? *Ordre et droits fondamentaux* », Bruxelles, Bruylant, 2001.

RUIZ FABRI (H.), « *La juridictionnalisation du règlement des litiges économiques entre Etats* », RA, n° 3, 2003, p-p. 903-920.

RUIZ FABRI (H.), « *Le cadre de règlement des différends environnementaux : pouvoir d'attraction du système de règlement des différends de l'OMC et concurrence avec les mécanismes de règlement des accords multilatéraux environnementaux* », in **MAJEAN-DUBOIS (S.)**, « *Droit de l'Organisation Mondiale du Commerce et protection de l'environnement* », Bruxelles, Bruylant, CRIC, 2003, p-p. 345-377.

RUIZ FABRI (H.), « *Le juge de l'OMC : ombres et lumières d'une figure judiciaire singulière* », RGDIP, tome CX, 2006, p-p. 39-76.

RUIZ FABRI (H.), « *La nécessité devant le juge de l'OMC* », *in Colloque de Grenoble,* « *Société française de droit international, La nécessité en droit international* », *Paris, Pedone, 2007, p-p. 189-201.*

RUIZ FABRI (H.), « *Approche européenne du droit international ? Nécessité d'une approche européenne ? Ni oui, ni non, ni blanc, ni noir* », in Journée Franco - Allemande « *Droit international et diversité des cultures juridiques. International law and diversity of legal cultures* », Paris, Pedone, 2008, p-p. 223-240.

RUIZ FABRI (H.), MONNIER (P.), « *Organisation Mondiale du Commerce : Chronique du règlement des différends 1996-1998* », JDI, n°2, 1999, p-p. 385-534.

RUIZ FABRI (H.), MONNIER (P.), « *Organisation Mondiale du Commerce : Chronique du règlement des différends 2005-2006* », JDI, n°3, 2006, p-p. 1211-1288.

RUIZ FABRI (H.), MONNIER (P.), « *Organisation Mondiale du Commerce : Chronique du règlement des différends 2006-2007* », JDI, 2007, p-p. 1007-1051.

RUIZ FABRI (H.), MONNIER (P.), « *Organisation Mondiale du Commerce : Chronique du règlement des différends 2007-2008* », JDI, n°3, 2008, p-p. 845-914.

RUIZ FABRI (H.), MONNIER (P.), « *Organisation Mondiale du Commerce : Chronique du règlement des différends 2008-2009* », JDI, 2009, p. 937.

RUIZ FABRI (H.), MONNIER (P.), « *Organisation Mondiale du Commerce : Chronique du règlement des différends 2011-2012* », JDI, 2013, p. 1467.

RUIZ FABRI (H.), MONNIER (P.), « *Organisation Mondiale du Commerce : droit institutionnel* », Jurisclasseur Droit international, n°5, 2009, fasc.130-10, p. 8.

RUIZ FABRI (H.), MONNIER (P.), « *Organisation Mondiale du commerce : règlement des différends* », Jurisclasseur international, fasc. 130-15, 4, 2010, p. 8.

SACERDOTI (G.), « *Structure et fonction du système de règlement des différends de l'OMC : les enseignements des dix premières années* », RGDIP, n°4, 2006, p-p. 669-799.

SACERDOTI (G.), « *La contribution de l'Organe d'appel de l'OMC à la construction du droit international économique : système commercial multilatéral, accords régionaux, droit de l'investissement* », RGDIP, tome CXX, 2016, p-p. 721-743.

SALMON (J), « *Changements et droit international public* », in Mélanges offerts à **RIGAUX (F.)**, « *Nouveaux itinéraires* », Bruxelles, Bruylant, 1993. p-p. 427-442.

SALMON (J.J.A.), « *Le concept de raisonnable en droit international public* », in Mélanges offerts à **REUTER (P.)**, « *Le droit international : unité et diversité* », Paris, pedone, 1981, p-p. 447-478.

SALAMA (S.), « *L'Organisation Mondiale du Commerce et la protection de l'environnement* », in Colloque de Lyon, « *L'OMC : vers un droit mondial du commerce ?* », 2/3/2001, Bruxelles, Bruylant, 2001, p-p. 157-185.

SALVIOLI (G.), « *Problèmes de procédure dans la jurisprudence internationale* », RCADI, tome I, n° 91, 1957/1, p-p. 557-595.

SANDS (Ph.), « *Vers une transformation du droit international ? Institutionnaliser le doute* », CIHEI, Pedone, 2000, n°4, p-p.183-251.

SANDS (Ph.), « *Les Cours internationales et le principe de précaution* », in « *La précaution de Rio à Johannesburg : Travaux d'une table organisée par le réseau environnement de Genève* », International Environnement House, 16/5/2002, p. 35 et s.

SAN EPIFANIO (L.E.), « *Biotechnologie, santé et environnement dans l'Union européenne : Aspects politiques et juridiques* », RMCUE, n°517, avril 2008, p-p. 255-266.

SANTULLI (C.), « *Qu'est-ce qu'une juridiction internationale ? Des organes répressifs internationaux à l'ORD*», AFDI, XL, vol. VI, 2000, p-p. 58-81.

SCHWARZENBERG (G.), « *The principles and Standards of international economic law* », RCADI, 117, tome 117, 1966 I, p-p. 5-98.

SCOTT (J.B.), « *Le principe de l'égalité juridique dans les rapports internationaux* », RCADI, vol. 42, 1932, p-p. 467-630.

SEROIN (I.), « *L'application des règles d'interprétation de la Convention de Vienne sur le droit des traités dans le cadre de l'ALE, l'ALENA, du GATT et de l'OMC* », RJT, n°34, 2000, p. 233.

SFEZ (L.), « *La rupture des relations diplomatiques* », RGDIP, 1966, p-p. 365-430.

SHANKER (D.), « *The Vienna Convention on the law of treaties, the dispute settlement system of the WTO and the Doha Declaration on the TRIMOPS Agreement* », JWT, vol. 36, n°4, August 2002, p-p. 721-772.

SHAW (S.), **SCHWARTZ (R.)**, « *Trade and environment in the wto* », JWT, vol. 36, n°1, February 2002, p-p. 129-154.

SHARJERDI (P.), **TOMKIEWICZ (V.)**, « *Le procès équitable dans l'espace normatif de l'OMC*», in **RUIZ FABRI (H.)**, **(Dir.)**, « *Procès équitable et enchevêtrement des espaces normatifs* », Société de législation comparée, p-p. 278-336.

SOHNLE (J.), « *Le droit international de l'environnement : une toile d'araignée pour une grosse bête noire* », RJE, n°1, 2010, p. 75-96.

SORENSEN (M.), « *Principes de droit international public* », RCADI, tome I, vol. 101, 1960, p-p. 1-254.

SORENSEN (M.), « *Les principes de droit international public : Cours général* », RCADI, tome 101, 1960, p-p. 1-254.

SOSSA (D.), « *La question de l'introduction du principe de l'estoppel en droit communautaire OHADA* », RASJ, Vol.7, n°1, 2010, p-p. 7-8.

SOULAS DE RUSSEL (D.J.M.), **RAIMBAULT (Ph.)**, « *Nature et racines du principe de sécurité juridique : une mise au point* », RIDC, n°1, 2003, p-p. 96-103.

SOURIOUX (J.L.), « *Le concept de principe général* », in Colloque de Beyrouth, « *Les principes généraux du droit, Droit français, Droit des pays arabes, Droit musulman* », Octobre 2001, Bryulant, Bruxelles, 2005.

STAMATIS (C.M.), « *La concrétisation pragmatique des normes juridiques* », RRJ, 2005, n°5, p. 2990.

STERN (B), « *L'intervention des tiers dans le contentieux de l'OMC* », RGDIP, vol. 107, n°2, 2003, p-p. 257-303.

STERN (B.), « *Un petit pas de plus : l'installation de la société civile dans l'arbitrage CIRDI entre l'Etat et l'investisseur* », RA, n°1, 2007, p. 42.

STRENGER (I.), « *La notion de Lex Mercatoria en droit du commerce international* », RCADI, tome II, 1991, p-p. 217-349.

SUDRE (F.), « *A propos du dynamisme interprétatif de la Cour européenne des droits de l'homme* », JCPG, 2001, I, 335, p-p. 1365-1368.

TANCREDI (A.), « *OMC et coutume(s)* » in Colloque de Nice, 24-25 juin 2010, « *Les sources et les normes dans le droit de l'OMC* », Paris, Pedone, 2012, p. 81 et s.

THOME (N.), « *L'articulation entre le droit de l'OMC, le droit de l'environnement et le droit international du développement* », in **MALJEAN-DUBOIS (S.), (Dir.)**, « *Droit de l'Organisation Mondiale du Commerce et protection de l'environnement* », Bruxelles, Bruylant, 2003, p-p. 311-342.

THOUVENIN (J.M.), « *OMC et conflits de normes : le regard de l'internationaliste publiciste* », in **FORTEAU (M.)**, « *La fragmentation du droit applicable aux relations internationales : regards croisés d'internationalistes privatistes et publicistes* », Actes de la journée d'étude du 16/04/2010, p-p. 39-46.

TIOZZO (C.), MOREY (B.), « *La résolution du conflit de la banane opposant les Etats-Unis à la Communauté européenne par l'OMC* », RMCUE, n°424, juin 1999, p-p. 394-400.

TOUBLANC (A.), « *L'article 103 et la valeur juridique de la Charte des Nations Unies* », RGDIP, tome 108, 2004, p-p. 439-461.

TOUSCOZ (J.), « *La réorganisation mondiale des échanges : quelques questions juridiques* », in Colloque de Nice, 1995, « *La réorganisation mondiale des échanges (problèmes juridiques)* », Paris, Pedone, 1996, p. 21.

ULLRICH (H.), « *La mondialisation du droit économique : vers un nouvel ordre public économique : rapport introductif* », RIDE, n°3/4, 2003, p-p. 291-311.

UHRICKE (U.), « *Les principes de libération et de libéralisation : de l'ouverture des marchés à l'adaptation aux conditions de la concurrence globale : l'exemple de la CE* », RIDE n°3/4, 2003, p-p.3 57-386.

UNTERHALTER (D.), « *Discours d'adieu d'un membre quittant l'Organe d'appel* », in Rapport annuel de l'Organe d'appel pour 2013, WT/AB/20, 14/03/2014.

VALETTE (M.F.), « *Le nouveau schéma européen de préférences tarifaires généralisées : sous le signe du développement durable et la bonne gouvernance* », RMCUE, n°506, mars, 2007, p-p.163-171.

VAN COMPERNOLLE (J.), « *Vers une nouvelle définition de la fonction de juger : du syllogisme à la pondération des intérêts* », in Mélanges offerts à **RIGAUX (F.)**, « *Nouveaux itinéraires en droit* », Bruxelles, Bruylant, 1993, p-p. 495-506.

VAQUE (L.G.), **EHRING (L.)**, **JACQUET (C.)**, « *Le principe de précaution dans la législation communautaire et nationale relative à la protection de la santé* », RMUE, n°1, 1999, p-p. 79-117.

VASAK (K.), « *Revisiter la troisième génération des droits de l'homme avant leur codification* », in **GROS ESPIELL (H.)**, **LIBER (A.)**, « *personne humaine et droit international* », Bruxelles, Bruylant, 1997, p-p. 1649-1666.

VERDROSS (A.), « *Les principes généraux du droit applicables aux rapports internationaux* », RGDIP, vol. 48, 1938, p-p. 45-52.

VERDROSS (A.), « *Les principes généraux du droit dans la jurisprudence internationale* », RCADI, vol. 52, 1935, p-p. 191-251.

VERDROSS (A.), « *Les principes généraux de droit dans le système des sources du droit international public* », Mélanges **GUGGENHEIM (P.)**, Genève, IUHEI, 1968, p-p. 521-530.

VERDROSS (A.), « *Les principes généraux du droit comme source du droit des gens* », Recueil d'études sur les sources du droit en l'honneur de **GENY (F.)**, Paris, Sirey, Rééd. Lib. Ed. Duchemin, vol. 3, 1935, 1977, tome III, p-p. 383-388.

VINCENT (Ph.), « *L'impact des négociations de l'URUGUAY ROUND sur les pays en développement* », RBDI, vol. XXVIII, 1995-2, p-p. 487-513.

VINCENT (Ph.), « *Le contentieux Etats-Unis- Communauté européenne sur les bananes* », RBDI, vol XXXIII, 2000-2, p-p. 552-590.

VINCENT (Ph.), « *Les résultats de la quatrième Conférence ministérielle de l'OMC : vers un cycle du développement ?* », RBDI, vol. XXXVI, 2003-1 p-p. 111-130.

VIRALLY (M), « *Le principe de réciprocité dans le droit international contemporain* », RCADI, vol. 122, 1967, p-p. 1-105.

VIRALLY (M), « *Le rôle des " principes" dans le développement du droit international* », in Recueil d'études de droit international en hommage à **GUGGENHEIM (P.)**, IUHEI, Genève, 1968, p. 531 et s.

VIRALLY (M.), « *L'équité dans le droit* », in **VIRALLY (M.)**, « *Le droit international en devenir : essais écrits au fil des ans* », Paris, PUF, 1ère éd. 1990.

VIRALLY (M.), « *Sur la prétendue "primitivité" du droit international* », in **VIRALLY (M.)**, « *Le droit international en devenir : essais écrits au fil des ans* », Paris, PUF, 1ère éd. 1990, p. 91.

VITANYI (B.), « *Les positions doctrinales concernant le sens de la notion de "principes généraux de droit reconnus par les nations civilisées"* », RGDIP, vol. I, 1982, p-p. 48-116.

VITANYI (B.), « *La signification de la généralité des principes généraux de droit* », RGDIP, 1976, p-p. 536-545.

WACHSMANN (P.), « *La prééminence du droit dans la jurisprudence de la Cour européenne des droits de l'homme* », in Recueil d'études à la mémoire de **SCHWOB (J.)**, « *Le droit des organisations internationales* », Bruxelles, Bruylant, 1997, p-p. 241-286.

WALINE (M.), « *Le pouvoir normatif de la jurisprudence* », in Etudes en l'honneur de **SCELLE (G.)**, « *La technique et les principes du droit public* », Paris, LGDJ, 1950, tome 2, p-p. 613-632.

WECKEL (Ph.), « *Chronique de jurisprudence internationale* », RGDIP, 2005, n°3, p-p. 715-723.

WEIL (P.), « *Le Droit international économique* », in Colloque d'Orléans, « *Aspects du Droit international économique : élaboration-contrôle-sanction* », Paris, Pedone, 25-27 mai 1971, p-p. 3-34.

WEIL (P.), « *Principes généraux du droit et contrats d'Etat* », in Mélanges **GOLDMAN (B.)**, « *Le droit des relations économiques internationales* », Paris, Litec, 1982, p-p. 387-414.

WEIL (P.), « *Vers une normativité relative en droit international* ? », RGDIP, tome 1, 1982, p-p. 7-39.

WEIL (P.), « *Le Droit international en quête de son identité : Cours de droit international public* », RCADI, vol. 6, n°237, 1992, p-p. 19-369.

WEISS (F.), « *The Limits of the WTO : Facing Non-trade Issues* », Conférences pour le 10ème anniversaire : programme provisoires, Stresa, Italie, 11-13 mars 2005, p-p. 166-205.

WITENBERG (J.C.), « *La théorie des preuves devant les juridictions internationales* », RCADI, vol.56, 1936, p-p. 1-105.

WITMEUR (R.), « *L'article XX A) du GATT : l'exception de la moralité publique dans le commerce international* », RIDIE, n° 3, 2012, p. 237.

WOLF (K.), « *Les principes généraux du droit applicables dans les rapports internationaux* », RCADI, vol. 36, 1931, p-p. 479-553.

YASSEEN (M.K.), « *L'interprétation des traités d'après la Convention de Vienne sur le droit des traités* », RCADI, vol. III, 1976, p-p. 1-114.

ZBIDI (A.), « *Allocution d'ouverture* », **BEN ACHOUR (R.)**, **LAGHMANI (S.)**, **(Dir.)**, « *Le droit international face aux nouvelles technologies* », Colloque des 11, 12 et 13 avril 2002, Paris, Pédone, 2002, p. 11.

ZEDALIS (R.), « *Labeling of genetically modified foods the limits of GATT rule* », JWT, vol. 35, n°2, April 2001, p-p. 300-347.

ZIEGLER (A.R.), « *L'OMC après CANCUN : introduction* », RIDE n°3, 2004, p-p. 269-272.

III. THESES et MEMOIRES

BAE (J.S.), « *Le règlement des différends dans le cadre de l'Organisation Mondiale du Commerce* », Thèse de Doctorat, Université de Strasbourg III, 1999.

BELAID (S.), « *Essai sur le pouvoir créateur et normatif du juge* », Thèse de Doctorat, Faculté de droit et des sciences politiques et économiques de Tunis, 1973.

BLOCTEUR (M.), « *Les principes communs de la justice internationale* », Thèse de Doctorat, Université de Paris I, 2010.

BOSSIS (G.), « *La sécurité alimentaire : Organisation Mondiale du Commerce et Union européenne* », DEA, Paris II, 2000.

FERCHICHI (M.), « *L'Uruguay round et le règlement des différends commerciaux interétatiques* », Thèse de Doctorat, Paris, novembre 1996.

GARGOURI (M.), « *Libéralisation des échanges et accord d'association tuniso-européen* », Thèse de doctorat en droit, Faculté de droit de Sfax, 2004/2005..

GRABARCZYK (K.), « *Les principes généraux dans la jurisprudence de la Cour européenne des droits de l'homme* », Thèse de Doctorat, Université Montpellier I, Faculté de droit, 2006.

DIAITE (I.), « *L'intervention devant les juridictions internationales* », Thèse de Doctorat, Université de Paris, Faculté de droit et des sciences économiques, 1992.

DOUE (F.), « *Contribution à l'étude de la sécurité juridique en droit fiscal interne français* », Thèse de l'école doctorale, LGDJ, 1997.

DONNART (E.), « *Les principes généraux du droit international public énoncés par l'organe d'appel de l'Organisation Mondiale du Commerce* », DEA, Paris II, 1999.

HAMMAMI MARRAKCHI (A.), « *L'intégration du "concept de développement durable" dans l'ordre juridique tunisien* », Thèse de Doctorat, Faculté des Sciences juridiques, politiques et sociales de Tunis, 2007.

KARRAY (B.), « *Les mesures de défense commerciale à l'importation en droit tunisien* », Thèse de Doctorat en droit, Faculté de droit de Sfax, 2004/2005.

KHAN (R.), « *L'Organisation Mondiale du commerce et la protection internationale des droits de l'homme de la dissociation à l'articulation* », DEA, Université Paris II, 2000-2001.

KHOUFI (N.), « *L'obligation de conformité du droit interne des Membres avec les accords énoncés dans les accords commerciaux multilatéraux* », Mémoire du Mastère en droit public et commerce international, Faculté de droit de Sfax 2007.

LORENZO (Z.), « *Une nouvelle juridiction internationale : le système de règlement des différends interétatiques de l'OMC* », Thèse de Doctorat, Université lumière, Lyon II, 2003.

LOUVEL (G.), « *La politique alimentaire de l'Union européenne face à l'Organisation Mondiale du Commerce* », DEA, Paris II, 2001.

MAUBERNARD (Ch.), « *les normes jurisprudentielles de la Cour de justice des communautés européennes : contribution à l'étude du pouvoir judiciaire communautaire* », Thèse de Doctorat, Montpellier, 2001.

JOURDAIN FORTIER (C.), « *Santé et commerce international : contribution à l'étude de la protection des valeurs non marchandes par le droit du commerce international* », Thèse de Doctorat, Université de Bourgogne, 2004.

MENETREY (S.), « *L'amicus curiae, vers un principe de droit international procédural* », Thèse de Doctorat, Faculté de droit, Université Laval, Québec et Université Panthéon Assas, Paris, France, 2009.

MESSAOUDI (M.A.), « *Les organisations subsidiaires des Nations Unies* », Thèse de Doctorat d'Etat en Droit, Faculté de droit et des Sciences politiques de Tunis, 1987.

PELLET (A.), « *Recherches sur les principes généraux de droit en droit international* », Thèse de Doctorat, Paris II, 1974.

SAK (M.P.), « *Les principes généraux de droit dans le raisonnement justificatif du juge civil* », Thèse, Paris XII, 1998.

SALPIN (Ch.), « *Contribution de la Cour internationale de justice et de l'organe de règlement des différends de l'OMC à la protection et au droit international de l'environnement* », DEA de droit international, Paris II, 2000.

SIORAT (L.), « *Le problème des lacunes en droit international, contribution à l'étude des sources du droit et de la fonction judiciaire* », Paris, LGDJ, 1958.

TOMKIEWICZ (V.), « *L'organe d'appel de l'Organisation Mondiale du Commerce* », Thèse de Doctorat en droit international économique, 15 juin 2004.

IV. PUBLICATIONS DE L'OMC

- Rapport annuel de l'OMC, Genève, 1996.
- Rapport annuel de l'OMC, Genève, 1998. « *Dossier spécial : Mondialisation et commerce international* ».
- Rapport annuel de l'OMC, Genève, 1999.
- Rapport annuel de l'OMC, Genève, 2000.
- Rapport annuel de l'OMC, Genève, 2001.
- Rapport annuel de l'OMC, Genève, 2005.
- Rapport annuel de l'OMC, Genève, 2006.
- Rapport annuel de l'OMC, Genève, 2007.
- Rapport annuel de l'OMC, Genève, 2008.
- Rapport annuel de l'Organe d'appel pour l'année 2004, WT/AB/03, 25/01/2005.
- Rapport annuel de l'Organe d'appel pour l'année 2006, WT/AB/07, 23/01/2007.

- Rapport annuel de l'Organe d'appel pour l'année 2008, WT/AB/11, 09/01/2009.
- Rapport annuel de l'Organe d'appel pour l'année 2009, WT/AB/13, 17/02/2010.
- Rapport annuel de l'Organe d'appel pour l'année 2012, WT/AB/18, 09/04/2013.
- Rapport annuel de l'Organe d'appel pour l'année 2013, WT/AB/20, 14/03/2014.
- Focus, bulletin d'information, n° 34, octobre 1998, Genève, OMC Déclaration ministérielle de Doha : http://www.wto.org/French/tratop_F/dda_F/dohaexplained_F.htm
- « *Ouvrir la voie au développement durable : commerce et environnement* », OMC 20 ans, Genève, Publication de l'OMC.
- 10 avantages du système commercial de l'OMC, Genève, OMC, 1999.
- 10 malentendus fréquents au sujet de l'OMC, Genève, OMC 1999.
- Commerce et environnement, dossiers spéciaux 4, OMC, 1999.
- Déclaration de Doha, OMC 2003.
- L'Organisation Mondiale du Commerce en quelques mots, Genève, OMC, 1999.
- Les procédures de règlement des différends de l'OMC recueil des textes juridiques pertinents, Le secrétariat de l'OMC 2ème éd., YVON BLAIS, 2004.
- Un commerce ouvert sur l'avenir, Genève, OMC, 1995.
- Dossiers spéciaux. Commerce et environnement, OMC, 1999.

V. TEXTES OFFICIELS

- Les Résultats du Cycle d'Uruguay, in Annexe au Journal officiel de la République tunisienne, n°46, 9/6/1998.
- Guide des règles et pratiques du GATT, vol. I, Genève, OMC, 1995.

- Guide des règles et pratiques du GATT, vol. II, Genève, OMC, 1995.
- Les procédures de règlement des différends de l'OMC : Recueil de textes juridiques, OMC, Genève, 1995.
- La Convention de Vienne sur le droit des traités de 1969, (Document A/CONF 39/27).
- Avis et rapports du Conseil économique et social, « *Environnement et développement durable : l'indispensable mobilisation des acteurs économiques et sociaux* », 2003, Avis présenté par MARTINAND (C.), éd. Journaux officiels

VI. ARRÊTS ET AVIS DE LA CIJ

- Avis consultatif de la CIJ relatif à l'affaire « *Réparation des dommages subis au service des Nations-Unies* », 11/04/1949, Rec. CIJ.
- Ordonnance de la CIJ relative à l'affaire « *Pêcheries (Royaume-Uni c. Norvège)* », 04/10/1950, Rec. CIJ.
- Arrêt de la CIJ relatif à l'affaire « *Droit d'asile (colombie / Pérou)* », 20/11/1950, Rec. CIJ.
- Arrêt de la CIJ relatif à l'affaire « *pêcheries norvégiennes* », 18/12/1951, Rec. CIJ.
- Arrêt de la CIJ relatif à l'affaire « *Droits des ressortissants des Etats-Unis d'Amérique au Maroc* », 27/08/1952, Rec. CIJ.
- Avis consultatif de la CIJ relatif à l'affaire « *Effets de jugement du tribunal administratif des Nations Unies* », 13/07/1954, Rec. CIJ.
- Arrêt de la CIJ relatif à l'affaire « *Nottebohm (Liechtenstein c. Guatemala) (2ème phase)* », 6/4/1955, Rec. CIJ.
- Arrêt de la CIJ relatif à l'affaire « *l'application de la Convention de 1902 pour régler la tutelle des mineurs* », 28/11/1958, Rec. CIJ.
- Arrêt de la CIJ relatif à l'affaire « *Sentence arbitrale rendue par le roi d'Espagne le 23 décembre 1906 (Honduras c. Nicaragua)* », 18/11/1960, Rec. CIJ.

- Arrêt de la CIJ relatif à l'affaire « *Temple de Preah Vihéar* », 15/06/1962, Rec. CIJ.
- Arrêt de la CIJ relatif à l'affaire « *Sud-Ouest africain (2ème phase)* », 18/07/1966, Rec. CIJ.
- Arrêt de la CIJ relatif à l'affaire « *Essaies nucléaires, (Australie / France)* », 20/12/1974, Rec. CIJ.
- Arrêt de la CIJ relatif à l'affaire « *Plateau continental : Tunisie / Jamahiriya arabe libyenne* », 14/04/1981, Rec. CIJ.
- Arrêt de la CIJ relatif à l'affaire « *Activités militaires et paramilitaires au Nicaragua et contre celui-ci* », 10/05/1984, Rec. CIJ.
- Arrêt de la CIJ relatif à l'affaire « *Délimitation de la frontière maritime dans la région du golfe du Maine (Canada /Etats-Unis d'Amérique)* », 12/10/1984, Rec. CIJ.
- Arrêt de la CIJ relatif à l'affaire « *Plateau continental : Jamahiriya arabe libyenne / Malte* », 03/06/1985, Rec. CIJ.
- Arrêt de la CIJ relatif à l'affaire « *Activités militaires et paramilitaires au Nicaragua et contre celui-ci* », 27/06/1986, Rec. CIJ.
- Arrêt de la CIJ relatif à l'affaire « *certaines terres à phosphates à Nauru (exceptions préliminaires)* », 26/06/1992, Rec. CIJ.
- Arrêt de la CIJ relatif à l'affaire « *Jamahiriya Arabe Libyenne / Tchad* », 03/02/1994, Rec. CIJ.
- Avis consultatif de la CIJ relatif à l'affaire « *la licéité de la menace ou de l'emploi d'armes nucléaires* », 8/7/1996, Rec. CIJ.
- Arrêt de la CIJ relatif à l'affaire « *plates formes pétrolières entre la République islamique d'Iran et les Etats-Unis (exception préliminaire)* », 06/11/2003, Rec. CIJ.
- Arrêt de la CIJ relatif à l'affaire « *Projet GabCikovo - Nagymaros (Hongrie / Slovaquie)* », 25/9/1997, Rec. CIJ.
- Arrêt de la CIJ relatif à l'affaire « la frontière terrestre et maritime entre le Cameroun et le Nigéria », 11/06/1998, Rec. CIJ.

- Arrêt de la CIJ relatif à l'affaire «L'ile de Kasikili / Sedum Island (Botswana / Namibie) », 13/12/1999, Rec. CIJ.
- Arrêt de la CIJ relatif à l'affaire « *plates formes pétrolières entre la République islamique d'Iran et les Etats-Unis* », 06/11/2003, Rec. CIJ.
- Arrêt de la CIJ relatif à l'affaire « *Usines de pâte à papier sur le fleuve Uruguay (Argentine / Uruguay)* », 20/4/2010, Rec. CIJ.

VII. ARRÊTS ET AVIS DE LA CPJI

- Avis consultatif de la CPJI relatif à l'affaire « *des décrets de nationalité* », 7/2/1923, Rec. CPJI, série A/B, fascicule n°3.
- Arrêt de la CPJI relatif à l'affaire « *Usine de Chorzów (Allemagne c. Pologne)* », 26/07/1927, Rec. CPJI, série A, fascicule n°9.
- Arrêt de la CPJI relatif à l'affaire « *LOTUS (France c. Turquie)* », 7/9/1927, Rec. CPJI, série A, fascicule n°10.
- Arrêt de la CPJI relatif à l'affaire « *Vapeur de Wimbledon (France / Allemagne)* », 17/8/1929, Rec. CPJI, série A, fascicule n°1.
- Arrêt de la CPJI relatif à l'affaire « *Accès et stationnement des navires de guerre polonais dans le port de Dantzig* », 11/12/1931, Rec. CPJI, série A/B, fascicule n° 43.
- Avis consultatif de la CPJI relatif à l'affaire « *Traitement des nationaux polonais à Dantzig* », 4/2/1932, Rec. CPJI, série A/B, fascicule n° 44.
- Avis consultatif de la CPJI relatif à l'affaire « *Oscar Chinn* », 12/12/1934, Rec. CPJI, série A/B, fascicule n° 63.
- Arrêt de la CPJI relatif à l'affaire « *Écoles minoritaires en Albanie* », 6/4/1935, Rec. CPJI, série A/B, fascicule n°64.
- Avis consultatif de la CPJI relatif à l'affaire « *Compatibilité de certains décrets-lois dantzikois avec la Constitution de la ville libre* », 4/12/1935, Rec. CPJI, série A/B, fascicule n°65.
- Arrêt de la CPJI relatif à l'affaire « *prises d'eau à la Meuse* », 28/06/1937, Rec. CPJI, série C, fascicule n°81.

ANNEXES

I. LES DIFFERENDS EXAMINES DANS LA PRESENTE ETUDE

A. DIFFÉRENDS DANS LE CADRE DU GATT DE 1947.

1) RAPPORTS ADOPTÉS

TITRE DU DIFFÉREND	
ETATS-UNIS - MESURES AFFECTANT LES IMPORTATIONS DE BOIS DE CONSTRUCTION RÉSINEUX EN PROVENANCE DU CANADA	(SCM/162-40S/358) (19/02/1993)
THAILANDE - RESTRICTIONS A L'IMPORTATION ET TAXES INTERIEURES TOUCHANT LES CIGARETTES	(DS10/R - 37S/214) (07/11/1990)
CANADA / CEE - DROITS AU TITRE DE L'ARTICLE XXVIII	(DS12/R - 37S/84) (07/11/1990)
ETATS-UNIS - L'ARTICLE 337 DE LA LOI DOUANIERE DE 1930	(L/6439 - 36S/386) (07/11/1989)
NORVEGE - RESTRICTIONS À L'IMPORTATION DES POMMES ET POIRES	(L/6474 - 36S/345) (22/06/1989)
CANADA - IMPORTATION, DISTRIBUTION ET VENTE DE BOISSONS ALCOOLIQUES PAR LES ORGANISMES PROVINCIAUX DE COMMERCIALISATION	(L/6304 - 35S/38) (22/03/1988)
CANADA - MESURES AFFECTANT L'EXPORTATION DE HARENGS ET DE SAUMONS NON PRÉPARÉS	(L/6268-35S/106) (22/03/1988)
ETATS-UNIS - REDEVANCES POUR LES OPERATIONS DOUANIERES	(L/6264 - 35S/277) (02/02/1988)
ETATS-UNIS - IMPORTATIONS DE CERTAINS ASSEMBLAGES DE RESSORTS POUR AUTOMOBILES	(L/5333 - 30S/111) (26/05/1983)

2) RAPPORTS NON ADOPTÉS

TITRE DU DIFFÉREND	
ETATS-UNIS - RESTRICTIONS A L'IMPORTATION DE THON EN PROVENANCE DES COMMUNAUTÉS EUROPÉENNES	Rapport non adopté DS29/R, (16/06/1994)
ETATS-UNIS - RESTRICTIONS AUX IMPORTATIONS DE THON MEXICAIN	Rapport non adopté DS21/R, 33I.L 16/08/1991
ETATS-UNIS - PROHIBITIONS À L'IMPORTATION DE THON EN PROVENANCE DU CANADA	Rapport non adopté L/5198 22/02/1982

B. DIFFÉRENDS DANS LE CADRE DE L'OMC.

TITRE DU DIFFÉREND	GROUPE SPECIAL	ORGANE D'APPEL
UNION EUROPÉENNE - MESURES ANTIDUMPING VISANT LE BIODIESEL EN PROVENANCE D'ARGENTINE	WT/DS473/R (29/03/2016)	
ETATS UNIS - MESURES ANTIDUMPING ET MESURES COMPENSATOIRES VISANT LES GROS LAVE - LINGE À USAGE DOMESTIQUE EN PROVENANCE DE CORÉ	WT/DS464/R (11/03/2016)	
CHINE - MESURES IMPOSANT DES DROITS ANTIDUMPING SUR LES TUBES, SANS SOUDURE, EN ACIER INOXYDABLE HAUTE PERFORMANCE EN PROVENANCE DU JAPON	WT/DS460/R WT/DS454/R (13/02/2015)	
ÉTATS-UNIS - MESURES COMPENSATOIRES VISANT CERTAINS PRODUITS PLATS EN ACIER AU CARBONE LAMINÉS À CHAUD EN PROVENANCE D'INDE	WT/DS436/R (14/07/2014)	WT/DS436/AB/R (08/12/2014)
CHINE - DROITS COMPENSATEURS ET DROITS ANTIDUMPING VISANT LES ACIERS DITS MAGNÉTIQUES LAMINÉS, À GRAINS ORIENTÉS, EN PROVENANCE DES ÉTATS-UNIS	WT/DS414/R (15/06/2012)	
ÉTATS-UNIS - MESURES AFFECTANT LA PRODUCTION ET LA VENTE DE CIGARETTES AUX CLOUS DE GIROFLE	WT/DS406/R (02/09/2011)	WT/DS406/AB/R (04/04/2012)
CHINE - MESURES RELATIVES À L'EXPORTATION DE DIVERSES MATIÈRES PREMIÈRES	WT/DS398/R WT/DS395/R WT/DS394/R (05/07/2011)	WT/DS398/AB/R WT/DS395/AB/R WT/DS394/AB/R (30/01/2012)

TITRE DU DIFFÉREND	GROUPE SPECIAL	ORGANE D'APPEL
COMMUNAUTÉS EUROPÉENNES - MESURES ANTIDUMPING DÉFINITIVES VISANT CERTAINS ÉLÉMENTS DE FIXATION EN FER OU EN ACIER EN PROVENANCE DE CHINE	WT/DS397/R (07/08/2015)	
AUSTRALIE - MESURES AFFECTANT L'IMPORTATION DE POMMES EN PROVENANCE DE NOUVELLE-ZÉLANDE	WT/DS367/R (09/08/2010)	WT/DS367/AB/R (29/11/2010)
CHINE - MESURES AFFECTANT LES DROITS DE COMMERCIALISATION ET LES SERVICES DE DISTRIBUTION POUR CERTAINES PUBLICATIONS ET CERTAINS PRODUITS DE DIVERTISSEMENT AUDIOVISUELS	WT/DS363/R (12/08/2009)	WT/DS363/AB/R (21/12/2009)
INDE - DROITS ADDITIONNELS ET DROITS ADDITIONNELS SUPPLÉMENTAIRES SUR LES IMPORTATIONS EN PROVENANCE DES ETATS UNIS	WT/DS360/R (09/06/2008)	WT/DS360/AB/R (30/10/2008)
ETATS-UNIS - MAINTIEN EN EXISTENCE ET EN APPLICATION DE LA MÉTHODE DE RÉDUCTION À ZÉRO	WT/DS350/R (01/10/2008)	WT/DS350/AB/R (04/02/2009)
ÉTATS-UNIS - MESURES ANTIDUMPING FINALES VISANT L'ACIER INOXYDABLE EN PROVENANCE DU MEXIQUE	WT/DS344/R (20/12/2007)	WT/DS344/AB/R (30/04/2008)
ETATS UNIS - MESURES CONCERNANT LES CREVETTES EN PROVENANCE DE THAÏLANDE	WT/DS343/R (29/02/2008)	WT/DS343/AB/R (16/07/2008)
BRÉSIL - MESURES VISANT L'IMPORTATION DE PNEUMATIQUES RECHAPÉS	WT/DS332/R (12/06/2007)	WT/DS332/AB/R (03/12/2007)
CANADA - MAINTIEN DE LA SUSPENSION D'OBLIGATIONS DANS LE DIFFEREND CE - HORMONES	WT/DS321/R (31/03/2008)	WT/DS321/AB/R (16/10/2008)
ÉTATS-UNIS - MAINTIEN DE LA SUSPENSION D'OBLIGATIONS DANS LE DIFFEREND CE - HORMONES	WT/DS320/R (31/03/2008)	WT/DS320/AB/R (16/10/2008)
CORÉE - DROITS ANTIDUMPING SUR LES IMPORTATIONS DE CERTAINS PAPIERS EN PROVENANCE D'INDONÉSIE	WT/DS312/R (28/10/2005) WT/DS312/RW (28/09/2008)	WT/DS312/AB/R (28/09/2007)
ÉTATS-UNIS - LOIS, RÉGLEMENTATIONS ET MÉTHODE DE CALCUL DES MARGES DE DUMPING (RÉDUCTION À ZÉRO)	WT/DS294/R (31/10/2005)	WT/DS294/AB/R (18/04/2006) WT/DS294/AB/RW (14/05/2009)
COMMUNAUTÉS EUROPÉENNES - MESURES AFFECTANT L'APPROBATION ET LA COMMERCIALISATION DES PRODUITS BIOTECHNOLOGIQUES	WT/DS293/R WT/DS292/R WT/DS291/R (29/09/2006)	

TITRE DU DIFFÉREND	GROUPE SPECIAL	ORGANE D'APPEL
COMMUNAUTÉS EUROPÉENNES - CLASSIFICATION DOUANIÈRE DES MORCEAUX DE POULET DÉSOSSÉS ET CONGELÉS.	WT/DS286/R WT/DS269/R (30/05/2005)	WT/DS286/AB/R WT/DS269/AB/R (12/09/2005)
ÉTATS-UNIS - MESURES VISANT LA FOURNITURE TRANSFRONTIÈRES DE SERVICES DE JEUX ET PARIS	WT/DS285/R (10/11/2004)	WT/DS285/AB/R (07/04/2005)
COMMUNAUTÉS EUROPÉENNES - SUBVENTION À L'EXPORTATION DE SUCRE	WT/DS283/R WT/DS266/R WT/DS265/R (15/10/2004)	WT/DS283/AB/R WT/DS266/AB/R WT/DS265/AB/R (28/04/2005)
COMMUNAUTES EUROPEENNES – CONDITIONS D'OCTROI DE PRÉFÉRENCES TARIFAIRES AUX PAYS EN DÉVELOPPEMENT	WT/DS246/R (01/12/2003)	WT/DS246/AB/R (07/04/2004)
JAPON - MESURES VISANT L'IMPORTATION DE POMMES	WT/DS245/R (15/07/2003)	WT/DS245/AB/R (26/11/2003)
ÉTATS-UNIS - RÉEXAMEN À L'EXTINCTION DES DROITS ANTIDUMPING APPLIQUÉS AUX PRODUITS PLATS EN ACIER AU CARBONE TRAITÉ CONTRE LA CORROSION EN PROVENANCE DU JAPON	WT/DS244/R (14/08/2003)	WT/DS244/AB/R (15/12/2003)
ETATS-UNIS - LOI DE 2000 SUR LA COMPENSATION POUR CONTINUATION DU DUMPING ET MAINTIEN DE LA SUBVENTION	WT/DS234/R WT/DS217/R (16/09/2002)	WT/DS234/AB/R WT/DS217/AB/R (16/01/2003)
COMMUNAUTÉS EUROPÉENNES – DÉSIGNATION COMMERCIALE DES SARDINES	WT/DS231/R (29/05/2002)	WT/DS231/AB/R (26/09/2002)
COMMUNAUTÉS EUROPÉENNES – DROITS ANTIDUMPING SUR LES ACCESSOIRES DE TUYAUTERIE EN FONTE MALLÉABLE EN PROVENANCE DU BRÉSIL	WT/DS219/R (07/03/2003)	WT/DS219/AB/R (22/07/2003)
ÉTATS-UNIS - DROITS COMPENSATEURS SUR CERTAINS PRODUITS PLATS EN ACIER AU CARBONE TRAITÉ CONTRE LA CORROSION EN PROVENANCE D'ALLEMAGNE	WT/DS213/R (03/07/2002)	WT/DS213/AB/R (28/11/2002)
EGYPTE – MESURES ANTIDUMPING DÉFINITIVES À L'IMPORTATION DE BARRES D'ARMATURE EN ACIER EN PROVENANCE DE LA TURQUIE	WT/DS211/R (08/08/2002)	
ETATS-UNIS - MESURES DE SAUVEGARDE DEFINITIVES A L'IMPORTATION DE TUBES ET TUYAUX DE QUALITE CARBONE SOUDES, DE SECTION CIRCULAIRE, EN PROVENANCE DE COREE	WT/DS202/R (29/10/2001)	WT/DS202/AB/R (15/02/2002)
ETATS-UNIS – MESURE DE SAUVEGARDE TRANSITOIRE APPLIQUEE AUX FILS DE COTON PEIGNES EN PROVENANCE DU PAKISTAN	WT/DS192/R (31/05/2001)	WT/DS192/AB/R (8/10/2001)

TITRE DU DIFFÉREND	GROUPE SPECIAL	ORGANE D'APPEL
ARGENTINE – MESURES ANTIDUMPING DÉFINITIVES À L'IMPORTATION DE CARTON EN PROVENANCE D'ALLEMAGNE ET MESURES ANTIDUMPING DÉFINITIVES À L'IMPORTATION DE CARREAUX DE SOL EN CÉRAMIQUE EN PROVENANCE D'ITALIE	WT/DS189/R (28/09/2001)	
ÉTATS-UNIS – MESURES ANTIDUMPING APPLIQUÉES À CERTAINS PRODUITS EN ACIER LAMINÉS À CHAUD EN PROVENANCE DU JAPON	WT/DS184/R (28/02/2001)	WT/DS184/AB/R (24/07/2001)
ÉTATS-UNIS – MESURE DE SAUVEGARDE À L'IMPORTATION DE VIANDE D'AGNEAU FRAÎCHE, RÉFRIGÉRÉE OU CONGELÉE EN PROVENANCE DE NOUVELLE-ZÉLANDE ET D'AUSTRALIE	WT/DS178/R WT/DS177/R (21/12/2000)	WT/DS178/AB/R WT/DS177/AB/R (01/05/2001)
INDE – MESURES CONCERNANT LE COMMERCE ET L'INVESTISSEMENT DANS LE SECTEUR AUTOMOBILE	WT/DS/175/R WT/DS146/R (21/12/2001)	WT/DS175/AB/R WT/DS146/AB/R (19/03/2002)
CORÉE – MESURES AFFECTANT LES IMPORTATIONS DE VIANDE DE BŒUF FRAÎCHE, RÉFRIGÉRÉE ET CONGELÉE	WT/DS/169/R WT/DS161/R (31/07/2000)	WT/DS169/AB/R WT/DS161/AB/R (11/12/2000)
ÉTATS-UNIS – MESURES DE SAUVEGARDE DÉFINITIVES À L'IMPORTATION DE GLUTEN DE FROMENT EN PROVENANCE DES COMMUNAUTÉS EUROPÉENNES	WT/DS166/R (31/07/2000)	WT/DS166/AB/R (22/12/2000)
COREE – MESURES AFFECTANT LES MARCHES PUBLICS	WT/DS163/R (01/05/2000)	
ÉTATS-UNIS - LOI ANTIDUMPING DE 1916	WT/DS162/R WT/DS136/R (29/05/2000)	WT/DS162/AB/R WT/DS136/AB/R (28/08/2000)
ETATS-UNIS – ARTICLE 110. 5) DE LA LOI SUR LE DROIT D'AUTEUR	WT/DS160/R (15/6/2000)	
GUATEMALA — MESURE ANTIDUMPING DÉFINITIVE CONCERNANT LE CIMENT PORTLAND GRIS EN PROVENANCE DU MEXIQUE	WT/DS156/R (24/10/2000)	
ARGENTINE -MESURES VISANT L'EXPORTATION DE PEAUX DE BOVINS ET L'IMPORTATION DE CUIRS FINIS	WT/DS155/R (19/12/2000)	
ÉTATS-UNIS - ARTICLES 301 A 310 DE LA LOI DE 1974 SUR LE COMMERCE EXTERIEUR	WT/DS152/R (25/11/1998)	WT/DS152/AB/R (22/12/1999)
CANADA - CERTAINES MESURES AFFECTANT L'INDUSTRIE AUTOMOBILE	WT/DS142/R WT/DS139/R (11/02/2000)	WT/DS142/AB/R WT/DS139/AB/R (31/05/2000)
ÉTATS-UNIS - IMPOSITION DE DROITS COMPENSATEURS SUR CERTAINS PRODUITS EN ACIER AU CARBONE, PLOMB ET BISMUTH LAMINÉS À CHAUD ORIGINAIRES DU ROYAUME-UNI	WT/DS138/R (23/12/1999)	WT/DS138/AB/R (10/05/2000)

TITRE DU DIFFÉREND	GROUPE SPECIAL	ORGANE D'APPEL
COMMUNAUTÉS EUROPÉENNES - MESURES AFFECTANT L'AMIANTE ET LES PRODUITS EN CONTENANT	WT/DS135/ R (18/09/2000)	WT/DS135/AB/R (12/03/2001)
MEXIQUE - ENQUÊTE ANTIDUMPING CONCERNANT LE SIROP DE MAÏS À HAUTE TENEUR EN FRUCTOSE EN PROVENANCE DES ÉTATS-UNIS	WT/DS132/R (28/01/2000)	WT/DS132/AB/R W (22/10/2001)
THAÏLANDE - DROITS ANTIDUMPING SUR LES PROFILÉS EN FER OU EN ACIERS NON ALLIÉS ET LES POUTRES EN H EN PROVENANCE DE POLOGNE	WT/DS122/R (28/09/2000)	WT/DS122/AB/R (12/03/2001)
ARGENTINE - MESURES DE SAUVEGARDE À L'IMPORTATION DE CHAUSSURES	WT/DS121/R (25/06/1999)	WT/DS121/AB/R (14/12/1999)
CANADA - PROTECTION CONFÉRÉE PAR UN BREVET POUR LES PRODUITS PHARMACEUTIQUES	WT/DS114/R (17/03/2000)	
ÉTATS-UNIS - TRAITEMENT FISCAL DES "SOCIETES DE VENTES A L'ETRANGER"	WT/DS108/R (08/10/1999)	WT/DS108/AB/R (24/02/2000)
ÉTATS-UNIS - DROIT ANTIDUMPING SUR LES SEMI-CONDUCTEURS POUR MÉMOIRES RAM DYNAMIQUES (DRAM) DE UN MÉGABIT OU PLUS, ORIGINAIRES DE CORÉE	WT/DS99/R (29/01/1999)	
CORÉE - MESURE DE SAUVEGARDE DÉFINITIVE APPLIQUÉE AUX IMPORTATIONS DE CERTAINS PRODUITS LAITIERS	WT/DS98/R (21/06/1999)	WT/DS98/AB/R (14/12/1999)
INDE - RESTRICTIONS QUANTITATIVES À L'IMPORTATION DE PRODUITS AGRICOLES, TEXTILES ET INDUSTRIELS	WT/DS90/R (06/04/1999)	
JAPON - MESURES VISANT LES PRODUITS AGRICOLES		WT/DS76/AB/R (22/02/1999)
CANADA - MESURES VISANT L'EXPORTATION DES AÉRONEFS CIVILS		WT/DS70/AB/R (02/08/1999)
COMMUNAUTES EUROPEENNES - MESURES AFFECTANT L'IMPORTATION DE CERTAINS PRODUITS PROVENANT DE VOLAILLES		WT/DS69/AB/R (13/07/1998)
COMMUNAUTES EUROPEENNES - CLASSEMENT TARIFAIRE DE CERTAINS MATERIELS INFORMATIQUES	WT/DS68/R WT/DS67/R WT/DS62/R (05/02/1998)	WT/DS68/AB/R WT/DS67/AB/R WT/DS62/AB/R (05/06/1998)
INDONESIE - CERTAINES MESURES AFFECTANT L'INDUSTRIE AUTOMOBILE	WT/DS64/R WT/DS55/R WT/DS54/R (02/07/1998)	

TITRE DU DIFFÉREND	GROUPE SPECIAL	ORGANE D'APPEL
GUATEMALA - ENQUETE ANTIDUMPING CONCERNANT LE CIMENT PORTLAND EN PROVENANCE DU MEXIQUE	WT/DS60/R (19/06/1998)	WT/DS60/AB/R (02/11/1998)
ETATS-UNIS - PROHIBITION A L'IMPORTATION DE CERTAINES CREVETTES ET DE CERTAINS PRODUITS A BASE DE CREVETTES	WT/DS58/R (15/05/1998)	WT/DS58/AB/R (12/10/1998)
ARGENTINE -MESURES AFFECTANT LES IMPORTATIONS DE CHAUSSURES, TEXTILES, VÊTEMENTS ET AUTRES ARTICLES		WT/DS56/AB/R (27/03/1998)
INDE – PROTECTION CONFÉRÉE PAR UN BREVET POUR LES PRODUITS PHARMACEUTIQUES ET LES PRODUITS CHIMIQUES POUR L'AGRICULTURE	WT/DS50/R (19/12/1997)	WT/DS50/AB/R (05/09/1998)
COMMUNAUTÉS EUROPÉENNES – MESURES COMMUNAUTAIRES CONCERNANT LES VIANDES ET LES PRODUITS CARNÉS (HORMONES)	WT/DS48/AB/R WT/DS26/AB/R (18/08/1997)	WT/DS48/AB/R WT/DS26/AB/R (16/01/1998)
BRÉSIL - PROGRAMME DE FINANCEMENT DES EXPORTATIONS POUR LES AÉRONEFS	WT/DS46/R (14/04/1999) WT/DS46/R/2 (26/07/2001)	WT/DS46/AB/R (02/08/1999) WT/DS46/ARB (28/08/1999)
JAPON - MESURES AFFECTANT LES PELLICULES ET PAPIERS PHOTOGRAPHIQUES DESTINES AUX CONSOMMATEURS	WT/DS44/R (21/03/1998)	
ÉTATS-UNIS - MESURES AFFECTANT LES IMPORTATIONS DE CHEMISES, CHEMISIERS ET BLOUSES, DE LAINE, TISSÉS EN PROVENANCE D'INDE		WT/DS33/AB/R (25/04/1997)
CANADA - CERTAINES MESURES CONCERNANT LES PERIODIQUES		WT/DS31/AB/R (30/06/1997)
COMMUNAUTES EUROPEENNES – REGIME APPLICABLE À L'IMPORTATION, A LA VENTE ET A LA DISTRIBUTION DES BANANES	WT/DS27/R (22/05/1997) WT/DS27/R/ECU (12/04/1999)	WT/DS27/AB/R (09/09/1997)
ETATS-UNIS - RESTRICTIONS A L'IMPORTATION DE VETEMENTS DE DESSOUS DE COTON ET DE FIBRES SYNTHETIQUES OU ARTIFICIELLES	WT/DS24/R (08/11/1996)	WT/DS24/AB/R (10/02/1997)
BRÉSIL - MESURES VISANT LA NOIX DE COCO DESSÉCHÉE		WT/DS22/AB/R (21/02/1997)
AUSTRALIE - MESURES VISANT LES IMPORTATIONS DE SAUMONS	WT/DS18/R (08/11/1996)	WT/DS18/AB/R (20/10/1998)
JAPON – TAXES SUR LES BOISSONS ALCOOLIQUES	WT/DS11/R WT/DS10/R WT/DS08/R (11/07/1996)	WT/DS11/AB/R WT/DS10/AB/R WT/DS08/AB/R (04/10/1996)
ETATS-UNIS -NORMES CONCERNANT L'ESSENCE NOUVELLE ET ANCIENNE FORMULES	WT/DS02/R (29/01/1996)	WT/DS02/AB/R (29/04/1996)

II. LES DIFFERENDS CLASSES PAR ORDRE CHRONOLOGIQUE

	TITRE DU DIFFÉREND	PLAIGNANT	DEMANDE DE CONSULTATIONS
DS524	Costa Rica — Mesures concernant l'importation d'avocats frais en provenance du Mexique	Mexique	08/03/2017
DS523	États-Unis — Mesures compensatoires visant certains tubes et tuyaux (Turquie)	Turquie	08/03/2017
DS522	Canada — Mesures concernant le commerce des aéronefs commerciaux	Brésil	08/02/2017
DS521	Union européenne — Mesures antidumping visant certains produits plats laminés à froid en acier en provenance de Russie	Fédération de Russie	27/01/2017
DS520	Canada — Mesures régissant la vente de vin dans les magasins d'alimentation	États-Unis	18/01/2017
DS519	Chine — Subventions aux producteurs d'aluminium primaire	États-Unis	12/01/2017
DS518	Inde — Certaines mesures visant les importations de produits en fer et en acier	Japon	20/12/2016
DS517	Chine — Contingents tarifaires visant certains produits agricoles	États-Unis	15/12/2016
DS516	Union européenne — Mesures relatives aux méthodes de comparaison des prix	Chine	12/12/2016
DS515	États-Unis — Mesures relatives aux méthodes de comparaison des prix	Chine	12/12/2016
DS514	États-Unis — Mesures compensatoires visant des produits plats en acier laminés à froid et à chaud en provenance du Brésil	Brésil	11/11/2016
DS513	Maroc — Mesures antidumping visant certains produits en acier laminés à chaud en provenance de Turquie	Turquie	03/10/2016
DS512	Fédération de Russie — Mesures concernant le trafic en transit	Ukraine	14/09/2016
DS511	Chine — Soutien interne aux producteurs agricoles	États-Unis	13/09/2016
DS510	États-Unis — Certaines mesures relatives au secteur des énergies renouvelables	Inde	09/09/2016

	TITRE DU DIFFÉREND	PLAIGNANT	DEMANDE DE CONSULTATIONS
DS509	Chine — Droits et autres mesures concernant l'exportation de certaines matières premières	Union européenne	19/07/2016
DS508	Chine — Droits d'exportation sur certaines matières premières	États-Unis	13/07/2016
DS507	Thaïlande — Subventions concernant le Sucre	Brésil	04/04/2016
DS506	Indonésie — Mesures concernant l'importation de viande bovine	Brésil	04/04/2016
DS505	États-Unis — Mesures compensatoires visant le papier supercalandré en provenance du Canada	Canada)	30/03/2016
DS504	République de Corée — Droits antidumping visant les valves pneumatiques en provenance du Japon	Japon)	15/03/2016
DS503	États-Unis — Mesures concernant les visas pour non-immigrants	Inde	03/03/2016
DS502	Colombie — Mesures concernant les spiritueux importés	Union européenne	13/01/2016
DS501	Chine — Mesures fiscales visant certains aéronefs produits dans le pays	États-Unis	08/12/2015
DS500	Afrique du Sud — Droits antidumping provisoires visant les importations de ciment Portland en provenance du Pakistan	Pakistan	09/11/2015
DS499	Fédération de Russie — Mesures affectant l'importation de matériels ferroviaires et leurs parties	Ukraine	21/10/2015
DS498	Inde — Droits antidumping sur les clés usb en provenance du Territoire douanier distinct de Taiwan, Penghu, Kinmen et Matsu	Taipei Chinois	24/09/2015
DS497	Brésil — Certaines mesures concernant la taxation et les impositions	Japon	02/07/2015
DS496	Indonésie — Mesure de sauvegarde concernant certains produits en fer ou en acier	Viet Nam	01/06/2015
DS495	République de Corée — Interdictions d'importer, et prescriptions en matière d'essais et de certification pour les radionucléides	Japon	21/05/2015

	TITRE DU DIFFÉREND	PLAIGNANT	DEMANDE DE CONSULTATIONS
DS494	Union européenne — Méthodes d'ajustement des frais et certaines mesures antidumping visant les importations en provenance de russie — (Deuxième plainte)	Fédération de Russie	07/05/2015
DS493	Ukraine — Mesures antidumping visant le nitrate d'ammonium	Fédération de Russie	07/05/2015
DS492	Union européenne — Mesures affectant les concessions tarifaires concernant certains produits à base de viande de volaille	Chine	08/05/2015
DS491	États-Unis — Mesures antidumping et compensatoires visant certains papiers couchés en provenance d'Indonésie	Indonésie	13/03/2015
DS490	Indonésie — Mesure de sauvegarde concernant certains produits en fer ou en acier	Taipei Chinois	12/02/2015
DS489	Chine — Mesures concernant les programmes relatifs aux bases de démonstration et aux plates-formes de services communs	États-Unis	11/02/2015
DS488	États-Unis — Mesures antidumping visant certains produits tubulaires pour champs pétrolifères en provenance de Corée	République de Corée	22/12/2014
DS487	États-Unis - Incitations fiscales conditionnelles pour les aéronefs civils gros porteurs	Union européenne	19/12/2014
DS486	Union européenne - Mesures compensatoires visant certains types de polyéthylène téréphtalate en provenance du pakistan	Pakistan	05/11/2014
DS485	Fédération de Russie — Traitement tarifaire de certains produits agricoles et manufacturés	Union européenne	31/10/2014
DS484	Indonésie — Mesures concernant l'importation de viande de poulet et de produits à base de poulet	Brésil	16/10/2014
DS483	Chine — Mesures antidumping visant les importations de pâte de cellulose en provenance du Canada	Canada	15/10/2014
DS482	Canada — Mesures antidumping visant les importations de certains tubes soudés en acier au carbone en provenance du Territoire douanier distinct de Taiwan, Penghu, Kinmen et Matsu	Taipei Chinois	25/06/2014

	TITRE DU DIFFÉREND	PLAIGNANT	DEMANDE DE CONSULTATIONS
DS481	Indonésie — Recours à l'article 22:2 du Mémorandum d'accord sur le règlement des différends dans le différend — États-Unis — Cigarettes aux clous de girofle	Union européenne	13/06/2014
DS480	Union européenne — Mesures antidumping visant le biodiesel en provenance d'Indonésie	Indonésie	10/06/2014
DS479	Fédération de Russie — Droits antidumping sur les véhicules utilitaires légers en provenance d'Allemagne et d'Italie	Union européenne	21/05/2014
DS478	Indonésie — Importation de produits horticoles, d'animaux et de produits d'origine animale	États-Unis	08/05/2014
DS477	Indonésie — Importation de produits horticoles, d'animaux et de produits d'origine animale	Nouvelle-Zélande	08/05/2014
DS476	Union européenne — Certaines mesures relatives au secteur de l'énergie	Fédération de Russie	30/04/2014
DS475	Fédération de Russie — Mesures visant l'importation de porcins vivants, de viande de porc et d'autres produits du porc en provenance de l'Union européenne	Union européenne	08/04/2014
DS474	Union européenne — Méthodes d'ajustement des frais et certaines mesures antidumping visant les importations en provenance de Russie	Fédération de Russie	23/12/2013
DS473	Union européenne — Mesures antidumping visant le biodiesel en provenance d'Argentine	Argentine	19/12/2013
DS472	Brésil — Certaines mesures concernant la taxation et les impositions	Union européenne	19/12/2013
DS471	États-Unis — Certaines méthodes et leur application aux procédures antidumping visant la Chine	Chine	03/12/2013
DS470	Pakistan — Enquêtes en matière de droits antidumping et de droits compensateurs visant certains papiers en provenance d'Indonésie	Indonésie	27/11/2013
DS469	Union européenne — Mesures visant le hareng atlanto scandinave	Danemark	04/11/2013

	TITRE DU DIFFÉREND	PLAIGNANT	DEMANDE DE CONSULTATIONS
DS468	Ukraine — Mesures de sauvegarde définitives visant certains véhicules automobiles pour le transport de personnes	Japon	30/10/2013
DS467	Australie — Certaines mesures concernant les marques de fabrique ou de commerce, les indications géographiques et autres prescriptions en matière d'emballage neutre applicables aux produits du tabac et à leur emballage	Indonésie	20/09/2013
DS466	Indonésie - Importation de produits horticoles, d'animaux et de produits d'origine animale	Nouvelle-Zélande	30/08/2013
DS465	Indonésie — Importation de produits horticoles, d'animaux et de produits d'origine animale	États-Unis	30/08/2013
DS464	États-Unis — Mesures antidumping et mesures compensatoires visant les gros lave linge à usage domestique en provenance de Corée	République de Corée	29/08/2013
DS463	Fédération de Russie — Taxe de recyclage sur les véhicules automobiles	Japon	24/07/2013
DS462	Fédération de Russie — Taxe de recyclage sur les véhicules automobiles	Union européenne	09/07/2013
DS461	Colombie - Mesures visant les importations de textiles, vêtements et chaussures	Panama	18/06/2013
DS460	Chine — Mesures imposant des droits antidumping sur les tubes, sans soudure, en acier inoxydable haute performance (HP-SSST) en provenance de l'Union européenne	Union européenne	13/06/2013
DS459	Union européenne — Certaines mesures concernant l'importation et la commercialisation de biodiesel et mesures de soutien a l'industrie du biodiesel	Argentine	15/05/2013
DS458	Australie — Certaines mesures concernant les marques de fabrique ou de commerce, les indications géographiques et autres prescriptions en matière d'emballage neutre applicables aux produits du tabac et à leur emballage	Cuba	03/05/2013
DS457	Pérou — Droit additionnel visant les importations de certains produits agricoles	Guatemala	12/04/2013

	TITRE DU DIFFÉREND	PLAIGNANT	DEMANDE DE CONSULTATIONS
DS456	Inde — Certaines mesures relatives aux cellules solaires et aux modules solaires	États-Unis	06/02/2013
DS455	Indonésie — Importation de produits horticoles, d'animaux et de produits d'origine animale	États-Unis	10/01/2013
DS454	Chine — Mesures imposant des droits antidumping sur les tubes, sans soudure, en acier inoxydable haute performance en provenance du Japon	Japon	20/12/2012
DS453	Argentine — Mesures concernant le commerce des marchandises et des services	Panama	12/12/2012
DS452	Union européenne et certains États membres — Certaines mesures affectant le secteur de la production d'énergie renouvelable	Chine	05/11/2012
DS451	Chine — Mesures concernant la production et l'exportation de vêtements et de produits textiles	Mexique	15/10/2012
DS450	Chine — Certaines mesures affectant les industries de l'automobile et des pièces automobiles	États-Unis	17/09/2012
DS449	États-Unis — Mesures compensatoires et mesures antidumping visant certains produits en provenance de Chine	Chine	17/09/2012
DS448	États-Unis — Mesures affectant l'importation de citrons frais	Argentine	03/09/2012
DS447	États-Unis — Mesures affectant l'importation d'animaux, de viandes et d'autres produits d'origine animale en provenance d'Argentine	Argentine	30/08/2012
DS446	Argentine — Mesures affectant l'importation de marchandises	Mexique	24/08/2012
DS445	Argentine — Mesures affectant l'importation de marchandises	Japon	21/08/2012
DS444	Argentine — Mesures affectant l'importation de marchandises	États-Unis	21/08/2012
DS443	Union européenne et un État Membre — Certaines mesures concernant l'importation de biodiesels	Argentine	17/08/2012

	TITRE DU DIFFÉREND	PLAIGNANT	DEMANDE DE CONSULTATIONS
DS442	Union européenne - Mesures antidumping visant les importations de certains alcools gras en provenance d'Indonésie	Indonésie	30/07/2012
DS441	Australie — Certaines mesures concernant les marques de fabrique ou de commerce, les indications géographiques et autres prescriptions en matière d'emballage neutre applicables aux produits du tabac et à leur emballage	République dominicaine	18/07/2012
DS440	Chine — Droits antidumping et compensateurs visant certaines automobiles en provenance des États-Unis	États-Unis	05/07/2012
DS439	Afrique du Sud — Droits antidumping sur les viandes de coqs et poules congelées en provenance du Brésil	Brésil	21/06/2012
DS438	Argentine — Mesures affectant l'importation de marchandises	Union européenne	25/05/2012
DS437	États-Unis - Mesures compensatoires visant certains produits en provenance de Chine	Chine	25/05/2012
DS436	États-Unis - Mesures compensatoires visant certains produits plats en acier au carbone laminés à chaud en provenance d'Inde	Inde	12/04/2012
DS435	Australie — Certaines mesures concernant les marques de fabrique ou de commerce, les indications géographiques et autres prescriptions en matière d'emballage neutre applicables aux produits du tabac et à leur emballage	Honduras	04/04/2012
DS434	Australie — Certaines mesures concernant les marques de fabrique ou de commerce et autres prescriptions en matière de banalisation des emballages applicables aux produits du tabac et à l'emballage de ces produits	Ukraine	13/03/2012
DS433	Chine — Mesures relatives à l'exportation de terres rares, de tungstène et de molybdène	Japon	13/03/2012
DS432	Chine — Mesures relatives à l'exportation de terres rares, de tungstène et de molybdène	Union européenne	13/03/2012
DS431	Chine — Mesures relatives à l'exportation de terres rares, de tungstène et de molybdène	États-Unis	13/03/2013

	TITRE DU DIFFÉREND	PLAIGNANT	DEMANDE DE CONSULTATIONS
DS430	Inde — Mesures concernant l'importation de certains produits agricoles	États-Unis	06/03/2012
DS429	États-Unis — Mesures antidumping visant certaines crevettes en provenance du Viet Nam	Viet Nam	20/02/2012
DS428	Turquie — Mesures de sauvegarde visant les importations de fils de coton (autres que les fils à coudre)	Inde	13/02/2012
DS427	Chine — Mesures antidumping et compensatoires visant les produits à base de poulet de chair en provenance des États-Unis	États-Unis	20/09/2011
DS426	Canada — Mesures relatives au programme de tarifs de rachat garantis	Union européenne	11/08/2011
DS425	Chine — Droits antidumping définitifs visant les appareils à rayons X utilisés pour les inspections de sécurité en provenance de l'Union européenne	Union européenne	25/07/2011
DS424	États-Unis — Mesures antidumping visant les importations de tôles et bandes en acier inoxydable, en rouleaux, en provenance de l'Italie	Union européenne	01/04/2011
DS423	Ukraine — Taxes sur les spiritueux distillés	Moldova	03/03/2011
DS422	États-Unis — Mesures antidumping visant les crevettes et les lames de scie au diamant en provenance de Chine	Chine	28/02/2011
DS421	Moldova— Mesures affectant l'importation et la vente de marchandises sur le marché intérieur (taxe environnementale)	Ukraine	17/02/2011
DS420	États-Unis — Mesures antidumping visant les produits plats en acier au carbone résistant à la corrosion en provenance de Corée	République de Corée	31/01/2011
DS419	Chine — Mesures concernant l'équipement pour la production d'énergie éolienne	États-Unis	22/12/2010
DS418	République dominicaine — Mesures de sauvegarde visant les importations de sacs en polypropylène et de tissu tubulaire	El Salvador	19/10/2010

	TITRE DU DIFFÉREND	PLAIGNANT	DEMANDE DE CONSULTATIONS
DS417	République dominicaine — Mesures de sauvegarde visant les importations de sacs en polypropylène et de tissu tubulaire	Honduras	18/10/2010
DS416	République dominicaine — Mesures de sauvegarde visant les importations de sacs en polypropylène et de tissu tubulaire	Guatemala	15/10/2010
DS415	République dominicaine — Mesures de sauvegarde visant les importations de sacs en polypropylène et de tissu tubulaire	Costa Rica	15/10/2010
DS414	Chine — Droits compensateurs et droits antidumping visant les aciers dits magnétiques laminés, à grains orientés, en provenance des États-Unis	États-Unis	15/09/2010
DS413	Chine — Certaines mesures affectant les services de paiement électronique	États-Unis	15/10/2010
DS412	Canada — Certaines mesures affectant le secteur de la production d'énergie renouvelable	Japon	13/09/2010
DS411	Arménie — Mesures affectant l'importation et la vente de cigarettes et de boissons alcooliques sur le marché intérieur	Ukraine	20/07/2010
DS410	Argentine — Droits antidumping sur les fermetures et chaînes du Pérou	Pérou	19/05/2010
DS409	Union européenne et un État Membre - Saisie de médicaments génériques en transit	Brésil	12/05/2010
DS408	Union européenne et un État Membre - Saisie de médicaments génériques en transit	Inde	11/05/2010
DS407	Chine — Droits antidumping provisoires visant certains éléments de fixation en fer ou en acier en provenance de l'Union européenne	Union européenne	07/05/2010
DS406	États-Unis — Mesures affectant la production et la vente de cigarettes aux clous de girofle	Indonésie	07/04/2010
DS405	Union européenne — Mesures antidumping visant certaines chaussures en provenance de Chine	Chine	04/02/2010
DS404	États-Unis — Mesures antidumping visant certaines crevettes en provenance du Viet Nam	Viet Nam	01/02/2010

	TITRE DU DIFFÉREND	PLAIGNANT	DEMANDE DE CONSULTATIONS
DS403	Philippines — Taxes sur les spiritueux distillés	États-Unis	14/01/2010
DS402	États-Unis — Utilisation de la réduction à zéro dans les mesures antidumping concernant des produits en provenance de Corée	République de Corée	24/11/2009
DS401	Communautés européennes — Mesures prohibant l'importation et la commercialisation de produits dérivés du phoque	Norvège	05/11/2009
DS400	Communautés européennes — Mesures prohibant l'importation et la commercialisation de produits dérivés du phoque	Canada	02/11/2009
DS399	États-Unis — Mesures affectant les importations de certains pneumatiques pour véhicules de tourisme et camions légers en provenance de Chine	Chine	14/09/2009
DS398	Chine — Mesures relatives à l'exportation de diverses matières premières	Mexique	21/08/2009
DS397	Communautés européennes — Mesures antidumping définitives visant certains éléments de fixation en fer ou en acier en provenance de Chine	Chine	31/07/2009
DS396	Philippines — Taxes sur les spiritueux distillés	Communautés européennes	29/07/2009
DS395	Chine — Mesures relatives à l'exportation de diverses matières premières	Communautés européennes	23/06/2009
DS394	Chine — Mesures relatives à l'exportation de diverses matières premières	États-Unis	23/06/2009
DS393	Chili — Mesures antidumping à l'importation de farine de froment en provenance d'Argentine	Argentine	14/05/2009
DS392	États-Unis — Certaines mesures visant les importations de volaille en provenance de Chine	Chine	17/04/2009
DS391	République de Corée — Mesures visant l'importation de viande bovine et de produits à base de viande bovine en provenance du Canada	Canada	09/04/2009
DS390	Chine — Dons, prêts et autres incitations	Guatemala	19/01/2009

	TITRE DU DIFFÉREND	PLAIGNANT	DEMANDE DE CONSULTATIONS
DS389	Communautés européennes — Certaines mesures visant la viande de volaille et les produits à base de viande de volaille en provenance des États-Unis	États-Unis	16/01/2009
DS388	Chine — Dons, prêts et autres incitations	Mexique	19/12/2008
DS387	Chine — Dons, prêts et autres incitations	États-Unis	
DS386	États-Unis — Certaines prescriptions en matière d'étiquetage indiquant le pays d'origine	Mexique	17/12/2008
DS385	Communautés européennes — Réexamens à l'expiration des droits antidumping et compensateurs imposés sur les importations de PET en provenance d'Inde	Inde	04/12/2008
DS384	États-Unis — Certaines prescriptions en matière d'étiquetage indiquant le pays d'origine (EPO)	Canada	01/12/2008
DS383	États-Unis — Mesures antidumping visant les sacs en polyéthylène pour le commerce de détail en provenance de Thaïlande	Thaïlande	26/11/2008
DS382	États-Unis — Réexamens administratifs antidumping et autres mesures concernant les importations de certains jus d'orange en provenance du Brésil	Brésil	27/11/2008
DS381	États-Unis — Mesures concernant l'importation, la commercialisation et la vente de thon et de produits du thon	Mexique	24/10/2008
DS380	Inde — Certaines taxes et autres mesures visant les vins et spiritueux importés	Communautés européennes	22/09/2008
DS379	États-Unis — Droits antidumping et droits compensateurs définitifs visant certains produits en provenance de la Chine	Chine	19/09/2008
DS378	Chine — Mesures affectant les services d'informations financières et les fournisseurs étrangers d'informations financières	Canada	20/06/2008
DS377	Communautés européennes — Traitement tarifaire de certains produits des technologies de l'information	Taipei Chinois	12/06/2008

	TITRE DU DIFFÉREND	PLAIGNANT	DEMANDE DE CONSULTATIONS
DS376	Communautés européennes — Traitement tarifaire de certains produits des technologies de l'information	Japon	28/05/2008
DS375	Communautés européennes — Traitement tarifaire de certains produits des technologies de l'information	États-Unis	28/05/2008
DS374	Afrique du Sud — Mesures antidumping visant le papier sans bois non couché	Indonésie	09/05/2008
DS373	Chine — Mesures affectant les services d'informations financières et les fournisseurs étrangers d'informations financières	États-Unis	03/03/2008
DS372	Chine — Mesures affectant les services d'informations financières et les fournisseurs étrangers d'informations financières	Communautés européennes	03/03/2008
DS371	Thaïlande — Mesures douanières et fiscales visant les cigarettes en provenance des Philippines	Philippines	07/02/2008
DS370	Thaïlande — Évaluation en douane de certains produits en provenance des Communautés européennes	Communautés européennes	25/01/2008
DS369	Communautés européennes — Certaines mesures prohibant l'importation et la commercialisation de produits dérivés de phoques	Canada	25/09/2007
DS368	États-Unis — Déterminations préliminaires en matière de droits antidumping et compensateurs concernant les feuilles de papier couché sans bois en provenance de Chine	Chine	14/09/2007
DS367	Australie — Mesures affectant l'importation de pommes en provenance de Nouvelle-Zélande	Nouvelle-Zélande	31/08/2007
DS366	Colombie — Prix indicatifs et restrictions relatives aux bureaux d'entrée	Panama	12/07/2007
DS365	États-Unis — Soutien interne et garanties de crédit à l'exportation pour les produits agricoles	Brésil	11/07/2007
DS364	Communautés européennes — Régime applicable à l'importation des bananes	Panama	22/06/2007

	TITRE DU DIFFÉREND	PLAIGNANT	DEMANDE DE CONSULTATIONS
DS363	Chine — Mesures affectant les droits de commercialisation et les services de distribution pour certaines publications et certains produits de divertissement audiovisuels	États-Unis	10/04/2007
DS362	Chine — Mesures affectant la protection et le respect des droits de propriété intellectuelle	États-Unis	10/04/2007
DS361	Communautés européennes — Régime applicable à l'importation des bananes	Colombie	21/03/2007
DS360	Inde — Droits additionnels et droits additionnels supplémentaires sur les importations en provenance des Etats-Unis	États-Unis	06/03/2007
DS359	Chine — Certaines mesures accordant des remboursements, réductions ou exonérations d'impôts et autres versements	Mexique	26/02/2007
DS358	Chine — Certaines mesures accordant des remboursements, réductions ou exonérations d'impôts et autres versements	États-Unis	02/02/2007
DS357	États-Unis — Subventions et autres mesures de soutien interne pour le maïs et d'autres produits agricoles	Canada	08/01/2007
DS356	Chili — Mesure de sauvegarde définitive concernant certains produits laitiers	Argentine	28/12/2006
DS355	Brésil — Mesures antidumping à l'importation de certaines résines en provenance d'Argentine	Argentine	26/12/2006
DS354	Canada — Exonérations et réductions fiscales pour le vin et la bière	Communautés européennes	29/11/2006
DS353	États-Unis — Mesures affectant le commerce des aéronefs civils gros porteurs — Deuxième plainte	Communautés européennes	29/11/2006
DS352	Inde — Mesures affectant l'importation et la vente de vins et spiritueux en provenance des Communautés européennes	Communautés européennes	20/11/2006
DS351	Chili — Mesure de sauvegarde provisoire concernant certains produits laitiers	Argentine	25/10/2006
DS350	États-Unis — Maintien en existence et application de la méthode de réduction à zéro	Communautés européennes	02/10/2006

	TITRE DU DIFFÉREND	PLAIGNANT	DEMANDE DE CONSULTATIONS
DS349	Communautés européennes — Mesures visant le contingent tarifaire pour les aulx frais ou réfrigérés	Argentine	06/09/2006
DS348	Colombie — Mesures douanières appliquées à l'importation de certaines marchandises en provenance du Panama	Panama	20/07/2006
DS347	Communautés européennes et certains États membres — Mesures affectant le commerce des aéronefs civils gros porteurs (deuxième plainte)	États-Unis	31/06/2006
DS346	États-Unis — Réexamen administratif antidumping concernant les produits tubulaires pour champs pétrolifères en provenance d'Argentine	Argentine	20/06/2006
DS345	États-Unis — Directive sur les cautions en douane pour les marchandises assujetties à des droits antidumping/compensateurs	Inde	06/06/2006
DS344	États-Unis — Mesures antidumping finales visant l'acier inoxydable en provenance du Mexique	Mexique	26/05/2006
DS343	États-Unis — Mesures concernant les crevettes en provenance de Thaïlande	Thaïlande	24/04/2006
DS342	Chine — Mesures affectant les importations de pièces automobiles	Canada	13/04/2006
DS341	Mexique — Mesures compensatoires définitives visant l'huile d'olive en provenance des Communautés européennes	Communautés européennes	31/03/2006
DS340	Chine — Mesures affectant les importations de pièces automobiles	États-Unis	30/03/2006
DS339	Chine — Mesures affectant les importations de pièces automobiles	Communautés européennes	30/03/2006
DS338	Canada — Droits antidumping et compensateurs provisoires visant le maïs en grains en provenance des Etats-Unis	États-Unis	17/03/2006
DS337	Communautés européennes — Mesure antidumping visant le saumon d'élevage en provenance de Norvège	Norvège	17/03/2006
DS336	Japon — Droits compensateurs visant les mémoires RAM dynamiques en provenance de Corée	République de Corée	14/03/2006

	TITRE DU DIFFÉREND	PLAIGNANT	DEMANDE DE CONSULTATIONS
DS335	États-Unis — Mesure antidumping visant les crevettes en provenance de l'Equateur	Équateur	17/11/2005
DS334	Turquie — Mesures affectant l'importation de riz	États-Unis	02/11/2005
DS333	République dominicaine — Commission de change touchant les importations en provenance du Costa Rica	Costa Rica	12/09/2005
DS332	Brésil — Mesures visant l'importation de pneumatiques rechapés	Communautés européennes	20/06/2005
DS331	Mexique — Droits antidumping sur les tubes et tuyaux en acier en provenance du Guatemala	Guatemala	17/06/2005
DS330	Argentine — Droits compensateurs visant l'huile d'olive, le gluten de froment et les pêches	Communautés européennes	29/04/2005
DS329	Panama — Classification tarifaire de certains produits laitiers	Mexique	16/03/2005
DS328	Communautés européennes — Mesure de sauvegarde définitive appliquée au saumon	Norvège	01/03/2005
DS327	Égypte — Droits antidumping sur les allumettes importées du Pakistan	Pakistan	21/02/2005
DS326	Communautés européennes — Mesure de sauvegarde définitive appliquée au saumon	Chili	08/02/2005
DS325	États-Unis — Déterminations antidumping concernant l'acier inoxydable en provenance du Mexique	Mexique	05/01/2005
DS324	États-Unis — Mesures antidumping provisoires visant les crevettes en provenance de Thaïlande	Thaïlande	09/12/2004
DS323	Japon — Contingents d'importation d'algues séchées et d'algues assaisonnées du genre Porphyra Spp	République de Corée	01/12/2004
DS322	États-Unis — Mesures relatives à la réduction à zéro et aux réexamens à l'extinction	Japon	24/11/2004
DS321	Canada — Maintien de la suspension d'obligations dans le différend CE — Hormones	Communautés européennes	08/11/2004

	TITRE DU DIFFÉREND	PLAIGNANT	DEMANDE DE CONSULTATIONS
DS320	États-Unis — Maintien de la suspension d'obligations dans le différend CE — Hormones	Communautés européennes	08/11/2004
DS319	États-Unis — Article 776 de la Loi douanière de 1930	Communautés européennes	05/11/2004
DS318	Inde — Mesures antidumping visant certains produits en provenance du Territoire douanier distinct de Taiwan, Penghu, Kinmen et Matsu	Taipei Chinois	28/10/2004
DS317	États-Unis — Mesures affectant le commerce des aéronefs civils gros porteurs	Communautés européennes	06/10/2004
DS316	Communautés européennes et certains États membres — Mesures affectant le commerce des aéronefs civils gros porteurs	États-Unis	06/10/2004
DS315	Communautés européennes — Certaines questions douanières	États-Unis	21/09/2004
DS314	Mexique — Mesures compensatoires provisoires visant l'huile d'olive en provenance des Communautés européennes	Communautés européennes	18/08/2004
DS313	Communautés européennes — Droits antidumping visant certains produits laminés plats, en fer ou en aciers non alliés, en provenance d'Inde	Inde	05/06/2004
DS312	République de Corée — Droits antidumping sur les importations de certains papiers en provenance d'Indonésie	Indonésie	04/06/2004
DS311	États-Unis — Réexamens du droit compensateur concernant le bois d'œuvre résineux en provenance du Canada	Canada	14/04/2004
DS310	États-Unis — Détermination de la Commission du commerce international concernant le blé de force roux de printemps en provenance du Canada	Canada	08/04/2004
DS309	Chine — Taxe sur la valeur ajoutée frappant les circuits intégrés	États-Unis	18/03/2004
DS308	Mexique — Mesures fiscales concernant les boissons sans alcool et autres boissons	États-Unis	16/03/2004
DS307	Communautés européennes — Aide en faveur des navires de commerce	République de Corée	13/02/2004

	TITRE DU DIFFÉREND	PLAIGNANT	DEMANDE DE CONSULTATIONS
DS306	Inde — Mesure antidumping visant les batteries en provenance du Bangladesh	Bangladesh	28/01/2004
DS305	Égypte — Mesures affectant les importations de produits textiles et de vêtements	États-Unis	23/12/2003
DS304	Inde — Mesures antidumping à l'importation de certains produits en provenance des Communautés européennes	Communautés européennes	08/12/2003
DS303	Équateur — Mesure de sauvegarde définitive à l'importation de panneaux de fibres de bois à densité moyenne	Chili	24/11/2003
DS302	République dominicaine — Mesures affectant l'importation et la vente de cigarettes sur le marché intérieur	Honduras	08/10/2003
DS301	Communautés européennes — Mesures affectant le commerce des navires de commerce	République de Corée	03/09/2003
DS300	République dominicaine — Mesures visant l'importation de cigarettes	Honduras	28/08/2003
DS299	Communautés européennes — Mesures compensatoires visant les semi-conducteurs pour mémoires RAM dynamiques en provenance de Corée	République de Corée	25/07/2003
DS298	Mexique — Certaines mesures de fixation des prix aux fins de l'évaluation en douane et à d'autres fins	Guatemala	22/07/2003
DS297	Croatie — Mesure visant les importations d'animaux vivants et de produits carnés	Hongrie	09/07/2003
DS296	États-Unis — Enquête en matière de droits compensateurs sur les semi-conducteurs pour mémoires RAM dynamiques (DRAM) en provenance de Corée	République de Corée	30/06/2003
DS295	Mexique — Mesures antidumping définitives visant la viande de bœuf et le riz	États-Unis	16/06/2003
DS294	États-Unis — Lois, réglementations et méthode de calcul des marges de dumping ("Réduction à zéro")	Communautés européennes	12/06/2003
DS293	Communautés européennes — Mesures affectant l'approbation et la commercialisation des produits biotechnologiques	Argentine	14/05/2003

	TITRE DU DIFFÉREND	PLAIGNANT	DEMANDE DE CONSULTATIONS
DS292	Communautés européennes — Mesures affectant l'approbation et la commercialisation des produits biotechnologiques	Canada	13/05/2003
DS291	Communautés européennes — Mesures affectant l'approbation et la commercialisation des produits biotechnologiques	États-Unis	13/05/2003
DS290	Communautés européennes — Protection des marques et des indications géographiques pour les produits agricoles et les denrées alimentaires	Australie	17/04/2003
DS289	République tchèque — Droit additionnel à l'importation de viande de porc en provenance de Pologne	Pologne	16/04/2003
DS288	Afrique du Sud — Mesures antidumping définitives applicables au tissu pour couvertures en provenance de Turquie	Turquie	09/04/2003
DS287	Australie — Régime de quarantaine pour les importations	Communautés européennes	03/04/2003
DS286	Communautés européennes — Classification douanière des morceaux de poulet désossés et congelés	Thaïlande	25/03/2003
DS285	États-Unis — Mesures visant la fourniture transfrontières de services de jeux et paris	Antigua et Barbuda	13/03/2003
DS284	Mexique — Certaines mesures empêchant l'importation de haricots noirs en provenance du Nicaragua	Nicaragua	17/03/2003
DS283	Communautés européennes — Subventions à l'exportation de sucre	Thaïlande	14/03/2003
DS282	États-Unis — Mesures antidumping visant les produits tubulaires destinés à des pays pétroliers en provenance du Mexique	Mexique	18/02/2003
DS281	États-Unis — Mesures antidumping applicables au ciment en provenance du Mexique	Mexique	31/01/2003
DS280	États-Unis — Droits compensateurs sur les tôles d'acier en provenance du Mexique	Mexique	21/01/2003

	TITRE DU DIFFÉREND	PLAIGNANT	DEMANDE DE CONSULTATIONS
DS279	Inde — Restrictions à l'importation maintenues dans le cadre de la politique d'exportation et d'importation, 2002-2007	Communautés européennes	23/12/2002
DS278	Chili — Mesure de sauvegarde définitive appliquée aux importations de fructose	Argentine	20/12/2002
DS277	États-Unis — Enquête de la Commission du commerce international dans l'affaire concernant certains bois d'œuvre résineux en provenance du Canada	Canada	20/12/2002
DS276	Canada — Mesures concernant les exportations de blé et le traitement des grains importés	États-Unis	17/12/2002
DS275	Venezuela, République bolivarienne - Mesures concernant les licences d'importation applicables à certains produits agricoles	États-Unis	07/11/2002
DS274	États-Unis — Mesures de sauvegarde définitives à l'importation de certains produits en acier	Taipei Chinois	01/11/2002
DS273	République de Corée — Mesures affectant le commerce des navires de commerce	Communautés européennes	21/10/2002
DS272	Pérou — Droits antidumping provisoires sur les huiles végétales en provenance d'Argentine	Argentine	21/10/2002
DS271	Australie — Certaines mesures affectant l'importation d'ananas frais	Philippines	18/10/2002
DS270	Australie — Certaines mesures affectant l'importation de fruits et légumes frais	Philippines	18/10/2002
DS269	Communautés européennes — Classification douanière des morceaux de poulet désossés et congelés	Brésil	11/10/2002
DS268	États-Unis — Réexamens à l'extinction des mesures antidumping visant les produits tubulaires destinés à des pays pétroliers en provenance d'Argentine	Argentine	07/10/2002
DS267	États-Unis — Subventions concernant le coton upland	Brésil	27/09/2002
DS266	Communautés européennes — Subventions à l'exportation de sucre	Brésil	27/09/2002

	TITRE DU DIFFÉREND	PLAIGNANT	DEMANDE DE CONSULTATIONS
DS265	Communautés européennes — Subventions à l'exportation de sucre	Australie	27/09/2002
DS264	États-Unis — Détermination finale en matière de dumping concernant les bois d'oeuvre résineux en provenance du Canada	Canada	13/09/2002
DS263	Communautés européennes — Mesures affectant les importations de vins	Argentine	04/09/2002
DS262	États-Unis — Réexamens à l'extinction des droits antidumping et des droits compensateurs appliqués à certains produits en acier en provenance de France et d'Allemagne	Communautés européennes	25/07/2002
DS261	Uruguay — Traitement fiscal de certains produits	Chili	18/06/2002
DS260	Communautés européennes — Mesures de sauvegarde provisoires à l'importation de certains produits en acier	États-Unis	30/05/2002
DS259	États-Unis — Mesures de sauvegarde définitives à l'importation de certains produits en acier	Brésil	21/05/2002
DS258	États-Unis — Mesures de sauvegarde définitives à l'importation de certains produits en acier	Nouvelle-Zélande	14/05/2002
DS257	États-Unis — Détermination finale en matière de droits compensateurs concernant certains bois d'oeuvre résineux en provenance du Canada	Canada	03/05/2002
DS256	Turquie — Interdiction à l'importation d'aliments pour animaux domestiques en provenance de Hongrie	Hongrie	03/05/2002
DS255	Pérou — Traitement fiscal de certains produits importés	Chili	22/04/2002
DS254	États-Unis - Mesures de sauvegarde définitives à l'importation de certains produits en acier	Norvège	04/04/2002
DS253	États-Unis - Mesures de sauvegarde définitives à l'importation de certains produits en acier	Suisse	03/04/2002
DS252	États-Unis - Mesures de sauvegarde définitives à l'importation de certains produits en acier	Chine	26/03/2002

	TITRE DU DIFFÉREND	PLAIGNANT	DEMANDE DE CONSULTATIONS
DS251	États-Unis - Mesures de sauvegarde définitives à l'importation de certains produits en acier	République de Corée	20/03/2002
DS250	États-Unis — Droit d'accise de péréquation appliqué par la Floride aux produits transformés à base d'oranges et de pamplemousses	Brésil	20/03/2002
DS249	États-Unis - Mesures de sauvegarde définitives à l'importation de certains produits en acier	Japon	20/03/2002
DS248	États-Unis — Mesures de sauvegarde définitives à l'importation de certains produits en acier	Communautés européennes	07/03/2002
DS247	États-Unis — Mesure antidumping provisoire appliquée aux importations de certains bois d'œuvre résineux en provenance du canada	Canada	06/03/2002
DS246	Communautés européennes — Conditions d'octroi de préférences tarifaires aux pays en développement	Inde	05/03/2002
DS245	Japon — Mesures visant l'importation de pommes	États-Unis	01/03/2002
DS244	États-Unis — Réexamen à l'extinction des droits antidumping appliqués aux produits plats en acier au carbone traité contre la corrosion en provenance du Japon	Japon	30/01/2002
DS243	États-Unis — Règles d'origine concernant les textiles et les vêtements	Inde	11/01/2002
DS242	Communautés européennes — Système généralisé de préférences	Thaïlande	07/12/2001
DS241	Argentine — Droits antidumping définitifs visant la viande de volaille en provenance du Brésil	Brésil	07/11/2001
DS240	Roumanie — Prohibition à l'importation de blé et de farine de blé	Hongrie	18/10/2001
DS239	États-Unis — Droits antidumping sur le silicium métal en provenance du Brésil	Brésil	18/09/2001
DS238	Argentine — Mesure de sauvegarde définitive à l'importation de pêches en conserve	Chili	14/09/2001
DS237	Turquie — Certaines procédures d'importation visant les fruits frais	Équateur	31/08/2001

	TITRE DU DIFFÉREND	PLAIGNANT	DEMANDE DE CONSULTATIONS
DS236	États-Unis — Déterminations préliminaires concernant certains bois d'œuvre résineux en provenance du Canada	Canada	21/08/2001
DS235	République slovaque — Mesure de sauvegarde à l'importation de sucre	Pologne	11/07/2001
DS234	États-Unis — Loi de 2000 sur la compensation pour continuation du dumping et maintien de la subvention	Canada; Mexique	21/05/2001
DS233	Argentine — Mesures visant l'importation de produits pharmaceutiques	Inde	25/05/2001
DS232	Mexique — Mesures visant l'importation d'allumettes	Chili	17/05/2001
DS231	Communautés européennes — Désignation commerciale des sardines	Pérou	20/03/2001
DS230	Chili — Mesures de sauvegarde et modification des listes concernant le sucre	Colombie	17/04/2001
DS229	Brésil — Droits antidumping sur les sacs de jute en provenance de l'Inde	Inde	09/04/2001
DS228	Chili — Mesures de sauvegarde concernant le sucre	Colombie	15/03/2001
DS227	Pérou — Taxes sur les cigarettes	Chili	01/03/2001
DS226	Chili — Mesure de sauvegarde provisoire appliquée aux mélanges d'huiles alimentaires	Argentine	19/02/2001
DS225	États-Unis — Droits antidumping sur les tuyaux sans soudure en provenance d'Italie	Communautés européennes	05/02/2001
DS224	États-Unis — Code des brevets des Etats-Unis	Brésil	31/01/2001
DS223	Communautés européennes — Contingent tarifaire applicable aux aliments à base de gluten de maïs en provenance des Etats-Unis	États-Unis	25/01/2001
DS222	Canada — Crédits à l'exportation et garanties de prêts accordés pour les aéronefs régionaux	Brésil	22/01/2001
DS221	États-Unis — Article 129 c) 1) de la Loi sur les Accords du Cycle d'Uruguay	Canada	17/01/2001

	TITRE DU DIFFÉREND	PLAIGNANT	DEMANDE DE CONSULTATIONS
DS220	Chili — Système des fourchettes de prix et mesures de sauvegarde appliqués à certains produits agricoles	Guatemala	05/01/2001
DS219	Communautés européennes — Droits antidumping sur les accessoires de tuyauterie en fonte malléable en provenance du Brésil	Brésil	21/12/2000
DS218	États-Unis — Droits compensateurs sur certains produits en acier au carbone en provenance du Brésil	Brésil	21/12/2000
DS217	États-Unis — Loi de 2000 sur la compensation pour continuation du dumping et maintien de la subvention	Australie; Brésil; Chili; CE; Inde; Japon;	21/12/2000
DS216	Mexique — Mesure antidumping provisoire visant les transformateurs électriques	Brésil	20/12/2000
DS215	Philippines — Mesures antidumping visant les résines de polypropylène en provenance de Corée	République de Corée	15/12/2000
DS214	États-Unis — Mesures de sauvegarde définitives à l'importation de fils machine en acier et de tubes et tuyaux de qualité carbone soudés, de section circulaire	Communautés européennes	01/12/2000
DS213	États-Unis — Droits compensateurs sur certains produits plats en acier au carbone traité contre la corrosion en provenance d'Allemagne	Communautés européennes	10/11/2000
DS212	États-Unis — Mesures compensatoires concernant certains produits en provenance des Communautés européennes	Communautés européennes	10/11/2000
DS211	Égypte — Mesures antidumping définitives à l'importation de barres d'armature en acier en provenance de la Turquie	Turquie	06/11/2000
DS210	Belgique — Application de mesures établissant les droits de douane applicables au riz	États-Unis	12/10/2000
DS209	Communautés européennes — Mesures affectant le café soluble	Brésil	12/10/2000

	TITRE DU DIFFÉREND	PLAIGNANT	DEMANDE DE CONSULTATIONS
DS208	Turquie — Droit antidumping sur les accessoires de tuyauterie en fer et acier	Brésil	09/10/2000
DS207	Chili — Système des fourchettes de prix et mesures de sauvegarde appliquées à certains produits agricoles	Argentine	05/10/2000
DS206	États-Unis — Mesures antidumping et compensatoires appliquées aux tôles en acier en provenance de l'Inde	Inde	04/10/2000
DS205	Égypte — Prohibition à l'importation de thon en boîte à l'huile de soja	Thaïlande	22/09/2000
DS204	Mexique — Mesures visant les services de télécommunication	États-Unis	17/08/2000
DS203	Mexique — Mesures visant le commerce des animaux vivants de l'espèce porcine	États-Unis	10/07/2000
DS202	États-Unis — Mesures de sauvegarde définitives à l'importation de tubes et tuyaux de qualité carbone soudés, de section circulaire, en provenance de Corée	République de Corée	13/06/2000
DS201	Nicaragua — Mesures visant les importations en provenance du Honduras et de la Colombie	Honduras	06/06/2000
DS200	États-Unis — Article 306 de la Loi de 1974 sur le commerce extérieur et modifications y relatives	Communautés européennes	05/06/2000
DS199	Brésil — Mesures affectant la protection conférée par un brevet	États-Unis	30/05/2000
DS198	Roumanie — Mesures concernant les prix minimaux à l'importation	États-Unis	30/05/2000
DS197	Brésil — Mesures relatives à des prix minimaux à l'importation	États-Unis	30/05/2000
DS196	Argentine — Certaines mesures concernant la protection des brevets et des données résultant d'essais	États-Unis	30/05/2000
DS195	Philippines — Mesures affectant le commerce et l'investissement dans le secteur automobile	États-Unis	23/05/2000
DS194	États-Unis — Mesures traitant les restrictions à l'exportation comme des subventions	Canada	19/05/2000

	TITRE DU DIFFÉREND	PLAIGNANT	DEMANDE DE CONSULTATIONS
DS193	Chili — Mesures concernant le transport en transit et l'importation d'espadons	Communautés européennes	19/04/2000
DS192	États-Unis — Mesure de sauvegarde transitoire appliquée aux fils de coton peignés en provenance du Pakistan	Pakistan	03/04/2000
DS191	Équateur — Mesure antidumping définitive concernant le ciment en provenance du Mexique	Mexique	15/05/2000
DS190	Argentine — Mesures de sauvegarde transitoires visant certaines importations de tissus de coton et de coton mélangé originaires du Brésil	Brésil	11/02/2000
DS189	Argentine — Mesures antidumping définitives à l'importation de carton en provenance d'Allemagne et mesures antidumping définitives à l'importation de carreaux de sol en céramique en provenance d'Italie	Communautés européennes	26/01/2000
DS188	Nicaragua — Mesures visant les importations en provenance du Honduras et de la Colombie	Colombie	17/01/2000
DS187	Trinité-et-Tobago — Mesure antidumping provisoire appliquée aux importations de macaronis et de spaghettis en provenance du Costa Rica	Costa Rica	17/01/2000
DS186	États-Unis — Article 337 de la Loi douanière de 1930 et modifications y relatives	Communautés européennes	12/01/2000
DS185	Trinité-et-Tobago — Certaines mesures antidumping visant les importations de pâtes alimentaires en provenance du Costa Rica	Costa Rica	18/11/1999
DS184	États-Unis — Mesures antidumping appliquées à certains produits en acier laminés à chaud en provenance du Japon	Japon	18/11/1999
DS183	Brésil — Mesures concernant les licences d'importation et les prix minimaux à l'importation	Communautés européennes	14/10/1999
DS182	Équateur — Mesure antidumping provisoire concernant le ciment en provenance du Mexique	Mexique	05/10/1999

	TITRE DU DIFFÉREND	PLAIGNANT	DEMANDE DE CONSULTATIONS
DS181	Colombie - Mesure de sauvegarde appliquée aux importations de filaments simples de polyesters en provenance de Thaïlande	Thaïlande	07/09/1999
DS180	États-Unis — Reclassement de certains sirops de sucre	Canada	06/09/1999
DS179	États-Unis — Mesures antidumping visant les tôles d'acier inoxydable en rouleaux et les feuilles et bandes d'acier inoxydable en provenance de Corée	République de Corée	30/07/1999
DS178	États-Unis — Mesure de sauvegarde à l'importation de viande d'agneau fraîche, réfrigérée ou congelée en provenance d'Australie	Australie	23/07/1999
DS177	États-Unis — Mesure de sauvegarde à l'importation de viande d'agneau fraîche, réfrigérée ou congelée en provenance de Nouvelle-Zélande	Nouvelle-Zélande	16/07/1999
DS176	États-Unis — Article 211 de la Loi générale de 1998 portant ouverture de crédits	Communautés européennes	08/07/1999
DS175	Inde — Mesures concernant le commerce et l'investissement dans le secteur automobile	États-Unis	02/06/1999
DS174	Communautés européennes — Mesures relatives à la protection des marques et indications géographiques pour les produits agricoles et les denrées alimentaires	États-Unis	01/06/1999
DS173	France — Mesures relatives au développement d'un système de gestion de vol	États-Unis	21/05/1999
DS172	Communautés européennes — Mesures relatives au développement d'un système de gestion de vol	États-Unis	21/05/1999
DS171	Argentine — Protection conférée par un brevet pour les produits pharmaceutiques et protection des données résultant d'essais pour les produits chimiques pour l'agriculture	États-Unis	06/05/1999
DS170	Canada — Durée de la protection conférée par un brevet	États-Unis	06/05/1999
DS169	République de Corée — Mesures affectant les importations de viande de bœuf fraîche, réfrigérée et congelée	Australie	13/04/1999

	TITRE DU DIFFÉREND	PLAIGNANT	DEMANDE DE CONSULTATIONS
DS168	Afrique du Sud — Droits antidumping visant certains produits pharmaceutiques en provenance de l'Inde	Inde	01/04/1999
DS167	États-Unis — Enquête en matière de droits compensateurs concernant les bovins vivants en provenance du Canada	Canada	19/03/1999
DS166	États-Unis — Mesures de sauvegarde définitives à l'importation de gluten de froment en provenance des Communautés européennes	Communautés européennes	17/03/1999
DS165	États-Unis — Mesures à l'importation de certains produits en provenance des Communautés européennes	Communautés européennes	04/03/1999
DS164	Argentine — Mesures affectant les importations de chaussures	États-Unis	01/03/1999
DS163	République de Corée — Mesures affectant les marchés publics	États-Unis	16/02/1999
DS162	États-Unis — Loi antidumping de 1916	Japon	10/02/1999
DS161	République de Corée — Mesures affectant les importations de viande de bœuf fraîche, réfrigérée et congelée	États-Unis	01/02/1999
DS160	États-Unis — Article 110 5) de la Loi sur le droit d'auteur	Communautés européennes	26/01/1999
DS159	Hongrie — Mesure de sauvegarde visant les importations de produits en acier en provenance de la République tchèque	République tchèque	21/01/1999
DS158	Communautés européennes — Régime applicable à l'importation, à la vente et à la distribution des bananes	Guatemala; Mexique; Panama; États-Unis	20/01/1999
DS157	Argentine — Mesures antidumping définitives à l'importation de forets en provenance d'Italie	Communautés européennes	14/01/1999
DS156	Guatemala — Mesure antidumping définitive concernant le ciment Portland gris en provenance du Mexique	Mexique	05/01/1999
DS155	Argentine — Mesures visant l'exportation de peaux de bovins et l'importation de cuirs finis	Communautés européennes	23/12/1998

	TITRE DU DIFFÉREND	PLAIGNANT	DEMANDE DE CONSULTATIONS
DS154	Communautés européennes — Mesures affectant le traitement différencié et favorable du café	Brésil	07/12/1998
DS153	Communautés européennes — Protection conférée par un brevet pour les produits pharmaceutiques et les produits chimiques pour l'agriculture	Canada	02/12/1998
DS152	États-Unis — Articles 301 à 310 de la Loi de 1974 sur le commerce extérieur	Communautés européennes	25/11/1998
DS151	États-Unis — Mesures affectant les textiles et les vêtements (II)	Communautés européennes	19/11/1998
DS150	Inde — Mesures concernant les droits de douane	Communautés européennes	31/10/1998
DS149	Inde — Restrictions à l'importation	Communautés européennes	28/10/1998
DS148	République tchèque — Mesure concernant le droit à l'importation de blé en provenance de la Hongrie	Hongrie	12/10/1998
DS147	Japon — Contingents tarifaires et subventions concernant les cuirs	Communautés européennes	08/10/1998
DS146	Inde — Mesures concernant le secteur automobile	Communautés européennes	06/10/1998
DS145	Argentine — Droits compensateurs sur les importations de gluten de blé en provenance des Communautés européennes	Communautés européennes	23/09/1998
DS144	États-Unis — Certaines mesures visant l'importation de bovins, de porcins et de céréales en provenance du Canada	Canada	25/09/1998
DS143	République slovaque — Mesure concernant le droit à l'importation de blé en provenance de Hongrie	Hongrie	19/09/1998
DS142	Canada — Certaines mesures affectant l'industrie automobile	Communautés européennes	17/08/1998
DS141	Communautés européennes — Droits antidumping sur les importations de linge de lit en coton en provenance de l'Inde	Inde	03/08/1998
DS140	Communautés européennes — Enquêtes antidumping concernant les tissus de coton écrus en provenance de l'Inde	Inde	03/08/1998

	TITRE DU DIFFÉREND	PLAIGNANT	DEMANDE DE CONSULTATIONS
DS139	Canada — Certaines mesures affectant l'industrie automobile	Japon	03/07/1998
DS138	États-Unis — Imposition de droits compensateurs sur certains produits en acier au carbone, plomb et bismuth laminés à chaud originaires du Royaume-Uni	Communautés européennes	12/06/1998
DS137	Communautés européennes — Mesures visant les importations de bois de conifères en provenance du Canada	Canada	17/06/1998
DS136	États-Unis — Loi antidumping de 1916	Communautés européennes	04/06/1998
DS135	Communautés européennes — Mesures affectant l'amiante et les produits en contenant	Canada	28/05/1998
DS134	Communautés européennes — Restrictions concernant certains droits sur les importations de riz	Inde	27/05/1998
DS133	République slovaque — Mesures concernant l'importation de produits laitiers et le transit de bétail	Suisse	07/05/19998
DS132	Mexique — Enquête antidumping concernant le sirop de maïs à haute teneur en fructose en provenance des Etats-Unis	États-Unis	08/15/1998
DS131	France — Certaines mesures relatives à l'impôt sur le revenu constituant des subventions	États-Unis	05/05/1998
DS130	Irlande — Certaines mesures relatives à l'impôt sur le revenu constituant des subventions	États-Unis	05/15/1998
DS129	Grèce — Certaines mesures relatives à l'impôt sur le revenu constituant des subventions	États-Unis	05/05/1998
DS128	Pays-Bas — Certaines mesures relatives à l'impôt sur le revenu constituant des subventions	États-Unis	05/05/1998
DS127	Belgique — Certaines mesures relatives à l'impôt sur le revenu constituant des subventions	États-Unis	05/05/1998
DS126	Australie — Subventions accordées aux producteurs et exportateurs de cuir pour automobiles	États-Unis	04/05/1998

	TITRE DU DIFFÉREND	PLAIGNANT	DEMANDE DE CONSULTATIONS
DS125	Grèce — Moyens de faire respecter les droits de propriété intellectuelle pour les films et les programmes de télévision	États-Unis	04/05/1998
DS124	Communautés européennes — Moyens de faire respecter les droits de propriété intellectuelle pour les films et les programmes de télévision	États-Unis	30/04/1998
DS123	Argentine — Mesures de sauvegarde à l'importation de chaussures	Indonésie	22/04/1998
DS122	Thaïlande — Droits antidumping sur les profilés en fer ou en aciers non alliés et poutrelles profilées en H en provenance de Pologne	Pologne	06/04/1998
DS121	Argentine — Mesures de sauvegarde à l'importation de chaussures	Communautés européennes	06/04/1998
DS120	Inde — Mesures visant les exportations de certains produits de base	Communautés européennes	11/03/1998
DS119	Australie — Mesures antidumping à l'importation de feuilles de papier enduit, sans fibre de bois	Suisse	20/02/1998
DS118	États-Unis — Taxe d'entretien des ports	Communautés européennes	06/02/1998
DS117	Canada — Mesures visant les services de distribution de films	Communautés européennes	20/01/1998
DS116	Brésil — Mesures affectant les modalités de paiement des importations	Communautés européennes	08/01/1998
DS115	Communautés européennes — Mesures affectant la protection des droits des auteurs et des droits voisins	États-Unis	06/01/1998
DS114	Canada — Protection conférée par un brevet pour les produits pharmaceutiques	Communautés européennes	19/12/1997
DS113	Canada — Mesures visant les exportations de produits laitiers	Nouvelle-Zélande	29/12/1997
DS112	Pérou — Enquête en matière de droits compensateurs concernant les importations d'autobus en provenance du Brésil	Brésil	23/12/1997
DS111	États-Unis — Contingent tarifaire à l'importation d'arachides	Argentine	19/12/1997

	TITRE DU DIFFÉREND	PLAIGNANT	DEMANDE DE CONSULTATIONS
DS110	Chili — Taxes sur les boissons alcooliques	Communautés européennes	15/12/1997
DS109	Chili — Taxes sur les boissons alcooliques	États-Unis	11/12/1997
DS108	États-Unis — Traitement fiscal des “sociétés de ventes à l’étranger”	Communautés européennes	18/11/1997
DS107	Pakistan — Mesures visant les exportations de cuirs et peaux	Communautés européennes	07/11/1997
DS106	Australie — Subventions accordées aux producteurs et exportateurs de cuir pour automobiles	États-Unis	10/11/1997
DS105	Communautés européennes — Régime applicable à l’importation, à la vente et à la distribution des bananes	Panama	24/10/1997
DS104	Communautés européennes — Mesures visant l’exportation de fromages fondus	États-Unis	08/10/1997
DS103	Canada — Mesures visant l’importation de lait et l’exportation de produits laitiers	États-Unis	08/10/1997
DS102	Philippines — Mesures visant les viandes de porc et de volaille	États-Unis	07/10/1997
DS101	Mexique — Enquête antidumping concernant le sirop de maïs à haute teneur en fructose en provenance des Etats-Unis	États-Unis	04/09/1997
DS100	États-Unis — Mesures affectant les importations de produits provenant de volailles	Communautés européennes	18/08/1997
DS99	États-Unis — Droit antidumping sur les semi-conducteurs pour mémoires RAM dynamiques (DRAM) de un mégabit ou plus, originaires de Corée	République de Corée	14/08/1997
DS98	République de Corée — Mesure de sauvegarde définitive appliquée aux importations de certains produits laitiers	Communautés européennes	12/08/1997
DS97	États-Unis — Enquête en matière de droits compensateurs concernant les importations de saumons en provenance du Chili	Chili	05/08/1997
DS96	Inde — Restrictions quantitatives à l’importation de produits agricoles, textiles et industriels	Communautés européennes	18/07/1997

	TITRE DU DIFFÉREND	PLAIGNANT	DEMANDE DE CONSULTATIONS
DS95	États-Unis — Mesures affectant les marchés publics	Japon	18/07/1997
DS94	Inde — Restrictions quantitatives à l'importation de produits agricoles, textiles et industriels	Suisse	17/07/1997
DS93	Inde — Restrictions quantitatives à l'importation de produits agricoles, textiles et industriels	Nouvelle-Zélande	16/07/1997
DS92	Inde — Restrictions quantitatives à l'importation de produits agricoles, textiles et industriels	Canada	16/07/1997
DS91	Inde — Restrictions quantitatives à l'importation de produits agricoles, textiles et industriels	Australie	16/07/1997
DS90	Inde — Restrictions quantitatives à l'importation de produits agricoles, textiles et industriels	États-Unis	15/07/1997
DS89	États-Unis — Imposition de droits antidumping sur les importations de récepteurs de télévision en couleurs en provenance de Corée	République de Corée	10/07/1997
DS88	États-Unis — Mesures affectant les marchés publics	Communautés européennes	20/06/1997
DS87	Chili — Taxes sur les boissons alcooliques	Communautés européennes	04/06/1997
DS86	Suède — Mesures affectant les moyens de faire respecter les droits de propriété intellectuelle	États-Unis	28/05/1997
DS85	États-Unis — Mesures affectant les textiles et les vêtements	Communautés européennes	22/05/1997
DS84	République de Corée — Taxes sur les boissons alcooliques	États-Unis	22/05/1997
DS83	Danemark — Mesures affectant les moyens de faire respecter les droits de propriété intellectuelle	États-Unis	14/05/1997
DS82	Irlande — Mesures affectant la protection des droits des auteurs et des droits voisins	États-Unis	14/05/1997
DS81	Brésil — Mesures affectant le commerce et les investissements dans le secteur automobile	Communautés européennes	07/05/1997

	TITRE DU DIFFÉREND	PLAIGNANT	DEMANDE DE CONSULTATIONS
DS80	Belgique — Mesures visant les services d'annuaire téléphonique commercial	États-Unis	02/05/1997
DS79	Inde — Protection conférée par un brevet pour les produits pharmaceutiques et les produits chimiques pour l'agriculture	Communautés européennes	28/04/1997
DS78	États-Unis — Sauvegarde contre les importations de balais en sorgho	Colombie	28/04/1997
DS77	Argentine — Mesures visant les textiles, les vêtements et les chaussures	Communautés européennes	23/04/1997
DS76	Japon — Mesures visant les produits agricoles	États-Unis	07/04/1997
DS75	République de Corée — Taxes sur les boissons alcooliques	Communautés européennes	02/04/1997
DS74	Philippines — Mesures visant les viandes de porc et de volaille	États-Unis	01/04/1997
DS73	Japon — Achat d'un satellite de navigation	Communautés européennes	26/03/1997
DS72	Communautés européennes — Mesures affectant des produits butyreux	Nouvelle-Zélande	23/03/1997
DS71	Canada — Mesures visant l'exportation des aéronefs civils	Brésil	10/03/1997
DS70	Canada — Mesures visant l'exportation des aéronefs civils	Brésil	10/03/1997
DS69	Communautés européennes — Mesures affectant l'importation de certains produits provenant de volailles	Brésil	24/02/1997
DS68	Irlande — Classement tarifaire de certains matériels informatiques	États-Unis	14/02/1997
DS67	Royaume-Uni — Classement tarifaire de certains matériels informatiques	États-Unis	14/02/1997
DS66	Japon — Mesures affectant les importations de viande de porc	Communautés européennes	25/01/1997
DS65	Brésil — Certaines mesures affectant le commerce et les investissements dans le secteur automobile	États-Unis	10/01/1997
DS64	Indonésie — Certaines mesures affectant l'industrie automobile	Japon	29/11/1996

	TITRE DU DIFFÉREND	PLAIGNANT	DEMANDE DE CONSULTATIONS
DS63	États-Unis — Mesures antidumping à l'importation d'urée à l'état solide en provenance de l'ex-République démocratique allemande	Communautés européennes	28/11/1996
DS62	Communautés européennes — Classement tarifaire de certains matériels informatiques	États-Unis	08/11/1996
DS61	États-Unis — Prohibition à l'importation de certaines crevettes et de certains produits à base de crevettes	Philippines	25/10/1996
DS60	Guatemala — Enquête antidumping concernant le ciment Portland en provenance du Mexique	Mexique	17/10/1996
DS59	Indonésie — Certaines mesures affectant l'industrie automobile	États-Unis	08/10/1996
DS58	États-Unis — Prohibition à l'importation de certaines crevettes et de certains produits à base de crevettes	Inde; Pakistan; Thaïlande	08/10/1996
DS57	Australie — Système de crédits à l'importation pour les textiles, les vêtements et les chaussures	États-Unis	07/10/1996
DS56	Argentine — Mesures affectant les importations de chaussures, textiles, vêtements et autres articles	États-Unis	04/10/1996
DS55	Indonésie — Certaines mesures affectant l'industrie automobile	Japon	04/10/1996
DS54	Indonésie — Certaines mesures affectant l'industrie automobile	Communautés européennes	03/04/1996
DS53	Mexique — Mesures concernant la Loi douanière	Communautés européennes	27/08/1996
DS52	Brésil — Mesures affectant le commerce et les investissements dans le secteur automobile	États-Unis	09/08/1996
DS51	Brésil — Certaines mesures concernant les investissements dans le secteur automobile	Japon	30/07/1996
DS50	Inde — Protection conférée par un brevet pour les produits pharmaceutiques et les produits chimiques pour l'agriculture	États-Unis	02/07/1996
DS49	États-Unis — Enquête antidumping concernant les importations de tomates fraîches ou réfrigérées en provenance du Mexique	Mexique	01/07/1996

	TITRE DU DIFFÉREND	PLAIGNANT	DEMANDE DE CONSULTATIONS
DS48	Communautés européennes — Mesures concernant les viandes et les produits carnés (hormones)	Canada	28/07/1996
DS47	Turquie — Restrictions à l'importation de produits textiles et de vêtements	Thaïlande	20/06/1996
DS46	Brésil — Programme de financement des exportations pour les aéronefs	Canada	19/06/1996
DS45	Japon — Mesures affectant les services de distribution	États-Unis	13/06/1996
DS44	Japon — Mesures affectant les pellicules et papiers photographiques destinés aux consommateurs	États-Unis	13/06/1996
DS43	Turquie — Taxation des recettes provenant des films étrangers	États-Unis	12/06/1996
DS42	Japon — Mesures concernant les enregistrements sonores	Communautés européennes	23/05/1996
DS41	République de Corée — Mesures concernant l'inspection des produits agricoles	États-Unis	24/05/1996
DS40	République de Corée — Lois, réglementations et pratiques dans le secteur des marchés de télécommunications	Communautés européennes	05/05/1996
DS39	États-Unis — Majoration de droits sur des produits en provenance des Communautés européennes	Communautés européennes	18/04/1996
DS38	États-Unis — Loi pour la liberté et la solidarité démocratique à Cuba	Communautés européennes	03/05/1996
DS37	Portugal — Protection conférée par un brevet prévue par la Loi sur la propriété industrielle	États-Unis	30/04/1996
DS36	Pakistan — Protection conférée par un brevet pour les produits pharmaceutiques et les produits chimiques pour l'agriculture	États-Unis	30/04/1996
DS35	Hongrie — Subventions à l'exportation des produits agricoles	Argentine; Australie; Canada; Thaïlande; États-Unis	27/03/1996
DS34	Turquie — Restrictions à l'importation de produits textiles et de vêtements	Inde	21/03/1996

	TITRE DU DIFFÉREND	PLAIGNANT	DEMANDE DE CONSULTATIONS
DS33	États-Unis — Mesures affectant les importations de chemises, chemisiers et blouses, de laine, tissés en provenance d'Inde	Inde	14/03/1996
DS32	États-Unis — Mesures affectant les importations de manteaux de laine pour femmes et fillettes	Inde	14/03/1996
DS31	Canada — Certaines mesures concernant les périodiques	États-Unis	11/03/1996
DS30	Brésil — Droits compensateurs sur les importations de noix de coco desséchée et de poudre de lait de coco en provenance de Sri Lanka	Sri Lanka	23/02/1996
DS29	Turquie — Restrictions à l'importation de produits textiles et de vêtements	Hong Kong, Chine	12/02/1996
DS28	Japon — Mesures concernant les enregistrements sonores	États-Unis	09/02/1996
DS27	Communautés européennes — Régime applicable à l'importation, à la vente et à la distribution des bananes	Équateur; Guatemala; Mexique; États-Unis	05/02/1996
DS26	Communautés européennes — Mesures concernant les viandes et les produits carnés (hormones)	États-Unis	26/01/1996
DS25	Communautés européennes — Mise en oeuvre des engagements concernant le riz pendant le Cycle d'Uruguay	Uruguay	14/12/1995
DS24	États-Unis — Restrictions a l'importation de vetements de dessous de coton et de fibres synthetiques ou artificielles	Costa Rica	22/12/1995
DS23	Venezuela, République bolivarienne du — Enquête antidumping concernant les importations de certains matériels tubulaires destinés à des pays pétroliers (OCTG)	Mexique	05/12/1995
DS22	Brésil — Mesures visant la noix de coco desséchée	Philippines	30/11/1995
DS21	Australie — Mesures affectant l'importation de salmonidés	États-Unis	20/11/1995
DS20	République de Corée — Mesures concernant l'eau en bouteille	Canada	08/11/1995

	TITRE DU DIFFÉREND	PLAIGNANT	DEMANDE DE CONSULTATIONS
DS19	Pologne — Régime d'importation applicable aux automobiles	Inde	28/10/1995
DS18	Australie — Mesures visant les importations de saumons	Canada	05/10/1995
DS17	Communautés européennes — Droits sur les importations de riz	Thaïlande	05/10/1995
DS16	Communautés européennes — Régime applicable à l'importation, à la vente et à la distribution des bananes	Guatemala; Mexique; États-Unis	28/09/1995
DS15	Japon — Mesures affectant l'achat de matériel de télécommunication	Communautés européennes	18/08/1995
DS14	Communautés européennes — Désignation commerciale des pectinidés	Chili	24/07/1995
DS13	Communautés européennes — Droits sur les importations de céréales	États-Unis	19/07/1995
DS12	Communautés européennes — Désignation commerciale des pectinidés	Pérou	18/07/1995
DS11	Japon — Taxes sur les boissons alcooliques	États-Unis	07/07/1995
DS10	Japon — Taxes sur les boissons alcooliques	Canada	07/07/1995
DS9	Communautés européennes — Droits sur les importations de céréales	Canada	30/06/1995
DS8	Japon — Taxes sur les boissons alcooliques	Communautés européennes	21/06/1995
DS7	Communautés européennes — Désignation commerciale des pectinidés	Canada	19/05/1995
DS6	États-Unis — Imposition de droits d'importation sur les automobiles en provenance du Japon au titre des articles 301 et 304 de la Loi de 1974 sur le commerce extérieur	Japon	17/05/1995
DS5	République de Corée — Mesures concernant la durée de conservation des produits	États-Unis	03/05/1995

	TITRE DU DIFFÉREND	PLAIGNANT	DEMANDE DE CONSULTATIONS
DS4	États-Unis — Normes concernant l'essence nouvelle et ancienne formules	Brésil	10/04/1995
DS3	République de Corée — Mesures concernant les essais relatifs aux produits agricoles et l'inspection de ces produits	États-Unis	04/04/1995
DS2	États-Unis — Normes concernant l'essence nouvelle et ancienne formules	Venezuela, République bolivarienne	24/01/1995
DS1	Malaisie — Prohibition des importations de polyéthylène et de polypropylène	Singapour	10/01/1995

TABLE DES MATIERES

DEUXIEME PARTIE

Questions juridiques aux éditions L'Harmattan

Dernières parutions

DÉLINQUANCE SÉRIELLE ET POLICE JUDICIAIRE
Impini Jean-François
Sérialité de la délinquance, information judiciaire, analyse criminelle sérielle désignent des notions familières mais peu étudiées par les sciences criminelles. Postulant l'idée assez commune d'une délinquance largement réitérante, l'ouvrage tente de dérouler le fil logique que pourrait suivre l'investigation policière pour exploiter de façon systématique ce caractère sériel des infractions.
(Coll. Sécurité et société, 37.50 euros, 372 p.)
ISBN : 978-2-343-11147-6, ISBN EBOOK : 978-2-14-002864-9

LES MICRO-ÉTATS EUROPÉENS
Étude historique, juridique et fiscale
(Andorre, Liechtenstein, Monaco, Saint-Martin, Vatican)
Blevin Pierre-Alexis – Préface d'Anne-Marie Le Pourhiet
Morcelée pendant plusieurs siècles en diverses seigneuries et autres entités à caractère étatique, l'Europe est à la fin du XIXe siècle le théâtre d'une véritable refonte des États qui la composent. Les micro-États semblent dès lors rencontrer des difficultés dans l'affirmation de leur souveraineté. Ainsi, les garanties constitutionnelles et institutionnelles sont-elles suffisantes pour assurer leur indépendance et leur intégrité ? Cet ouvrage donne une véritable définition des « micro-États européens » et analyse leur résistance face à une évolution historique européenne majeure.
(Coll. Logiques Juridiques, 53.00 euros, 616 p.)
ISBN : 978-2-343-10015-9, ISBN EBOOK : 978-2-14-002545-7

QUEL STATUT SOCIAL POUR LE CHEF D'ENTREPRISE ET LE DIRIGEANT DE SOCIÉTÉS ?
Turc Annabelle – Préface de Gérard Vachet
Le statut social des dirigeants de sociétés est un sujet en constante évolution, en raison des changements de législation et du rapprochement du régime social des indépendants vers le régime salarié. Mais, pour connaître ou choisir son statut social, le chef d'entreprise (ou le mandataire social) doit se pencher sur de nombreux facteurs. Le statut social des dirigeants est-il susceptible d'évoluer vers une harmonisation du régime salarié et du régime social des indépendants (RSI) ? Et quel conseil donner au dirigeant en quête du statut le plus rentable pour lui ?
(Coll. Défis, 49.00 euros, 688 p.)
ISBN : 978-2-343-11093-6, ISBN EBOOK : 978-978-2-14-002819-9

LA SOCIÉTÉ PAR ACTIONS SIMPLIFIÉE ET LE FINANCEMENT D'ENTREPRISES EN DIFFICULTÉ
Feydel Romain
Le droit des sociétés français sait se montrer concurrentiel. La société par actions simplifiée (SAS), couplée au mécanisme de la procédure de sauvegarde accélérée, présente des avantages. Ce montage

en cascade démontre la complémentarité du fonds professionnel de capital investissement (FPCI) avec la SAS. Ainsi, la SAS permet de constituer une copropriété d'instruments financiers et de mettre en application la stratégie d'investissement. L'auteur démontre l'importance de la société de gestion de portefeuille, mais également de la holding de rachat, ainsi que de la filiation et du pacte d'actionnaires dans cette opération de *leveraged turn around.*
(20.50 euros, 204 p.)
ISBN : 978-2-343-10712-7, ISBN EBOOK : 978-2-14-002584-6

CRIMINALITÉ EN COL BLANC
Délinquance d'affaires, délinquance financière, délinquance fiscale
Sous la direction de Jacques Delga
Cet ouvrage à caractère pluridisciplinaire, où chaque auteur a librement choisi le thème à traiter, fait référence à la construction de modèles criminels astucieux. Il revient sur la difficulté de prévenir ou de réprimer le crime en col blanc, les renseignements, la cybercriminalité, la corruption ou encore la lutte contre les comptes bancaires non déclarés. De nombreux exemples français, mais aussi étrangers sont cités : Amazon, Société Générale, Clearstream, Madoff, Cahuzac, etc., permettant ainsi de revenir sur le traitement de cette criminalité en col blanc.
(Coll. Colloques et rencontres, 39.00 euros, 418 p.)
ISBN : 978-2-343-10388-4, ISBN EBOOK : 978-2-14-002649-2

GÉOGRAPHIES POLICIÈRES
Ignorance concertée et propagande ennemie
Fines Louise
Trois études de cas (les *starlight tours* au Canada ; les manifestations qui se sont déroulées au sommet du G8 à Gênes ; et l'intervention déployée à l'encontre des grévistes à Marikana) servent de prétexte pour explorer un phénomène historique : la neutralisation des personnes indésirables. En effet, à l'aune d'un idéal démocratique, il importe de mieux saisir les critères, circonstances et facteurs qui contribuent à faire en sorte que des individus sont classés dans la catégorie « personnes indésirables ».
(Coll. Questions contemporaines, 19.50 euros, 190 p.)
ISBN : 978-2-343-10689-2, ISBN EBOOK : 978-2-14-002576-1

QUELLE NOUVELLE POLITIQUE DE L'ÉNERGIE POUR L'UNION EUROPÉENNE ?
Azébazé Labarthe Danielle
Il faudra attendre 2009 pour qu'une politique de l'énergie soit introduite dans le droit européen, ce qui pousse à s'interroger sur la nature et la portée exacte des interventions de l'Union dans le domaine de l'énergie. Cette ébauche de politique énergétique trouvera son ancrage juridique dans des bases juridiques indirectes ou subsidiaires, et en particulier dans celles relatives à l'établissement d'un marché intérieur. Pourtant, l'énergie est loin d'être un objet économique ordinaire : la soumission de ce secteur aux seules règles du marché pourrait être préjudiciable. Il est donc nécessaire de prévoir une véritable politique énergétique commune.
(Coll. Logiques Juridiques, 55.00 euros, 634 p.)
ISBN : 978-2-343-10532-1, ISBN EBOOK : 978-2-14-002473-3

VOYAGE AU CŒUR DES PROPRIÉTÉS PUBLIQUES
Iacono Geneviève
Ce voyage au coeur des propriétés publiques tente de relever le défi d'une présentation simple et attractive du droit des propriétés publiques. L'ouvrage aborde de nombreux exemples de gestion domaniale (protection du domaine public maritime, gestion des forêts, consolidation des digues...) et traite les questions relatives aux grandes mutations du patrimoine des entreprises publiques (SNCF, la Poste ou EDF) pour illustrer la tension entre le droit européen de la concurrence et les exigences du service public. La difficile conciliation entre les logiques de protection et/ou de valorisation des propriétés publiques ouvre la réflexion sur ces enjeux.
(Coll. Le Droit aujourd'hui, 19.00 euros, 180 p.)
ISBN : 978-2-343-10495-9, ISBN EBOOK : 978-2-14-002512-9

ÉTHIQUE ET PATRIMOINE CULTUREL
Regards croisés
Sous la direction de Géraldine Goffaux Callebaut
Le droit ne permet plus de répondre seul à toutes les problématiques du patrimoine culturel et il faut souvent faire appel à d'autres types de règles, plus souples et souvent mieux partagées, que sont les règles éthiques. Ce sont essentiellement les professionnels qui en sont les bâtisseurs. Dans ce contexte, quel est le rôle de l'éthique ? Quel est le lien entre éthique et déontologie ? Quelle approche faut-il avoir de ce concept ? Éthique individuelle ou collective ? Éthique de l'institution, de la profession ? Codifiée ou informelle ?
(Coll. Droit du Patrimoine culturel et naturel, 36.00 euros, 350 p.)
ISBN : 978-2-343-10605-2, ISBN EBOOK : 978-2-14-002466-5

LE PROCÈS RANUCCI
Témoignage d'un juré d'assises
Donadini Geneviève - Préface de Gilles Perrault
Début 1976, le procès de Christian Ranucci a lieu au tribunal d'Aix-en-Provence. Il sera condamné à mort. Sa grâce sera refusée. Il sera guillotiné le 28 juillet 1976. Jeune mère de famille de 35 ans, Geneviève Donadini fit partie du jury d'assises. Elle a vécu dans le silence que lui imposait la loi pendant plusieurs décennies. Quarante ans après, elle raconte cette terrible expérience à laquelle elle a participé bien malgré elle et qui a marqué sa vie.
(Coll. La justice au quotidien, 13.00 euros, 106 p.)
ISBN : 978-2-343-10540-6, ISBN EBOOK : 978-2-14-002396-5

L'ORDRE JURIDIQUE COMMUNAUTAIRE DE LA CEMAC
Gnimpieba Tonnang Edouard
Préface de Bernard-Raymond Guimdo Dongmo
L'échec de l'Union douanière et économique de l'Afrique centrale (UDEAC) a poussé à remettre en question toutes les politiques d'intégration économique engagées depuis les accessions à la souveraineté internationale. Cet échec a conduit à relancer la construction communautaire sur de nouvelles bases visant un marché commun, garantissant la libre circulation des facteurs de production. Il s'agit de faire de l'espace de la CEMAC (Communauté économique et monétaire des États d'Afrique centrale) un espace de liberté, de démocratie et d'États de droit devant reposer sur un nouvel ordre juridique.
(Harmattan Cameroun, 25.50 euros, 246 p.)
ISBN : 978-2-343-10512-3, ISBN EBOOK : 978-2-14-002503-7

L'INTERVENTION DES TIERCES PARTIES DANS LE RÈGLEMENT DES DIFFÉRENDS À L'OMC
Nguyen Ngoc Ha - Préface de Marie-Pierre Lanfranchi
L'intervention des tierces parties dans le règlement des différends à l'OMC présente des spécificités par rapport à d'autres juridictions internationales. Dans l'ensemble, ces spécificités permettent aux tierces parties de jouer un rôle important dans ce système, en répondant aux besoins d'information du juge, en aidant la défense des intérêts à différents niveaux et surtout en renforçant les capacités et compétences des pays en développement. L'intervention comporte parfois des risques et des limites, mais son bilan, globalement positif, plaide en faveur du renforcement des droits des tierces parties.
(48.00 euros, 576 p.)
ISBN : 978-2-343-10483-6, ISBN EBOOK : 978-2-14-002260-9

LES INSTRUMENTS DE L'ACTION PUBLIQUE ET LES DISPOSITIFS TERRITORIAUX
Sous la direction de Némery Jean-Claude, Thuriot Fabrice
Les instruments de l'action publique (IAP) recouvrent des réalités multiples déjà balisées par des travaux universitaires reconnus. Destinés au pilotage et au développement de l'action publique, ils sont constitués de politiques, de mesures et de dispositifs recouvrant des dimensions juridiques, financières, d'organisation et de communication. Cet ouvrage a pour but d'en montrer la

diversité de conception, de gestion et d'effet, à travers des travaux théoriques, méthodologiques et empiriques dans plusieurs pays. Il couvre ainsi un large spectre de dispositifs de gouvernance, de développement durable, et de planification, d'Europe en Amérique du Nord, en passant par l'Afrique.
(Coll. Administration et Aménagement du Territoire, 24.50 euros, 234 p.)
ISBN : 978-2-343-10393-8, ISBN EBOOK : 978-2-14-002168-8

VICTOR HUGO ET LES MAGISTRATS
Foulon Marcel
Victor Hugo est le seul à avoir prononcé autant de condamnations *ad hominem* contre les magistrats de son siècle. Le XIXe siècle cherche en effet son présent et s'interroge sur son avenir. « L'homme-siècle » participe à tous ces débats et prononce ses condamnations en poète. Il croit à la puissance politique de la poésie. Le juriste et le citoyen pourront constater quels considérables changements a effectué le monde des juges depuis Hugo, mais aussi que, si aucun juge ne sanctionna ces magistrats iniques, c'est la poésie qui les condamna à la plus sévère des dégradations, celle de l'Histoire.
(Coll. Droit privé et sciences criminelles, 21.50 euros, 200 p.)
ISBN : 978-2-343-10413-3, ISBN EBOOK : 978-2-14-002185-5

DROITS DE L'HOMME ET DROITS DE LA FEMME
Regard historique, philosophique et politique ou évidence d'une secondarité
Hounsounon-Tolin Paulin
Préface du Professeur Henri Bah / Postface du Professeur Abiola Félix Iroko
Cet ouvrage, à l'intersection de l'approche historique, philosophique, politique, voire religieuse, de la question des droits de l'homme, cherche à faire ressortir la sacralité de la citoyenneté. Les droits de la femme, au regard de la théorie stoïcienne de l'égalité des fautes et des vertus chez Sénèque, dégage une égalité naturelle homme/femme en même temps qu'une égalité factice homme/femme fait perdre à la gent féminine sa féminité. Aussi l'ouvrage aborde-t-il à juste titre la question de l'humanisme qu'il convient de prôner de nos jours.
(Coll. Points de vue, 15.00 euros, 136 p.)
ISBN : 978-2-343-10346-4, ISBN EBOOK : 978-2-14-002257-9

LE DROIT INTERNATIONAL ET LES GUERRES DE NOTRE TEMPS
Lagot Daniel
Ce livre présente les aspects essentiels du « droit de la guerre », avec ses grands principes, mais aussi ses ambiguïtés et ses problèmes, et discute la manière dont il est interprété et appliqué dans les guerres de notre temps. Parmi les questions évoquées se trouvent la résolution Unis pour la paix de l'Assemblée générale des Nations Unies, ainsi que la « responsabilité de protéger ». Une partie importante est consacrée au droit international humanitaire de la guerre. Cet ouvrage présente également des bilans des actions de l'ONU et de la justice internationale.
(Coll. Questions contemporaines, 22.50 euros, 211 p.)
ISBN : 978-2-343-10265-8, ISBN EBOOK : 978-2-14-002303-3

LES ENJEUX PATRIMONIAUX DE LA SÉPARATION
Questions récurrentes
Sous la direction de et textes réunis par Antonini-Cochin Laetitia
Confondus pendant la vie commune, les intérêts patrimoniaux des conjoints doivent être démêlés et liquidés lors de la séparation. Ces questions d'ordre liquidatif relèvent souvent de la compétence du juge aux affaires familiales. La séparation révèle souvent d'importantes disparités de situation et des préjudices qu'il convient de compenser et de réparer. Se posent alors plusieurs questions telles que l'évaluation de la prestation compensatoire, de l'allocation de dommages et intérêts ou encore de l'attribution du logement de la famille.
(Coll. Droit privé et sciences criminelles, 14.00 euros, 114 p.)
ISBN : 978-2-343-09830-2, ISBN EBOOK : 978-2-14-001613-4

L'Harmattan Italia
Via Degli Artisti 15; 10124 Torino
harmattan.italia@gmail.com

L'Harmattan Hongrie
Könyvesbolt ; Kossuth L. u. 14-16
1053 Budapest

L'Harmattan Kinshasa
185, avenue Nyangwe
Commune de Lingwala
Kinshasa, R.D. Congo
(00243) 998697603 ou (00243) 999229662

L'Harmattan Congo
67, av. E. P. Lumumba
Bât. – Congo Pharmacie (Bib. Nat.)
BP2874 Brazzaville
harmattan.congo@yahoo.fr

L'Harmattan Guinée
Almamya Rue KA 028, en face
du restaurant Le Cèdre
OKB agency BP 3470 Conakry
(00224) 657 20 85 08 / 664 28 91 96
harmattanguinee@yahoo.fr

L'Harmattan Mali
Rue 73, Porte 536, Niamakoro,
Cité Unicef, Bamako
Tél. 00 (223) 20205724 / +(223) 76378082
poudiougopaul@yahoo.fr
pp.harmattan@gmail.com

L'Harmattan Cameroun
TSINGA/FECAFOOT
BP 11486 Yaoundé
699198028/675441949
harmattancam@yahoo.com

L'Harmattan Côte d'Ivoire
Résidence Karl / cité des arts
Abidjan-Cocody 03 BP 1588 Abidjan 03
(00225) 05 77 87 31
etien_nda@yahoo.fr

L'Harmattan Burkina
Penou Achille Some
Ouagadougou
(+226) 70 26 88 27

L'Harmattan Sénégal
10 VDN en face Mermoz, après le pont de Fann
BP 45034 Dakar Fann
33 825 98 58 / 33 860 9858
senharmattan@gmail.com / senlibraire@gmail.com
www.harmattansenegal.com

www.ingramcontent.com/pod-product-compliance
Lightning Source LLC
LaVergne TN
LVHW011151061026
849535LV00003B/693
9782343120799